Horst Beckmann

Auf rechter Straße

Gottes Wort für jeden Tag

Gewidmet meiner lieben Frau

Horst Beckmann
**Auf rechter Straße**
Gottes Wort für jeden Tag

© copyright Verlag Wort im Bild, Hammersbach 1997
ISBN 3-88654-426-5
Best. Nr. 878.426
Fotos: Wort im Bild Archiv
Satz, Lithos & Druck: Wort im Bild
Alle Rechte vorbehalten.

# Vorwort

Die letzten Jahre und Jahrzehnte haben vieles verschüttet und absterben lassen, was in früheren Zeiten in christlichen Häusern und Familien selbstverständliche Übung war. Das Gebet, die Hausandacht, das gemeinsame Singen, die Predigtnachbesprechung, das Lernen von Liedern und Psalmen - vieles, allzu vieles ist in Abgang gekommen und der Hektik des täglichen Lebens und der Zersplitterung der Familien zum Opfer gefallen. Es ist töricht, wenn wir vor diesen Entwicklungen die Augen verschließen. Sie sind da, und sie belasten und bedrängen viele. Aber nun wäre es unverantwortlich, wenn wir vor diesen Erscheinungen der Moderne tatenlos die Hände in den Schoß legen würden. Es gibt für Christenmenschen einen gebotenen geistlichen Widerstand, den wir dem Zeitgeist entgegensetzen sollen. Christen müssen zwar in der Zeit und mit der Zeit leben, aber sie dürfen sich von ihr nicht prägen und bestimmen lassen. In Jesus Christus ist Gott in unsere Zeit eingegangen als ein Mensch wie wir. Aber Jesus hat uns gezeigt, wie man durch die unmittelbare und unaufhörliche Verbindung mit Gott die Zeit neu gestalten kann. Wenn wir uns ihm zuwenden, können aus seinem Wort schöpferische und gestaltende Kräfte in unsere Lebens- und Arbeitstage übergehen, Kräfte, die uns in den Stand versetzen, jeden einzelnen Tag zu bestehen, indem wir ihn in das Licht Gottes rücken, Dazu aber brauchen wir Hilfen. Das vorliegende Andachtsbuch von Horst Beckmann will eine solche Hilfe sein. Als langjähriger Gemeindepfarrer und Mann der Volksmission ist er gewohnt, mit geschärftem Ohr auf Gottes Reden in seinem Wort zu hören und gleichzeitig auf die Fragen seiner Mitmenschen zu achten. So hat er in jahrelanger Arbeit ein Andachtsbuch geschaffen, das uns durch alle Tage des Jahres begleiten will. Wer dieses Buch aufschlägt, spürt von Seite zu Seite, daß er von einem erfahrenen Seelsorger an die Hand genommen wird. Das Buch führt in die Stille unter dem Wort, es gibt Orientierung und schafft Klarheit, es macht Mut und gibt Weisung. So geleitet kann man auch in unruhiger Zeit geborgen und getröstet durch seine Tage gehen. Ich kann nur wünschen, daß viele sich diesem geistlichen Ratgeber anvertrauen und mit dem Propheten die Erfahrung machen: "Dein Wort ward meine Speise, sooft ich's empfing, und dein Wort ist meines Herzens Freude und Trost." *(Jeremia 15,16)*

D. Theo Sorg, Landesbischof em.

# Einleitung

Die ersten Andachten waren geschrieben, als ich von diesem Buch einem alten Freund erzählte. (Er wird in diesem Jahr 93 Jahre alt,) "Ein solches Buch ist gut und notwendig," sagte er mir, "aber wenn du nicht in jeder Andacht Jesus Christus, den menschgewordenen Gottessohn, verkündest, der für uns gestorben und auferstanden und unser Heiland und Erlöser geworden ist, dann kannst du dir die Arbeit für dieses Buch ersparen." Zugestanden, es ist mir nicht gelungen, in jeder Andacht Christus zu verkündigen, obwohl ich auch bei alttestamentlichen Texten darum bemüht war, aber ich habe mir die Worte dieses weisen Mannes zu Herzen genommen, zumal ich gern von älteren Menschen lerne. Bei der Auslegung der Texte bin ich davon ausgegangen, daß das Buch von allen Generationen gelesen wird. Besonders berücksichtigt habe ich aber auch kranke, einsame, sich sorgende und verzweifelte Leser. Auch lag mir daran, durch die Andachten neuen Zugang zum Wort Gottes zu vermitteln. Nicht zu vermeiden war es bei den 366 Auslegungen, daß sich Gedanken und Redewendungen schon mal wiederholen. Das werden Sie auch bei Ihrem Gemeindepastor feststellen, wenn er Sonntag für Sonntag zu predigen hat. Im Anhang finden Sie zwei Bibelstellenregister. Das eine erfaßt die Bibeltexte, unter denen die jeweiligen Andachten ausgelegt wurden. Im zweiten sind Bibelstellen gesammelt, die in den Auslegungen zitiert werden. Die Anordnungen der Bibelstellen entsprechen den in der Bibel fortlaufend abgedruckten Büchern vom 1. Buch Mose bis zur Offenbarung Johannes. Ferner finden Sie im Anhang ein Choralverzeichnis. Hinter den Tagesdaten stehen Liednummern von Chorälen, denen Strophen oder nur Strophenzeilen als Schlußgebete für die Andachten entnommen wurden. Die Choräle gehören weitgehend dem neuen Evangelischen Gesangbuch an *(EG)*. Hinter den Nummern aus dem alten Evangelischen Kirchengesangbuch steht die Abkürzung "EKG". Da während der Entstehung des Andachtsbuches das neue Gesangbuch herausgegeben wurde, mußten alle Nummern umgeschrieben werden. Dadurch könnte sich schon mal ein Fehler eingeschlichen haben. Schauen Sie dann bitte in beiden Gesangbüchern nach. Zum täglichen Gebrauch des Buches sei bemerkt, daß man sich selbstverständlich an das Tagesdatum halten kann, aber dadurch das jedes Jahr neu angesetzte Osterfest auch die übrigen Festtage außer Weihnachten und Epiphanias jährlich unter einem anderen Datum stehen, können die für die Festtage vorgesehenen Andachten nicht immer mit den Festen zusammenfallen. Dafür sei empfohlen, die Andacht für den Aschermittwoch am 16. Februar zu lesen. Beim fortlaufenden Lesen werden die dann folgenden Andachten bis einschließlich Trinitatis mit den einzelnen Festen deckungsgleich sein. Das gilt auch für die Adventszeit: Wenn am 16. November die Andacht für Buß- und Bettag gelesen wird, stehen die Adventssonntage unter dem 27. November. 3., 11. und 18. Dezember. Zu empfehlen ist, daß man mit einem Bleistift über den Andachten dann das entsprechende Tagesdatum vermerkt.

Danken möchte ich dem Verlag Wort im Bild GmbH, Hammersbach, für die Veröffentlichung dieses Buches. Mein Dank gilt ferner und nicht zuletzt dem Herrn Landesbischof em. D. Theo Sorg für sein ansprechendes Vorwort.

HORST BECKMANN

# 1. Januar

**Du bist mein Gott! Meine Zeit steht in deinen Händen.**
*Psalm 31,15+16*

Mein Sohn war fünf Jahre alt, als ich mit ihm alleine in den Urlaub fuhr. Wir unternahmen viel, wanderten auch; aber mittags legte ich mich eine Stunde hin, während der Junge sich allein beschäftigte. Ohne mir etwas dabei zu denken, hatte ich ihn einmal zu Beginn der Mittagsruhe gebeten, mich zu wecken. "wenn der große Zeiger oben steht". Ich hatte noch fest geschlafen, als Micha sagte: "Vati, es ist soweit." Ich sah nach der Uhr und konnte nur staunen. Der große Zeiger stand genau auf zwölf. "Wie hast du das beim Spielen so abgepaßt?" fragte ich, "Ich habe nicht gespielt; ich habe vor der Uhr gesessen und aufgepaßt, bis der Zeiger oben war." Mich hat das sehr beeindruckt. Eine Stunde seines noch jungen Lebens hat der Junge vor dem Zifferblatt gesessen und den großen Zeiger Zug um Zug weitergehen lassen, ohne als Kind zu bedenken, daß so die Zeituhr sichtbar unser Leben verkürzt.

So hat auch das neue Jahr seinen Anfang genommen. Wir sind schon wieder mitten drin und können die Zeit nicht aufhalten, so gern wir es so manches Mal möchten. Gott selber geht mit unserer Zeit um und setzt uns Zeit und Stunde. Noch liegen für das neue Jahr Erwartungen vor uns, aber so schnell wie das alte vergangen ist, wird auch das neue von der vergänglichen Zeit aufgenommen und wird zur Vergangenheit. Gott der Herr gibt uns aber die Zusage, daß er mit uns geht und wir uns ihm getrost anvertrauen dürfen. Durch Jesus läßt er uns sagen: "Ich bin bei euch alle Tage." Damit dürfen wir leben.

*Herr, führ Du uns durch die Zeiten und mache fest das Herz.*
*Steh selber uns zur Seiten; führ uns einst heimatwärts.*

# 2. Januar

**Der Herr, dein Gott, ist ein barmherziger Gott. Er läßt dich nicht fallen und gibt dich nicht dem Verderben preis.**
5. Mose 4,31

Diesen Trost brauchen wir, wenn wir über die Schwelle zum neuen Jahr getreten sind, so wie wir solchen Trost auch dankbar annehmen, wenn für uns ein neues Lebensjahr beginnt. "Unser Gott ist ein barmherziger Gott, der uns nicht fallen läßt"; das ist ein in die Zukunft weisendes Wort, das uns den Weg ebnen will, jeden Tag neu. Mose war es, der sein Volk, das schon vor dem Jordan stand, mit diesem Zuspruch in das gelobte Land entließ, während Gott ihm Einhalt gebot und ihn wissen ließ, daß er jetzt sterben müsse. Vierzig Jahre hat Mose treu seinem Herrn gedient und das Volk durch die Wüste geführt, um es ins Land Kanaan zu bringen. Jetzt soll für ihn der Jordan die Grenze sein. Auch wir überschreiten, um im biblischen Bild zu bleiben, Jahr für Jahr den "Jordan", um ins "neue" Land zu kommen. Und immer nehmen wir bangend die Frage mit: "Was wird das neue Land, das neue Jahr uns bringen?"
Aber wir haben wie das Volk Israel durch Mose einen, der uns genau so durch die Zeiten und in die Zukunft führt. Das ist unser Herr Jesus Christus. Er weiß um unsere menschliche Angst, aber er setzt dagegen das "seid getrost". So getrost dürfen wir auch das Gotteswort zu uns reden lassen: "Mein Vater ist ein barmherziger Gott, der dich nicht fallen läßt und dich nicht dem Verderben preisgibt." Mit diesen guten Gedanken möchte uns der Herr in die Zukunft begleiten, in das neue Jahr.

*Das tust Du, Herr, zu dieser Zeit,*
*gedenkest der Barmherzigkeit,*
*willst Deinem Volke Hilfe tun*
*durch Deinen eingebornen Sohn.*

# 3. Januar

**Christus ist unser Friede.**
*Epheser 2.14*

Eindrucksvoll! Der Apostel Paulus hat diesen Zuspruch seiner Gemein de aus dem Gefängnis geschrieben. In den römischen Gefängnissen ging es wahrlich nicht friedfertig zu. Wie kann man so stark im Glauben stehen, daß man in solchen Lebenssituationen noch den Frieden Gottes erkennt, der höher ist als alle menschliche Vernunft? Uns fällt es heute schwer, angesichts der vielen Kriegsherde in der Welt es anzunehmen, daß Christus dennoch unser Friede ist. Aber unser Herr ist nicht in die Welt gekommen, um an den einzelnen Fronten Waffenstillstände zu bewirken und Friedensverhandlungen zu schließen, im Gegenteil, er hat uns prophezeit, daß sich die Kriege in der Welt vermehren werden, bevor das Ende kommen wird. Christus bietet sich uns als der an, der mit uns Frieden schaffen will. Wer den Frieden mit Gott in Jesus Christus hat, darf getrost in eine wirre Zukunft hineingehen, denn er soll wissen, daß ER für uns persönlich Frieden schafft. Mit diesem Friedensangebot will der Herr uns durch das neue Jahr begleiten, selbst wenn es nicht den Verlauf nimmt, wie ihn sich der einzelne vorgestellt hat. Das mag schon mit dem heutigen Tag begonnen haben, oder schon gestern, wenn er nicht zur persönlichen Zufriedenheit ausgefallen ist. Wichtig bleibt, daß wir uns auf Christus besinnen, an ihn jeden Tag dankend zurückgeben. Christus spricht: "Meinen Frieden gebe ich euch. Nicht gebe ich euch, wie die Welt gibt. Euer Herz erschrecke sich nicht und fürchte sich nicht."*(Johannes 14,27)*

*Dein Segen zu uns wende, gib Fried an allen Enden,*
*gib unverfälscht im Lande Dein seligmachend Wort,*
*die Teufel mach zuschanden hie und an allem Ort,*
*Dein ist allein die Ehre, Dein ist allein der Ruhm.*

# 4. Januar

**Bleibe in der Unterweisung, laß nicht ab davon;
bewahre sie, denn sie ist dein Leben.**
*Sprüche 4,13*

Sich unterweisen lassen heißt doch, daß man immer ein Schüler sein soll. Immer? Ab wann läßt man sich nicht mehr belehren? Ist es nach der Entlassung aus der Schule, nach der Berufsausbildung, wenn das Studium beendet ist? Von heute auf morgen? Da wird es schon schwierig. Wer immer auf dem laufenden bleiben möchte, muß wohl auch jeden Tag neue Informationen wahrnehmen, ob aus der Presse, aus den Medien oder von denen, die Neues zu bringen haben. So versteht auch der weise Salomo seinen guten Rat, wenn er uns wissen läßt, daß es sich lohnt, immer unter der Lehre zu bleiben. Das vor uns liegende Wort ist ein Satz von vielen, die die Heilige Schrift uns anbietet. Sie will uns täglich auf unseren Weg, in unser Leben begleiten. Und wir sollten dankbar sein, eine Quelle zu haben, aus der wir jederzeit leben können. Es gibt Menschen, die sehr einsam sind, die keinen Menschen haben, mit dem sie reden können. Wie tut es gut, wenn ihnen durch das Wort Gottes gesagt wird, daß Gott sie an der Hand haben möchte, um ihnen den Weg zu weisen durch manche Schwierigkeiten, durch Traurigkeiten und Einsamkeiten. Da ist einer, der uns immer wieder neu unterweist, der uns wissen läßt: Du bist nicht allein, sondern ich bin bei dir bis an dein Lebensende. Bei ihm kann ich zurückfragen, und er wird Antwort geben, wenn kein anderer mir etwas zu sagen hat. Vielleicht ist auch heute ein Tag, an dem ich meinen Herrn besonders als meinen Lehrer nötig habe. Dann will er in mein Leben treten und mir raten.

***Herr Jesus Christ: Bleib Du mein Preis,
Dein Wort mich speis, bleib Du mein Ehr, Dein Wort mich lehr,
an Dich stets fest zu gläuben.***

# 5. Januar

**Da antwortete Simon Petrus: "Herr, wohin sollen wir gehen? Du hast Worte des ewigen Lebens."**
*Johannes 6,68*

Nach dem Speisungswunder am See Genezareth hat sich Jesus offenbart als der, der vom Vater gekommen ist und wieder zum Vater gehen wird. Das hat viele Anhänger entsetzt, denn besonders jetzt meinten sie, den Brotkönig unter sich zu haben. So wendeten sich dann viele der Treuen von Jesus ab und verließen seine Gefolgschaft. Das veranlaßte dann Jesus zu der Frage an den engsten Jüngerkeis: "Wollt ihr auch weggehen?" Sehr schnell war Petrus mit der Antwort und dem Bekenntnis bereit, wie es oben zu lesen ist. Petrus spricht für die, die einmal zu Jesus "Ja" gesagt haben. "Wohin sollen wir gehen, wenn wir dich verlassen?" Diese Frage ist berechtigt, wenn wir es im Glauben annehmen, daß Jesus das Brot des Lebens ist und mit ihm Weg, Wahrheit und Leben. Jesus lehrt uns, daß der Weg mit ihm lohnenswert ist, daß er uns auch auf dem Weg der Wahrheit führt, und das heißt zum wahren Leben. Jeder Weg von Jesus weg würde ein Weg in die Irre, in die Abwegigkeit sein. Es würde ein Weg sein, der zum Ende unseres irdischen Lebens führt, und das ist der ewige Tod, der dann früher oder später unser Leben in dieser Zeit beendet. Aber der Weg mit Jesus führt über diesen Tod hinaus. Deshalb konnte Petrus auch bekennen, daß die Versprechungen, die von Jesus kommen, Ewigkeitswerte haben. "Du hast Worte des ewigen Lebens." Wer Antwort haben möchte auf die Fragen nach der Ewigkeit, lese im Zusammenhang mit dieser Andacht das ganze 6. Kapitel des Johannesevangeliums. Damit wird er erfahren, daß das Leben mit Jesus ein Leben ist, das sich wirklich lohnt.

*Denn Dein Wort, o Jesu, ist Leben und Geist;*
*was ist wohl, das man nicht in Jesu genießt?*

# 6. Januar

**Die Heiden sind Miterben und gehören zum Leib Christi. Sie haben daher Anteil an der Verheißung, die Jesus Christus gegeben hat durch das Evangelium.**
*Epheser 3,6*

Epiphanias - Jesus ist als wahrer Gott auch zu den Heiden gekommen. Die Huldigung durch die Weisen, die als Vertreter der Welt an die Krippe kamen, hat Jesus zurückgegeben, als er sich auch der Heiden angenommen hat. Sein Leiden und Sterben hat er für die ganze Welt getragen. So dürfen wir dankbar sein, daß das Evangelium auch ins Abendland gekommen ist. Deshalb befehlen wir schon unsere kleinen Kinder dem Herrn der Kirche an. Alle sollen Anteil haben am Leibe Christi, der Gemeinde und damit Anteil an der Verheißung, Erbe dessen zu sein, was Gott durch seinen Sohn versprochen hat. Diese Botschaft ist über die ganze Erde gegangen, wie es Jesus im Missionsbefehl gefordert hat. Miterben zu sein heißt, das Eine oder Andere anzunehmen: Gericht oder Gnade, Seligkeit oder Verdammnis. Keiner kommt vom Erbe mehr frei. Dagegen bleibt dem Menschen die Freiheit erhalten wie bei Beginn der Schöpfung, entweder das aufgegangene Licht zu wählen oder die Finsternis, ewiges Leben oder ewigen Tod. Über der Christenheit ziehen dunkle Wolken auf. Wenn sich auch viele Heiden bekehrt haben, so lösen sich auf der anderen Seite viele, die einst durch die Taufe erlöst waren, wieder von der Kirche. Gott will jedoch, daß allen geholfen werde. Deshalb ist jeder christgläubige Mensch verpflichtet, an diesem Tag Fürbitte zu halten für die ganze Welt.

*O Jesu Christe, wahres Licht,*
*erleuchte die Dich kennen nicht*
*und bringe sie zu Deiner Herd,*
*daß ihre Seel auch selig werd.*

# 7. Januar

**Ich hebe meine Augen auf zu den Bergen.
Woher kommt mir Hilfe?**
*Psalm 121,1*

Berge können faszinieren und fordern den Wanderer heraus. Sie können sich aber genauso vor dem Menschen erheben wie eine undurchdringliche Wand. Wenn in diesem Psalm - einem Wallfahrtslied - sicher an die Berge im Heiligen Land gedacht ist, so erinnert der folgende Satz mit der Frage nach Hilfe auch an viele andere Berge. Es sind die alltäglichen Sorgen, die Angst und Verzweiflung. Es sind die Berge, die sich vor Menschen aufbauen, die mit ihrem Kummer ganz unten sind und keinen Ausweg sehen. Und wie man vor gewaltigen Bergen nicht nach unten schaut, sondern zum Gipfel mit der Frage, wie man ihn zwingt, so schaut auch der Psalmbeter hinauf, und die Frage kommt von selbst: Woher kommt mir Hilfe?

Er weiß, daß die Hilfe nicht aus der Tiefe kommt, denn er selber befindet sich im Tal wie der Beter des 130. Psalms, wenn er aus der Verzweiflung ruft: "Aus der Tiefe rufe ich, Herr, zu dir!" Der hier nach Hilfe Schreiende schreit zunächst in die Ungewißheit hinein wie jeder Mensch, der am Ende seiner Kräfte ist. Aber wie sich ein Ertrinkender nicht selbst retten kann, sondern Hilfe erwartet, so auch der Beter in dem vorliegenden Psalmwort. Der Ruf nach Hilfe ist der erste Schritt nach vorn. Man lebt noch in Erwartung. Deshalb sollten wir nicht aufhören zu rufen, zu beten.

*Ich heb mein Augen sehnlich auf und seh die Berge hoch hinauf, wann mir mein Gott vom Himmelsthron mit seiner Hilf zustatten komm. Mein Hilfe kommt mir von dem Herrn, er hilft uns ja von Herzen gern; Himmel und Erd hat er gemacht, hält über uns die Hut und Wacht.*

# 8. Januar

**Meine Hilfe kommt von dem Herrn,
der Himmel und Erde gemacht hat.**
*Psalm 121,2*

In einer ausweglosen Lage, da kein Helfer erwartet wird, nach Hilfe zu rufen, bringt nicht mehr als ein letzter Todesschrei. Beim Beter dieses Psalms aber erfolgt Antwort, vermutlich durch ein Wechselgebet. Hilfe kommt vom Herrn, der auch unser Schöpfer ist. Diese Antwort ist genau so stark wie der Verzweiflungsschrei. Wenn ein Mensch der Verzweiflung so nahe ist, daß menschliche Hilfe nicht mehr erwartet wird, kann nur der helfen, der uns auch geschaffen hat. Doch zunächst steht da nur die Zusage für Gottes Bereitschaft. Auch vom Verzagten erwartet Gott Geduld, so wie er mit Langmut und in großer Liebe und Zuwendung den Menschen hat wachsen lassen, bis er zum Leben in dieser Welt gekommen war. Für einen Menschen in einer ebenfalls menschlich gesehen ausweglosen Situation kann das Warten zur Ewigkeit werden, Tage, auch Wochen können vergehen, bis es im Herzen wieder licht wird. Das schmerzt. Aber "weil alles," so schreibt ein bekannter Theologe, "aus Gottes Hand hervorgegangen ist, darum hat Gott in allem die Macht zu helfen, denn alles steht auch jetzt noch in seiner Hand".
Die Bibel lehrt uns, daß Gott einen langen Atem hat. Denken wir an den Kranken am Teich Bethesda *(Johannes5)*. Genau so kann Gott auch aus Notsituationen heraus Wunder wirken, die so spontan nicht erwartet wurden. Dem Verlauf des Psalmgebetes können wir entnehmen, wie unerwartete Hilfe zuteil wird. In einem Lied heißt es: "Größer als der Helfer ist die Not ja nicht." *(EG 593,2)*

*Herr, ich danke Dir, daß Du so zu mir geredet hast.
Auch ich will Dir ganz vertrauen und darf wissen,
daß ich auch meine Nöte vor Dich bringen darf.*

# 9. Januar

**Er wird deinen Fuß nicht gleiten lassen,
und der dich behütet, schläft nicht.**
*Psalm 121,3*

Probleme lassen sich nicht umgehend lösen, besonders dann nicht, wenn die Seele betrübt ist. Auch ein neuer Tag bringt nicht immer neue Lösungen. Das Andachtswort macht aber einen Zuspruch: Er wird deinen Fuß nicht gleiten lassen! Wieder werde ich an die Erklimmung von Bergen erinnert. Besonders wenn es dem Gipfel zugeht, kann der Weg glitschig und damit besonders gefährlich werden. So passiert es, daß man in bestimmten Regionen zwei Schritte vorwärts geht und einen zurück. Das kann deprimieren. Aber im Blick auf das Ziel geht es letzten Endes voran. Die Bibel lehrt uns, daß wir besonders auf solchen Wegen, und da sind nicht zuletzt die Wege im Alltag des Lebens gemeint, nicht verlassen sind. Der, der uns und mit uns die Welt geschaffen hat, behält auch seine Schöpfung im Auge. Er behält besonders die Menschen im Auge, die mit Gott rechnen und von ihm wissen, daß er sich nicht nur mit der Schöpfung begnügt hat, sondern sie durch die Zeiten führt. Wer in so wunderbarer Weise durch die Jahrhunderte das Volk Israel geführt hat, achtet auch auf den Weg seiner Treuen. Gott schläft nicht, will sagen, daß es für ihn keine Zeit der Abwesenheit gibt. Er ist nicht nur halb bei seinen Geschöpfen, sondern hat sie lieb und behält sie Tag und Nacht im Auge. So ist der einzelne Mensch selbst in Zeiten der Verzweiflung immer wieder geborgen unter Gott, der ihm ganz bewußt das Leben für diese Erde geschenkt hat.

*Der Herr, der Schöpfer, bei uns bleib,
er segne uns nach Seel und Leib,
und uns behüte seine Macht
vor allem Übel Tag und Nacht.*

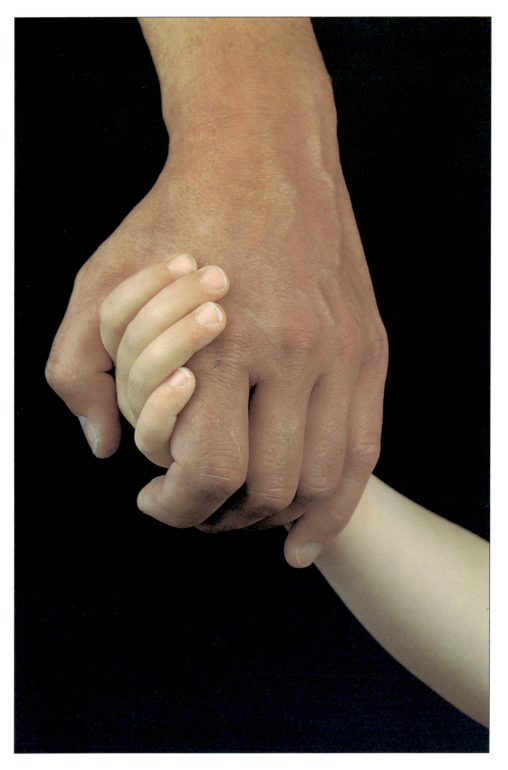

# 10. Januar

**Der Herr behütet dich; der Herr ist dein Schatten über deiner rechten Hand.**
*Psalm 121,5*

Das soll immer wieder ins Herz gebrannt werden: Der Herr behütet dich! "In wieviel Not hat nicht der gnädige Gott über dir Flügel gebreitet", singt der Dichter. Genau so muß man aber verstehen, daß dieser Zuspruch oft nicht ausreichend ist. Wartende können auf dem Bahnhof ermüden, wenn die Zugverspätung durch Ansage ständig neu hinausgeschoben wird. Auch der Psalmbeter kennt unsere Ermüdungen und möchte deshalb mit seinen Worten eine Hilfe sein. So versucht er Schritt für Schritt helfend weiterzuführen mit der Frage, die die Ausgangsposition in diesem Wallfahrtslied war: Woher kommt mir Hilfe? Antwort: vom Herrn! Dann: von dem Herrn, der unser Schöpfer ist. Weiter ist es der, der uns den Weg erhält, der, der nicht schläft. Und dann hören wir noch einmal sehr deutlich den Zuspruch: Er behütet dich! Ja, er möchte dich an die Hand nehmen, deine Hand führen und beschatten, die dir zum alltäglichen Schaffen dient. Wir erkennen - vielleicht auch an unserer Situation - wie schwer es ist, Hilfe anzunehmen, wie man es beispielsweise von Süchtigen hört. Auch Verzweiflung kann zur Sucht werden und unheilbar, wenn der Verzweifelte nicht mehr an Hilfe glaubt. Um so mehr muß er sich Menschen zuwenden, die gegenwärtig stark sind. Das Leben in der Welt wird nicht leichter, weil negative und gefährliche Einflüsse immer stärker werden. Deshalb ist Zusammenhalt da geboten, wo Menschen in besonderer Gefahr sind, Gott hält zusammen!

*Vor allem Unfall gnädiglich*
*der fromme Gott behütet dich;*
*unter dem Schatten seiner Gnad*
*bist du gesichert früh und spat.*

# 11. Januar

**...daß dich des Tages die Sonne nicht steche
noch der Mond des Nachts.**
*Psalm 121,6*

Aus der Schöpfungsgeschichte wissen wir, daß Gott es so geordnet hat, "daß ein großes Licht den Tag und ein kleines Licht die Nacht regiert." *(1. Mose 1,16)* Daß Sonne und Mond besonders im Orient ihr Regiment sehr intensiv wahrnehmen, entnehmen wir dem Psalmwort. Aber auch in unserem Abendland werden die Sonnenstrahlen immer mehr zur Gefahr, da der Ozongürtel durchlässiger geworden ist. Manch ein Leser dieser Andacht hat seine Schwierigkeiten des Nachts, wenn der Vollmond ihm zu schaffen macht. So bringt der Beter dieses Psalms sein Anliegen vor Gott, wenn er um Bewahrung vor zu starkem Einfluß der Sonne und des Mondes bittet. Trotzdem ist diese Anführung nur ein Bild, das uns sagen will, daß Gott jederzeit gegenwärtig ist, daß er uns Tag und Nacht behütet, weil er der Herr der gesamten Schöpfung ist. Sein Einfluß ist stärker als Sonne und Mond. Er will Herr über unsere Sorgen im Alltag sein und will es bleiben, wenn wir uns nach des Tages Müh zur Ruhe legen.

So hat Gott dann schließlich seine Schöpfung - uns zum Heil - vollkommen werden lassen, als sein Sohn in die Welt kam. Von ihm singt der Dichter: "Die Sonne, die mir lachet, ist mein Herr Jesus Christ; das, was mich singen machet, ist, was im Himmel ist". *(EKG 250,13)*. Das sollte uns froh machen und bereit, daß wir auch diesen Tag und diese Nacht getrost in Gottes Hände geben.

***Der Sonne Hitz, des Mondes Schein
sollen dir nicht beschwerlich sein.
Gott wendet alle Trübsal schwer
zu deinem Nutz und seiner Ehr.***

# 12. Januar

**Der Herr behüte dich vor allem Übel, er behüte deine Seele.**
*Psalm 121,7*

Es ist schwer, von etwas zu reden und es noch anzupreisen, das man mit seinen Sinnen nicht wahrnehmen kann. Den Eindruck hat man auch, wenn man von diesem Psalmwort angesprochen wird. Wiederholt hören wir den Zuspruch, daß Gott uns behütet. Wer mit seinen Sorgen und Kümmernissen nicht fertig wird, kann es nicht fassen, daß es eine Macht gibt, die aus diesen Tiefen herausreißen kann. Deshalb verzagen viele Menschen in ihrem Leben und werfen das Leben in Phasen tiefster Verzweiflung weg.

Besonders dafür dringt der Beter auf den Menschen ein, um schließlich segnend seine Hand über ihn zu erheben: Der Herr behüte dich! Du sollst frei werden vom Widersacher, der darauf aus ist, dein Leben zu erstören, ja, der dich in dieser Welt und nur für diese Welt, die bereits eine gefallene Schöpfung ist, ganz in Besitz nehmen möchte. So ist es wichtiger, daß nicht nur der Leib, sondern auch die Seele unter Gottes Hut stehen. Viele Menschen leiden unter einer angegriffenen Seele, weil das Zusammenleben durch viele neue Umstände schwerer wird. Jesus hat uns in seiner Verkündigung die Zerrüttung vorausgesagt, die Herz und Seele belasten. Aber er hat sich dafür der Welt als der Herr der Welt und ihrer Sorgen bezeugt. So bleibt dem Verzagten nur, das Schwerste auf sich zu nehmen und damit zu leben: Die Geduld! Sie führt letzten Endes zur Lösung, weil ER die Lösung ist.

*Kein Übel muß begegnen dir,*
*des Herren Schutz ist gut dafür;*
*in Gnad bewahr er deine Seel*
*vor allem Leid und Ungefäll.*

# 13. Januar

**Der Herr behüte deinen Ausgang und Eingang
von nun an bis in Ewigkeit.**
*Psalm 121,8*

Ausgang und Eingang stellen sich dar wie zwei Begrenzungen, zwischen denen etwas Unbekanntes steht. In einem öffentlichen Gebäude bietet der Eingang gewisse Erwartungen. Genauso führt der Ausgang wieder an die frische Luft, in die Freiheit. So sehen wir es ganz menschlich. Aber Eingang und Ausgang stehen im Leben mit Gott unter seinem besonderen Segen. Wenn ein Kind getauft wird, dann wird sein Eingang ins Leben wie auch sein späterer Ausgang aus dem irdischen Leben gesegnet. Eingang will sagen, daß das Kind an sein Leben Erwartungen stellen darf und soll, bis dieses Leben einmal seiner Vollendung entgegengeht.
Aber nun erbittet der Psalmbeter, daß Gott auch unseren Ausgang und Eingang behüten möchte. Zwischen diesem Ausgang und Eingang liegt etwas, das junge Leute noch nicht wahrhaben wollen: Es ist die Schwelle, die vom irdischen Leben zum irdischen Tod führt. Wie zwischen Eingang und Ausgang das Leben liegt, liegt zwischen Ausgang und Eingang der Tod. Doch das ist für unseren Glauben das Wunderbare, daß auch dieser Ausgang in die Freiheit führt, frei von den vielen Mächten und Einflüssen dieser Welt, die uns oft das Leben erschwert und uns von unserem Herrn und Schöpfer getrennt haben, so daß wir der Sünde verfallen sind. Mit dem Eingang in die Ewigkeit stehen wir auch hier vor neuen Erwartungen. Hier in der Zeit haben wir Zeit, um uns auf den Ausgang und Eingang vorzubereiten, und der Herr wird mit uns sein und uns diese Vorbereitungszeit, unser Leben segnen.

**Herr, Leben und Sterben vertrauen wir Dir an und bitten Dich:
Segne auch unseren Ausgang und Eingang.**

# 14. Januar

**Verlaßt euch auf den Herrn immerdar;
denn Gott der Herr ist ein Fels ewiglich.**
*Jesaja 26,4*

Auf den ist kein Verlaß! Wie oft wird dieser Satz über die Lippen gebracht, wenn man von anderen Menschen redet? Aber ist es nicht berechtigt, auch solche Menschen zu verteidigen, auf die kein Verlaß ist? Ich glaube nicht, daß man bewußt unzuverlässig sein möchte. Vielmehr entdeckt man dabei seine menschliche Schwäche. Keiner von uns ist fehlerlos. Aber der Prophet Jesaja weist uns an eine Instanz, die zuverlässig ist und bleibt. Das ist unser Gott, der uns geschaffen hat, der uns liebt und uns deshalb auch nicht fallen lassen möchte. Er hat seine große Liebe besonders bewiesen, als er in seinem Sohn zu den Menschen kam. Und wenn der Prophet Gottes Zuverlässigkeit mit einem Felsen vergleicht, dann denkt er nicht an Steine, die nicht reden können, sondern an Felsen, die fest an ihrem Platz bleiben, die sich nicht verrücken lassen. Gott läßt sich nicht von seinem Platz wegnehmen oder vertreiben, wie es viele vom Satan getriebene Menschen immer wieder mit Gott versuchen.
Die Geschichte hat uns gelehrt, daß Gott immer das letzte Wort behält. Besonders in diesem Jahrhundert wurde es uns wiederholt bewiesen. Der große Politiker und einstige Bundestagspräsident Hermann Ehlers hat 1952 auf dem Ev. Kirchentag gesagt: "Die Dinge, die uns täglich beschäftigen, haben keine Ewigkeitsbedeutung." Und wie wichtig nimmt der Mensch die alltäglichen Dinge? Wenn wir Gottes Kraft erkennen wie ein nicht zu bewegender Fels, dann würden manche Dinge des Alltags nicht unsere Sorgenberge füllen.

*Die Sach und Ehr, Herr Jesu Christ, nicht unser, sondern Dein ja ist;
darum so steh Du denen bei, die sich auf Dich verlassen frei.*

## 15. Januar

**Heute, wenn ihr seine Stimme hören werdet,
so verstockt eure Herzen nicht.**
*Hebräer 3,15*

Das kennen wir doch, daß widerspenstige Kinder nicht auf ein gutes und vermahnendes Wort hören wollen Kinder? Sind es nicht auch die Erwachsenen, die manchen guten Rat ausschlagen, der ihnen eine Hilfe sein könnte? Von Kindern sagt man dann, daß sie ungezogen seien - und Erwachsene? In der Welt sähe es anders aus, wenn man gegenseitig Lehren und gute Worte annehmen würde.
Aber bei allem Menschenrat gibt es auch noch darüber hinaus das, was Gott uns zu sagen hat. Sein Wort zu verachten, es bewußt zu überhören, macht das Leben auf der Erde noch schlimmer. Daher hat uns Jesus gesagt, daß Kriege und Kriegsgeschrei kommen und sein werden, bis an das Ende der Erde, weil der Mensch nicht bereit ist, auf Gottes Weisungen zu hören.Dieses Wort heute redet vielleicht nur zu dem einen oder anderen Menschen. Lassen wir Gott zu Worte kommen, wenn er uns durch den Apostel sagt: "Heute, wenn ihr seine Stimme hören werdet, so verstockt eure Herzen nicht."

Vielleicht brauchen wir besonders an diesem Tag Gottes Stimme, seinen guten Rat. Dieser Weisung geht eine Aussage voraus, die uns Mut machen möchte, auf Gottes Stimme zu hören, wenn der Apostel schreibt: "Wir sind Christi teilhaftig geworden". Das zu wissen ist wohltuend. Wir gehören zu Christus, zu dem, den Gott in die Welt gesandt hat, damit die Menschen aus ihrer Sündhaftigkeit herausgerettet und froh werden. Wir sind Christi Brüder und Schwestern. Wer möchte sich dieser frohen Botschaft schon verschließen?

***Wir wissen, Herr, wie schwer es uns fällt, auf dich zu hören.
Mach uns immer wieder neu dafür bereit.***

# 16. Januar

**Selig sind, die da hungert und dürstet nach der Gerechtigkeit; denn sie sollen satt werden.**
*Matthäus 5,6*

Seligkeit ist ein besonderer Zustand des Glücks, wie es immer wieder Menschen von sich geben, wenn sie sorgenlos, frei und gelassen sind. "Jetzt bin ich selig!" Aber diese Glückseligkeit kann von kurzer Dauer sein, wenn neue Probleme und Sorgen den Alltag füllen. Jesus läßt uns wissen, daß es eine Seligkeit von Dauer gibt, eine Seligkeit über den Tod hinaus. Er nennt daher die Menschen besonders selig, die schon hier in der Zeit erkennen, daß unser Leben nicht vollkommen ist, daß genau so diese Welt eine Welt voller Fehler und Schuld ist, ja eine Welt, in der die Ungerechtigkeit regiert. Das ist nicht für jedermann leicht zu ertragen, besonders dann nicht, wenn man sich als Kind Gottes weiß, das auf dieser Erde letzten Endes keine Heimat hat. Verlangen nach der wahren Gerechtigkeit ist der Wunsch der Menschen, die über den irdischen Tod hinaus neues Leben erkennen. Ihnen hilft auch nicht eine Stunde oder ein Tag oder auch eine gewisse Zeit die Seligkeit hier auf Erden.

Berechtigt sehen sie dahinter die immer wieder neu auf sie zukommenden Alltäglichkeiten. Um so mehr lohnt es sich, auf den Herrn zu hören, der Freud und Leid, schöne und schwere Stunden mit der Hoffnung auf Ewigkeit für uns überbrücken möchte. Jesus Christus selber hat sich uns als die höchste Gerechtigkeit dargestellt dadurch, daß er für uns in den Tod und wieder ins Leben gegangen ist. Mit ihm die Vergangenheit hinter sich zu lassen, mit ihm in die Zukunft hineinzugehen, ist lohnenswert und macht erst wirklich selig.

*Die höchste Gerechtigkeit ist mir erworben,*
*da du bist am Stamme des Kreuzes gestorben, Danke, Herr.*

# 17. Januar

**Die Furcht des Herrn ist der Anfang der Erkenntnis.**
*Sprüche 1,7*

Furcht und Angst sollte man nicht verwechseln. Wer sich vor etwas fürchtet, wird allerdings von der Angst bewegt, aber Furcht mit Ehrfurcht verbunden, wird keine Angst auslösen. Und von dieser Furcht schreibt der König Salomo, wenn er in dem Zusammenhang den Herrn, unseren Gott, erwähnt. Die Furcht des Herrn will sagen "Ehrfurcht vor Gott", wie es bei genauerer Übersetzung heißt. Ich weiß, daß Gott mich ganz an und in der Hand hat, denn er hat uns gemacht und nicht wir selbst. Mutig sind die Menschen, die wissen, daß ihr Leben und auch Sterben nicht in ihrer Hand liegt, wenn sie aber dennoch selbstherrlich in den Tag hineinleben, als könnten sie jede Zeit ihres Lebens selber bestimmen und gestalten. Gott setzt immer wieder Grenzen und läßt erkennen, daß er der Herr ist.
Deshalb wohl denen, die ehrfurchtsvoll alles aus Gottes Hand nehmen, dankbar für ihr Leben sind, daß Gott ihnen anvertraut hat, und es auch eines Tages wieder dankbar an den Schöpfer zurückgeben. Wer unter dieser Ehrfurcht vor Gott sein Leben zu gestalten weiß, hat den Herrn in rechter Weise erkannt. ER ist der Geber und Erhalter, mit dem es sich lohnt, jeden Tag neu anzugehen und getrost - und auch ohne Angst - in die Zukunft zu gehen. Keiner weiß, was der neue Tag ihm bringt, aber er weiß, daß es ein Tag des Herrn sein wird, des Herrn, der uns nicht fallen läßt. Das zu erkennen macht froh und so verstehen wir auch, daß diese Furcht vor dem Herrn der Anfang der rechten Erkenntnis Gottes und unseres Daseins ist.

*Laß mich kein Lust noch Furcht von Dir*
*in dieser Welt abwenden;*
*beständig sein ans End gib mir,*
*Du hasts allein in Händen.*

# 18. Januar

**Wer Gottes Wort glaubt, der achtet die Gebote,
und wer dem Herrn vertraut, dem wird nichts mangeln.**
*Sirach 32,28*

Solange es Menschen auf dieser Erde gibt, haben sie sich auch Lebensordnungen gegeben, in deren Grenzen sie miteinander leben und umgehen. Das gibt es bis heute in der kleinsten Lebensgemeinschaft, in der Ehe, wenn sie harmonisch und gut sein soll. Mose war es vor über dreitausend Jahren, der von Gott das erste "Grundgesetz" in Empfang nahm, das wir noch heute als die "Zehn Gebote" kennen. Fortlaufend haben sich Völker nach diesen Geboten ihre Gesetze gegeben. Doch zu allen Zeiten gab es auch anarchistische Bewegungen, die diese Verhaltensweisen außer Kraft setzen wollten, weil man meinte, dadurch größere Freiheiten zu haben. Genau so gibt es aber aus der Geschichte genug Beweise dafür, daß Völker und Nationen zugrunde gegangen sind, wenn sie Gottes Ordnungen nicht mehr geachtet haben.

In nicht geringer Gefahr stehen wir heute, und es fällt nicht schwer, festzustellen, welche Gebot noch geachtet oder schon ignoriert werden. Das kann uns traurig stimmen, weil der einzelne dagegen nichts tun kann. Aber mit festem Gottvertrauen dürfen wir getrost das auf uns zukommen lassen, was Gott für uns bereit hält, sei es für uns gut oder schadend, wie wir meinen, Gott wird nichts falsch machen. Deshalb sollten wir uns ihm zu allen Zeiten anvertrauen und fürbittend für alle Menschen eintreten, denen der rechte Gottesbezug noch fehlt, fürbittend auch für unser Volk, das Gott nicht fallen lassen wolle.

*Mit großer Sorge erkennen wir, wie deine Gebote,
Herr, mißachtet werden. Bleib uns dennoch treu.*

## 19. Januar

**Wohlan, mache dich ans Werk, und der Herr wird mit dir sein!**
*1. Chronik 22,16*

Das ist ein wohltuender Zuspruch für den Beginn eines neuen Tages, aber auch für eine bevorstehende und zu verrichtende Arbeit. So war dieses alttestamentliche Wort gedacht. Der König David bedenkt den künftigen Tempelbau, den er seinem Sohn Salomon übertragen möchte. Alle Vorbereitungen hat er dafür getroffen bis zur Beschaffung des gesamten Baumaterials. Aber Gott wollte, daß der Bau nach Davids Tod von Salomo durchgeführt wurde. David konnte nur noch seinem Sohn gebieten: "Wohl an, mache dich ans Werk, und der Herr wird mit dir sein!" So entstand dann unter diesem König der erste Tempel in der Zeit von 967 bis 960 vor Christi Geburt.

Aber es muß nicht sein, daß nur Gotteshäuser unter solchem Segenswunsch gebaut werden. Viele Menschen bauen heute viele Häuser. Leider wird dabei häufig genug der Sonntag entweiht, und das straft Gott nicht selten dadurch, daß er es zuläßt, daß sich die Bauherren dabei zugrunde richten und ihre Gesundheit zerstören. Wir dürfen uns freuen, daß wir durch dieses Wort angeregt werden, all unser Tun und Treiben unter den Segen Gottes zu stellen. Wer im Aufblick zum Herrn ans Werk geht, wird den Segen Gottes erfahren. Deshalb bieten uns auch die täglichen Herrnhuter Losungen ein Wort zum Be-ginn eines jeden Tages an. Aber genau so soll dieses Andachtsbuch eine Hilfe sein und jederzeit an das Wort Gottes erinnern und zum Lob und zur Anbetung vermahnen. Deshalb: Wohlan, mache dich ans Werk, und der Herr wird mit dir sein!

*Herr, du bist nicht damit einverstanden, wenn wir ohne dich ans Werk gehen, darum bitten wir dich bei allem Beginnen um deinen Beistand und deinen Segen.*

# 20. Januar

**Die Augen des Herrn sehen auf die, so ihn liebhaben.**
*Sirach 34,19*

Es beeindruckt mich immer wieder neu, wenn ich in einer Kirche, besonders während eines Gottesdienstes, hoch über dem Altar das Auge Gottes in einem Dreieck eingefaßt sehe. Das Dreieck soll die Dreieinigkeit symbolisieren. Aber das Auge Gottes ist immer so angelegt, daß es den Gottesdienstbesucher im "Auge" hat. Man hört das Wort Gottes, man betet an, singt und lobt und dankt im Gottesdienst. Und bei allem schaut Gott auf uns, als wollte er sagen: "Meint ihr es wirklich so ehrlich mit mir?" Vielleicht haben sich die Kirchenbaumeister an das Wort aus dem Buch Sirach erinnert und sind dabei davon ausgegangen, daß man es beim Kirchgänger voraussetzen kann, daß er Gott lieb hat.

Aber Gott kennt auch seine Kinder und weiß, wer ihn liebt. Man könnte annehmen, daß Gott die Menschen im Auge hat, die ihm zu schaffen machen. Aber ganz offensichtlich ist es die schlimmste Strafe für die Menschenkinder, wenn Gott sich von ihnen abwendet. Auch Eltern strafen ihre Kinder, indem sie ihnen den guten Blick versagen. Gott ist noch intensiver in seinem Verhalten zu uns. Und wenn man bedenkt, wieviele Menschen unser Herr im Auge haben muß, daß jeder Augenblick dem einzelnen gilt, nicht nur der Masse, dann ist es schon wohltuend zu wissen, daß wir einen ganz persönlichen Herrn haben. So möchte er auch heute mit uns umgehen, gleich ob wir unser Tagewerk verrichten oder uns zur Ruhe legen. Der Herr wacht über uns.

*Was sind wir Armen, Herr, vor Dir?*
*Aber Du wirst für uns streiten*
*und uns mit Deinen Augen leiten;*
*auf Deine Kraft vertrauen wir.*

# 21. Januar

**Einen andern Grund kann niemand legen als den, der gelegt ist, welcher ist Jesus Christus.**
*l. Korinther 3,11*

Wenn für ein öffentliches Gebäude der Grundstein gelegt wird, ist das oft eine große Angelegenheit. Prominente Leute werden eingeladen, und einer von ihnen wird dann gebeten, die Grundsteinlegung unter dem Klicken der Kameras der Reporter vorzunehmen. In den meisten Fällen werden noch Tageszeitungen, derzeitig gültige Münzen und andere Wertobjekte in das Fundament eingemauert. Ein feierlicher Akt läuft bei einem solchen Geschehen ab, als sollte der Bau für die Ewigkeit gebaut werden wie seinerzeit der Turm zu Babel. Dabei sieht man täglich in den Medien, wie wertvollste Gebäude, historische Städte und vieles andere in Schutt und Asche gelegt werden. Der Apostel Paulus hat auch zur Grundsteinlegung aufgerufen. Aber sein Grundstein ist keine tote Materie, sondern Leben. Sein Grundstein ist Jesus Christus, den Gott auf die Erde gesandt hat, um durch ihn Mensch zu werden. In Bethlehem wurde der Grundstein Jesus zum ersten Mal gelegt. Auf ihm baute Gott durch die Kraft des Heiligen Geistes seine Gemeinde. Und jeder, der zu dieser Gemeinde gehören will, darf ein lebendiger Stein sein, bis das Gebäude, die Gemeinde Gottes vollkommen ist. Aber gleichzeitig darf auch jeder Jesus Christus als seinen Grundstein annehmen, damit das einzelne Leben lebenswert wird. Nicht ein Bau, der mit der Zeit verfällt, sondern der ewig hält, weil Jesus Christus durch seinen Tod und sein Auferstehen diesem Bau die Vergänglichkeit genommen hat. Das ist Grund, immer wieder die "Grundsteinlegung" neu zu feiern und Gott dafür Dank zu sagen.

***Der Grund, da ich mich gründe, ist Christus und sein Blut;
das machet, daß ich finde das ewge, wahre Gut.***

# 22. Januar

**Du hast den Menschen zum Herrn gemacht über deiner Hände Werk, alles hast du unter seine Füße getan.**
*Psalm 8,7*

Der achte Psalm wird dem König David zugeschrieben. Offensichtlich hat David bei seiner Dichtung die Schöpfungsgeschichte zugrunde gelegt, in der Gott den Menschen anweist, die Erde zu bebauen und sie sich untertan zu machen. Das hat der Mensch inzwischen gründlich getan, Wasser, Luft und Erde sind verseucht, in den Flüssen und Meeren sterben die Fische, ganze Waldgebiete sind abgestorben, aus einst saftigen Berghängen sind kahle Skipisten geworden, und vieles wird noch zutage kommen, was der Mensch heute noch nicht weiß, "Machet euch die Erde untertan," hat Gott geboten, es aber nicht so gemeint. Gott hat den Menschen zum Herrn gemacht über seiner Hände Werk, aber der Mensch hat sich als ein schlechter Haushalter bewährt. Ist es soweit, daß das Endgericht nicht mehr lange auf sich warten läßt, oder gibt Gott uns noch Zeit, damit wir zur Neubesinnung kommen und der Schöpfung neue Achtung zollen? Jeder ist dazu aufgerufen. Keiner darf sich damit begnügen zu meinen, daß Gott schon die richtige Entscheidung treffen würde, sondern wir sind unserem Schöpfer gegenüber nach wie vor verpflichtet, die Erde zu bauen und zu bewahren. Auch wenn die Zeichen der Zeit auf Sturm stehen und uns wissen lassen wollen, daß Gott dieser Welt bald ein Ende setzen wird, bleibt unsere Pflicht bestehen. Und jeder sollte in seinem Umfeld und in seiner Bekanntschaft das Seine tun, damit der Mensch wieder zum guten Haushalter Gottes wird.

**Wir müssen um unsere gute Erde in großer Sorge sein und du, Herr, hast recht, wenn du mit uns ins Gericht gehst. Verzeih und laß uns neu beginnen.**

## 23. Januar

**Wenn du dich bekehrst zu dem Herrn, deinem Gott, wird er deine Gefangenschaft wenden und sich deiner erbarmen.**
*5. Mose 30, 2-3*

Wie kann man sich von diesem Wort angesprochen fühlen, wenn man sich nicht in einem Zustand irgendwelcher Gefangenschaft weiß? Mose spricht auch zu Menschen, die nicht hinter Schloß und Riegel sitzen. Er spricht zu seinem Volk Israel, daß mit ihm auf dem Weg von Ägypten ins Gelobte Land ist. Als Sklaven in Ägypten konnten sich die Israeliten wie Gefangene fühlen im Gegensatz zu der Freiheit, die sie durch Mose bekamen. Dann zählte Mose die Entbehrungen auf, die mit der Wüstenwanderung und allen Strapazen und Durststrecken verbunden waren. Aus der Sklaverei in die Freiheit? Auch Freiheit kann der Gefangenschaft gleich sein. Genau so aber kann man als Gefangener frei sein, frei unter der Gnade Gottes. Darum geht es in diesem Wort. Wer sich Gott zuwendet, wer durch Gott den Sohn, den Erlöser erkennt und mit ihm einen neuen Anfang macht - Mose sagt: Wer sich bekehrt - der ist als Gefangener unter der Gnade Gottes ein Freier. So konnte Paulus aus seiner Todeszelle in Rom an seine geliebte Gemeinde in Philippi schreiben: "Freuet euch in dem Herrn allewege, und abermals sage ich: Freuet euch!" Wer sich zur Zeit in einem Zustand tiefster Traurigkeit und Resignation befindet, die einer Gefangenschaft gleich ist, darf wissen, daß Gott ihn als sein geliebtes Kind fest an die Hand nimmt. Er gehört dann - nichts ahnend - zu denen, die wahre Freiheit genießen, die durch die Botschaft froh werden.

*Herr, Du wirst kommen und all Deine Frommen,*
*die sich bekehren, gnädig dahin bringen,*
*da alle Engel ewig, ewig singen:*
*"Lobet den Herren!"*

# 24. Januar

**Der Herr ist meine Macht und mein Psalm und ist mein Heil.**
*Psalm 118,14*

Wenn man dieses dreifache Bekenntnis des Psalmbeters liest, kann man sich daran aufrichten. Nur wenige Christen bezeugen in so starker Form heute ihren Glauben:

1. Gott, meine Macht, will doch heißen, daß alle Kräfte, die uns zur Verfügung stehen, gleich in welchen Situationen, nicht ausreichen gegen die Macht und Kraft, die wir im Glauben an Gott zur Seite haben. Erinnert sei dazu an die Geschichte vom Kampf zwischen dem kleinen David und dem Riesen Goliath. Keiner von Davids Freunden hat ihm eine Chance gegeben, aber David hat an der Seite seines Gottes gesiegt. Die Bibel erzählt noch von vielen anderen Begebenheiten gleicher Art.

2. Gott ist mein Psalm! Der Psalm ist ein geistliches Lied, ein Lobgesang. Im neuen Kirchengesangbuch sind fast 800 Lieder aufgenommen. Wenn der Psalmist Gott als den Psalm bezeichnet, dann will er damit sagen, daß alle Choräle, die zu Gottes Ehre gesungen werden, nur ein kleiner Teil der gesamten Göttlichkeit sind, Gott umfaßt alle Lobgesänge nur durch seinen Namen, Gott ist die Fülle allen Lobens, das zu seiner Ehre geschieht.

3. Gott ist mein Heil! Damit nimmt der Psalmbeter die frohmachende Botschaft des Evangeliums schon in den Alten Bund hinein. Gott als das Heil hat sich uns bezeugt im Heiland Jesus Christus. Gott bleibt unsere Macht, unser Psalm und unser Heil. Wen sollten wir noch fürchten?

*Ihr, die ihr Christi Namen nennt, gebt unserm Gott die Ehre, ihr die ihr Gottes Macht bekennt, gebt unserm Gott die Ehre.*

## 25. Januar

**Herr, du bist mein Gott, dich preise ich; ich lobe deinen Namen. Denn du hast Wunder getan.**
*Jesaja 25,1*

Dieses Gebet aus dem Munde Jesajas ist ein Danklied der Erlösten nach dem Gottesgericht, wie es als Überschrift in meiner Bibel heißt. Voraus geht die Ankündigung des Gottesgerichtes in der Endzeit. Aber das ist der Trost für die von Gott Auserwählten, daß sie erkennen dürfen, daß der Herr nach wie vor zu ihnen steht. Das ist unsere Hoffnung, die das Leben lebenswert macht. Gott, der Herr, steht zu uns und läßt seine Kinder nicht fallen. Dafür ist es aber wichtig, daß wir auch in Treue zu Gott stehen. Deshalb ist der Mensch glücklich, der das Gebet des Propheten in seinen Alltag und in sein Leben mit hineinnimmt.

Glücklich ist der, der am Morgen eines neuen Tages mit einem solchen Gotteslob beginnt. Glücklich auch der, der am Abend unter solcher Anbetung den vergangenen Tag zurückgeben kann in Gottes gute Hände. Es war immerhin ein Tag seines Lebens, der nicht zurückkehrt. Auch ein versäumtes Danken läßt sich nur schwerlich nachholen. Um so mehr müssen Christen im Umgang mit ihrem Gott immer "auf dem laufenden" sein. Gott will von uns angeredet werden, und wir dürfen auch zu ihm "Du" sagen: Herr, Du bist mein Gott, Dich preise ich! Was ist das für ein Geschenk an uns Menschenkinder, an seine Geschöpfe, daß sie, wenn sie mit Gott reden, mit ihm auf einer Stufe stehen dürfen wie bei einem guten Freund. Daß Gott uns das Angebot gemacht hat, ist dann auch Grund, ihn zu loben, wie Jesaja schreibt: Ich lobe deinen Namen. Dieses Verhältnis zu unserem Herrn ist wahrlich ein Wunder.

***Lobe den Herrn, meine Seele, und vergiß nicht, was er dir Gutes getan hat!*** *Psalm 103,2*

# 26. Januar

**Dienet einander, ein jeglicher mit der Gabe, die er empfangen hat, als die guten Haushalter der mancherlei Gnade Gottes.**
*1. Petrus 4,10*

Gott ist uns in mancherlei Weise gnädig. Er kommt uns in immer anderer Form entgegen. So auch, wenn wir in dem anderen, der uns zur Seite gegeben ist, einen Menschen sehen, dem wir es schuldig sind, mit unseren Gaben zu dienen. Denn unsere Gaben sind ja zunächst Gottes Gaben an uns. Deshalb ist es traurig, wenn man heute erkennen muß, daß der Dienst am anderen Menschen nicht mehr selbstverständlich ist. Besonders tragisch wirkt sich das in der Ehe aus, wenn Eheleute im anderen nicht mehr das gleiche Geschöpf Gottes erkennen, das man auch sein will. Wenn heute viele Ehen geschieden werden, fragt keiner nach der Ursache. Dennoch steht sie schwarz auf weiß in der Heiligen Schrift. Wir sind nicht mehr bereit, uns unterzuordnen, also einander zu dienen.

Der ethische Begriff "Dienen" wird heute weitgehend aus unserem Wortschatz verdrängt. Man möchte nicht mehr dienen, sondern sich selbstverwirklichen, selbst der Herr sein. Dafür wird dann Gott ausgeschaltet, Aber das Evangelium lehrt uns, daß Gott zuvor unser Diener geworden ist, indem er durch seinen Sohn Jesus Christus Mensch unter Menschen geworden ist. Auch eine Andacht soll dazu "dienlich" sein, daß man durch sie wieder die rechte Blickrichtung bekommt. Ob wir uns die Kraft erbitten, diese Blickrichtung wahrzunehmen, damit das Miteinanderleben wieder lohnenswert wird?

*Die Lieb nimmt sich des Nächsten an,*
*sie hilft und dienet jedermann;*
*gutwillig ist sie allezeit,*
*sie lehrt, sie straft, sie gibt und leiht.*

# 27. Januar

**Jesus spricht: Sei sehend! Dein Glaube hat dir geholfen.**
*Lukas 18,42*

Was ist diesem Zuspruch vorausgegangen? Da kommt ein Mann zu Jesus, zunächst sehr distanziert, denn er forschte nach, wer da bei ihm vorübergeht. Dann aber ruft er Jesus zu: "Jesus, du Sohn Davids, erbarme dich mein." Und dann wird uns berichtet, was mir sehr eindrucksvoll erscheint: Jesus stand still! Wer geht schon mit solchen Erwartungen auf Jesus zu, um es zu erreichen: Jesus steht vor mir still!? Danach nimmt sich Jesus dieses Blinden an und geht auf ihn zu. Dieser Vorspann mag genügen. Ein Blinder begegnet Jesus. Wieviele Menschen sind sehend und gehen doch blind durchs Leben, nicht nur das, sie sind auch blind im Glauben. Die Dunkelheit ist die Not der Blinden. Sie leben im Licht, aber es ist trotzdem dunkel um sie herum. In dieser Geschichte erfahren wir, daß ein Blinder Sehnsucht nach dem Licht hat, nach dem wahren Licht. Sein ganzes Leben war von Finsternis geprägt bis zu diesem Tag, und dann begegnet er Jesus, von dem er so viel gehört hat. Eigentlich eigenartig: Was haben wir alles von Jesus gehört, über ihn gelesen und Jesus "zieht" nicht mehr. Er ist nur noch zuständig für die Frommen. Der Blinde von Jericho war gewiß kein Frommer, und er entdeckt Jesus als den Lichtbringer, nicht nur das. Er kommt im Angesichte Jesu zum befreienden Glauben. "Herr, laß mich sehend werden," war der auslösende Wunsch. Und Jesus sagt diesem Blinden und allen Menschen, die den Durchblick bekommen möchten: "Sei sehend, dein Glaube hat dir geholfen." Wem ist das keine Hilfe?

*__Sehende Augen gibt er den Blinden,__*
*__erhebt, die tief gebeuget gehn;__*
*__wo er kann einige Fromme finden,__*
*__die läßt er seine Liebe sehn.__*

# 28. Januar

**Ich bin der rechte Weinstock, und mein Vater der Weingärtner. Wer nicht in mir bleibt, der wird weggeworfen wie eine Rebe.**
*Johannes 15,1+6a*

In meinem Garten habe ich zwei Weinstöcke. Ich habe sie bewußt angepflanzt, weil mich das Gleichnis Jesu vom Weinstock und den Reben schon immer interessiert und angesprochen hat. Im dritten Jahr tragen die Reben zum ersten Mal. Jungfernwein nennt ihn der Winzer. Wir alle, auch die Nachbarschaft waren auf die reifen Trauben sehr gespannt. Dann kam das Unglück: Die Reben setzten Mehltau an. Ich habe sie behandelt, aber es wurde immer schlimmer. Vom Fachmann mußte ich mir sagen lassen, daß ich den Wein nicht früh und gründlich genug beobachtet habe. Sämtliche Trauben verdorrten. Das ist das Bild, das Jesus braucht für Menschen, die nicht den frühen und rechten Kontakt zu ihm haben. Sie sind den Reben gleich, die nicht sorgfältig beobachtet und behandelt werden. Wenn man sich das vor Augen führt, weiß man erst, wie schrecklich es ist, wenn man im Kontakt zu Jesus gleichgültig ist. Die verdorbenen Trauben mußte ich wegwerfen. Das hat mir sehr weh getan.

Wie leidet Jesus, wenn er Menschen verwerfen muß. Wir spüren es in dieser Zeit und in unserem alltäglichen Leben noch nicht. Aber es kommt wahrscheinlich die Zeit, da wir Verlangen nach dem Weinstock haben. Verlangen nach der ewigen Quelle, die uns Gott durch seinen Sohn angeboten hat. Jesus ist der rechte Weinstock und wir seine - noch gesunden - Reben. Deshalb sollten wir zeitig die Verbindung zum Weinstock Gottes, des Weingärtners, pflegen, und Jesus bittet darum: Bleibet in mir!

*Bei Dir, Jesu, will ich bleiben,*
*stets in Deinem Dienste stehn.*

# 29. Januar

**Der Gerechten Pfad glänzt wie das Licht am Morgen, das immer heller leuchtet bis zum vollen Tag.**
*Sprüche 4,18*

Wer gestern die Andacht gelesen hat, weiß, wie man auf den Weg der Gerechten kommt. Jesus sagt uns: "Wer in mir bleibt, der kann auch von mir alles erwarten." *(Johannes 15,7)* Wer also in seinem Leben mit Jesus auf dem Weg ist, ist nicht betrogen. Im Gegenteil: Er gehört zu den Gerechten, wie sie Salomo in seinen Sprüchen nennt. Und als Gerechte sollen wir unterwegs sein. Wer aus der Gerechtigkeit Gottes lebt, so heißt es, ist ein Licht am Morgen, das mit dem Ablauf des Tages, bis die Sonne am Zenit steht, immer heller wird. Nehmen wir es wahr, leben wir bewußt damit, zu erkennen, daß die aufsteigende Sonne bis in die Mitte des Tages hinein immer mehr an Leuchtkraft für unsere Erde ausstrahlt?

Im täglichen Alltag ist leider vieles all zu selbstverständlich, ohne darüber nachzudenken. Auch leben viele Menschen in den Tag hinein, nicht achtend dessen, daß hinter allem der Schöpfer steht. So ist es auch mit dem Pfad der Gerechten. Im Leben mit Jesus Christus, so sollen wir das Wort verstehen, werden wir immer reifer für die Ewigkeit. Es gibt solche Menschen, die eine geistliche Kraft ausstrahlen, über die man sich nur wundern muß. Sie sind als Gerechte Gottes im Glauben und in ihrem Verhältnis zu ihm gewachsen, so daß sie auf andere wie eine besondere Leuchtkraft wirken. Mögen sie immer in unsere Gesellschaft hineinstrahlen und uns wissen lassen, daß es sich lohnt, zu den Gerechten zu gehören.

*Sonne der Gerechtigkeit, gehe auf zu unsrer Zeit;*
*brich in Deiner Kirche an, daß die Welt es sehen kann.*
*Erbarm Dich, Herr.*

# 30. Januar

**Es werden Wasser in der Wüste hervorbrechen
und Ströme im dürren Land.**
*Jesaja 35,6*

Das Bild, daß Jesaja uns vorstellt, bezieht sich nicht nur auf natürliche Wüsten- und Dürregebiete, sondern auch zu seiner Zeit - um 700 vor Christus - war die Welt nicht in Ordnung. Deshalb bekommt er die schwere Aufgabe, Gerichtsbote für sein verstocktes Volk zu sein. Aber auch das ist ihm verheißen, in furchtbaren Gottesgerichten wird ein Rest seines Volkes, das in die Buße geht, gerettet werden. Unermüdlich ist er in seiner Verkündigung, deren Tenor es ist, daß Gott letzten Endes nach seinen Gesetzen die Völker regiert. Das Chaos um uns herum ist nicht eine Uraufführung des Satan. Satan hat die Welt schon immer nach seinen Kräften im Griff gehabt, aber Jesus ist gekommen und hat der "Schlange" den Kopf zertreten, und das ist unsere Christenfreude. - Wüste und Dürre gibt es aber nicht nur verbreitet in der Welt, sondern sie hat auch im kleinsten Raum ihren Platz, in den kleinsten Lebensgemeinschaften. Wüste und Dürre können auch die alltäglichen und nächtlichen Sorgen in einem Menschenleben sein. Doch da kommt dann wieder - hier auch im Alten Bund - das Evangelium zu Wort, wenn uns der Prophet wissen läßt, daß es ganz gewiß zum Durchbruch kommt wie in der ewigen Wüste und dem harten Boden im Gebiet der Dürre. Jesus hat uns dazu gesagt: "Wer an mich glaubt, wie die Schrift sagt, von dessen Leib werden Ströme lebendigen Wassers fließen." *(Johannes 7,38)* Das allein sollte uns froh und getrost machen.

*Brunn alles Heils, Dich ehren wir
und öffnen unsern Mund vor Dir;
aus Deiner Gottheit Heiligtum
Dein hoher Segen auf uns komm.*

# 31. Januar

**Ich will euch Hirten geben nach meinem Herzen,
die euch weiden sollen in Einsicht und Weisheit.**
*Jeremia 3,15*

Unzuverlässige Hirten hat es schon immer gegeben, solange die Erde steht. Im Neuen Testament heißen sie Mietlinge, die man angestellt hat, denen aber die Herde nicht gehört. Dadurch haben sie auch nicht das Verhältnis zu den Tieren wie ein Besitzer der Herde.

Aber hier geht es nicht um Schaf- oder Viehhirten, sondern um Menschen, die für andere Verantwortung tragen sollen, auch für ein ganzes Volk. In den Jahrtausenden der Weltgeschichte hat es immer wieder Hirten, Könige, Führer und Verführer gegeben. Jüngst bewiesen wurde es uns nach dem Zusammenbruch der DDR. Aber auch in der Gemeinde Gottes konnte man derartige Enttäuschungen erleben. Jesus Christus wurde der erste und letzte gute Hirte, der über diese Erde gegangen ist. Aber er hat auch Menschen berufen, Jünger und Zeugen, denen er dann seine "Herde", die Gemeinde Gottes anvertraut hat. In dieses Amt kann sich jeder einbauen lassen, der sich von Gott dafür berufen weiß. Und viele unscheinbare Gemeindeglieder leisten da einen hohen Dienst. Ja, vielleicht haben Sie auch einen Menschen ganz in Ihrer Nähe, den Gott für Sie zum Hirten gesetzt hat. Oder sind Sie es selbst? Es gibt viele Verlassene und Einsame, die einen solchen Hirten an ihrer Seite gebrauchen könnten. Vielleicht begegnet Ihnen heute jemand, dem Sie dankbar sind und den Sie vor der Nachtruhe mit einem Dankgebet vor Gott bringen, weil er Ihnen ein guter Hirte war. Oder waren Sie heute für andere ein guter Hirte? Dann sei Ihnen Dank dafür.

*Erkenne mich mein Hüter, mein Hirte nimm mich an.
Von dir, Quell aller Güter, ist mir viel Guts getan.*

# 1. Februar

**Als meine Seele in mir verzagte, gedachte ich an den Herrn, und mein Gebet kam zu dir.**
*Jona 2,8*

Fast unzählig viele Gebete gibt es in den einzelnen Büchern der Heiligen Schrift. Deshalb ist es nicht zu verstehen, wenn sogar manche Theologen von sich sagen, daß sie mit dem Gebet nichts anfangen können. Sie brauchen dringend die Zuwendung Gottes. Mit dem obigen Schriftwort haben wir ein Gebet des Propheten Jona vor uns. Er betet in der engsten und finstersten Gefangenschaft, im Bauch des Fisches. Dieses Gebet gehört zu den eindrucksvollsten Gebeten der Bibel. Und besonders dieses Gebet läßt uns fragen: Wie kann Gott noch helfen? Wie kann es nach außen zu Gott hinführen, bei Gott jetzt noch ankommen. Der Beweis wird uns gegeben, daß Gott in den schwierigsten Lebenslagen unsere Gebete erhört. Wo menschlich gesehen alles verloren ist, da können wir von Gott gewonnen werden. Das mag denen ein Trost sein, die heute ganz unten sind und nur noch mit dem 130. Psalm beten können: "Aus der Tiefe rufe ich, Herr, zu dir." Wenn bei Jona das große Wunder geschehen ist, daß der Fisch ihn ans Land gespien hat, warum soll der Herr nicht bei jedem von uns Wunder tun, wenn wir ihn darum bitten? In den Krankenhäusern passiert es immer wieder, daß Ärzte sich wundern, wenn sich der Krankheitszustand bei einem Patienten wider alle Erwartungen bessert. Gebetserhörungen sind bei treuen Betern an der Tagesordnung. Ich bekam nach einem Krankenabendmahl in der Nacht den Anruf von den Angehörigen, daß sie den Eindruck hätten, daß die Kranke außer Lebensgefahr sei. Ich konnte es nicht fassen, mußte es mir aber in den nächsten Wochen beweisen lassen.

**Ein Arzt ist uns gegeben, der selber ist das Leben;**
**Christus, für uns gestorben, der hat das Heil erworben.**

# 2. Februar

**Ach Gott, wie lange soll der Widersacher noch schmähen und der Feind deinen Namen immerfort lästern?**
*Psalm 74,10*

Erst gestern stand über der Andacht ein Gebet. Das heutige Gebet kommt aus dem Munde eines Psalmsängers. Es läßt den Beter als einen Verzweifelten erkennen, der es nicht fassen kann, daß Gott immer wieder gelästert wird. Aber Gott läßt es sich offensichtlich gefallen. Das macht auch uns zu schaffen, wenn wir wahrnehmen müssen, wie Gott in den Medien, in Shows und in der Presse in den Schmutz gezogen wird. "Warum greifst du, Gott, da nicht ein?" So fragen wir uns oft. Und so fragt auch der Beter dieses Psalms: "Warum ziehst du deine Hand zurück? Nimm deine Rechte aus dem Gewand und mach ein Ende!" Man hat den Eindruck, als habe es noch nie so viele Gotteslästerungen gegeben wie in dieser Zeit. Aber die Bibel beweist uns, daß es sie seit altersher gegeben hat, und Gott hat dazu geschwiegen. Er hat auch geschwiegen, als das Bundesjustizministerium in den 70er Jahren den Gotteslästerungsparagraphen aus dem Strafgesetzbuch gestrichen hat. Mir hat das damals sehr zu schaffen gemacht, so daß ich Angst vor dem Gericht Gottes hatte. Gott schwieg, oder schweigt er doch nicht? Jedenfalls müssen wir uns fragen, ob es uns zusteht, Gott überall verteidigen zu wollen. Als unser Herr Jesus ins Leiden und ans Kreuz ging, gab es kaum noch Anhänger von denen, die vorher "Hosianna" geschrien haben. Sogar als man ihn am Kreuz verspottete, war keiner da, der für ihn eintrat, und Gott schwieg? Nein, er hat Jesus erhöht und zum Christus gemacht. Das war seine Antwort. Und Christus lebt!

***Wir können es nicht fassen, wenn du schweigst, Herr;
aber wir wissen, daß du das letzte Wort hast.***

# 3. Februar

**Der Herr ist mein Licht und mein Heil;
vor wem sollte ich mich fürchten?**
*Psalm 27,1*

Was ist das für eine fröhliche Aussage? Gott ist Licht und Heil! So bekennt es ein frommer Mann des Alten Bundes, der Gott innig erfahren hat. Im Neuen Testament kann man wiederholt lesen, daß Gott Licht ist, besonders im 1. Kapitel des Johannesevangeliums. Aber wie kann sich Gott als Licht darstellen? In der Schöpfungsgeschichte steht, daß Gott das Licht geschaffen hat. Offensichtlich hat der Beter des Psalms geahnt, daß der Schöpfer des Lichtes eines Tages selber als das Licht in die Welt kommen würde, wie Johannes schreibt: "Das Licht scheint in der Finsternis." *(Johannes 1,5)* Nicht unsere kosmische Sonne, die schon viele schwarze Flecken hat, ist gemeint, sondern "die Sonne, die mir lachet, ist mein Herr Jesu Christ", wie der Dichter singt. *(EG 351, 13)* Aber in Jesus Christus kam Gott als das Licht der Welt auch zugleich als das Heil. Als Heiland und Lichtbringer ist er über die Erde gegangen und hat sich der Menschheit bis heute nicht versagt. Deshalb dürfen wir jeden Tag neu zu ihm kommen als zu dem Lichtträger und Heiland. Bei vielen Menschen ist es in den Herzen dunkel und traurig geworden. Jesus öffnet für alle seine Arme: "Kommet her zu mir alle!" *(Mt. 11,28)* Er will wieder Licht in die Herzen bringen. Er will die Angst vor der Finsternis nehmen. Vor ihm brauchen wir uns nicht zu fürchten.

*O Du Glanz der Herrlichkeit,
Licht vom Licht, aus Gott geboren:
mach uns allesamt bereit,
öffne Herzen, Mund und Ohren;
unser Bitten, Flehn und Singen
laß, Herr Jesu, wohl gelingen.*

# 4. Februar

**Du bist mein Schutz und mein Schild;
ich hoffe auf dein Wort.**
*Psalm 119,114*

Dieses kurze Gebet ist ein Satz aus dem längsten Psalm unserer Bibel. Aber er ist nicht nur der längste Psalm, sondern auch das längste Gebet, das die Bibel kennt. Fünfzehn Minuten lese ich an dem Psalm, wenn ich ihn in meiner stillen Zeit bete, und ich entdecke jedesmal neue Gedanken. Gott ist sein Schutz; dafür dankt der Psalmbeter. Offensichtlich wurde er durch manche Leiden gedemütigt, bis er sich mit diesem Gebet freibeten konnte. Seine stete Hinwendung zu Gott hat ihn erfahren lassen, daß Gott ihn nicht fallen läßt. Die Feinde können ihm nichts tun. Aber für den Psalmisten sind es nicht nur menschliche Feinde, sondern auch vieles andere, das einem Menschen zu schaffen macht. Das erkennt man, wenn man den ganzen Psalm liest. - Aber der Beter nennt Gott auch einen Schild. Ein Schild war nicht nur im Altertum eine Schutzwaffe. Er ist wieder modern geworden für Einsätze der Polizei, die sich damit vor militanten Demonstranten schützt. Ein Schild fängt Angriffsobjekte ab und schützt damit den Schildträger vor Verwundungen und Verletzungen. So sieht der Psalmbeter auch Gott. Er steht zwischen ihm und seinen Feinden. An ihm prallt alles ab, was einem Gotteskind schaden könnte. Das dritte ist dann die Hoffnung, daß Gottes Wort beständig bleibt und seine Zusage gewiß. Auch das brauchen wir zum Leben, vielleicht schon für diesen Tag: Gottes Schutz, Gottes Schild und die Hoffnung auf seine Zusage, daß er hilft. Damit können wir getrost in die Zukunft gehen.

*Ich weiß, daß auch der Tag, der kommt, mir
deine Nähe kündet, und daß sich alles, was mir frommt,
in deinen Ratschluß findet.* (Jochen Klepper)

# 7. Februar

**Ich gebiete dir und sage, daß du deine Hand auftust deinem Bruder, der bedrängt und arm ist in deinem Lande.**
*5. Mose 15,11*

"Nun danket alle Gott mit Herzen, Mund und Händen ... ", so singen wir in diesem Danklied. Herzen, Mund und Hände gehören organisch zusammen, wenn sie unter der Gnade Gottes tätig sind. Mit dem vorliegenden Wort weist der Prediger das Volk an die Armen des Landes. "Die Hand auftun" ist symbolisch gemeint. Er will damit sagen, daß wir unsere Hände nicht denen gegenüber geschlossen haben sollen, die der Hilfe bedürfen. Genau so aber müssen unsere Herzen für diese Menschen offen sein. Als ich aus der russischen Gefangenschaft kommend auf dem Bahnhof in Pirna bei Dresden entlassen wurde und dann mit zerrissener Kleidung ziellos durch die Stadt schlenderte, überholte mich eine junge Frau. Sie blieb stehen, drehte sich um, kam auf mich zu und drückte mir ohne ein begleitendes Wort einen 20markschein in die Hand. Das ist mir im Verhalten zu bedürftigen Menschen bis heute Weisung gewesen. Offene Hände und offene Herzen bewirken ein Echo, das dankbar zurückkommt. Schade und traurig ist es, daß man den Menschen in der Dritten Welt nicht direkt helfen kann. Was für finstere Mächte müssen das sein, die diese Not zulassen oder gar fördern, wenn man bedenkt, daß übermäßig Geld für Weltraumexperimente zur Verfügung steht. Nicht nur helfen, sondern zur Hilfe animieren, das ist dann auch der Dienst, den wir über das Gotteslob hinaus mit unserem Munde verrichten müssen. Aber natürlich muß man immer wieder hinterfragen, ob die Hilfe nicht mißbraucht wird. Auch damit dienen wir dem Nächsten.

*Es geht uns heute gut, und wir danken zu wenig dafür.*
*Laß uns Dank sagen, Herr, durch offene Hände.*

# 6. Februar

**Die auf ihn sehen, werden strahlen vor Freude,
und ihr Angesicht soll nicht schamrot werden.**
*Psalm 34,6*

Taube Menschen sollen benachteiligter sein als blinde. Wer nicht sehen aber hören kann, kann sich in jeder Gesellschaft an Gesprächen beteiligen, aber wer taub ist, wird mißtrauisch und fühlt sich oft nicht angenommen. Und was muß der Mensch alles sehen, was ihm zu schaffen macht? Man mag nicht das Fernsehen einschalten, weil man an dem Elend in der Welt zerbrechen könnte. Man erfreut sich wohl der Natur, der Blumen, der Landschaft, aber man nimmt auch alles Schreckliche auf, das einem die Umwelt bietet. Viele Menschen möchten auch Gott sehen, obwohl man dadurch nicht zum Glauben kommen würde, wie es die bewiesen haben, die in Jesu Nähe waren und ungläubig geblieben sind.

Der Psalmdichter sagt uns aber, daß man auf Gott sehen kann und daß die, die es tun, vor Freude strahlen. Können wir auf Gott sehen? Manch einem wird es schwer fallen, wenn er durch die mannigfaltigen Eindrücken des Alltags abgelenkt wird, den Blick auf Gott zu richten. Aber es gibt genug Zeugen, die für Gott den rechten Blick haben und dadurch sehr froh werden. Dazu will uns das Psalmwort verhelfen, Gott zu erkennen. Wir brauchen uns nicht zu schämen, wenn sich unsere Blicke auf Gott richten. Im Gegenteil, wer Gott schauen gelernt hat, wird sein Zeuge und kann von dieser Freude weitersagen. Das bringt doppelte Freude, Freude, die unsere Herzen froh macht und auch die Herzen derer, die die Botschaft außer uns hören.

***Die Dich lieben, werden sein wie die Sonne,
die aufgeht in ihrer Pracht.*** *(Kanon)*

# 5. Februar

**Wo ist ein Gott im Himmel und auf Erden, der es deinen Werken und deiner Macht gleichtun könnte?**
*5. Mose 3,24*

Diese Frage ist zugleich ein Bekenntnis zu dem einen Gott und Schöpfer Himmels und der Erden. Frage und Bekenntnis aus einem der letzten Gebete, die Mose mit Gott führt, bevor er sterben muß. Mose wäre noch gern mit seinem Volk über den Jordan in das verheißene Land Kanaan eingezogen, aber Gott hat es anders gewollt. So beugt er sich dem Willen Gottes und steht zu dem Bekenntnis, daß Gott der Einzige und Ewige ist.

Die christliche Religion ist, begründet im Judentum, die älteste von allen Weltreligionen. Ja, sie ist im eigentlichen Sinn keine Religion, denn sie hat keinen Religionsstifter wie alle anderen Religionen. Jesus Christus, nach dem unser Glaube den Namen hat, ist der Sohn Gottes, der mit dem Vater schon von Ewigkeit her gewesen ist. Und Ewigkeit kennt keinen Anfang und kein Ende. So hatte Jesus mit seiner Lehre auch nicht vor, neben dem Judentum eine zweite Glaubensbewegung zu gründen, denn er war der von den Juden seit altersher erwartete Messias, der aber nicht angenommen wurde.

Johannes schreibt: "Er kam in sein Eigentum, und die Seinen nahmen ihn nicht auf." *(Joh. 1,11)* Es gibt heute schon viele Juden, die in Jesus den angekündigten Messias erkennen. Der Messias ist der von Gott gesalbte und eingesetzte Erlöser. Durch ihn ist Gott unser Vater geworden und Jesus unser Bruder. Das macht uns froh und ist unsere Christenfreude.

***Großer Gott, wir loben dich; Herr, wir preisen deine Stärke.***
***Vor dir neigt die Erde sich und bewundert deine Werke.***

# 8. Februar

**Ihr werdet aus Gottes Macht durch den Glauben
bewahrt zur Seligkeit, die bereit ist,
daß sie offenbar werde zu der letzten Zeit.**
*l. Petrus 1,5*

Leben in einer lebendigen Hoffnung! Ist das nicht genug? Vielen, auch frommen Christen offensichtlich nicht. Sie können die Wiederkunft des Herrn nicht erwarten, so wenig wie die Urchristen in der Gemeinde in Pella, die sich nach der Himmelfahrt Christi auf die Flachdächer ihrer Häuser gesetzt haben, um den Herrn hier auf Erden wieder zu empfangen. Petrus sagt unzweideutig, daß die im Glauben Lebenden zur Seligkeit bewahrt werden, bis die letzte Zeit gekommen ist. Sicher leidet manch ein Sterbender darunter, daß er noch vor der "Zeit" von Gott abgerufen wird. Aber er kann sich dann einreihen bei den vielen Propheten, die auch vor der letzten Zeit ihr Leben beenden mußten - wie auch Petrus, der ebenfalls diese prophetische Aussage gemacht hat. Petrus hat sich mit der Verheißung, die ihm der Herr eingegeben hat, selbst getröstet. Gott läßt uns auf unserem Heilsweg mit ihm nicht aus den Augen, im Gegenteil: Mit Macht, so schreibt Petrus, will er die Seinen bewahren, bis der Jüngste Tag kommen wird, da diese Zeit auf Erden für alle abgelaufen ist. Und das soll uns ein Trost sein. In den Jahrtausenden der Menschheitsgeschichte haben zunächst die Juden immer wieder unruhig auf ihren Messias gewartet - bis heute, während die Christen in allen Generationen, mal stärker, dann wieder schwächer auf das Wiederkommen Jesu eingestellt waren. Wichtig ist, daß wir im Glauben bleiben. Der Herr wird wiederkommen, aber dann auch zu richten die Lebenden und die Toten, und zu retten.

*Halt uns bei festem Glauben, und auf dich laß uns bauen,
aus Herzensgrund vertrauen.*

# 9. Februar

**Wo zwei oder drei versammelt sind in meinem Namen, da bin ich mitten unter ihnen.**
*Matthäus 18,20*

Bei allen seinen Aussagen macht Jesus immer Mut zum Gebet, ja, er fordert es sogar. So auch im Zusammenhang mit diesem Wort. "Wenn zwei unter euch eins werden auf Erden, worum sie bitten wollen, das soll ihnen widerfahren von meinem Vater im Himmel."

Diese Zusage geht dem Satz voraus. Jesus erwartet danach nicht nur, daß wir für etwas beten, sondern ruft zur Gebetsgemeinschaft auf. Zur Gebetsgemeinschaft gehören aber mindestens zwei Beter. Und das ist dann sein großartiges Angebot, daß man, wenn man im Gebet mit einem anderen ein besonderes Anliegen vor Gott zu bringen hat, Jesus in der Mitte weiß. Er ist dann schon "der Dritte im Bunde", wenn das Gebet zum Vater geschickt wird. Jesus wird der Mittler! Man stelle sich zwei Freunde vor, die es sich wünschen, auf dem interessanten Nachbargrundstück zu spielen. Sie beraten, wie sie in die Gunst des Nachbarn kommen können. So nehmen sie den Einfluß des ihnen bekannten Sohnes des Besitzers wahr. Ob wir es uns so vorstellen können, wenn Jesus uns die Zusage gibt, daß er bei unseren Gebeten zugegen ist oder in der Mitte der Beter, gleich, wieviele es sein mögen? Er hat immer den Zugang zum Vater. Im Hohenpriesterlichen Gebet *(Joh. 17)* bittet Jesus zu Gott: "Ich bitte dich für die, die du mir gegeben hast." So sind wir ihm anvertraut. Er ist unser Bruder geworden, unser Freund, unvergleichbar größer als ein Lebensfreund. Sollte man dafür nicht dankbar ins Gebet gehen?

*Auf Gott steht mein Vertrauen, sein Antlitz will ich schauen wahrhaft durch Jesum Christ; der für mich ist gestorben, des Vaters Huld erworben, und so mein Mittler worden ist.*

# 10. Februar

**Siehe, ich bin bei euch alle Tage bis an der Welt Ende.**
*Matthäus 28,20*

Jesus ist immer gegenwärtig! Ungläubige fangen bei dieser Aussage schon an, am christlichen Glauben zu zweifeln. Es ist auch schwer faßbar. Aber es gibt viele Zeugen für die ständige Gegenwart Christi. Nach seiner Auferstehung hat er sich mehrmals seinen Jüngern gezeigt. Einmal erschien er ihnen auf einem Berg in Galiläa; vielleicht war es der Berg Tabor. Die Schrift berichtet, daß die Jünger vor Jesus niederfielen, als sie ihn sahen. "Etliche aber zweifelten." Das beweist noch mehr die Gegenwart des Herrn, die menschlich nicht zu begreifen ist. Bei dieser Begegnung in Galiläa hat Jesus den Seinen auch das Versprechen gemacht, alle Tage bis an der Welt Ende bei ihnen zu sein. Dann kam das Pfingstgeschehen, bei dem er sich ihnen durch die Ausgießung des Heiligen Geistes bezeugte. Angekündigt hatte er es mit den Worten: "Wenn ich jetzt zum Vater gehe, dann bleibt ihr hier auf Erden nicht allein, sondern der Heilige Geist, der Tröster wird zu euch kommen und bei euch sein."

So geschah es dann, daß sich der Geist wie feurige Zungen auf die Jünger niedersetzte und Jesus Christus sich durch ihn als dem weiterhin Gegenwärtigen bewies. Aber wer von denen, die nicht gegenwärtig waren, soll das alles fassen? Die Gegenwart Jesu Christi kann man nur im Glauben annehmen und so mit ihr leben. Zuversichtlich dürfen wir sein und wissen, daß Jesu Versprechen gilt. Er wird bei uns sein alle Tage bis an der Welt Ende. Damit dürfen wir leben und ihn auch als den Gegenwärtigen in unseren Gemeinden und Versammlungen wissen und so mit ihm sein.

***Wenn wir dich haben, kann uns nicht schaden***
***Teufel, Welt, Sünd oder Tod.***

# 11. Februar

**Lobet den Herrn, alle Heiden! Preiset ihn, alle Völker!
Denn seine Gnade und Wahrheit
waltet über uns in Ewigkeit. Halleluja!**
*Psalm 117*

Dieser kürzeste unter allen biblischen Psalmen gibt für das Lob Gottes eine besonders starke Ausdruckskraft. Mit den Völkern sind nach genauerer Übersetzung alle Nationen der Erde gemeint. Und wir dürfen uns über die Heilige Schrift freuen, weil sie als Wort Gottes so allumfassend ist. Von dieser Psalmaussage läßt sich ein großer Bogen ins Neue Testament hineinschlagen zu dem Missionsbefehl Jesu, wie er im Matthäusevangelium steht *(Kap,28,19)*, wo Jesus gebietet: "Gehet hin und machet zu Jüngern alle Völker!"

Angesichts dieser Doppelaussage im Alten und Neuen Testament müssen alle Weltreligionen klein werden vor dem Herrschaftsanspruch Gottes. Er ist der souveräne Herr und Herrscher über die ganze Erde, weil er allein der Schöpfer Himmels und der Erde ist. So fallen vor ihm auch die politischen und nationalen Schranken, denn die Gotteskinder in der ganzen Welt sind Brüder und Schwestern, gleich in welcher Nation sie leben, die ihre Eigenständigkeit trotz allem behalten dürfen und sollen. Aber wenn alle Nationen diesem einen Schöpfergott die Ehre erweisen, dann dürfte es in der Welt keine Kriege mehr geben; wie wäre das schön? Zu dieser Völkergemeinschaft dürfen wir gehören. Jeder einzelne ist ein Teil der gesamten Völkerwelt. Jeder ist auch zugleich Persönlichkeit dem großen Gott gegenüber, der ihm persönlicher Gesprächspartner sein will. Darauf kann man nur "Halleluja" sagen, preiset den Herrn!

*Herr, wir preisen dich, weil du uns wissen läßt,
daß du der Herr aller Herren und aller Völker bist.*

# 12. Februar

**Herr Zebaoth, du bist allein Gott über alle Königreiche auf Erden, du hast Himmel und Erde gemacht.**
*Jesaja 37,16*

Die Aussage von der gestrigen Andacht bestätigt heute der Prophet mit seiner Anbetung. Schon die Anrede "Herr Zebaoth" will uns sagen, daß es neben Gott keinen weiteren Beherrscher der Erde gibt. Die Bezeichnung "Zebaoth" ist kein Gottesname, weil Gott keinen Namen hat und auch als der Einmalige keinen Namen braucht. Ein Name dient nur der Unterscheidung. Man könnte diesen Begriff übersetzen mit "Herr der Heerscharen". Die Heerscharen sind die Engel, die Boten Gottes, die auf der Erde den Allmächtigen erkundigen, während andere bereits in der Ewigkeit Gottes Thron umlagern. Gott selber sagt, daß er keinen Namen hat und braucht. Als Mose ihn danach fragt, gibt Gott zur Antwort: "Ich werde sein!" Also der, der ewig ist. So verstehen wir auch, wenn der Prophet diesen, der von Ewigkeit war und in Ewigkeit sein wird, anbetet und preist. "Du bist allein Gott über alle Königreiche!" Das ist die Bestätigung für die Aussage der gestrigen Andacht. Nicht zu fassen ist, daß dieser einmalige und große Gott sich so erniedrigt hat, daß er in Jesus Christus Menschengestalt annimmt, damit der Mensch für eine Zeit auf dieser Erde Gott persönlich begegnen und ihm als Gesprächspartner ganz nahe sein kann. Aber nur denen, die zum Glauben gekommen sind, hat diese Verhaltensweise Gottes es eingebracht, daß sie dem Erlöser begegnet sind. Sie können nur darum bitten, daß Gott in Jesus Christus auch den anderen gnädig ist.

***Sei Lob und Ehr dem höchsten Gut,***
***dem Vater aller Güte,***
***dem Gott, der alle Wunder tut.***
***- Gebt unserm Gott die Ehre.***

## 13. Februar

**Alles, was ihr tut mit Worten oder mit Werken, das tut alles im Namen des Herrn Jesus und dankt Gott, dem Vater, durch ihn.**
*Kolosser 3,17*

Auch wenn man alltäglich seine laufende Arbeit verrichtet, so beginnt doch jeder Tag neu. Und wenn man am Vortage meint, daß auch der nächste Tag so laufen müßte, kann man trotz guter Vorplanung große Enttäuschungen und Niederschläge erleben. Dafür rät der Apostel, daß man jeden neuen Tag und jedes neue Tagewerk Gott dem Herrn anvertrauen solle. Eigentlich dürfte es keine Arbeit geben, die man nicht im Namen Gottes verrichten kann. Jede Arbeit, die nicht unter den Segen Gottes gestellt werden kann, ist Gott zuwider. Im Namen des Herrn sein Werk verrichten will sagen, daß wir bei allem Schaffen dankbar dem Herrn gegenüber zu sein haben, weil er uns die Kraft zum Schaffen gegeben hat. Dabei muß man sich fragen, ob jede Arbeit in Gottes Namen getan werden kann, wenn nicht, dann ist sie widergöttlich und sollte gemieden werden. Fernerhin müssen wir wissen, daß wir all unser Tun, seitdem Jesus über die Erde gegangen ist, auch Jesus anvertrauen dürfen. Denn von ihm wissen wir, daß er durch seinen Tod und seine Auferstehung und Erhöhung wieder eins ist mit dem Vater. Wir dürfen durch Jesus jetzt zum Vater kommen und dürfen auch durch Jesus Gott Dank sagen. Das will Paulus lehren, daß wir Gott dem Vater danken dürfen durch ihn, der unser Herr geworden ist.

*Lob und Dank sei Dir gesungen,*
*Vater der Barmherzigkeit,*
*daß mir ist mein Werk gelungen,*
*daß Du mich vor allem Leid*
*und vor Sünden mancher Art*
*so getreulich hast bewahrt.*

# 14. Februar

**Wenn ich mitten in der Angst wandle, so erquickest du mich.**
*Psalm 138,7*

Der große Gottesmann David bekennt sich zu seiner Angst. Als König seines Volkes hat er mit vielen anderen Völkern Kriege geführt. Vor Gott aber ist er ein kleiner armseliger Mensch. Dieses Zugeständnis ist nicht selbstverständlich; denn aus der Schulzeit wissen wir, daß man seine Angst vor anderen nicht zugestehen wollte. Angst läßt einen beschämen; dabei gehört sie zum Wesen des Menschen. Sie ist dem kleinen Kind schon in die Wiege gegeben. Wenn Babys an ihrem Bett ein fremdes Gesicht sehen - der Mensch kann es noch so gut mit ihnen meinen - dann schreien sie, weil sie Angst haben. Im Lexikon steht unter dem Begriff "Angst": Sie ist ein qualvolles Gefühl der Bedrohung vor dem Tode, vor dem Unbekannten, dem Unausweichlichen. - Wenn Menschen durch Unfall in den Tod stürzen, schreien sie noch einmal auf, als würde Hilfe kommen. Das ist der letzte Angstschrei vor dem bevorstehenden Tod. Offensichtlich ist die Todesangst verbunden mit der Erkenntnis, daß nach dem Tode alles aus sei. Mit der Einmaligkeit eines Menschenlebens ist es zu Ende. Der König David hat aber in der Heilserwartung gelebt, denn auch im Alten Bund gab es den Auferstehungs- und Ewigkeitsglauben. Jesus Christus hat uns bezeugt, daß wir unsere menschliche Angst vertreiben können durch den Glauben an ihn, der die Auferstehung und das Leben ist. So brauchen wir uns einerseits unserer Angst nicht zu schämen, sollten aber andererseits bekennen, daß wir in der Ewigkeitshoffnung leben.

*ER gebe uns ein fröhlich Herz,*
*erfrische Geist und Sinn*
*und werf all Angst, Furcht, Sorg und Schmerz*
*in's Meeres Tiefe hin.*

# 15. Februar

**Seid fröhlich in Hoffnung, geduldig in Trübsal, haltet an am Gebet.**
*Römer 12,12*

In der Faschingszeit sind die Menschen fröhlich und ausgelassen, oder trügt das Bild? Ob es nicht manch einen hinter der Maske und unter dem Kostüm gibt, der weit von aller Fröhlichkeit entfernt ist, den große Sorgen plagen, Traurigkeit bewegt und vieles andere?

Dann geht es ihm so wie dem Clown, der nur Heiterkeit bewirkt aber auch im Herzen traurig ist. Fröhlichkeit und Traurigkeit liegen im Menschenleben oft dicht zusammen. Himmelhoch jauchzend - zu Tode betrübt! Paulus führte durchaus kein Leben, das nur von Fröhlichkeit begleitet war. Als christlicher Apostel einerseits, als ehemaliger Jude andererseits und zugleich als römischer Staatsbürger hatte er keinen leichten Stand. Auch kannte er seine Gemeinde in Rom und wußte um ihre Sorgen und Nöte in der Heidenwelt, in einem heidnischen Land. Viele Gemeindeglieder hatten es in Rom sehr schwer, und gerade deshalb empfahl Paulus der Gemeinde, daß sie zusammenhalten solle: "Freuet euch mit den Fröhlichen und weinet mit den Weinenden!" *(Röm. 12,15).* Christen aber, so Paulus, haben bei aller Niedergeschlagenheit allen Grund, letztendlich fröhlich zu sein, denn sie dürfen hoffen. Auch die Zeiten der Trübsal sollen sie in christlicher Hoffnung mit Geduld überbrücken. Dafür sollen sie täglich mit unserem Herrn Jesus Christus im Gespräch bleiben, um neue Kraft zu holen. An die Gemeinde in Thessalonich schreibt Paulus: Betet ohne Unterlaß! Das gilt auch uns, Ob der eine oder andere besonders heute das Gebet nötig hat?

***In meines Herzens Grunde Dein Nam und Kreuz allein funkelt all Zeit und Stunde, drauf kann ich fröhlich sein.***

# 16. Februar

**Gott hat mich erlöst, daß ich nicht hinfahre zu den Toten, sondern mein Leben das Licht sieht.**
*Hiob 33,28*

Am Aschermittwoch ist alles vorbei - so sagt man, Ist es so? Immer weniger Christen kennen den Sinn des Aschermittwochs, der ein katholischer Feiertag ist. Das ist bei den Katholiken nicht anders. Der Karnevals- und Faschingstrubel geht vielerorts über den Aschermittwoch hinaus, besonders in Schulen und Gruppen. Für Christen ist aber nicht alles vorbei, sondern es fängt jetzt an! Wir beginnen mit der Passionszeit, in der wir des Leidens und Sterbens unseres Heilandes gedenken, der unsere Sünde ans Kreuz getragen hat. Sein Werk ist es, "daß wir nicht hinfahren zu den Toten," sondern das Licht des Lebens schauen dürfen. In den sechseinhalb Wochen der Passionszeit sollen wir nachdenklich werden und uns fragen, womit wir das verdient haben, daß Jesus für uns freiwillig ins Leiden, ans Kreuz und in den Tod gegangen ist. Gott hat es so gewollt. Seiner großen Gnade und Barmherzigkeit sind wir zwar nicht wert, aber gerade deshalb hat Gott seinen Plan mit der Menschheit durchgeführt, seinen unwürdigen und undankbaren Menschen, die den Tod verdient haben, zum neuen Leben zu verhelfen. Dafür mußte sein Sohn diesen Weg durch Marter und Schande gehen, und Jesus selbst hat im Gehorsam seinem Vater gegenüber dazu "ja" gesagt. Er als der Lichtträger will, daß wir als die Unwürdigen ebenfalls das Licht des wahren Lebens schauen dürfen. Das verpflichtet uns zum Dank und zum Gedenken an Christi Leiden und Sterben in der Passionszeit.

*So laßt uns nun ihm dankbar sein,*
*daß er für uns litt solche Pein,*
*nach seinem Willen leben.*

# 17. Februar

**Sehet auf und erhebet eure Häupter darum,
daß sich eure Erlösung naht.**
*Lukas 21,28*

Auch dieses Wort soll auf das Erlösungswerk Jesus durch seinen Kreuzestod hinweisen wie das Andachtswort am Aschermittwoch. Aber wenn man in der Bibel nachliest, stellt man fest, daß dieser Empfehlung Jesu schreckliche Prophezeiungen vorausgehen. Das ganze 21. Kapitel des Lukasevangeliums, eingeleitet mit der Geschichte vom Scherflein der Witwe, ist gefüllt mit Prophezeiungen von der Endzeit und der Wiederkunft Christi: Zerstörung des Tempels in Jerusalem, Völkerkriege, Zwietracht in den Familien, Chaos im Kosmos, Toben der Meere, und vieles andere kündet Jesus bis zu seiner Wiederkunft an. Es wird einem jetzt schon bange, wenn man feststellen muß, daß wir in dieser Welt auf dem besten Wege sind, die einst gute Erde der Finsternis zu übergeben. Wer diese Ankündigungen zu leicht nimmt, wird gewiß den Anschluß versäumen. Wer sorglos die Hände in den Schoß legt, weil nichts mehr zu retten ist, wird der Verantwortung nicht gerecht. Luther würde heute noch sein Apfelbäumchen pflanzen und seine Schulden bezahlen, selbst wenn er wüßte, daß morgen die Welt unterginge. Die Häupter erheben und auf den Herrn schauen, das müssen wir tun. Der Herr wird uns die rechte Weisung geben. Er gibt uns Verhaltensweisen. Er kommt vom Ende her und wird uns an die Hand nehmen zur rechten Zeit. Auch will er uns die Angst nehmen, weil er uns verheißen hat, daß wir nicht elendig zugrunde gehen, sondern daß mit dem Ende der Welt unsere Erlösung naht. Als die dann Erlösten werden wir uns einreihen in die Schar der Vollendeten, und der Herr sorgt dafür.

*Wenn wir deine Verheißungen hören, kann uns bange werden, Herr, aber du führst alles herrlich hinaus.*

## 18. Februar

**So richtet nun euer Herz und euren Sinn darauf,
den Herrn, euren Gott, zu suchen.**
*1.Chronik 22,19*

Die Errichtung des Tempels war der Wunsch Davids. Lange hatte man sich mit der transportablen Stiftshütte begnügt, die das Volk während der Wüstenwanderung begleitet hat. Jetzt soll Gott ein festes Haus bekommen, und es soll auch zu seiner Ehre herrlich und prunkvoll werden. Gott selber wird mit am Werk sein, "Darum," so sagt dann König David, "richtet nun euer Herz und euren Sinn darauf, den Herrn, euren Gott zu suchen." Über dreißigmal findet man im Alten Testament ähnliche Aussagen, in denen immer wieder zum Ausdruck kommt, daß Gott gesucht wird.

Das hört im Neuen Testament auf durch die Begegnung mit Jesus. Für Menschen des Alten Bundes war Gott der Unnahbare. So muß man auch verstehen, daß man beim Bau des Tempels Sorge hatte, daß Gott nicht dabei sein würde. Nicht zuletzt deshalb wurde in den Tempel hinein das Aller-heiligste gebaut, das der Hohepriester nur einmal im Jahr betreten durfte. Aber er durfte von seiner "Gottesbegegnung" nichts an den Klerus und an das Volk weitergeben. So glaubte man dann, daß im Allerheiligsten Gott wirklich gegenwärtig war. Wir erkennen aber daran, was für einen Bruch Gott in seiner Heilsgeschichte mit der Menschheit bewirkt hat, als er in Jesus Christus selber Mensch wurde. Nun hatte die Suche nach Gott ein Ende, denn von Jesus durfte man hören: "Ich und der Vater sind eins." So lasset uns jetzt mit Jesus ziehen und in ihm den wahren Gott erkennen.

*Danke, allmächtiger Gott, daß wir dich nicht vergeblich gesucht, sondern in Jesus gefunden haben.*

# 19. Februar

**Dennoch bleibe ich stets an dir;
denn du hältst michbei meiner rechten Hand.**
*Psalm 73,23*

Dennoch? Ist das nicht ein sehr mutiges Bekenntnis? Dennoch heißt doch, daß ich mich an Gott halte, selbst wenn größte Schicksalsschläge mein Leben erschüttern. Ich besuchte einen Patienten im Krankenhaus. Er war auf einem Fußgängerüberweg von einem Auto angefahren worden. Der Fahrer hatte Fahrerflucht begangen und ist auch nicht gefunden worden. Der Patient lag mit mehreren Brüchen am späten Abend hilflos auf der Straße. Jetzt nach einem Jahr ist er noch nicht voll geheilt. Als ich aber zu ihm ins Krankenhaus kam, strahlte er mich mit den Worten an: "Ich weiß, daß Gott nichts falsch macht." Dennoch bleibe ich stets an ihm, würde der Geplagte sagen. Es gibt Menschen, deren ganzes Leben von Trübsal und Niederschlägen begleitet wird. Und besonders sie sind es dann, die andere trösten können. Dennoch sich an Gott halten, gleich in welchen Lebenslagen, ist die beste Lebensversicherung. So darf man die Gewißheit haben, daß Gott, gleich, ob es mit ihm über Höhen oder durch Tiefen geht, immer mit uns das Ziel vor Augen hat. Eindrucksvoll ist es besonders, wenn der Beter schreibt: "Du hältst mich bei meiner rechten Hand." Damit ist gewiß, daß Gott ständig an unserer Seite ist. Wie wohltuend ist es für kleine Kinder, wenn sie die Hand der Mutter oder des Vaters ganz fest packen können, besonders wenn der Weg über eine Autostraße führt. Noch wohltuender zu wissen, daß Gott uns an der Hand hat auf dem Weg durchs Leben - und auch in der Stunde des Todes.

**Lobe den Herren, der künstlich und fein dich bereitet.
In wieviel Not hat nicht der gnädige Gott
über dir Flügel gebreitet.**

# 20. Februar

**Dazu ist erschienen der Sohn Gottes,
daß er die Werke des Teufels zerstöre.**
*1. Johannes 3,8*

Sonntag Invokavit, der erste Sonntag in der Passionszeit hat seinen Namen aus dem 91. Psalm: "Ruft er mich an, so erhöre ich ihn." Gott soll zu Beginn der Leidenszeit Jesu angerufen werden, weil die Not groß ist. Unser Herr Jesus kam in große Not. Satan stand in Gestalt seiner Feinde vor dem Gottessohn. Aber noch ist der Teufel nicht besiegt. Immer wieder hat er ihn versucht. Das begann, als Jesus vom Geist in die Wüste geführt wurde. Da stand Satan neben ihm auf einem hohen Berg und zeigte ihm die ganze Erde, soweit man sie bis zum Horizont im Auge hatte. Und dann forderte er Jesus heraus: "Das alles will ich dir geben, wenn du niederfällst und mich anbetest." Aber Jesus blieb hart. - Die letzte Begegnung mit Gottes Widersacher hatte er am Kreuz auf Golgatha, als Satan in Gestalt des Schächers zur Linken Jesus herausforderte: "Bist du Christus, so steige herab vom Kreuz und hilf dir selbst und uns."

Wenn Satan so hartnäckig dem Sohn Gottes auf der Spur war, wie mag er uns dann täglich mit den vielen Versuchungen begegnen? Oft merken wir es nicht. Aber die Gewißheit haben wir, daß Jesus am Kreuz auch Sieger über den Teufel wurde. In der Stunde seines Sterbens zerriß der Vorhang im Tempel als Zeichen dafür, daß Gott nun nicht mehr im Verborgenen ist. Und die Sonne verlor ihren Schein, weil Jesus durch Tod und Auferstehung die Finsternis besiegt hatte und zum Licht der Welt wurde. Die Macht des Todes und damit des Bösen war dahin, Christus wurde für uns das Leben.

*Was Gott an uns gewendet hat und seine süße Wundertat;
gar teuer hat Jesus es erworben. Danke, Herr.*

# 21. Februar

**Christus spricht: Der Mensch lebt nicht vom Brot allein, sondern von einem jeglichen Wort, das durch den Mund Gottes geht.**
*Matthäus 4,4*

Als der Versucher an Jesus herantrat, war Jesus in der Wüste. Der Teufel hätte schon einen Sieg davongetragen, wenn Jesus nicht stark geblieben wäre: "Das Brot des Lebens ist das Wort Gottes!"

Ich werde bei dieser Aussage an ein Erlebnis erinnert, das mich bis heute bewegt hat, besonders in dieser Zeit des Überflusses: Es war in den letzten Kriegstagen. Als Verwundeter lag ich in einem Lazarett in Tschenstochau. Bereits auf dem Wege der Genesung, schlenderte ich über den Hof. Da fiel mein Blick auf zwei Kameraden, die vor mir heimlich taten. Ich ging auf sie zu, und das Geheimnis deckte sich auf: Sie hatten eine Taschenbibel - abgegriffen und schon sehr zerlesen - von Hand zu Hand gehen lassen. Auf meine Bitte hin, sie mir auch mal zu leihen, bekam ich zur Antwort: "Wir können dich ja in unseren Leseplan mit aufnehmen." Man hatte also einen Verleihplan aufgestellt für mehrere Kameraden. Das gab es damals. Es wurde nicht nur die dünne Graupensuppe rationiert, sondern auch das Wort Gottes.

Muß uns Gott erst in die Wüste führen, zurück zu den Hungerjahren, damit wir sein Wort wieder neu entdecken? Oder gelingt es uns, das eine zu tun, ohne das andere zu lassen, nämlich dankbar das tägliche Brot anzunehmen, ohne das Brot des Lebens zu verachten?

**Herr, dein Wort, die edle Gabe, diesen Schatz erhalte mir, denn ich zieh es aller Habe und dem größten Reichtum für. - Danke auch für das tägliche Brot!**

# 22. Februar

**Ein Beispiel habe ich euch gegeben, damit ihr tut,
wie ich euch getan habe.**
*Johannes 13,15*

Vorausgegangen ist die Fußwaschung, die Jesus an seinen Jüngern vor seiner Gefangennahme vornahm. Jesus hat damit seine Erniedrigung, die am Kreuz zur Vollendung kam, vorweggenommen. Aber es war auch zum Streit bei der Rangfolge unter den Jüngern gekommen. So wollte Jesus deutlich machen, daß in Zukunft alle, die in seine Nachfolge gehören, zum Amt des Dienens berufen sind. Denn die Fußwaschung wurde im Orient vom Hausdiener an den Gästen vorgenommen, die, wie es üblich war, in offenen Sandalen kamen. Sie war somit auch ein Zeichen der Gastfreundschaft. - Das Beispiel, das Jesus gab, wie er sagte, sollte einen dreifachen Hintergrund symbolisieren: Jesu Erniedrigung, sein Vorbild als der Dienende und die Brüderlichkeit in der zukünftigen Gemeinde. Hier war nur der engste Jüngerkreis vertreten, und den ging es an. Heute würde man vom Kreis der Mitarbeiter sprechen, in dem es auch oft zu kleinen Streitigkeiten um das Vorrecht kommt. Auch gibt es schon mal Spannungen, wenn man einander nicht versteht. Das ist alles menschlich und verzeihbar. Aber in der christlichen Gemeinde sollte man immer wieder zum Frieden und zum rechten Verstehen zurückfinden. Die Gemeinde Jesu Christi wird in Zukunft immer kleiner werden, um so dankbarer darf man sein, wenn man dazu gehört. Ein Bischof bekannte zu seinem 70. Geburtstag den Gratulanten, daß er wunschlos glücklich sei und daher keine Geschenke erwarte. Dann aber hielt er ein und sagte: "Ich wünsche mir für unsere Kirche und unser Volk eine gute Zukunft."

*Zu dienen mach uns, Herr, bereit
in rechter Lieb und Einigkeit.*

## 23. Februar

**Der Herr ist gütig und eine Feste zur Zeit der Not
und kennt die, so auf ihn trauen.**
*Nahum 1,7*

Das Buch Nahum macht als das kleinste der prophetischen Bücher die geschlossene Aussage: "Ein eifernder Gott ist der Herr." Eingeleitet wird es mit einem Hymnus, der Gott als den Zürnenden vorstellt, der im Wettersturm, im Glutwind, im Erdbeben und auch im Gewitter erscheint. Vielleicht hat man bewußt diese Naturgewalten gewählt, um den Zorn Gottes damit noch stärker zu verdeutlichen. Dann schließt aber der einleitende Gesang mit der frohmachenden Aussage, daß Gott denen gegenüber nicht zürnt, sondern ihnen zur Seite steht, die ihm vertrauen. Man sollte das Alte Testament nicht ohne das Neue und das Neue Testament nicht ohne das Alte lesen. Es ist sicher irreführend, wenn man sich mit der neutestamentlichen Erkenntnis begnügt, daß Jesu Liebe allumfassend ist und durch Jesu Kreuzestod alles vergeben wird.

Was es heute nicht nur in unserem Volk, sondern in der Welt an chaotischen Auswüchsen gibt, schreit zum Himmel, so daß es nicht annehmbar ist, daß Jesus durch seinen Kreuzestod alles mit dem Mantel der Liebe zudecken würde. Wo gelten noch in den Regierungen die Gebote Gottes, die weitgehend maßgebend waren für die Gesetzgebungen der Völker? Wir müssen uns wieder sagen lassen, daß Gott auch heute noch zürnen kann und nicht nur nachgibt. Dagegen ist es aber wohltuend zu hören, daß Gott auch die Menschenkinder im Auge behält, die nicht vorsätzlich schuldig werden. Für sie ist Christus da, und ihnen gilt: Gott kennt die, "die auf ihn trauen".

*Herr, wir wollen auf dich trauen und bitten Dich:
Laß uns nicht zugrunde gehen; nimm dich unser an.*

## 24. Februar

**Haltet mich nicht auf , denn der Herr
hat Gnade zu meiner Reise gegeben**
*1. Mose 24,56*

Das war die Bitte des Knechtes Abrahams, der von seinem Herrn in sein Heimatland geschickt wurde, um für den Sohn Isaak eine Frau zu gewinnen. Als ihm Rebekka, die Tochter Betuels, in den Weg kam, und er von ihr die Zusage bekam, daß sie mitreisen wolle, wollten ihre Angehörigen sie und den Knecht noch für einige Zeit bei sich behalten. Aber er bat dann: "Haltet mich nicht auf, denn der Herr hat Gnade zu meiner Reise gegeben." Weil die weite Reise in das Land Abrahams mit viel Aufwand, Schwierigkeiten und Anstrengungen verbunden war, hatte der Knecht dafür um den Beistand Gottes gebeten und ihn erfahren. Nun sollte es wieder heimgehen. Eindrucksvoll ist, daß dieser fromme Knecht Abrahams seinen schweren Auftrag zuvor dem Herrn anvertraut hatte. Auch heute werden viele Reisen unternommen, aber wer befiehlt ein solches Unternehmen schon Gott an?
Notwendig wäre es, denn das Reisen ist nicht ungefährlicher als zu Zeiten Abrahams, im Gegenteil. Viele Rollstuhlfahrer sind Zeugen schwerer Verkehrsunfälle. Flug-zeug- und Schiffskatastrophen kommen hinzu, Bus- und Bahnunglücke. Wohl dem, der sich für solche Reisen vorher unter die Gnade Gottes stellt und, wieder gesund zurückgekehrt, dankbar bekennen kann: "Der Herr hat Gnade zu meiner Reise gegeben." Vielleicht steht dem Leser dieser Andacht heute oder in der nächsten Zeit eine große Reise bevor. Dann sollte er sich vorher dem Herrn anvertrauen und ihn bitten: "Herr, gib Gnade zu meiner Reise."

*Ach bleib mit deiner Gnade bei uns, Herr Jesu Christ,
daß uns hinfort nicht schade des bösen Feindes List.*

## 25. Februar

**Dazu seid ihr berufen, da auch Christus gelitten hat
für euch und euch ein Vorbild hinterlassen,
daß ihr sollt nachfolgen seinen Fußtapfen.**
*1. Petrus 2,21*

Berufen in die Nachfolge Jesu Christi! So steht es über einem jeden Christenleben. Wer getauft ist und bei der Konfirmation sein persönliches Bekenntnis zu Jesus Christus abgegeben hat, ist damit gemeint. Nachfolge gilt für ein ganzes Leben bis zum Tode. Sie endet für einen Christen vorher nur, wenn er die Gemeinde Christi verläßt und sich damit von Jesus Christus abwendet. Das führt dann zum Gericht. Aber Nachfolge kann auch im alltäglichen Leben schwer werden. Denken wir jetzt an das Leiden Christi, wenn es im Wort heißt: "... da auch Christus gelitten hat für euch!" Viele Christen sind im Laufe der Geschichte zu Märtyrern geworden bis in unsere Zeit hinein. Angefangen hat es mit dem zu Tode gesteinigten Stephanus, der noch im Todeskampf gebetet hat: "Herr, behalte ihnen diese Sünde nicht." *(Apg. 7,59)*. Wer könnte so sterben? Wenn wir alle zur Nachfolge berufen sind, dann ist das ein hohes Maß an Verantwortung, das Gott uns damit auferlegt. Aber wie soll die Nachfolge im alltäglichen Leben aussehen? Wir nehmen doch nicht die Rolle der Jünger ein, verlassen alles, was wir haben und besitzen bis hin zu unseren Familien und gehen nur zeugnisgebend durchs Leben und in die Welt hinein? Trotzdem meint es Petrus mit seiner Aussage sehr ernst. Ich kenne einen Menschen, der bei schweren Erlebnissen, von denen er berichtet, immer anfügt: "Das ist des Herrn Wille gewesen!" Nachfolge im Kleinen, zu der man sich auch bekennen muß!

*"Mir nach," spricht Christus, unser Held, "
mir nach, ihr Christen alle!"*

# 26. Februar

**Fürchte dich nicht, sondern rede und schweige nicht!**
*Apostelgeschichte 18,9*

Paulus war während seiner zweiten Missionsreise in Korinth und verkündete dort das Wort Gottes. Viele kamen dadurch zum Glauben, Juden und Griechen. Eines Nachts hatte er eine Erscheinung, in der der Herr zu ihm sprach: "Fürchte dich nicht, sondern rede und schweige nicht. Denn ich bin mit dir." Das machte Paulus Mut zur weiteren Verkündigung. Diese Zusage brauchen wir als Christen. Ich hatte eines Tages als Soldat eine schwere Aufgabe zu erfüllen. Einer Offiziersgruppe mußte ich Unangenehmes berichten. In der Nacht davor war ich sehr unruhig, bekam nur wenig Schlaf. Am nächsten Morgen las ich in meinem Losungsbüchlein die Tageslosung: "Fürchte dich nicht, sondern rede und schweige nicht!" Mir fiel ein Stein vom Herzen. Ich wurde sehr froh. Dann erfüllte ich meinen Auftrag, sehr gelassen und ohne Angst. Auf dem Rückweg habe ich mich gefragt: Warum hast du dich eigentlich davor gefürchtet?

Es gibt Situationen im Leben, die bei Verhaltensweisen und Entscheidungen Anlaß geben, ängstlich und unsicher zu werden. Aber in dem nachfolgenden Bibelwort heißts weiter: "Denn ich bin mit dir, und niemand soll sich unterstehen, dir zu schaden." Der Herr will gegenwärtig sein bei allem, das wir zu verrichten haben, wie er auch Jesus bei dem Verhör vor dem Hohen Rat zur Seite gestanden hat. Aber die Gegenwart des Herrn muß man sich auch erbitten. So kommt es dann zum fröhlichen und freien Bekenntnis.

*Es gilt ein frei Geständnis in dieser unsrer Zeit,
ein offenes Bekenntnis bei allem Widerstreit,
trotz aller Feinde Toben, trotz allem Heidentum
zu preisen und zu loben das Evangelium.*

# 27. Februar

**Gott erweist seine Liebe zu uns darin, daß Christus für uns gestorben ist, als wir noch Sünder waren.**
*Römer 5,8*

Sind wir jetzt keine Sünder mehr? Dann brauchten wir auch keine Vergebung. So kann es Paulus nicht gemeint haben, und doch hat er recht. Wenn man in Jerusalem vor der Klagemauer steht, kann man tragische Szenen beobachten. Die Juden beten, ja sie klagen zu Gott, weil sie sehnsüchtig auf den Messias warten, der ihnen durch die Propheten verheißen ist. Der Messias soll der Erlöser sein, der ihnen ihre Schuld vergibt und sie aus der Gottesferne wieder in seine Nähe bringt. Es ist nicht zu fassen, daß das jüdische Volk noch nicht zur Besinnung gekommen ist und ebenfalls wie die Christen in Jesus den Messias erkannt hat. Der Kreuzestod Jesu ist nur im Glauben zu begreifen. Er ist logisch kaum erklärbar. Aber aus der Schrift, und jetzt wieder von Paulus haben wir gelernt, daß dieses Opfer notwendig war. So wie man früher im Judentum Opfertiere geschlachtet und sie Gott dargebracht hat - oder, wenn wir an Abraham denken, der sogar bereit gewesen wäre, seinen Sohn Isaak zu opfern - so hat Gott für alle Zeit das einmalige Opfer gebracht und seinen Sohn ans Kreuz gehen lassen. Dort mußte er als "Sündenbock" für die Welt die Sünde ans Holz tragen. Sein Blut hat uns versöhnt mit Gott und uns in Gottes Nähe gebracht. Sünde heißt Gottesferne. Oft kommen wir durch falsche Verhaltensweisen in die Versuchung, Gott fern zu sein. Aber Jesus Christus führt uns jetzt durch Golgatha immer wieder in Gottes Nähe zurück, Versöhnung!

***Christi Blut und Gerechtigkeit,
das ist mein Schmuck und Ehrenkleid.
Damit will ich vor Gott bestehn,
wenn ich zum Himmel werd eingehn.***

## 28. Februar

**Ehe denn dich Philippus rief, als du unter dem Feigenbaum warst, sah ich dich.**
*Johannes 1,48*

"Das ist ein Wunder vor unseren Augen," so formuliert es der Psalmdichter in einem anderen Zusammenhang *(Psalm 118,23)*. Aber genau so können wir es sagen, staunend, wenn wir lesen, wie nah und persönlichkeitsbezogen Jesus Christus zu uns ist. Der spätere Jünger Nathanael hat auch gestaunt, als er von Jesus hörte, daß er ihn schon gekannt hat, bevor sie einander begegnet sind. Das sollte uns nachdenklich machen, besonders, wenn es bei Jesaja heißt: "... dein Erlöser, der dich von Mutterleibe bereitet hat," *(Jesaja 44,24)* oder bei Jeremia: "Ich kannte dich, ehe ich dich im Mutterleibe bereitete," *(Jer.1,5)* Schon vor unserer Geburt hatte Gott uns im Auge und seinen Plan mit uns.
Das klingt nach Vorherbestimmung. Sollte man dann noch beten? Ja, erst recht, denn wenn Gott uns, bevor wir es ahnen, an der Hand und mit uns ein Ziel hat, müssen wir mit ihm im Gespräch bleiben. Wenn ein Mensch sich von anderen gefangen weiß, hat man auch mit ihm einen Plan, oft einen sehr schrecklichen, aber um so mehr wird dann dieser Gefangene um Freiheit bitten und vielleicht damit seine Feinde überwinden. Daß uns Jesus aber wissen läßt, daß er uns schon seit unserer Geburt im Auge hatte, ist für Christen wohltuend, und sie werden beten: "Herr, führe du es herrlich mit mir hinaus - auch an jedem neuen Tag." Das sollte auch heute unser Gebetsanliegen sein. Wer sich aber von Gott gelöst hat, muß nachdenklich werden. Gott löst sich nicht von ihm, sondern bleibt sein Herr - in Jesus.

*Danke, Herr, daß du uns an der Hand hattest, bevor wir dich gekannt haben. Wir wissen, daß du es recht mit uns machst.*

# 29. Februar

**Der Mensch lebt nicht vom Brot allein, sondern von einem jeglichen Wort, das durch den Mund Gottes geht.**
*Matthäus 4,4*

Diese Antwort, die Jesus dem Satan gibt, als er ihn versuchen wollte, hat Jesus aus dem 5. Buch Mose zitiert. Gott hat das Volk Israel auf seine Gegenwart aufmerksam gemacht, die es während der vierzigjährigen Wüstenwanderung verspürt hat. Trotz aller Strapazen hat Gott ihm beigestanden und sein Volk nicht verhungern lassen. Aber die Israeliten mußten auch wissen, daß Gottes Weisungen genau so wichtig waren wie das tägliche Brot. Der Teufel in der Versuchungsgeschichte hatte nichts anderes anzubieten als materielle Werte, die nicht beständig sind. So ist es auch im alltäglichen Leben. Mit dem Wohlstand hat auch der Mammon "Nimmersatt" seinen Einzug gehalten. Von Mäßigkeit und Bescheidenheit will man nicht mehr viel wissen, obwohl Gottes Geduld mit den immer Unzufriedenen auch mal ein Ende nimmt. Dafür hat uns auch Jesus damals schon Weisungen gegeben. Heute würde er sagen: "Es ist euch wirklich alles gegönnt, wenn ihr die Armen in der Welt nicht vergeßt. Aber vergeßt auch nicht das Wort Gottes."

Auch in Zeiten des Wohlstandes möchte Gott mit seinem Volk im Gespräch bleiben und es so führen, daß es vor Gott und der Welt ein relativ gutes Gewissen haben kann. Das Wort Gottes sollte das tägliche Brot vom Himmel sein, wie auch das Manna als Gottesgabe für Israel vom Himmel kam. Die notleidenden Christen in China haben gemeldet: "Schickt uns Bibeln, die dem Brot gleich sind." Wir dürfen dankbar sein, daß wir das Wort Gottes noch reichlich haben.

***All ander Speis und Trank ist ganz vergebens,
du bist selbst das Brot des Lebens. Dafür danken wir!***

# 1. März

**Laß dir an meiner Gnade genügen;
denn meine Kraft ist in den Schwachen mächtig.**
*2. Korinther 12,9*

Den seelsorgerlichen Zuspruch bekam Paulus, als er seinen Herrn anrief. Paulus war ein von vielen körperlichen Leiden geplagter Mensch. Er ist zu bewundern, weil er trotzdem das schwere Apostelamt bis zu seinem Märtyrertod als Auftrag von Gott wahrgenommen hat. Für viele Menschen ist die beste Unterhaltung, wenn sie jeweils ihre kleinen oder größeren Gebrechen vortragen können, obwohl sie wissen, daß ihnen dadurch nicht geholfen wird, es sei, daß sie einen Beter vor sich haben. Aber genau so gibt es geplagte Christen, die alle ihre Leiden und Krankheiten aus der Hand Gottes nehmen und dadurch trotz allem froh sein können. Vielleicht sind dem einen oder anderen Leser solche Schwachen, wie sich auch Paulus bezeichnet, bekannt. Vor vielen Jahren traf ich in der Anstalt Bethel auf einen jungen Mann, der keine Beine hatte. Aber er brauchte keinen Rollstuhl, sondern lief schneller als ein Gesunder auf seinen Händen durch das Gelände. Dann hatte er sich noch eine Sammeldose für die Anstalt umgehängt, in die die Besucher gerne ihre Gaben hineintaten. Dieser junge Mann machte einen sehr zufriedenen und frohen Eindruck. So könnte man an viele Menschen denken, die in gleicher Verfassung sind und trotzdem Gott danken können. Gott kann über kranke und geplagte Menschen viel Kraft ausstrahlen. Und sie sind dann zufrieden mit seiner Gnade. Gottes Gnade in Jesus Christus ist seine Zuwendung zu seinen Gläubigen. Wenn er sich uns zuwendet, dürfen wir auch seine Kraft und seinen Beistand erfahren - vielleicht schon in nächster Zeit.

*Herr, stärke mich, auch dein Leiden zu bedenken,
damit ich mich mit meinem Leiden unter dich stelle.*

# 2. März

**Sei stille dem Herrn und warte auf ihn.**
*Psalm 37,7*

Wer hat wohl, wenn er verzweifelt ist und sich Gott zuwendet, die Geduld, auf Gottes Eingreifen zu warten? Oder wer kann trotz großer Nöte zunächst abwartend stille sein vor Gott? Berechtigte Fragen, aber beides sollen wir lernen: Stille sein und abwarten. Praktizierende Christen pflegen jeden Morgen eine Zeit persönlicher Stille. Ein Maurer, dessen gefüllter Arbeitstag um sieben Uhr beginnt, erzählt, daß er jeden Morgen eine halbe Stunde früher aufsteht, als es nötig sei, weil er die stille Zeit für das Wort Gottes nicht missen möchte. "Diese Zeit brauche ich," so sagt er, "damit ich mich auf den Arbeitstag freuen kann."

Zeit der Stille fehlt uns heute. Aber es sollte auch Stille vor Gott sein. Auf Gott hören ist genau so wichtig und notwendig wie mit Gott reden. Das soll nicht heißen, daß man seinen Gottesdienst beim Waldspaziergang erlebt, obwohl gegen die Stille in der Natur nichts zu sagen ist. Aber man sollte sich überwinden, mit Gott auch die Stille zu pflegen, auch dabei das Wort Gottes zu lesen. Gott will, daß wir wartend auf ihn hören. Warten, das ist das zweite. Vielen treuen Betern und Bibellesern fehlt die Geduld, auf Gottes Zusagen zu warten, auf sein Eingreifen und sein Handeln. Auch ich kann da sehr ungeduldig sein. Aber man erlebt dann auch immer wieder, daß Gott redet zu einer Zeit, da man es nicht ahnt. Im Auge hat er seine Kinder jeden Tag, auch heute. Das ist uns eine getroste Gewißheit. Deshalb lohnt sich auch ungeduldiges Warten.

*In dieser so unruhigen und hektischen Zeit, o Herr,*
*fällt uns die Stille und Geduld so schwer.*
*Aber Du kannst beides schenken, Danke dafür!*

# 3. März

**Gott tut große Dinge, die wir nicht begreifen.**
*Hiob 37,5*

Diese Aussage ist eine Feststellung aber auch ein Trost. Solange die Erde steht und es Menschen auf dieser Erde gibt, ist Gott zu jeder Zeit der Eingreifende gewesen. In der Schöpfungsgeschichte wird berichtet, daß Gott das Licht aus der Finsternis schuf. Die Vätergeschichten erzählen von großen Dingen, die Gott getan hat. Unbegreiflich war auch die Wegführung der Kinder Israel aus Ägypten durch vierzigjährige Wüstenwanderung in das Gelobte Land Kanaan. Wie groß hat sich Gott auf dieser Wegstrecke wiederholt bewiesen? So hat er mit den Menschen Geschichte gemacht und sie sein ständiges Eingreifen durch wunderbare und große Dinge erleben lassen. Dann kam es zu seiner Menschwerdung, die er durch die Propheten schon viele hundert Jahre vorher hat ankündigen lassen. Wunder über Wunder!

Aber auch in jedem Menschenleben greift Gott in oft wunderbarer Weise ein und bezeugt seine Herrschaft und seine Gegenwart. Wer könnte an dieser Stelle nicht alles aufzählen, was er mit und durch Gott erlebt hat? Große Wundertaten würden diese Seite füllen. Jedoch die einmalige Größe Gottes bestand darin, daß er seinen Sohn für die ganze Welt, für die Menschheit ans Kreuz hat nageln lassen. Wenn kleine Kinder, die vorher nicht unterwiesen wurden, in der Kirche das Kreuz entdecken, erschrecken sie, staunen und fragen nach dem Sinn. So schwer ist das Wunder Gottes begreiflich. Aber er tut viele große Dinge und wird auch diese Kinder eines Tages zur Erkenntnis der Wahrheit und zum Glauben bringen.

***Nun danket alle Gott mit Herzen, Mund und Händen,
der große Dinge tut an uns und allen Enden.***

## 4. März

**Wir werden ohne Verdienst gerecht aus seiner Gnade durch die Erlösung, die durch Jesus Christus geschehen ist.**
*Römer 3,24*

Das tut doch gut zu erfahren, daß man etwas bekommen kann, ohne dafür bezahlen zu müssen, ohne es auch verdient zu haben. Jeder Christ weiß, daß er nicht ohne weiteres vor Gott bestehen kann. Es gibt keinen Menschen, der am Abend eines Tages sagen kann: "Heute habe ich alles richtig gemacht, was meine Leistungen, meine Ehrlichkeit, meine guten Gedanken und Verhaltensweisen anbetrifft, so daß Gott nichts an mir aussetzen kann." Trotzdem spricht Gott uns gerecht, indem er uns alles vergibt, was wir an Unrecht getan haben. Das ist unfaßbar und nicht erklärbar.
Erklärbar? Vielleicht! Gottes Verhalten uns gegenüber, so schreibt Paulus, ist begründet in seiner Gnade und durch die Erlösung durch Christus. Die Gnade ist vorausgegangen, als Gott durch Jesus zu den Menschen kam. Er selber wurde durch ihn ganz Mensch, kleiner Mensch, und er machte seinen Sohn für uns zum Gott, zum großen Gott. Es ist so, als wenn sich Vater oder Mutter vor ihrem Kind ganz klein machen, um mit ihm auf einer Höhe zu sein. So läßt es sich am besten mit ihm reden. Genau so verhielt sich Gott den Menschen gegenüber durch das Kind in Bethlehem. "Gott ward Mensch, dir Mensch zugute." Das ist Gnade. Mit dem Gottessohn löste der Herr dann am Kreuz von Golgatha unsere Sünde aus. Der eine ist schuldig, und der Freund übernimmt für ihn die Schuld. Ohne Verdienst macht Gott uns durch Jesus frei. Seine Gnade kommt über uns. Immer wieder neu!

***Gott, der Du reich bist an Erbarmen, reiß Dein Erbarmen nicht von mir und führe durch den Tod mich Armen durch meines Heilands Tod zu Dir.***

## 5. März

**Es sei Gutes oder Böses, so wollen wir gehorchen
der Stimme des Herrn, unseres Gottes.**
*Jeremia 42,6*

Das Gehorchen ist nicht mehr selbstverständlich, selbst bei Kindern den Eltern gegenüber nicht mehr, vom Verhältnis zwischen Schülern und Lehrern ganz abgesehen. Die neue Gesellschaftsordnung läßt schon die kleinsten Kinder mündig sein. So gelten auch nicht mehr die zehn Gebote unter der Forderung Gottes: "Du sollst!" Wie sollen wir dann noch das Wort Gottes annehmen als einzige Richtschnur unseres Lebens? Das bedeutet, daß die Schar derer, die das Wort als die Stimme des Herrn hören und auf ihn hören, immer kleiner wird. Das sollte uns wohl traurig stimmen aber nicht mutlos machen. Es sollte uns um so mehr ausrichten auf den, der unser Herr sein will in guten und in bösen Zeiten, oder, wie das Wort heißt: Auf die Stimme des Herrn hören, es sei Gutes oder Böses. Das ist nicht immer leicht. Oft frage ich auch: "Herr, warum läßt du das zu," oder "was habe ich nur Böses getan, daß du so mit mir umgehst?" Aber durch die ganze Bibel ziehen sich bei den Männern des Glaubens diese Fragen von Abraham bis Mose und bei den Propheten und schließlich bei den Jüngern. Heute können wir Gottes Entscheidungen mit uns noch nicht verstehen, aber wir haben die Gewißheit, daß wir sie einmal verstehen. Möglicherweise hat auch schon der eine oder andere Tiefen seines Lebens durchschritten, ohne Hoffnung, da wieder herauszukommen. Später stellte sich dann heraus, daß sich auch solche Durststrecken zum Segen verwandelt haben. Gott denkt und plant weiter voraus, als wir es begreifen können.

*Herr! schicke, was du willst, ein Liebes oder Leides;
ich bin vergnügt, daß beides aus deinen Händen quillt.*
*Eduard Mörike*

# 6. März

**Ich bin gekommen, damit sie das Leben
und volle Genüge haben sollen.**
*Johannes 10,10-b*

Es ist üblich, daß man vom "lieben Gott" redet, wenn man Gott ins Gespräch bringt. Sehr selten nur wird Christus zitiert, weniger noch Jesus. Das wird daran liegen, weil durch letztere Namen die Glaubensaussage konkreter wird, und da hat man Hemmungen oder schämt sich sogar. Man möchte nicht zu den Frommen gehören. Dagegen steht, daß sich unser Glaube und unser Bekenntnis auf Gott bauen, der sich allein in Jesus Christus dargestellt hat. Deshalb trägt auch der dritte Sonntag in der Passionszeit den Namen Okuli (lat. Oculus = das Auge). "Meine Augen sehen stets auf den Herrn" *(Psalm, 25,15)*. Der kirchliche Wechselgesang, der diesen Satz beinhaltet, soll andeuten, daß wir unsere Augen, auch unser geistiges Auge in die richtige Richtung bringen. Auf den Herrn sehen will sagen: Jesus im Auge haben von seiner Geburt als Menschensohn bis zum Tod und zu seiner Erhöhung. In der Passionszeit sollen wir ihn besonders im Auge haben, denn durch Leiden, Kreuz und Auferstehung hat er uns ein neues und anderes Leben gegeben als das, das wir geführt haben, als wir noch "Heiden" waren. Er will uns so viel geben, so daß wir satt werden an Leib und Seele. Das geschieht auch, wenn wir auf ihn schauen und mit dem Liederdichter singen können: "Lasset uns mit Jesus ziehen, seinem Vorbild folgen nach" *(EG 384)*, Gott ist gewiß ein lieber und zu liebender Gott, wie er sich durch Jesus bezeugt hat, aber gerade deshalb dürfen wir von ihm reden als von dem Gott, der in Jesus Christus ist. Und dazu gebe uns Gott die Kraft.

*Herr, gib ein frei Geständnis in dieser unsrer Zeit,
ein offenes Bekenntnis bei allem Widerstreit.*

# 7. März

**Der Herr ist gütig und eine Feste zur Zeit der Not
und kennt die, so auf ihn trauen.**
*Nahum 1,7*

Not lehrt beten, so sagt man, aber genau so soll Not fluchen lehren. Es stimmt sicher beides. Der eine kommt in Notzeiten zum Glauben, ein anderer, der Gott nicht versteht, wendet sich von ihm ab. Wie dem auch sei: Gott ist keine Nothilfe, erst recht kein Lückenbüßer. Er läßt sich nicht vereinnahmen wie ein Gegenstand, ein Werkzeug, das man zu bestimmten Zwecken einsetzen muß.

Aber so meint es der Prophet sicher nicht. Sondern schildert, wie Gott Gericht über die Stadt Ninive hält. Er stellt uns Gott als den Strafenden vor, der der Herr über die ganze Erde, über Land und Meere ist: Er schilt das Meer und macht es trocken; alle Wasser läßt er versiegen. *(Vers 4)*. Nahum will sagen: Gott hat das letzte Wort. Er kann und wird trotz aller Güte und Geduld strafen und niederschlagen. So ist es zwecklos, Gott in eine Rolle hineinzugehen, die uns gefällt. Dann aber leuchtet am Horizont Gottes Gnadensonne auf. Der Prophet schaut in die Endzeit hinein und sieht schon die Zerstörung der Völkerwelt. Gott soll für ihn nicht Nothelfer sein, sondern wenn die Notzeit über die Welt hereinbricht -auch für die Frommen - wird der Herr zu seinen Kindern stehen: ... in der Zeit der Not!

Wir dürfen im alltäglichen Leben, ja immer dem Herrn vertrauen, besonders dann, wenn kein Ausweg zu erkennen ist. Wer sich als Kind Gottes an seiner Hand geführt weiß, darf mit seiner Güte rechnen. Er wird von Gott hindurchgetragen.

***Was mein Gott will, das gesche allzeit,
sein Will der ist der beste!***

# 8. März

**Er war der Allerverachtetste und Unwerteste,
voller Schmerzen und Krankheit. Er war so verachtet,
daß man sein Angesicht vor ihm verbarg.**
*Jesaja 53,3*

Der Prophet sieht vor sich den leidenden Gottesknecht, der die Schuld der Menschen vorwegträgt. Wenn ihm auch Jesus kein Begriff sein konnte, so sah er in der Geschichte, die Gott mit den Menschen lebte, den, der für alle einmal die Sünde tragen und damit die Heilsgeschichte auf einen neuen Kurs bringen würde. Er sah aber auch, wie achtlos die Menschen an diesem Kreuzträger vorbeigingen. Das führt mich in die Gegenwart: Es gibt heute kaum Gaststätten, die nicht - besonders am Wochenende - ein volles Haus zur Mittags- und Abendzeit haben. Man lebt auf großem Fuß und läßt sich für viel Geld bedienen, ganze Familien. Es rühren dann nicht die Abendnachrichten, die uns ins Haus gebracht werden mit den Berichten über hungernde Menschen in den unterentwickelten Völkern, die Flüchtlinge in den Kriegsgebieten und andere schreckliche Geschehnisse. Auch der durch Leiden ans Kreuz getriebene Jesus hatte keine Freunde mehr in seiner Nähe. Obwohl sein Opfer weltbewegend war für alle Menschen, blieb er in dieser Not allein, während die Leute um ihn herum achtlos ihrem Tagewerk nachgingen. So sind auch die Passionsandachten die am wenigsten besuchten Gottesdienste. Gott hat durch seinen Sohn alles für die Welt getan, aber man nimmt es zur Kenntnis wie einen neuen Tag. Keiner wird eines Tages am Kreuz vorbeikommen, und dann kann die Einsicht zu spät sein. So können wir nur beten:

*O Lamm Gottes, unschuldig am Stamm des Kreuzes geschlachtet. All Sünd' hast du getragen, sonst müßten wir verzagen. Erbarm dich unser, o Jesu!*

# 9. März

**In der Welt habt ihr Angst; aber seid getrost,
ich habe die Welt überwunden!**
*Johannes 16,33*

Jesus ist auch in die Welt gekommen, um als Sohn Gottes die menschliche Angst zu erleben. Er selber mußte durch sie hindurch, um das Erlösungswerk für die Welt zu bewirken. Vor ihm waren es seine Eltern, die von der Angst umgetrieben wurden, wenn wir an den Kindermord in Bethlehem denken. Aber auch Jesus versetzte die Eltern in Angst, als er als 12jähriger im Tempel zurückblieb. *("Siehe, dein Vater und ich haben dich mit Schmerzen gesucht." Lukas 2,48)* Von der Angst blieb Jesus auch nicht verschont, als man ihn in seiner Heimatstadt Nazareth steinigen wollte, auch nicht, als die jüdische Obrigkeit ihm ständig Fallen stellte und ihn verfolgte. Im Garten Gethsemane brach die Angst vor dem Leiden durch: "Mein Vater, ist's möglich, so gehe dieser Kelch von mir." Und zu den Jüngern: "Könnt ihr nicht eine Stunde mit mir wachen?" Schließlich am Kreuz: "Mein Gott, warum hast du mich verlassen?" Aber die Angst umtreibt auch uns: Angst vor dem Versagen, vor tückischen Krankheiten, vor Einsamkeit, vor der Zukunft; vielleicht auch Angst vor der vor uns liegenden Nacht oder dem neuen Tag? Jesus aber steht über unserer Angst, weil er sie selber überwunden hat. Er setzt gegen unsere Angst sein "Seid getrost!" Oder wie man dem Urtext entnehmen kann: Habt Mut (zum Leben). "Ich, Jesus, habe auch für euch den Sieg errungen, Ihr werdet über die Angst, die euch bedrängt, mit meiner Hilfe hinwegkommen. Versucht es. Habt zu mir Vertrauen!"

***Die alte Schlange, Sünd und Tod,
die Höll, all Jammer, Angst und Not
hat überwunden Jesus Christ, der heut vom Tod erstanden ist.***

# 10. März

**Es ist ein köstlich Ding, geduldig sein
und auf die Hilfe des Herrn hoffen.**
*Klagelieder 3,26*

Der Dichterpfarrer Eduard Mörike hat gebetet: "Herr, schicke, was du willt, ein Liebes oder Leides; ich bin vergnügt, daß beides aus deinen Händen quillt." In diesem Gebet spiegelt sich die gelebte Geduld eines gläubigen Mannes. Das erinnert an Hiob, der mit unfaßbarer Geduld sein Leiden ertrug und dadurch am Horizont Gottes Freundlichkeit erblickte. Unser hektisches Leben läßt es nicht mehr zu, daß wir geduldig auf Gottes Zuwendung warten. Die Ungeduld hat uns in den Griff bekommen. Sie ist aber nichts anderes als mangelndes Gottvertrauen. Im Zustand der Ungeduld rechnen wir nicht mit Gottes Gegenwart. Vielleicht haben sich grundsätzlich ungeduldige Menschen von Gott sogar gelöst, wenn sie im finstern Tal ihres Lebens nicht mehr bekennen können: "Denn du bist bei mir."
Wer sich in der Gegenwart Gottes weiß, gehört zu den Geduldigen, zu denen, die tragen und ertragen können, zu denen, die auf Gottes Eingriff warten. Das ist unser Trost: Gott kommt immer vom Ende her auf uns zu; er kommt immer entgegen. Wer im festen Gottvertrauen durch das Tal der Traurigkeiten und der Leiden gehen kann, geht nie an Gott vorbei, sondern immer auf ihn zu. Mit dieser Gewißheit läßt sich jeder Tag aus Gottes Hand nehmen. Gott gibt die Hand! Das zu wissen und damit zu leben, ist ein kostbarer Schatz.

> **Dein Will gescheh, Herr Gott, zugleich
> auf Erden wie im Himmelreich.
> Gib uns Geduld in Leidenszeit,
> gehorsam sein in Lieb und Leid;
> wehr und steu'r allem Fleisch und Blut,
> das wider Deinen Willen tut.**

## 11. März

**Steh jetzt still, daß ich dir kundtue, was Gott gesagt hat.**
*1. Samuel 9,27*

Dieses Wort, das der Gottesmann Samuel an Saul richtet, will heute zu uns reden. Was Gott uns zu sagen hat, können wir nur aus Menschenmund hören. Gott beauftragt berufene Menschen, die das Wort weiterzusagen haben. So sind alle in der Heiligen Schrift niedergeschriebenen Worte wohl von Menschenhand geschrieben, aber Gott hat sie ihnen durch die Kraft seines Geistes eingegeben. Auch Samuel redet im Auftrage Gottes zu Saul, wie er sich heute an uns wendet. Dafür gebietet er uns: Steh jetzt still! Das will doch sagen, daß uns Einhalt geboten wird. Wenn Gott zu uns reden will, können wir nicht im Vorbeigehen zuhören. So wie wir unter der Stille in der Kirchenbank sitzen und Gottes Wort auf uns wirken lassen, haben wir uns jederzeit in Stille zu verhalten, wenn Gott redet. Das gilt genau so für das Gebet. Wenn es erhört werden soll, müssen wir dem Gebet die Stille einräumen. Auch beim Lesen in der Heiligen Schrift brauchen wir Stille. Deshalb spricht man von der stillen Zeit, die sich jeder Christ für das Wort Gottes nehmen sollte. Unter der Stille wird Gott zu uns reden.

Von unserem Herrn Jesus wird an mancher Bibelstelle gesagt, daß er stillstand, bevor er gehandelt hat. Als Beispiel sei Matthäus 20,32 erwähnt: Jesus aber stand still und rief die Blinden an und sprach: Was wollt ihr, daß ich euch tun soll? Ähnlich kann man es nachlesen beim Evangelisten Markus, Kapitel 10,49 oder an anderer Stelle. Damit ist nicht das Stillstehen auf dem Wege gemeint, sondern das Einhalten. Gottes Wort will respektiert werden. Dafür gehen wir in die Stille.

***Herr, laß uns still werden und rede du.***

# 12. März

**Danket dem Herrn; denn er ist freundlich,
und seine Güte währet ewiglich.**
*Psalm 118,1*

Über dem 118. Psalm steht in meiner Bibel: Dankbares Bekenntnis zur Hilfe Gottes! Das will sicher auch der erste Satz in dem Psalm zum Ausdruck bringen, wenn der Beter gleich mit dem Dank beginnt. Unser ganzes Leben sollte unter dem Dank gegen Gott stehen, denn schon daß es ohne unser Zutun begonnen hat, daß Gott mit uns begonnen hat, ist des Dankens wert. Nur wenige Menschen würden ihr Leben gern abgeben. Wer bewußt lebt, lebt auch gern und weiß sein Leben zu füllen. Dazu gehört, daß wir des Morgens ausgeruht aufstehen dürfen, um den neuen Tag zu erleben, und so beginnt man auch den Tag mit dem Dank für die Ruhe der Nacht. Danach erbittet man Gottes Güte, die über dem neuen Tag stehen und vor manchen Kümmernissen bewahren soll. Doch gleich wie der Tag seinen Verlauf nimmt, Gottes Güte bleibt für jeden bereit. Während des ganzen Psalms betet der Psalmsänger fünfmal:... und seine Güte währet ewiglich. Das will doch bedeuten, daß die Güte Gottes nicht zeitbedingt ist. Sie braucht nicht zu jedem Anlaß besonders erbeten zu werden. Nein, Gottes Güte steht über einem jeden Menschenleben. Güte will doch sagen, daß Gott der Gute ist. "Gott = Gute = Güte" Unter dieser Güte Gottes dürfen alle Menschen ihr Leben leben und erfahren. Daß aber Gottes Güte ewiglich währet, achten besonders ältere Menschen, die ihre Schaffenszeit fast schon hinter sich haben. Sie wissen, daß Gott sie nicht fallen läßt - auch über den Tod hinaus.

***Bis hierher hat mich Gott gebracht durch seine große Güte,
bis hierher hat er Tag und Nacht bewahrt Herz und Gemüte,
bis hierher hat er mich geleit', bis hierher
hat er mich erfreut, bis hierher mir geholfen.***

# 13. März

**Unser Gott ist im Himmel; er kann schaffen, was er will.**
*Psalm 115,3*

Wenn man nur den ersten Teil des Satzes liest, sollte man meinen, daß wir einen so fernen Gott haben, der uns nicht mehr im Auge haben kann. Aber wenn wir dann weiterlesen, wird deutlich, daß Gott, der im Himmel ist, gleichzeitig allmächtig über der Erde steht. In der englischen Sprache gibt es für den Himmel Gottes und für den kosmischen Himmel zwei verschiedene Bezeichnungen. Aber auch der Psalmbeter läßt uns wissen, daß mit dem von ihm benannten Himmel nicht der kosmische Himmel gemeint ist. Vielmehr sollen wir wissen, daß Gott als der Ferne gleichzeitig der uns allen Nahe ist, denn er kann schaffen, was er will. Dazu sei ein Beispiel genannt: Wenn wir am Himmel die Flugzeuge dahinfliegen sehen, dann befinden sie sich in einer solchen Höhe, so daß in einem Umkreis von vielen Kilometern auch andere Menschen den Flug beobachten können. Gleichzeitig aber haben Mitreisende von Bord der Maschinen aus einen weiten Erdenbereich im Blick.

Wenn so etwas schon Menschen vermögen, wie groß muß dann erst unser Gott sein. Aber selbst mit diesem Zustand hat sich Gott nicht begnügt, sondern durch seinen Sohn kam er direkt auf die Erde und zu den Menschen, so daß er jetzt in doppelter Weise unter uns ist, als der Vater und der Sohn, und drittens in der Kraft des Heiligen Geistes. So ist Gottes Himmel überall. Das sei ein Trost besonders für den, der unseren Herrn und Gott heute gerade nötig hat.
Wir wollen beten, wie der Beter des 115. Psalms seinen Psalm begonnen hat:

*Nicht uns, Herr, nicht uns, sondern deinem Namen gib Ehre um deiner Gnade und Treue willen!*

# 14. März

**Wenn nur Christus verkündigt wird auf jede Weise, so freue ich mich darüber.**
*Philipper 1,18*

So stark möchte ich auch im Glauben stehen, eine so feste Bindung an Jesus Christus haben, daß ich im finsteren Gefängnis mir Gedanken mache, ob auch Christus überall erkündigt wird. So schreibt der Apostel Paulus an seine Gemeinde in Philippi: "Verkündigt Jesus Christus, auf welche Weise auch immer." Sekten unterscheiden sich von der christlichen Gemeinde u.a. dadurch, daß bei ihnen nicht Jesus Christus, sondern entweder der Begründer dieser Gemeinschaft oder seine Lehre im Mittelpunkt stehen. Das läßt Paulus nicht zu. Er sieht wohl die Möglichkeiten der Vielfalt der Verkündigung, aber bei aller Verkündigung muß bei ihm Christus der Mittelpunkt sein. Dann ist die Verkündigung auch die richtige und ist so angebracht, Christus verkündigen heißt aber, daß wir von seiner freimachenden Gnade reden, daß wir uns als Sünder vor ihm gerechtfertigt wissen und dessen gewiß sind, daß unser Herr Jesus Christus die Sünde für uns abgetan und mit ans Kreuz genommen hat. Die Emmausjünger wurden erst froh, als sie auf dem Weg in ihrem Begleiter Jesus selbst erkannten. Jetzt war ihnen bewußt, daß Jesus am Kreuz gesiegt und ihre Sünde mit in den Tod genommen hatte. Was muß das für sie für ein befreiender Augenblick gewesen sein? So dürfen wir alle uns immer wieder freuen und glücklich sein, wenn uns Christus verkündigt wird als der Sieger über die Sünde und über den ewigen Tod. Unter dieser Freude konnte auch Paulus in seinem Gefängnis leben und recht froh sein. Unter dieser Freude darf jeder Mensch leben, der seinen gegenwärtigen Zustand sonst nicht ertragen könnte und ihn wie in einem Gefängnis sieht.

***Danke, daß wir mit Jesus Christus leben dürfen.***

# 15. März

**Wandelt würdig des Evangeliums Christi, damit ihr in einem Geist steht und einmütig mit uns kämpft für den Glauben des Evangeliums.**
*Philipper 1,27*

Paulus rät, Christus, auf welche Weise auch immer, zu verkündigen. Das heißt zusammengefaßt, daß wir von ihm als dem Erlöser weitersagen sollen. Er hat unsere Sünden ans Kreuz getragen und uns froh gemacht. Wer von Christus ergriffen ist, wer ihn angenommen hat, so sagt der Apostel weiter, der sollte ihn festhalten, fest an sein Herz drücken und so mit ihm leben. Jesus Christus hat es für uns verdient und so entspricht es unserem Stand. Würdig des Evangeliums wandeln bedeutet, daß wir andere Menschen wissen lassen, daß es sich lohnt, Jesus Christus ins Leben hineinzunehmen.

Während ich diese Worte niederschreibe, bekomme ich einen Anruf von einer gläubigen Familie, die ihr Kind aus dem Religionsunterricht abgemeldet hat, weil dort der Ungeist verkündet wurde. Das gibt es heute! Früher wurde man im Religionsunterricht auf dem Weg zum Glauben geführt. So hat sich unsere Gesellschaft verändert. Wir stehen immer mehr "im Kampfe Tag und Nacht", wie es der Liederdichter Friedrich Oser in einem Kirchenlied schon 1865 zum Ausdruck bringt *(EG 377)*. Dieser Kampf um des Evangeliums willen spitzt sich zu. Die Zeichen dieser Zeit stehen dafür auf Sturm. Die größte Gefahr ist die Anpassung aus Bequemlichkeit. Diesem Trend verfallen viele treue Christen. Aus der Urgemeinde können wir lernen, wo die Christen immer in der Minderheit waren und so stark geblieben sind, daß der Glaube an den Herrn der Welt bis in unsere Zeit hineingewachsen ist. Das sollte uns Mut machen.

***Herr, laß uns in dieser wirren Zeit nicht allein.***

# 16. März

**Denn wie die Leiden Christi reichlich über uns kommen, so werden wir auch reichlich getröstet durch Christus.**
2. Korinther 1,5

Wir gehen auf Karfreitag und Ostern zu. Viele Menschen haben in ihrem Leben ein Karfreitagskreuz auf sich nehmen müssen. Viele sind noch qualvoller in den Tod gegangen als Jesus. Beispiele erübrigen sich. Dennoch steht das Leiden und das Kreuz unseres Herrn Jesus vor uns als das schrecklichste, was die Welt aufzuweisen hatte. Aber nicht nur das, sondern auch während seines Auftretens vor den Menschen hat Jesus sein Kreuz zu tragen gehabt. Deshalb spricht man auch von Menschen, die zu leiden und Leiden zu tragen haben, die ein Kreuz zu tragen haben. Man meint damit das Kreuz von Golgatha. Und da gibt es überall in unserer Gesellschaft viele Kreuze zu tragen. Kein politisches System wird es schaffen, diese Kreuze abzubauen. Wo es gesellschaftspolitisch erträglich ist, kommen persönliche Kreuze auf die Menschen zu. Und die Verheißung läßt uns wissen, daß es in der Zukunft nicht besser werden wird, sondern daß die Generationen noch viel mehr dieser Art zu erwarten haben.
Aber dagegen steht nun das frohmachende Evangelium. Jesus Christus will für seine Gemeinde, für seine Brüder und Schwestern in der Welt einstehen. Er will die vielen Kreuze tragen helfen. Er möchte uns immer wieder an die große Güte Gottes verweisen und uns wissen lassen, daß dieser Zeit Leiden nur ein Übergang sind, solange diese Erde besteht. Dafür hat Jesus das Kreuz einmalig auf sich genommen. Und seine Zusage gilt, daß er bei uns sein will alle Tage, auch heute!

***Christus spricht: Wer nicht sein Kreuz nimmt und folgt mir, ist mein nicht wert und meiner Zier.***

## 17. März

**Jesus sprach: Wahrlich, wahrlich, ich sage euch:
Wer glaubt, der hat das ewige Leben.**
*Johannes 6,47*

Wer glauben und im Glauben leben kann, steht unter der besonderen Gnade unseres Gottes. Glauben ist nicht selbstverständlich; er ist nicht jedem angeboren, sondern Glauben will erfahren werden und will wachsen. Martin Luther sagt vom Glauben: Der Glaube ist nicht eine leichte Kunst, sondern ein hoch trefflich Ding, daran ein Mensch hunderttausend Jahre zu lernen hätte, wenn er so lange lebte.- Deshalb hat Jesus auf den Glauben immer besonderen Wert gelegt. Im vorliegenden Vers läßt er uns wissen, wie es die Bibel lehrt: Wer glaubt, hat ewiges Leben! Das will sagen, daß der Glaube die Macht hat, den ewigen Tod zu bezwingen. Der Tod steht als Schreckgespenst über jedem Menschenleben. Besonders kleine Kinder fürchten sich vor dem Tod, obwohl sie menschlich gesehen noch hohe Lebenserwartungen haben. Aber Jesus sagt, daß der Tod durch den Glauben bezwungen werden kann. Wer will da nicht gläubig werden? Wie sollen wir das verstehen? Jesus selbst hat dem Tod ins Auge geschaut, ja, er mußte sogar sterben wie wir. Aber Gott hat ihn aus dem Tod herausgeholt und ihn uns als die Auferstehung und das Leben vorgestellt. Als der Auferstandene und als das ewige Leben ist dieser einst im Tode Gewesene unser Herr. Das will uns Jesus sagen und lehren: Wenn wir uns auf ihn verlassen und ihn als unseren Herrn annehmen, wird er uns nicht im Tode lassen, sondern dann dürfen wir wie er das ewige Leben haben. Das sollte uns den Glauben leicht machen,

**Den rechten Glauben, Herr, ich mein, den wollest Du
mir geben. Dir zu leben, meim Nächsten nütz zu sein.
Dein Wort zu halten eben.**

# 18. März

**Wir liegen vor dir mit unserem Gebet und vertrauen nicht auf unsre Gerechtigkeit, sondern auf deine große Barmherzigkeit.**
*Daniel 9,18*

Hier ist ein Gottesmann mit seinem Gott im Gespräch. Es ist der Prophet Daniel, der ein Bußgebet zum Himmel schickt, damit Jerusalem nicht zerstört, sondern gerettet werde. Dem Gebet merkt man an, daß Daniel dabei in die Knie geht, wenn er betet: Wir liegen vor dir... Nur ein Beter, der so im Gebet in die Buße geht, kann erwarten, daß sein Beten auch erhört wird. Man spürt dem Beter an, daß er als reuiger Sünder bewußt Abstand genommen hat von Gott, daß er sich ganz unten weiß mit seiner großen Schuld. Keine Selbstrechtfertigung bricht hier durch wie bei dem Gebet des Pharisäers vor dem Zöllner, sondern nur aus tiefer Demut heraus wagt es der Beter, mit Gott ins Gespräch zu kommen. Das ist oft unsere Gebetsnot, daß wir eine gewisse Portion Selbstgerechtigkeit in unsere Gebete hineinnehmen, indem wir letzten Endes Gott sagen wollen, daß wir doch zu seinen Treuen gehören, und daß er schon deshalb uns erhören müßte. Sicher ist das mit ein Grund, weshalb man wenig Gebetserhörung erfährt. Wir müssen es lernen, uns wie Daniel völlig an Gott abzugeben in der vollen Erkenntnis unserer Schuld. Es muß alles, was uns belastet, aus uns heraus, damit Platz geschaffen wird für das, was Gott uns geben will. So wollen wir darum bitten, daß wir nicht auf unsere Gerechtigkeit bauen, sondern auf Gottes große Barmherzigkeit. Was nach einem solchen Gebet Einzug hält, ist wirklich die Barmherzigkeit unseres Gottes.

*Unsre Schuld ist groß und schwer,*
*von uns nicht auszurechnen,*
*doch Dein Barmherzigkeit ist mehr,*
*die kein Mensch kann aussprechen.*

## 19. März

**Bittet, so wird euch gegeben; suchet, so werdet ihr finden; klopfet an, so wird euch aufgetan.**
*Matthäus 7,7*

Jesus ist nicht irgendwer, und so ist sein Wort auch nicht irgendwas! Deshalb wollen wir mit diesem bekannten Jesuswort in den Tag hineingehen. Jesus hat selber Erfahrungen mit dem Gebet gemacht. Das Neue Testament hat uns mehrere Gebetssituationen Jesu übermittelt. Dabei denke ich unter anderem an das Hohepriesterliche Gebet *(Johannes 17)*, aber noch mehr an sein Gebet im Garten Gethsemane. Letzteres sollte uns Mut machen zum Bitten in schweren Zeiten, besonders deshalb, weil dieses Gebet Erfüllung fand nach Gottes Willen und nicht nach dem Willen des Beters: "Wenn du willst, Vater, dann laß diesen Kelch an mir vorübergehen! Aber nicht wie ich will." Durch das Erlösungswerk Jesu am Kreuz wurde uns bestätigt, weshalb der Kelch nicht als Gebetserhörung an Jesus vorübergehen durfte. Auch in unserem Leben ist es oft so, Jesus redete trotz allem mit seinem Vater und vertraute ihm.

Auch für uns ist das Beten ein Gespräch mit Gott, das uns zu ihm führt. Damit wird uns die zweite Antwort gegeben: daß wir durch das Gebet zu Gott unterwegs sind, auf der Suche nach ihm. Gott selbst wird uns zu seiner Zeit bestätigen, daß er sich von uns finden läßt. So verbindet sich das Beten mit dem Suchen. Bleibt noch der Rat, auch anzuklopfen. Wie oft hat man einen Anlauf gemacht und traut sich nicht zum letzten Schritt. Anklopfen will endgültiges Vertrauen herausfordern. Vielleicht soll es gerade heute sein. Möge dann dieser Schritt gesegnet werden.

*Herr Jesus, hab Dank, daß du uns den Weg zum Vater geführt hast. Gehe auch heute mit uns in den Tag.*

## 20. März

**Wer groß sein will unter euch, der soll euer Diener sein.**
*Markus 10,43*

Lebensbeschreibungen berichten von der Geburt und führen dann bis ins hohe Alter hinein. Sie können dicke Bücher füllen. Anders war es bei Jesus. Über seiner Krippe stand bereits das Kreuz. Sein Lebensbericht wird nur kurz dargestellt. Nach dem Weihnachtsfest, mit dem Beginn des neuen Jahres schauen wir schon auf Karfreitag und Ostern. Was diese Zeit zwischen den beiden großen Festen füllt, sind nur kurze Berichte über das Leben Jesu, dagegen ausführliche, die von seinem Leiden und seiner Demütigung Zeugnis ablegen. Das soll uns Vorbild sein, zumal die Versuchung groß ist, nach Gütern dieser Welt zu trachten. Dagegen zahlt es sich aus, auf Hoffnung zu leben. Daß sagt Jesus auch seinen Jüngern, von denen einige ihren Treuelohn vorweg haben wollten. Die Mutter von Jakobus und Johannes bat: "Laß meine beiden Söhne sitzen in deinem Reich, einen zu deiner Rechten und den andern zu deiner Linken." *(Mattheus 20,20-22)* Jesus enttäuscht sie und fordert sie dagegen auf, mit ihm den Weg durch Anfechtungen und Niedrigkeit zu gehen, um ans Ziel zu kommen. Dazu gebe er auch uns die Kraft. Der Sonntag Judika will uns mit seinem Thema veranlassen, in Demut auf Gott zu schauen. Judika wird übersetzt mit "Herr, schaffe mir Recht" und das will sagen: Lehre du mich, Gott, den Weg mit dir zu erkennen, damit es ein Weg zu dir hin werde. - Auch das Leben Jesu führte von der Krippe durch Demut und Leiden letzten Endes zur Rechten Gottes. So läßt Gott die Menschen besonders auf dem Weg der Niedrigkeit nicht allein, sondern macht ihnen Hoffnung auf die ewige Herrlichkeit.

*Gib auch, Jesu, daß ich gern Dir das Kreuz nachtrage,*
*daß ich Demut von Dir lern in Geduld und Plage.*

## 21. März

**Sende dein Licht und deine Wahrheit, daß sie mich leiten und bringen zu deinem heiligen Berg und zu deiner Wohnung.**
*Psalm 43,3*

In seiner Bitte um den gerechten Gott schließt der Beter den Wunsch ein, daß Gott ihn vor seinen Feinden bewahren wolle. Er fühlt sich verlassen und hat Sehnsucht nach dem Frieden mit Gott. Deshalb der Wunsch, daß Gott ihm das Licht und die Wahrheit senden wolle, mit Hilfe derer er wieder zum Tempel kommen kann, der für ihn das Haus Gottes ist, wo er den wahren Frieden finden kann.

Licht und Wahrheit sollen die Wege des Christenmenschen begleiten. Wenn wir von Licht und Wahrheit sprechen, sehen wir vor uns nicht Gott in seinem heiligen Tempel, sondern wir denken an den Gott, der sich uns durch seinen Sohn Jesus Christus offenbart hat. Jesus hat sich uns vorgestellt als das Licht der Welt, das die Finsternis erhellen möchte, das in unsere Herzen dringen möchte, so wie Kinder beten: Ich bin klein, mein Herz mach rein, soll niemand drin wohnen als Jesus allein. So möchte unser Herr die Herzen licht machen und uns wissen lassen, daß wir uns freuen dürfen, einen solchen Herrn zu haben. Aber er hat sich uns auch als die Wahrheit vorgestellt. In der Welt gibt es nicht viele Wahrheiten. Die Menschheit, die zufrieden und glücklich leben möchte auf dieser Erde, wird ständig mit Unwahrheiten betrogen. Als Christen müssen wir da hindurch, aber wir können es nur, wenn wir die Wahrheit im Auge haben. Jesus als Licht der Welt und als die Wahrheit will uns an das rechte Ziel bringen. Das ist nicht der Berg Zion, sondern Gottes ewige Herrlichkeit.

*Herr Jesus Christus, Du bist doch mein Licht,
mein Wort, Leben, Weg und Himmelspfort.*

# 22. März

**Christus spricht: Ich bin nicht gekommen,
um die Welt zu richten, sondern um sie zu retten.**
*Johannes 12,47*

Wer fragt heute schon nach Rettung durch Jesus? "Retten" kann das große Los, ein gutes Geschäft, vielleicht ein Wunderdoktor - aber Jesus? So sind wir heute, mitten im Herzen des "christlichen" Abendlandes. Rettung durch Jesus ist genau so wenig gefragt wie das Nachdenken über Gottes Gericht. Wer sich aber die Mühe macht, das 12. Kapitel des Johannesevangeliums zu lesen, erfährt, daß Rettung und Gericht am Ende der Tage nicht ausbleiben. - Jesus ist auf dem Weg nach Jerusalem, und dieser Weg ist mit so schweren Leiden verbunden, so daß der Ausspruch des Pilatus an das Volk ihn begleiten könnte: Seht, welch ein Mensch! In dieser Rolle ist Jesus auf dem Weg zum Kreuz. Seinen Auftrag hat er selber durch ein Gleichnis zum Ausdruck gebracht: "Wenn das Weizenkorn nicht in die Erde fällt und erstirbt, so bleibt's allein; wenn es aber erstirbt, so bringt es viel Frucht." *(Vers 24)*. So mußte Jesus in die Erniedrigung gehen, damit er erhöht wurde und in den Tod, damit er ins Leben kam. Doch ist das Rettungswerk Jesu nicht zu vergleichen mit den uns bekannten Rettungsmaßnahmen. Jesus rettet nicht in diese Welt hinein, über der schon der Schatten einer gefallenen Schöpfung liegt, sondern er rettet für die Ewigkeit. Selbst manchem engagierten Christen ist das Diesseits lieber als das Jenseits, das Heute lieber als das Morgen. Wer sich aber von Jesus retten läßt, lebt nicht für diese Welt, sondern in dieser Welt für den Herrn, der unser ewiges Leben will.

*Wahr Mensch und wahrer Gott,
hilft uns aus allem Leiden,
rettet von Sünd und Tod.*

## 23. März

**Jesus hat, weil er ewig bleibt,
ein unvergängliches Priestertum.**
*Hebräer 7,24*

Der erste Hohepriester Israels war Aaron. In der Regel ging das Amt auf den ältesten Sohn des jeweiligen Hohenpriesters über. Der Hohepriester war der Gesalbte und so von allen anderen Priestern herausgehoben. Rein äußerlich unterschied er sich durch ein besonderes Gewand. Nur so durfte er sich auch in das Allerheiligste begeben, sich Gott nahen. Dort brachte er das Opfer für sein ganzes Volk. Gleichzeitig war er die Aufsichtsperson über den Tempel und alles, was sich dort zutrug und über die gesamte Priesterschaft. Zur Zeit Jesu war der Hohepriester auch der Vorsitzende des Hohen Rates und des ganzen Volkes, bis im nächsten Jahr wieder ein neuer Hohepriester berufen wurde. Jesus hat seit seinem Opfertod das Hohepriesteramt für die ganze Welt übernommen. Er ist durch den Willen Gottes ewiger Hoherpriester geworden, weil er einmalig die Sünden der Welt am Kreuz abgewaschen hat. Er ist unser Hoherpriester, der für uns einsteht und immer wieder neu unsere Sünde trägt. So hat es Gott gewollt. Dafür hat Gott, der Vater, ihn, den Sohn, geopfert und ihn aus dem Tod herausgerissen und an seine Seite gesetzt, zur rechten Gottes. So ist Jesus jetzt unser Hoherpriester, dem wir uns anvertrauen dürfen und der dieses Amt jetzt inne hat, solange die Erde steht. Darüber können wir uns freuen; denn wir brauchen keine Opfer mehr zu bringen, wie es die Israeliten tun mußten. ER ist unser Hoherpriester, der uns nur Gutes getan hat und uns hilft.

***Hoherpriester Jesu Christ, der Du eingegangen bist
in den heil'gen Ort zu Gott
durch Dein Kreuz und bittern Tod,
(hast) uns versöhnt mit Deinem Blut.***

## 24. März

**Seht, wir gehen hinauf nach Jerusalem, und es wird alles vollendet werden, was geschrieben ist durch die Propheten von dem Menschensohn.**
*Lukas 18,31*

Diese Aufforderung ist der Anfang einer Reise, die Jesus mit den Jüngern antrat. Sie ist aber auch ein Aufruf, der uns den Weg in die Zukunft weist. Im Schriftwort wird uns berichtet, daß Jesus auf dem Weg nach Jerusalem ist. Diesen Weg heute zu verfolgen, fällt uns nicht schwer, denn wir wissen, wie er endete. Und wer als Christ mit dem Jahr der Kirche lebt, hört die Passionsgeschichte immer wieder, geht auch mit in die Stille Woche, nach Gründonnerstag und Karfreitag. So geht man mit nach Jerusalem. Aber jeder überprüfe sich auch, ob er mit Jesus geht. Es fällt doch schwer, ihn außerhalb der Gemeinde zu bekennen, wie es auch Petrus schwerfiel, als er nach ihm gefragt wurde, Jesus sagte: "Es wird alles vollendet werden."

Die Vollendung begann mit der Aufrichtung des Kreuzes. Für uns ist es leicht, Jesu Leiden aus der Ferne zu betrachten, passiv zu bleiben. Die Oberammergauer Passionsspiele sind für viele nicht mehr als ein Schauspiel, wie auch die Kreuzigung Jesu für die Menge ein Schauspiel war. Gehen wir ehrlich "mit nach Jerusalem", oder ist es für uns schon Gericht, daß wir Zuschauer sind? Jesus hat alles vollendet! Er wurde den Heiden überantwortet, verspottet, geschmäht, gegeißelt und getötet. Er ist am dritten Tage auferstanden, auch für die, die heute "Zuschauer" sind. Ist das nicht Grund genug, sich bewußt aufzumachen und zu gehen - nach "Jerusalem", in die Passion?

*Herr, du kennst unsere Schwäche, wie du sie von Petrus kennst. Mache uns immer wieder stark, Deine Leiden zu bedenken.*

## 25. März

**Der Menschensohn ist nicht gekommen,
daß er sich dienen lasse, sondern daß er diene
und gebe sein Leben zu einer Erlösung für viele.**
*Matthäus 20,28*

Sowohl die Hirten vom Feld vor Bethlehem, als auch die Weisen, die aus dem Morgenland kamen, hatten nicht damit gerechnet, den neugeborenen König in einer Krippe vorzufinden. Aber nicht nur ihnen ging es so. Als sich die Jünger um Jesus versammelten, waren auch sie der Meinung, daß dieser als der Messias, der Israel von der Knechtschaft erlösen sollte, anders auftreten müßte, als er es vor dem Volk getan hat. Jesus selbst mußte sich bezeugen als der, der im Auftrage seines Vaters den Weg der Niedrigkeit zu gehen hatte. So hat es Gott gewollt. Gott wollte durch seinen Sohn nicht nur die bürgerliche Oberschicht, sondern auch die Ärmsten der Armen erreichen. Das hat Jesus auch bei seinem Weg über die Erde getan. Er ist an alle Menschen herangekommen und hat vielen durch seine neue Botschaft, aber auch tatkräftig gedient. Er hat es vorgelegt, wie er es später seinen Jüngern für die Aussendung befohlen hat: "Macht Kranke gesund, weckt Tote auf, reinigt Aussätzige, treibt böse Geister aus." *(Matthäus 10,8)* Die Botschaft vom Heil sollte alle Menschen erreichen, und sie kam bei vielen tausend Menschen an, bis die Zeit erfüllt war, da Jesus nun auch noch den Weg ins Leiden und Sterben zu gehen hatte, so daß der Apostel Paulus später von ihm schreiben konnte: "Er erniedrigte sich selbst und ward gehorsam bis zum Tode, ja zum Tode am Kreuz. Darum hat ihn auch Gott erhöht ..." *(Phil. 5,8)* Das sollte uns froh und gewiß machen. Es lohnt sich, diesen Herrn zu haben, der alle Menschen liebt.

***Es dient zu meinen Freuden und tut mir herzlich wohl,
wenn ich in Deinem Leiden, mein Heil, mich finden soll.***

# 26. März

**Gottes Brünnlein hat Wasser die Fülle.**
*Psalm 65,10*

Der König David lobt Gott in diesem Psalm und dankt für den geistlichen und leiblichen Segen, den Gott uns immer wieder zuteil werden läßt. So heißt dann der Satz vor diesem ausgedruckten Bibelwort: Du suchst das Land heim und bewässerst es und machst es sehr reich. Was ist das für ein Segen, wenn das Land ständig unter Sonne und Regen steht und der Landmann sich auf die bevorsthende Ernte freuen kann? Das ist aber in den südlichen Regionen durchaus nicht immer das Normale. Um so mehr findet es Beachtung und auch Achtung vor Gott, wenn das Land dort bewässert wird. In unseren Gegenden ist es allzu selbstverständlich, wenn der Acker zu seinem natürlichen Recht kommt, aber auch wir erleben es in machem Jahr, daß die Dürre eintritt. Wie gut, daß wir immer an der rechten Wasserquelle sind und dann auf künstliche Bewässerung zurückgreifen können. All das wäre Grund zum Danken, aber weil wir keine Notzeiten dieser Art kennen, hat man dafür das Danken Gott gegenüber schon weitgehend verlernt. Doch der vorliegende Vers will noch mehr zum Ausdruck bringen. Er wirft schon einen Blick in das Neue Testament, wo sich unser Herr Jesus Christus als die Quelle des Lebens bezeugt. Viele Menschen haben mit der frohen Botschaft Erfahrungen gemacht und wissen, daß das Wort Gottes genau so oder noch mehr Wasser des Lebens ist. Wer täglich aus dem Wort lebt, möchte es nicht mehr missen. Er versteht dann auch Jesus, der zu der Samariterin sagte: "Wer von dem Wasser trinken wird, das ich ihm gebe, den wird ewiglich nicht dürsten." *(Johannes 4,14)*

*Brunn alles Heils, Dich ehren wir und öffnen unsern Mund vor Dir; aus Deiner Gottheit Heiligtum Dein hoher Segen auf uns komm.*

## 27. März

**Er, der in göttlicher Gestalt war, hielt es nicht für einen Raub, Gott gleich zu sein, sondern entäußerte sich selbst und nahm Knechtsgestalt an.**
*Philipper 2, 6+7*

Tiefer ging es nicht! Der wahre Gott wurde nicht nur wahrer Mensch, sondern begab sich in die tiefsten Tiefen menschlichen Seins überhaupt. Dazu verhalf die Volksmenge, die beim Einzug in Jerusalem noch Hosianna schrie, danach aber "kreuziget ihn". Typisch für unsere Verhaltensweise heute. Wie soll man das fassen? Menschlicher Verstand ist da überfordert. Aber was menschlich erklärbar ist, ist auch in menschlicher Macht. Auf Golgatha bezeugt Gott seine ganze Macht! Krippe, Kreuz, Tod, Auferstehung, ewige Herrlichkeit! So war Gottes Programm mit seinem Sohn. Aus der göttlichen Gestalt in die Knechtsgestalt und wieder zur Erhöhung.

Dieses Programm hat Gott an seinem Sohn für die ganze Menschheit durchgezogen. Jesus ist uns vorausgegangen in der Rolle des leidenden Gottesknechtes, um über Kreuz, Tod und Auferstehung wieder zum Vater zu kommen und für uns zur Rechten Gottes zu sitzen, wie wir im Glaubensbekenntnis bekennen. In dieser Eigenschaft ist er uns gleich dem Vater nahe. "Ich und der Vater sind eins!" Als jetzt wahrer Gott dürfen wir ihn anrufen, ihn in unsere Mitte nehmen in guten und in schweren Zeiten, in Freud und Leid. Das "Hosianna und "Kreuziget ihn" bekommt einen Kehrwert. Aus der Passionszeit wird Freudenzeit. Wir dürfen über diese unfaßbare Schwelle schreiten, und der Herr geht mit.

*Herr, du bist uns im Leiden vorausgegangen.*
*Zeig uns, daß wir auch in unserem Leben zu neuer*
*Freude kommen, aus der Dunkelheit zum Licht.*

# 28. März

**Vater, die Stunde ist da: verherrliche deinen Sohn, damit der Sohn dich verherrliche.**
*Johannes 17,1*

Dieser erste Satz aus dem sogenannten Hohenpriesterlichen Gebet Jesu deutet schon den Inhalt des Gebetes an. Jesus weiß, daß er seinen Sendungsauftrag auf dieser Erde erfüllt hat und daß ihm nun nicht mehr viel Zeit gegeben ist. So rüstet er sich in diesem Gebet schon für sein Sterben und gibt sich nun ganz in die Hände seines Vaters. Aber Jesus weiß auch, daß sein Sterben für ihn einen neuen Anfang bedeutet, ewige Herrlichkeit zur Rechten seines Vaters. Dieses innige Gebet ist uns zunächst ein Beispiel dafür, wie auch wir beten können und dürfen. Andererseits wird uns an ihm deutlich, was wir für unseren Herrn Jesus sind, und was auch sein Opfertod für uns bedeutet. "Die Stunde ist da: verherrliche deinen Sohn." Aus dem einstigen Zimmermann von Nazareth, dem Sohn Marias, soll der Herr aller Herren werden, der König aller Könige. Mit der Verherrlichung Jesu bekommen wir einen Herrn zur Seite wie seiner Zeit die Jünger, als sie mit Jesus gingen, einen Herrn, dem wir uns anvertrauen dürfen in Zeit und Ewigkeit. Und durch diesen verherrlichten Sohn sollen wir ganz neuen Zugang zum Vater finden. Was sich das jüdische Volk schon lange herbeisehnt, daß der Messias kommen soll, der von ihnen erwartete Mittler zwischen Gott und den Menschen, vollzieht sich durch Sterben und Auferstehen Jesu für alle, die diesen Herrn dann annehmen werden. Deshalb dürfen wir jetzt genau so zu unserem Herrn Jesus beten, denn Jesus Christus und Gott, der Vater, sind nun eins.

*Wohl mir, ich bitt in Jesu Namen, der mich zu Deiner Rechten selbst vertritt; in ihm ist alles Ja und Amen, was ich von Dir im Geist und Glauben bitt.*

## 29. März

**Gott der Herr hat mir eine Zunge gegeben, wie sie Jünger haben, daß ich wisse mit den Müden zur rechten Zeit zu reden.**
*Jesaja 50,4*

Die menschliche Zunge ist ein eigenartig Ding. Sie kann Herzen bewegen, aber auch betrüben. Sie kann trösten, aber auch zürnen und zurechtweisen. Sie hat zwei Verhaltensweisen, denn sie kann Gott loben, aber ihn auch lästern, gute Worte von sich geben und kann schmutzige Reden führen. Die Zunge gibt die Entscheidung bekannt, wenn vor dem hohen Gericht ein Richterspruch gefällt oder Gnade zugesprochen wird und Schuldlosigkeit. Kein Organ unseres Körpers ist so vielfältig aktiv wie unsere Zunge.
Nun erkennt und bekennt der Prophet Jesaja, daß Gott ihm eine Zunge gegeben hat. Aber er gibt ihr sogleich den positiven Auftrag. Sie soll mit den müden Menschen zur rechten Zeit reden und ihnen gute Zusprüche machen. Meine Zunge, so erkennt der Prophet, soll so sein wie die Zunge der Jünger, obwohl er von den Jüngern des Neuen Testamentes, von den Jüngern Jesu noch nichts wissen konnte. Aber wir wissen, was die Zungen dieser Jünger bewirkt haben. Wir lesen es in der Apostelgeschichte und in ihren Briefen. Nicht jedem von uns ist diese Gabe gegeben, zu reden wie Jünger reden. Das ist auch nicht erforderlich. Dennoch können wir mit unserer Zunge Gutes tun.. Viele Menschen brauchen Zusprüche, und vielleicht gibt es besonders heute einen Menschen in unserer Nähe, dem wir Kraft und Trost zusprechen können. Denn jeder von uns ist irgendwann in dem Zustand, da er den Zuspruch von anderen ebenfalls gebrauchen kann.

*O daß ich tausend Zungen hätte und einen tausendfachen Mund. - So stimmte ich ein Loblied an!*

## 30. März

**Er ist nahe, der mich gerecht spricht;
wer will mit mir rechten?**
*Jesaja 50,8a*

Was hat der Prophet Jesaja für ein großes Gottvertrauen? Da kann man nur staunen und sich gleichzeitig an ihm aufrichten. Schon daß er bekennt: Er ist nahe! Ich gehe davon aus, daß die meisten Leser dieser Andachten um ein gutes Verhältnis zu Gott bemüht sind. Aber man wird mir zugestehen, daß es uns oft schwerfällt zu bekennen: Er ist nahe! Der Psalmbeter sagt das so: Der Herr ist nahe allen, die ihn anrufen. *(Psalm 145,18)* Auch dieser fromme Mann läßt uns wissen, daß wir es nicht mit dem fernen Gott zu tun haben. Aber in dem vor uns liegenden Wort geht der Prophet noch mehr in die Tiefe, denn er grenzt sich mit der Erkenntnis der Nähe Gottes von seinen alltäglichen Widersachern ab.

Das ist auch unser Alltag. Die Welt ist voller Ungerechtigkeit. Und die Ungerechtigkeit auch um uns herum bedrückt uns sehr. Wenn wir einen Gott haben, von dem wir wissen, daß er gerecht ist, haben wir einen gerechten und zuverlässigen Richter auf unserer Seite. Dann kann es daneben auch Menschen geben, die es nicht gut mit ihrem Nächsten meinen, die mit ihm nicht immer sorgsam umgehen. Aber wir wissen: Gott duldet das nicht und steht zu den Treuen. Diesen Zuspruch darf sich jeder zu Herzen nehmen. Er kennt unsere Herzen und weiß, wie es um uns steht. Deshalb gilt ihm allein das Vertrauen. Sollte auch heute ein Tag für Sie sein, der Sie viel Ungerechtigkeit hat spüren lassen, dann wissen Sie, daß auch diese menschlich und vergänglich ist. Über allem steht Gottes Gerechtigkeit.

**Gott, gib, daß ich als getreuer Knecht nach Deinem Reiche strebe, gottselig, züchtig und gerecht durch Deine Gnade lebe.**

# 31. März

**Wachet und betet, daß ihr nicht in Anfechtung fallt!
Der Geist ist willig, aber das Fleisch ist schwach.**
*Matthäus 26,41*

Jesus im Garten Gethsemane. Vor seiner Gefangennahme ist er noch einmal auf die Knie gegangen und hat zu seinem Vater gebetet. Drei seiner Jünger waren in seiner Nähe und haben ihn begleitet. Sie sollten ebenfalls für ihren Herrn beten. Aber die Nacht brach herein und die menschliche Schwäche, die Müdigkeit, überkam sie. So entdeckte der Herr sie schlafend. Er war traurig, weil er mit ihnen keine Mitbeter hatte. Seine Einsamkeit steigerte sich in das ganze Menschsein hinein. So ermahnte er seine Jünger mit dem bekannten Wort: Wachet und betet. - Wachen und beten, das soll auch die Verhaltensweise eines Christenmenschen sein. Natürlich brauchen wir auch den Schlaf, aber man kann auch mit wachen Augen schlafen. Jesus gebietet uns, daß wir auf der Hut sein sollen, daß wir die Zeichen der Zeit erkennen sollen und nicht schlafend durchs Leben gehen. Nur so kann man auch ein regelmäßiges Gebetsleben pflegen und alles, was einen bewegt, auf betendem Herzen tragen. Auch in Gethsemane sollten die Jünger jetzt ihren Herrn, der so viel für sie getan hatte, auf betendem Herzen tragen. Jesus aber mußte allein hindurch! Er mußte den Kelch, den Gott nicht an ihm vorübergehen ließ, alleine trinken. Allein ins Leiden. Die vielen Menschen, denen er geholfen hatte, hatten sich schon von ihm abgesetzt.

So ist das im Leben: Solange man Hilfe bekommt, steht man zu dem Helfer. Dann ist er schnell vergessen. Auch wenn wir Gebetserhörungen gehabt haben, sollten wir uns nicht damit begnügen, sondern weiterhin beim Herrn bleiben, mit ihm im Gespräch bleiben".

***Du weißt, Herr, um unsere Schwäche, mach uns stark.***

# 1. April

**Er ist den Übeltätern gleichgerechnet und hat
die Sünde der vielen getragen.**
*Jesaja 53,12*

In diesen Tagen feiern wir den Karfreitag, an dem wir an den gekreuzigten Jesus Christus denken. Als der Prophet das obige Wort niedergeschrieben hat, hatte er nur diese prophetische Schau, die ihn allenfalls ahnen ließ, daß sich die Prophezeiung später einmal erfüllen würde. Und genau so ist es geworden, daß der Sohn Gottes den Kreuzigungstod zwischen zwei Verbrechern finden mußte. Ganz bewußt hat Gott seinen Sohn so in die Erniedrigung geführt, damit wir heute erkennen dürfen, wie groß Gottes Liebe zu uns ist. Der Tod ist immer der tragische Abschluß eines Menschenlebens. Gott sei Dank dürfen viele Menschen ganz getrost und friedvoll sterben. Aber es gibt auch schreckliche Todesszenen, wenn ich an den Untergang der Schiffsfähre "Estonia" denke, die in diesen Tagen (am 28. 9. 94), da ich die Andacht niederschreibe über 900 Menschen in wenigen Minuten in der Ostsee in den Tod gerissen hat. Was mußten diese Unglücklichen für Todesängste erleiden. Auch für sie ist unser Herr Jesus auf qualvolle Weise zwischen zwei Mördern gestorben, und Gott hat ihn das ganze Leiden dieser Welt erleiden lassen. Der Kelch sollte nicht an ihm vorübergehen, sondern der Heilsweg, den der Vater durch seinen Sohn an der Welt vollzogen hat, sollte zur Erfüllung kommen. Jesus hat sich statt unser wie der schlimmste kriminelle Übeltäter behandeln lassen und hat die Strafe auf sich genommen, die wir alle vor ihm als Sünder verdient hätten. Das war das größte Heilswerk, das Gott für uns getan hat. Zu wenig wird das geachtet, aber wir wollen dafür Dank sagen.

*All Sünd' hast Du getragen, sonst müßten wir verzagen,
erbarm Dich unser, o Jesu.*

# 2. April

**Sie gingen hin und sicherten das Grab mit der Wache und versiegelten den Stein.**
*Matthäus 27,66*

Doppelte Sicherheit, damit der Tote auch im Grabe bleibt und nicht gestohlen werden kann, wie man befürchtete. Dieser Verhaltensakt, der auf Anregung der Hohenpriester und Pharisäer von dem Statthalter Pontius Pilatus veranlaßt wurde, legt bis in die heutige Zeit ein Zeugnis ab für den zunächst endgültigen Tod Jesu. Kritiker behaupten, daß Jesus am Karfreitag gar nicht gestorben, sondern lebend verschwunden sei. Das wird hier schwarz auf weiß widerlegt, so wie auch darauffolgend seine Auferstehung bezeugt wird. Dem Text entnimmt man die Angst, die die Feinde Jesu damals hatten, daß er möglicherweise doch der ganz andere sein könnte, der den Tod besiegt hat.

Solche Angst geht auch heute bei bibelkritischen Leuten um. Und das nach 2000 Jahren. Warum behält die Aussage der Heiligen Schrift nicht ihren Wert. Letzten Endes geht es um den Glauben. Wer den Aussagen der Schrift glaubt, läßt sich nicht durch kritisches Hinterfragen unsicher machen. Zu jeder Zeit hat es Zweifler gegeben, und es wird sie in Zukunft geben. Ebenso gibt es zu jeder Zeit die bekennende Gemeinde, die dankbar das annimmt, was Gott durch seinen Sohn für das Heil der Welt getan hat. So sollte uns dieser Bericht, dem der Satz entnommen ist, nachdenklich machen und neuen Mut zum Glauben wecken. Jesus ist gestorben, begraben und auferstanden. So bezeugt es die Schrift; so war es verheißen. Er ist unser Herr geworden und ist der Herr der Zweifler. Da sich das erfüllt hat, wird sich die andere Verheißung ebenfalls erfüllen, daß er wiederkommen wird in Herrlichkeit.

***Danke, Herr, daß Du das Heilswerk vollendet hast.***

# 3. April

**Fürchtet euch nicht! Ich weiß, daß ihr Jesus, den Gekreuzigten sucht. Er ist nicht hier; er ist auferstanden.**
*Matthäus 28, 5+6*

Die Frauen, die am Ostermorgen an das Grab Jesu kamen, waren sicher geschockt, als ihnen der Engel entgegentrat, der die Furcht der Frauen erkannte: Fürchtet euch nicht! Wie sollten sie es auch fassen, daß der schwere Stein weggerollt und das Grab leer war? Das wäre uns nicht anders ergangen, denn das hat es noch nie gegeben. Hier ist der große Einschnitt in der Geschichte, die Gott mit den Menschen bisher gemacht hat. Der qualvoll hingerichtete Jesus ist nicht mehr unter den Toten! Die Schrift hat sich erfüllt. Und trauernde und unvorbereitete Frauen werden Zeugen dieses großen Heilsgeschehens. Gott hat sich in seinem Sohn bezeugt, daß er Sieger über den Tod ist. Der Beginn dieser neuen Wende wurde für die nachfolgenden Generationen zu einer neuen Glaubenserkenntnis: Gott hat seinen Sohn in die finstere Welt geschickt, damit er sie erleuchte. Und unter diesem neuen Licht Christi sind dann die Menschen froh geworden, haben dadurch auch mit Gott einen neuen Anfang gemacht.

Bis in unsere Zeit hinein ist die Botschaft vom neuen Heil gedrungen, aber sie wurde immer wieder verworfen. Und jetzt leben wir in einer Zeit, in der diese Botschaft völlig verdrängt werden soll. Es gilt nur noch das, was man sieht, obwohl alles Sichtbare der Vergänglichkeit preisgegeben ist. Wie kann man sich nur damit abfinden und so, als wäre nichts gewesen, blind in den Tag hineinleben. Das hat Gott mit seinem Ostersieg nicht gewollt, sondern er will unser neues Leben unter der Gnadensonne Christi.

***O Tod, wo ist dein Stachel nun? Wo ist dein Sieg, O Hölle.***

# 4. April

**Als die Jünger aber noch von ihm redeten, trat er selbst, Jesus, mitten unter sie und sprach zu ihnen: Friede sei mit euch!**
*Lukas 24,36*

Das kann man sich gut vorstellen, daß es unter den Jüngern eine große Unruhe gegeben hat und auch heftige Streitgespräche, denn die einen haben den Auferstandenen schon gesehen, andere aber lebten unter der Enttäuschung und Traurigkeit, daß ihnen der Herr nun endgültig genommen ist. Was muß das für eine Bewegung unter den Jüngern gegeben haben? Wer sollte jetzt wohl recht haben? Aber während sie so stritten und ihre Meinungen austauschten, tritt der Auferstandene selber unter sie mit dem Gruß: Friede sei mit euch!

Friede sei mit euch! Das ist der erste Zuspruch, der aus dem Mund Christi kommt, der als Jesus von Nazareth gekreuzigt wurde. Christus will jetzt unser Friede sein, Friede in einer Welt voller Haß und Zwietracht, in einer Welt, in der viele Völker immer wieder Kriege fordern und Unfrieden säen. Für Christen, die Jesus Christus als ihren auferstandenen Herrn angenommen haben, ist es schwer, in einer solchen chaotischen Welt zu leben. Ist es doch so, daß der Unfriede nicht nur die Landesgrenzen erschüttert, sondern er zieht in die Häuser ein, zerstört Ehen und Familien.

Noch nie hat es so viele Zerrüttungen gegeben wie in unserer Zeit. Dabei ist sich jeder dessen bewußt, daß es sich nur unter dem wahren Frieden leben läßt. Christus will unser Frieden sein. Er will unsere Herzen gewinnen und will uns immer wieder sagen, daß er allein für uns die Auferstehung und das Leben ist. Nur für diesen Friedensfürsten können wir uns entscheiden.

*In die Wirrnis dieser Zeit fahre, Strahl der Ewigkeit.*

# 5. April

**Der Stein, den die Bauleute verworfen haben,
ist zum Eckstein geworden.**
*Psalm 118,22*

Der Eckstein im Bauhandwerk ist ein besonderer Stein unter den Mauersteinen. Er hat auch seine eigene Funktion. Es ist ein behauener Quaderstein, der die Last eines Gebäudes von zwei Seiten her zu tragen hat. Er muß daher sorgsam ausgewählt werden und aus gutem Material bestehen. Wenn Bauleute einen als Eckstein vorgesehenen Stein wegwerfen, dann muß er schon schadhaft sein.

Wenn der Apostel Paulus von Jesus als von einem Eckstein spricht, dann sagt er von ihm, daß auf ihm der ganze Bau der Gemeinde Jesu Christi zusammengefügt ist *(Epheser 2.21)*. Von diesem Eckstein prophezeit der Psalmbeter, daß er erst verworfen wird. Das ist eingetroffen! Jesus, der zunächst unter den Menschen, denen er geholfen hat und die ihm nachgegangen sind, wie ein Eckstein ausersehen war, gehörte dann zu den Verachteten und Verworfenen, bis unter seinem Kreuz nur noch seine Mutter und der Jünger Johannes gegenwärtig waren. Ein unbrauchbarer Stein, der nicht einmal als Bruchstein Verwendung finden konnte. Der Prophet Jesaja schreibt: Er war der Allerverachtetste und Unwerteste.*(Jesaja 53,3)*, Aber es gibt ein Sprichwort: Den Stein, den man am weitesten wirft, holt man zuerst wieder. So war es auch mit Jesus. Als er vom Tode auferstanden war und zum erhöhten Christus wurde, sammelte sich die Christengemeinde und wuchs und wurde immer größer bis in unsere Tage hinein. Aber die Zeichen der Zeit deuten an, daß man schon wieder bemüht ist, Jesus zu verwerfen, Gott wolle es nicht zulassen.

*Allmächtiger Gott und Vater, bitte laß es nicht zu,
daß Dein Sohn wieder verworfen wird.*

# 6. April

**Und als er das gesagt hatte, zeigte er ihnen die Hände und die Füße.**
*Lukas 24,40*

Jesus hätte es nicht nötig gehabt, sich den Jüngern zu bezeugen. Er war nicht von seinen ehemaligen Jüngern abhängig, erst recht nicht nach seiner Auferstehung als erhöhter Christus. Wenn er den Jüngern Beweise gibt, daß er wirklich der Jesus ist, dem sie sich vor seinem Tod anvertraut hatten, dann will er ihnen gleichzeitig damit ihren Unglauben beweisen. Und so will er weiterhin an ihnen arbeiten. Die durchbohrten Hände und Füße haben bei Jesus eine besondere Bedeutung. Waren es doch die Füße, mit denen er zu den Menschen gegangen ist, um ihnen aus ihren Nöten herauszuhelfen. Waren es die Hände, mit denen er die Menschen gesegnet hat, nachdem er ihnen die Sündenvergebung zugesprochen hat. Durch sie hat man Nägel getrieben, um sie wertlos zu machen. Das aber ist den Widersachern nicht gelungen. Jesus kommt auch heute noch zu uns. Fuß für Fuß setzt er uns entgegen, um uns nahe zu sein. Und er erhebt über uns seine Hände, um uns auch heute noch zu segnen, nachdem er auch uns unsere Sündenvergebung zugesprochen hat. Sein Verhalten gibt er an seine Gemeindeglieder, an seine irdischen Brüder und Schwestern ab. Wer sich als Mitarbeiter im Reiche Gottes berufen weiß, darf wie Jesus zu den Menschen gehen, die uns brauchen, die auf uns warten. Auch uns hat der Schöpfer dafür Hände und Füße gegeben, wenn sie auch nicht durchbohrt wurden, ja, gerade weil sie uns erhalten geblieben sind, dürfen wir dafür dankbar sein, dürfen wir unseren Auftrag, den wir von Gott bekommen, wahrnehmen und denen den Segen im Namen Gottes zusprechen, die ihn erbitten.

***Herr, rüste uns und mache uns zu treuen Dienern.***

# 7. April

**Ich vermag alles durch den, der mich mächtig macht, Christus.**
*Philipper 4,13*

Was für ein Glaube! Da befindet sich dieser Mann Paulus in Rom im Gefängnis und wartet auf seine Aburteilung und wahrscheinlich sogar auf seine Hinrichtung, aber er vertraut sich Christus an. Alles gibt er an Christus ab, wie er schreibt: Ich vermag alles durch Christus! Wenn wir morgens aufstehen und mit dem neuen Tag beginnen, dann liegt oft so viel vor uns, so daß wir nicht wissen, wie es Abend werden wird.

Das geht nicht nur Erwachsenen so, sondern besonders auch Kindern, die ihre Schule vor sich haben und wissen, daß vielleicht eine schwere Klassenarbeit auf sie wartet. Andere haben Berufsängste, weil der Leistungsdruck zu stark ist und die Gefahren groß sind, entlassen zu werden. Wieder andere sorgen sich um ihre erwachsenen Kinder, die wohl das Elternhaus verlassen haben, um auf eigenen Beinen zu stehen, aber völlig in der Mühle des Zeitgeistes und der Anfechtungen leben. Die Eltern sind nicht mehr gefragt, wie es in früheren Zeiten üblich war. All das und viel mehr, wenn man noch die schweren Krankheiten und Leiden aufzählen würde, die heute die Menschheit begleiten, all das sieht der Apostel Paulus auch, auch seine damalige politische Lage, und dennoch kann er bekennen: Ich vermag alles durch den, der mich mächtig macht, Christus. Dieser unscheinbare Apostel, der selber mit körperlichen Leiden geplagt ist, fühlt sich zu allem fähig, wenn nur Jesus Christus hinter ihm steht. Wir schön wäre es, wenn dieser Glaubensmut abfärben würde, so daß auch wir bereit werden, alles an Christus abzugeben.

*Herr Jesus Christus, Du kannst für uns alles tun.*
*Laß noch mehr unser Vertrauen zu Dir wachsen.*

# 8. April

**Herr, gedenke doch an deinen Bund mit uns und laß ihn nicht aufhören.**
*Jeremia 14,21*

Als Jesus mit den Jüngern über den See Genezareth fuhr, kam ein großer Sturm auf. Jesus aber war von den letzten Begegnungen und Verkündigungen, die er hatte, erschöpft und war im Boot eingeschlafen. So rüttelten ihn seine Jünger aus Angst vor dem Seesturm wach. Aber Jesus konnte ihnen nur zur Antwort geben: Ihr Kleingläubigen! So manches Mal mußte Jesus den Kleinglauben bei seinen Jüngern erkennen und konnte sie dann immer nur als Kleingläubige bezeichnen. Der Prophet Jeremia gehörte sicher nicht zu den Kleingläubigen, aber in seinem Gebet, dem der Bibelvers entnommen ist, kommt ein gewisser Zweifel durch, ob Gott auch weiterhin seinen Bund mit dem Volk hält. Gott hat wiederholt mit seinem Volk einen neuen Bund geschlossen, wenn das Volk sich vorher gegen Gott gestellt hat. Gott war es immer, der den neuen Anfang mit seinem Volk gemacht hat. Jeremia hat es nicht mehr erlebt, daß Gott schließlich endgültig den letzten und größten Bund durch seinen Sohn mit der Welt geschlossen hat. Und dieser Bund bleibt. Jesus Christus hat uns verheißen, daß er bei uns bleiben wird bis an der Welt Ende und daß er dann wiederkommen wird. Diesem Bundesschluß dürfen wir vertrauen. Und wenn der Kleinglaube über uns kommt, dann sollte er dennoch so groß bleiben, daß man sich an die Zusage Jesu erinnert, der uns nicht aufgeben will. Die ersten Jünger haben nach der Auferstehung und Himmelfahrt Christi die Nähe Jesu weiterhin zu spüren bekommen. Auch über sie sind immer wieder Zweifel gekommen, aber der Glaube hielt. Möge er auch bei uns mehr und mehr wachsen.

***Wir Dir vertraun und Deinem Bund und freudig Dir von Herzensgrund das Loblied lassen schallen.***

# 9. April

**Wir haben verschiedene Gaben
nach der Gnade, die uns gegeben ist.**
*Römer 12,6*

Jeder kennt seine Gaben, und es ist erstaunlich, wie vielfältig die Gaben der Menschen sind. Schade, daß viele Menschen ihre Gaben nur als ihr eigenes Vermögen und als etwas erkennen, von dem sie meinen, daß sie es sich allein angeeignet hätten. Gott würde sich freuen, wenn wir unsere Gaben als ein Stück seiner Gnade erkennen würden. Martin Luther sagt: "Was wir sind, leben und haben, ist Gottes Gabe." Und an anderer Stelle: "Die Gaben Gottes sind da, aber es ist eine viel größere Gabe, daß man sie sehe und erkenne." Wenn uns etwas von anderen gegeben wird, dann freut man sich darüber. Und es gibt Geschenke, die man bis ins hohe Alter achtet und sich immer gern an den erinnert, von dem man sie bekommen hat. So hat uns Gott auch beschenkt, als er uns ins Leben rief. Sehr viele verschiedene Gaben hat er uns für unser Leben mitgegeben. Dazu gehören besonders die Gaben, durch die wir Gott loben und durch die wir Gottes Liebe, die uns zuteil wurde, an andere Menschen abgeben. Das müssen nicht das Predigtamt oder praktische Pflege sein, die wir anderen zukommen lassen. Von alten Menschen, die nur in ihrem Stuhl sitzen und sich von ihren Angehörigen bedienen lassen müssen, habe ich immer wieder gehört, daß sie wohl im Grunde, wie man meint, zu nichts mehr zu gebrauchen sind, "... aber," so wurde mir dann gesagt, "ich habe noch zwei Hände, mit denen ich für andere beten kann." Ja, auch das ist eine gute Gabe unseres Gottes und dafür kann man sehr dankbar sein. Viele Menschen brauchen das Gebet, das sie selber nicht verrichten können.

*Alle gute Gabe kommt her von Gott dem Herrn,
drum dankt ihm, dankt und hofft auf ihn.*

# 10. April

**Mit Christus seid ihr begraben worden durch die Taufe; mit ihm seid ihr auch auferstanden durch den Glauben aus der Kraft Gottes.**
*Kolosser 2,12a*

Der erste Sonntag nach Ostern trägt den lateinischen Namen "Quasimodogeniti", den man übersetzen kann "wie neugeboren". Es ist der sogenannte "weiße" Sonntag, oder auch Taufsonntag. Mit der Taufe soll man neu geboren sein. Das Alte ist vergangen, alles ist neu geworden. Das ergibt sich aus dem Ostergeschehen, da Jesus auferstand vom Tode. Wer also getauft wird, wird dadurch Eigentum Christi und nimmt Teil an dem, was Christus für uns getan hat. So ist man auch durch die Taufe mit Christus begraben worden, also erst in den Tod gegangen. Das alte Leben wurde begraben, und neues Leben wächst aus der Taufe. Taufe bringt für den Täufling einen ganz neuen Anfang seines Lebens. Wie es auch heißt, daß der alte Adam ersäufet werden soll und hervorgehen ein neuer Mensch. Als Getaufte dürfen wir wissen, daß wir zu Christus gehören, und daß Christus jetzt für uns einsteht als zu den geliebten Kindern des großen Gottes. Und natürlich ergibt sich daraus, daß wir auch durch die Taufe mit Christus auferstanden sind. Als Getaufte gehören wir zur Gemeinschaft der Heiligen und haben Anteil an der Vergebung, die Gott durch Christus jederzeit für uns bereit hat. Wenn Luther sehr traurig war, soll er auf seine Tischplatte groß mit Kreide geschrieben haben: Ich bin getauft! Und er wollte für sich damit sagen: Ich bin ein neuer Mensch geworden und kann neu beginnen. Diese frohmachende Erkenntnis gilt für jeden, der getauft ist und sich auch seiner Taufe bewußt ist.

*Du hast zu Deinem Kind und Erben, mein lieber Vater, mich erklärt - und dafür danke ich!*

# 11. April

**Selig sind, die nicht sehen und doch glauben!**
*Johannes 20,29*

Selig sind, die von Gott gesegnet sind, die unter der Gnade Gottes stehen. Jesus preist die selig, die blind glauben und nicht nach Beweisen fragen. Vor ihm steht der Jünger Thomas, dem Jesus als der Auferstandene begegnet. Thomas wollte nicht wahrhaben, daß Jesus auferstanden ist. Als Jesus wieder den Jüngern erscheint, zeigt er Thomas seine Hände und seine Seite. So kommt dann auch Thomas zum Bekenntnis: "Mein Herr und mein Gott!"

Wenn Jesus die selig preist, die nicht sehen, dann denkt er nicht nur - vielleicht auch - an blinde Menschen. Aber es gibt sehr viele Blinde, die zu den Gläubigsten der Gemeinde gehören. Eine andere Blindheit ist schlimmer, nämlich die, die mit gesunden Augen blind sein läßt. Die Redensart "ich glaube nur, was ich sehe", ist ausgesprochen unsinnig, denn wer etwas sehen kann, braucht daran nicht mehr zu glauben. Glauben kann ich nur an das, das mir nicht real bewiesen werden kann. Jesus Christus ist nicht mehr leiblich gegenwärtig, aber er ist uns von Gott als unser Herr und Meister gesandt, der jetzt zur Rechten Gottes sitzt. So wie nie Menschen Gott gesehen haben, können wir auch Christus nicht mehr sehen, aber er hat uns verheißen, daß er wiederkommen wird und daß wir ihn sehen können am Jüngsten Tage. Wer jetzt nicht glaubt und sich nicht Gott in Christus anvertraut, kann die letzte Begegnung mit Jesus versäumen, oder er sieht ihn dann nur noch als seinen höchsten Richter. Herr, erhalte uns den Glauben.

*Ein wahrer Glaube Gotts Zorn stillt, daraus ein schönes Brünnlein quillt, die brüderliche Lieb genannt, daran ein Christ recht wird erkannt.*

# 12. April

**Thomas sprach: Mein Herr und mein Gott!**
*Johannes 20,28*

Es ist sicher angebracht, noch einmal auf das Bekenntnis des Thomas einzugehen, das bei der vorausgegangenen Andacht bedacht wurde. Von Thomas sagen wir ja heute: "Der ungläubige Thomas". Das trifft aber offensichtlich nicht so zu. Thomas ist wohl unter den Jüngern ein sogenannter Wirklichkeitsmensch gewesen, der immer der Sache auf den Grund gehen wollte. Aber die Begegnung mit dem Auferstandenen hat ihn zu dem ganz anderen gemacht. So sollten wir auch heute nicht voreilig von einem ungläubigen Thomas sprechen, wenn ein Mensch Zweifel aufkommen läßt. Keiner weiß, wie Gott eines Tages an einem solchen Menschen arbeiten wird. Thomas hat es uns bewiesen, daß aus einem einst Ungläubigen ein ganz treuer Zeuge des Herrn werden kann. So wird von Thomas gesagt, daß er später nach Indien gegangen sei und dort die heute noch bestehende Thomaskirche gegründet habe. Die Legende erzählt, und es wird auch stimmen, daß Thomas schließlich als Zeuge Jesu Christi den Märtyrertod gestorben sei. So liebte er seinen Herrn. In jeder Zeitepoche gibt es solche ungläubigen Menschen, wie es Thomas war. Natürlich bleiben viele im Unglauben und gehen so leider auch in den Tod hinein. Das tut immer sehr weh. Aber es gibt auch andere Erfahrungen, daß manch einer, der bis ins hohe Alter im Glauben gleichgültig war, sich dann doch noch hat rufen lassen, und dann von sich sagen konnte, daß nun erst die glücklichste Zeit seines Lebens begonnen hatte. Wohl dem, der erst kritisch aber dann auch aufnehmend ist und dann mit Thomas sagen kann: Mein Herr und mein Gott!

***Herr Jesus Christus, versammle, die zerstreuet gehn, mach feste, die im Zweifel stehn.***

# 13. April

**Alle, die ihm widerstehen, werden zu ihm kommen und beschämt werden.**
*Jesaja 45,24*

Das klingt für Christen sehr überheblich. Man fühlt sich schon wohl zu wissen, daß man nicht zu denen gehört, die Gott widerstehen. Aber eine Selbstüberprüfung läßt bald erkennen, daß es auch bei den Gläubigen mitunter inneren Widerstand gibt. Man braucht nur die Bergpredigt Jesu zu lesen und erkennt dann bald, daß da Aussagen gemacht werden, die man im Alltag nicht alle vollzieht. Schließlich haben wir unsere Schwächen, auch Glaubensschwächen. Aber es gibt auch Menschen, die von vorn herein bewußt Widerstand gegen Gott und unseren Herrn Jesus Christus leisten. Auch von denen will das Wort wissen, daß sie eines Tages vor dem Herrn stehen werden, wenn nicht in der Zeit dann in der Ewigkeit. Ich kannte ein älteres Ehepaar, das der Kirche völlig fern stand. Dann lag die Frau im Krankenhaus im Sterben. Als ich sie besuchte, wies sie mir die Tür und ich mußte gehen. Ich habe das ihrem Mann erzählt, der darüber sehr traurig war, aber wie sie gestorben ist, haben wir letzten Endes beide nicht erfahren. Doch das andere: Nach dem Tod der Frau kam der Mann regelmäßig in den Gottesdienst und zu den Gemeindeveranstaltungen. Es wurde ihm zum Herzensanliegen, und wenn er verhindert war, hat er es uns wissen lassen. Nicht nur die Teilnahme wurde für ihn zur Regelmäßigkeit, sondern er wuchs fest in den Glauben hinein und ist dann auch hohen Alters im Frieden Gottes heimgegangen. Ein Menschenlebenlang Widerstand, bis über das 70. Lebensjahr hinaus. Dann gehörte er zu denen, die zum Herrn kamen und erlebte so die innigsten und eindrucksvollsten Jahre seines Lebens.

***Danke, Herr, wenn Du an solchen Menschen arbeitest.***

# 14. April

**Alle Völker auf Erden sollen erkennen, daß der Herr Gott ist und sonst keiner mehr.**
*1. Könige 8,60*

Es ist doch immer wieder erstaunlich, wenn man im Alten Testament Aussagen entdeckt über Verheißungen, die sich im Neuen Testament erfüllt haben. Jesus hat nach seiner Auferstehung an seine Jünger den Missionsbefehl ausgegeben: Geht hin und prediget das Evangelium allen Völkern! Was ist daraus geworden? Die Jünger, die schon wieder an ihre Arbeit gegangen waren, machten sich auf und predigten und gründeten Gemeinden. Das hat sich bis in unsere Zeit hinein fortgesetzt, wenn wir an die vielen Missionseinsätze und Missionsgesellschaften denken, die das Wort Gottes über die Meere bringen. Ich werde dabei an ein Lied erinnert, das so beginnt: "Ins Wasser fällt ein Stein, ganz heimlich, still und leise. Und ist er noch so klein, er zieht doch weite Kreise." *(EG 603,1)* So kam es, daß alle Völker erkennen konnten, daß Gott der Herr ist: Jesus mußte ans Kreuz, oder wie Jesus selber vorher gesagt hat: "Das Weizenkorn muß in die Erde fallen und ersterben. Dann bringt es viel Frucht." Der Kreuzestod und die Auferstehung Jesu sind der unscheinbare Stein, der in das Meer der Welt gefallen ist. Der "Stein" ist nicht mehr im Fleische unter uns, aber er zieht immer noch weite Kreise. Und wer in diesen Radius der Wasserkreise hineinkommt, wird erfaßt von der Liebe Gottes und der Botschaft vom Heil. Jesus hat wie auch das Alte Testament verheißen, daß alle Völker eines Tages Gott erkennen. Wir können nur dafür beten, daß die Botschaft weiterhin durch die Welt geht und viele erreicht, bis der Herr wiederkommen wird.

*Aller Welt wird offenbar, ja auch Deiner Feinde Schar, daß Du, Gott, bist wunderbar.*

# 15. April

**Seid allezeit fröhlich, betet ohne Unterlaß,
seid dankbar in allen Dingen.**
l. Thessalonicher 5,16-18

Während ich über dieses Gotteswort nachdenke, wird mein Freund an der Lunge operiert. Eine schwere Operation! Zu Hause bangt seine treue Frau um ihn und fragt sich, wie auch ich: Wie wird es ausgehen? Das ist ein Fall von vielen! Viele andere Menschen befinden sich in gleichen Situationen, sind in einen schweren Unfall verwickelt, verlieren einen lieben Menschen, bangen um ihr Kind, machen sich Sorgen um diesen oder jenen und um viele Dinge. Ist es da nicht eine Herausforderung, wenn man liest: Seid zu jeder Zeit fröhlich? Betrachten wir aber das Bibelwort eindringlicher, dann lesen wir im ersten Teil "allezeit", im zweiten "ohne Unterlaß" und im dritten "in allen Dingen". Damit wird uns klar, was die Bibel sagen will: Haltet euch zu jeder Zeit an den, der euch nicht verläßt! So verstanden, freuen wir uns auch in allem Leide über die ständige Zusage des großen Gottes. Er verläßt uns nicht, auch wenn wir uns verlassen vorkommen. Der Psalmist schreibt: Das ist meine Freude, daß ich mich zu Gott halte und meine Zuversicht auf ihn setze *(Psalm 73,28)*. Weil wir Gott alles zutrauen dürfen, dürfen wir auch in schweren Zeiten unseren Frohsinn behalten, aber nur dann, wenn die Verbindung zu ihm nicht abreißt, wenn wir das Gebet nicht vernachlässigen. So werden wir auch fähig, alles Schöne, aber auch alles Schwere von ihm anzunehmen. Wenn Sie nun diese Betrachtung in einer besonders schweren Stunde lesen, dann schauen Sie auf den Herrn. Er wird's wohlmachen.

***In Dir ist Freude in allem Leide, o Du süßer Jesu Christ!
Durch Dich wir haben himmlische Gaben,
Du der wahre Heiland bist.***

# 16. April

**Der Herr behütet die Unmündigen;
wenn ich schwach bin, so hilft er mir.**
*Psalm 116,6*

Es ist sicher nicht nur eine Redensart, wenn man von Kindern sagt, daß sie einen Schutzengel haben. Leider werden unzählige Kinder in Unfälle und Katastrophen verwickelt. In Hungergebieten kommen sie um, aber man nimmt andererseits zur Kenntnis, daß wie durch ein Wunder Kinder beschützt werden. Erst heute las ich, daß ein Kleinkind sieben Meter tief aus dem Fenster gestürzt ist - unverletzt. Der Psalmsänger dichtet: Der Herr behütet die Unmündigen! Wir sind alle Gottes Kinder, und Gott hat Freude an seinen Geschöpfen. Mit ihnen baut er seine Welt und bevölkert die Erde.

So ist es verständlich, wenn Gott dafür seine Menschenkinder heranwachsen läßt, Jesus hat sich gern der Kinder angenommen. Sie standen unter seiner besonderen Hut, wenn er z. B. den Jüngern sagte: "Lasset die Kinder zu mir kommen und wehret ihnen nicht, denn solcher ist das Reich Gottes" *(Markus 10,14)*. Oder an anderer Stelle wird berichtet, daß Jesus ein Kind in die Mitte der Menge stellte und den Erwachsenen riet, daß sie umkehren sollen und wie Kinder werden, damit ihnen das Reich Gottes offenstehe *(Mattheus. 18,2)*. So hatte Jesus ein Herz für Unmündige. Aber Unmündige können auch Erwachsene sein. Für alle gilt die Aussage der Schrift, daß der Herr die Unmüdigen behütet und über ihnen Gottes Gnade steht. Mögen die Gesunden sich ihres Zustandes bewußt sein und dafür dem Herrn danken und ihn loben.

***Pfleg auch der Kranken durch Deinen Geliebten; hilf den
Gefangnen; tröste die Betrübten, pfleg auch der Kinder,
sei selbst ihr Vormünder; des Feinds Neid hinder.***

# 17. April

**Christus spricht: Ich bin der gute Hirte. Meine Schafe hören meine Stimme, und ich kenne sie, und sie folgen mir; ich gebe ihnen das ewige Leben.**
*Johannes 10,11.27+28*

Der Sonntag mit dem Namen Misericordias Domini, übersetzt: "Die Barmherzigkeit des Herrn", ist für Christen der Sonntag des guten Hirten. Gottes Barmherzigkeit mit seinen Menschenkindern war so groß, daß er seinen Sohn als den guten Hirten zu ihnen schickte. Gott will nicht, daß nur einer von uns verloren geht wie ein in die Irre gelaufenes Schäfchen in den judäischen Bergen.

So hat sich sein Sohn uns vorgestellt als der Hirte, der sich nicht zu schade ist, jedem Menschen nachzugehen. In seinem Gebet zum Vater *(Johannes 17)* drückt Jesus das sehr seelsorgerlich aus: "Ich bitte dich, Vater, für die, die du mir gegeben hast, denn sie sind dein, und ich will, daß da, wo ich bin, auch die bei mir seien, die du mir gegeben hast." Jesu Größe besteht darin, daß er jedem nachgeht, daß er für den einzelnen da ist, der sich selber als kleines Geschöpf in der großen Menschheit erkennt, daß er den nicht enttäuscht, der ihm vertraut und fest an seine Gegenwart glaubt. Jesus ist kein Marktschreier, der über viele Köpfe hinwegtönt, sondern geht auf den einen zu, der ihm vertraut, weil er ihn braucht. Er nimmt ihn an die Hand und lebt mit ihm. So wie ein guter Hirte sich eines bedürftigen Tieres annimmt, ohne daß die Herde es verspürt, hat Jesus sein Herz für den Menschen bereit. Das gilt auch heute!

*Herr Jesu Christe, mein getreuer Hirte,*
*komm, mit Gnaden mich bewirte.*
*Bei Dir alleine find ich Heil und Leben,*
*was mir fehlt, kannst Du mir geben.*

# 18. April

**Der Herr ist mein Hirte, mir wird nichts mangeln.**
*Psalm 23,1*

Die Größe und das Geheimnis Gottes hat der Psalmbeter erkannt, als sei er dem Messias, den wir Erlöser nennen, persönlich begegnet. Von allen Herren dieser Welt hat sich der Beter freigemacht, weil er weiß, daß sie alle einmal zu Staub und Asche werden. Auch weiß er, daß der Mensch selbst in der Blüte seines Lebens letzten Endes ohnmächtig ist vor Gott. Der Herr hat aber seine Geschöpe im Auge. Er kann beides: als Schöpfer steht er über seinen Geschöpfen und nimmt sich zugleich des einzelnen Menschen an, wodurch er dessen Gegenüber wird. "Gott schuf den Menschen zu seinem Bilde", lesen wir in der Schöpfungsgeschichte. So ist der Herr als mein Hirte mein Partner und zugleich mein Herr.
Dieses doppelte Verhalten hat Gott sichtbar werden lassen, indem er als Mensch zu den Menschen kam. Nur so verstehen wir, daß wir durch ihn volles Genüge haben. Wir dürfen zu ihm aufschauen als zu dem ewigen Herrn, und wir dürfen ihn als Partner wissen, mit dem wir reden können. Unter seiner Führung und seinem Geleit haben wir keinen Mangel. Allem Irdischen dagegen mangelt es nicht nur an Beständigkeit, sondern auch an Vollkommenheit. Was Gott uns aber zu bieten hat, kommt aus nie versiegender Quelle und bleibt! Das hat Jesus uns zugesagt, und Jesus hält, was er verspricht, denn er ist auch bei uns alle Tage.

*Komm, o komm, getreuer Hirt,*
*daß die Nacht zum Tage werde.*
*Ach wie manches Schäflein irrt*
*fern von Dir und Deiner Herde.*
*Kleine Herde, zage nicht!*
*Jesus hält, was er verspricht.*

# 19. April

**Er weidet mich auf einer grünen Aue und führet mich zum frischen Wasser.**
*Psalm 23,2*

Saftige Wiesen und frisches Wasser sind die notwendige und tägliche Nahrung der Herde. Das alte Testament berichtet, daß die Hirten mit ihren Schafen dorthin zogen, wo diese Voraussetzungen für die Tiere vorhanden waren. So gehorchte Abraham dem Ruf Gottes, der ihn aus dem Zweistromland in das Land der Verheißung schickte. Dieses Bild übernimmt der Psalmbeter, wenn er an unseren Herrn denkt, der um unsere tägliche Notdurft und Nahrung, wie Luther schreibt, bemüht ist. Wenn alle Menschen in der Welt genügsam wären, brauchte kein Mensch in der Welt zu hungern. Essen und Trinken hat die Erde für alle.

Aber hinter dem Bild von der grünen Aue und dem frischen Wasser dürfen Christen noch einen tieferen Gedanken erkennen: Wenn Gott uns an die Quelle führt, ist er uns nahe. Diese Nähe hat er besonders bewiesen durch das Opfer seines Sohnes, der sich für uns gab in seinem Fleisch und seinem Blut. "Das ist mein Leib; das ist mein Blut; das gebe ich für dich zur Vergebung der Sünden. So nimm hin und iß und trink!" Irdische Quellen können versiegen, grüne Auen können dürre werden. Jesus Christus bleibt uns erhalten und gibt neue Kraft. Er läßt uns genesen. So dürfen wir uns dankbar dieser grünen Aue und dem frischen Wasser zuwenden, unserem Herrn Jesus Christus. Und schon das Wissen darum sollte uns froh machen, jeden Tag neu.

*Zum reinen Wasser er mich weist, das mich erquickt so gute,*
*das ist sein werter Heilger Geist, der mich macht wohlgemute;*
*er führt mich auf rechter Straß in seim Gebot*
*ohn Unterlaß um seines Namens willen.*

# 20. April

**Er erquicket meine Seele. Er führet mich auf rechter Straße um seines Namens willen.**
*Psalm 23,3*

"Ich habe heute einen Moralischen." Das ist eine bekannte Redensart. Was steckt dahinter? Man ist seelisch fertig, sieht keinen Ausweg. In diese Trübsinnigkeit hinein kommt der Zuspruch eines Menschen, der eine gleiche Durststrecke durchlitten hat, aber dann zu der befreienden Erkenntnis gekommen ist, daß Gott froh machen kann. "Er erquicket meine Seele." Er gibt ihr neue, unvorstellbare Kraft. Der Schreiber dieser Worte war kein junger Mann. So kann er auch aus seiner Lebenserfahrung bezeugen, daß Gott allein die Seele eines Menschen wieder aufrichten kann. Weil aber darin Gottes Größe besteht, gehört dazu der Glaube. Er bringt wieder auf den rechten Weg, in das seelische Gleichgewicht. "Die rechte Straße" ist das Erkennen des sinnvollen Lebens. Ich lebe nicht nur so dahin, sondern bin Kind des großen Gottes, Teil seiner Schöpfung, die er zur Erlösung bringen will.
Gott hat sich dafür verbürgt durch das Blut seines Sohnes. Deshalb ist mein Leben nicht meine Sache, sondern Gottes Heilsweg mit mir. So verstehen wir, daß es bei diesem neuen Weg um die Verherrlichung des Namens Gottes geht. Mein Leben soll ein Zeugnis sein für das, "was Gott an uns gewendet hat", wie es in einem Lied heißt *(EG 341)*. Gott, der die Seele eines Menschen erquicken, froh machen, ihr neue Kraft geben kann, erwartet von uns, daß sein Name verherrlicht werde.

*Von Gott will ich nicht lassen, denn er läßt nicht von mir, führt mich durch alle Straßen, da ich sonst irrte sehr. Er reicht mir seine Hand, den Abend und den Morgen tut er mich wohl versorgen, wo ich auch sei im Land.*

# 21. April

**Und ob ich schon wanderte im finstern Tal,
fürchte ich kein Unglück; denn du bist bei mir,
dein Stecken und Stab trösten mich.**
*Psalm 23,4*

Durch wieviele finstere Täler mag dieser erfahrene Beter gegangen sein? Es scheint so, als ob in jedem Tal der Tränen der sich erbarmende Gott ihm entgegenkam. Der Weg zu neuen Auen kann auch durch Durststrecken führen, immer aber dem Ziel entgegen. Den Begriff "finsteres Tal" haben wir uns heute zu eigen gemacht. Wir kennen viele finstere Täler, so das Tal der Krankheit, der Sorge, das finstere Tal der Trauer oder der Verzweiflung und der Zwietracht. Und manch ein Leser befindet sich vielleicht in einem finsteren Tal, an das hier nicht gedacht wurde. Ist es nicht so, daß man, erst in die Finsternis hineingeraten, oft keinen Ausweg sieht?

Für den Psalmbeter ist sie dagegen nur Durchgangsstation an der Seite des Herrn, um am Ende wieder das Licht des neuen Tages zu erleben. Deshalb wendet er sich betend an seinen Schöpfer: "Du bist bei mir! Du gehst mit mir durch das finstere Tal als der gute Hirte. Ich brauche mich nicht mehr zu fürchten, zumal mir dein Stecken und Stab heilsamer Trost sind." Stecken und Stab dienten im Orient den Hir-ten zur Verteidigung gegen wilde Tiere und andere Feinde. Ob Martin Luther in ihnen die helfenden Engel Gottes erkannt hat, als er in seinem Morgen- und Abendsegen bat: "... dein Heiliger Engel sei mit mir, daß der böse Feind keine Macht an mir finde"?

***Ob ich wandert im finstern Tal, fürcht ich doch kein Unglücke in Leid, Verfolgung und Trübsal, in dieser Welte Tücke: denn Du bist bei mir stetiglich. Dein Stab und Stecken trösten mich, auf Dein Wort ich mich lasse.***

# 22. April

**Du bereitest vor mir einen Tisch im Angesicht meiner Feinde. Du salbest mein Haupt mit Öl und schenkest mir voll ein.**
*Psalm 23,5*

Auch zu Zeiten des Psalmsängers hat es nicht nur Wohlstand gegeben, ganz im Gegenteil. Aber die Erfahrung hat gelehrt, daß, besonders in Zeiten der Not, des Krieges, der Gefangenschaft, in den Hungerjahren, die Gemeinde Gottes Bestand hatte. Die Menschen haben Gott gelobt, ihn angebetet, ja, vielleicht sogar mehr als in anderen Zeiten. Der Theologe Max Wedemeier berichtet in seinem Roman "In der Welt habt ihr Angst", daß er im tiefen Winter an der Front in Rußland mit gefrorenem Brot und aufgetautem Schnee das Heilige Abendmahl mit seinen Kameraden gefeiert hat. Gedeckter Tisch im Angesicht der Feinde! Aber nicht nur solche Feinde meint der Psalmbeter, sondern wohl auch die Menschen, die es nicht fassen können, daß andere in gleicher Notlage Gott die Ehre geben. Das kann ein Bettnachbar neben einem Schwerkranken sein, der es nicht verstehen kann, daß sich dieser immer noch Gott anvertraut; ein Wohlhabender, der nicht begreifen kann, daß der andere trotz immer neuer Schicksalsschlä-ge Gott die Treue hält wie der fromme Hiob. Wer aber dem Ungläubigen nicht mit Haß, sondern mit Liebe begegnet, wird einst zu denen gehören, die als Gesalbte die Krone des Lebens empfangen werden. Wir können nur immer wieder Gott um Geduld bitten und um neue Kraft.

*Du bereitest vor mir einen Tisch vor mein Feind' allenthalben, machst mein Herz unverzaget frisch; mein Haupt tust Du mir salben mit Deinem Geist, der Freuden Öl, und schenkest voll ein meiner Seel Deiner geistlichen Freuden.*

# 23. April

**Gutes und Barmherzigkeit werden mir folgen mein Leben lang, und ich werde bleiben im Hause des Herrn immerdar.**
*Psalm 23,6*

Wer mit Gottes Güte und Freundlichkeit gelebt hat, hat nicht nur die Sonnenseiten des Lebens kennengelernt. Besonders in schweren Zeiten wird Gottes Nähe spürbar. So verstehen wir den Beter, wenn er vor Gott bekennt: "Auch im finstern Tal bist du bei mir."

Gott beweist seine Größe und Güte durch seine ständige Gegenwart. Die besten Freunde können schwach werden, wenn ihre Treue über ihr Vermögen geht. Gott bleibt treu! Er trägt uns hindurch, weil sein Herz für uns schlägt. Und heute schlägt es für den einen, der ihn nötig hat. Wie Gott das möglich ist, bleibt sein Geheimnis, aber als Gottes Kind darf ich wissen: DU bist bei mir mit deiner ganzen Güte und Barmherzigkeit.
Durch Jesus wurde uns das Erkennen der Barmherzigkeit Gottes leicht gemacht. Durch seine Sendung, in seinem Kreuzopfer und mit seiner Auferstehung hat sich Gottes Herz offenbart. So groß und so tief ist Gottes Erbarmen. Was kann ich, der ich immer wieder neu der Sünde verfalle, dafür tun? Der Psalmist sagt: "Ich werde bleiben im Hause des Herrn immerdar." So darf ich mich auch jeden Sonntag auf den Gottesdienst freuen. In ihm darf ich Gott loben, anbeten und Dank sagen für das Vergangene, zugleich aber bitten für das, das mir noch bevorsteht. Loben, danken, bitten unter der Barmherzigkeit Gottes. Das bringt Freude.

***Gutes und viel Barmherzigkeit folgen mir nach im Leben, und ich werd bleiben allzeit im Haus des Herren eben auf Erd in der christlichen G'mein, und nach dem Tode werd ich sein bei Christus, meinem Herren.***

# 24. April

**Ist jemand in Christus, so ist er eine neue Kreatur;
das Alte ist vergangen, siehe, Neues ist geworden.**
*2. Korinther 5,17*

Sonntag Judika. Jubilieren, sich freuen und jauchzen. Das ist das Thema des dritten Sonntags nach Ostern. Dazu paßt dann auch die Aussage des Apostels Paulus, wenn er schreibt: In Jesus Christus sind wir eine neue Kreatur! Die Kreatur ist das Geschöpf Gottes. Durch Jesus Christus hat Gott etwas ganz Neues geschaffen. Und das Neue ist das neue Leben mit Gott. Wer sich Christus anvertraut, vertraut sich dem Auferstandenen an, der den Tod und mit dem Tod das alte Leben der Sünde besiegt hat. Jesus Christus hat durch den Kreuzestod die Sünde hinweggenommen, hat sie mit an das Holz genommen, und dadurch ist für alle, die Christus angehören wollen, neues Leben entstanden. Ein neuer Anfang ist gemacht worden. Das große Ereignis, auf das schon seit Jahrtausenden die Menschheit gewartet hat, hat sich jetzt zugetragen. Der Messias, der Erlöser hat bewiesen, daß er die Welt verändern kann. Deshalb gibt es jetzt so viele Glaubenszeugen, die durch Jesus Christus frohe Menschen geworden sind. Auch heute verfallen sie immer wieder in neue Schuld, aber sie wissen, daß einer für sie einsteht, und das ist der Herr. So erlebt man auch frohe Menschen, die trotz mancherlei Leiden letzten Endes Freude ausstrahlen, weil der Herr sie neu gemacht hat. Mit dieser Botschaft können wir weiterhin fröhlich in die österliche Zeit hineingehen. Aber auch jeder neue Tag soll ein Geschenk Gottes sein, der uns durch den Sohn zum Sieg verholfen hat.

*Du bist es, Herr und Gott der Welt,
und Dein ist unser Leben;
Du bist es, der es uns erhält
und mir's jetzt neu gegeben.*

# 25. April

**Sie gingen aber fröhlich von dem Hohen Rat fort, weil sie würdig gewesen waren, um Seines Namens willen Schmach zu leiden.**
*Apostelgeschichte 5,41*

Als erste bekennende Christen stehen die Apostel vor dem Hohen Rat, um wegen ihres Zeugnisses für Jesus ihr Urteil zu empfangen. Aber Gott hatte es anders gewollt, indem er durch den weisen Schriftgelehrten Gamaliel den Freispruch für sie bewirkte.
Das sind Erlebnisse, die sich nicht nur in der Urgemeinde zugetragen haben, sondern die in der Heilsgeschichte Gottes mit den Menschen immer wieder vorkommen. Auch heute stehen Menschen um Christi willen unter der Folter und müssen ihr freies und offenes Bekenntnis oft mit dem Tode bezahlen. Aber sicher wird auch manch ein Richter oder Folterknecht beeindruckt von der Haltung der leidenden Brüder und Schwestern. So wird von den letzten Minuten des Lebens von Dietrich Bonhoeffer berichtet, daß der Lagerarzt in Flossenbürg Bonhoeffer in der Vorbereitungszelle zur Hinrichtung knien und inbrünstig beten sah. Wahrscheinlich war auch der Arzt getauft und konfirmiert. So kommt es auch vor, daß Ankläger und Richter aus den eigenen Reihen kommen. Es sind im christlichen Glauben erzogene und unterwiesene Leute gewesen, denen aber die alte Tradition verlorengegangen ist. Eindrucksvoll wird es dann, wenn in solchen Situationen plötzlich ein Fremder auftritt, in dem man den mitleidenden und betroffenen Bruder erkennt. Dafür lohnt es sich immer wieder neu, ein Zeugnis des Glaubens abzulegen, damit das Heil zu den Menschen kommt.

*Herr, gib den Boten Kraft und Mut, Glaubenshoffnung, Liebesglut, laß viel Früchte Deiner Gnad folgen ihrer Tränensaat. Erbarm Dich, Herr.*

# 26. April

**Und Gott sprach: Es werde Licht! Und es ward Licht.**
*1. Mose 1,3*

Sicher gehört dieser Satz zu den eindrucksvollsten Aussagen der ganzen Heiligen Schrift. Nicht nur weil er am Anfang steht, sondern weil wir Gott als den Schöpfer des Lichtes erkennen dürfen. Mit dem Licht fängt alles an. Wenn ein Kind geboren wird, sagt man von ihm, daß es das Licht der Welt erblickt hat. Und das beim wahrsten Sinne des Wortes, denn im Bauch der Mutter lag es neun Monate in der Dunkelheit. Dann aber, als es zur Welt kam, war gleich die ganze lichte Welt um es herum. Oder wenn wir in einen dunklen Raum treten, dann ist es selbstverständlich, daß wir zunächst den Lichtschalter bedienen. So könnte man fortfahren.

Als Gott aber das Licht schuf, machte er den Anfang mit der Welt, in der wir jetzt im Lichte leben dürfen. Und jeder weiß, daß die organische Blindheit nicht selbstverständlich ist, sondern den blinden Menschen auch zu schaffen macht, und sie abhängig sind von anderen, die mit dem Licht leben. Finsternis lag aber immer wieder über dieser Erde. Man könnte die Geschichte der Menschheit von der Schöpfung aus betrachten und wird feststellen, daß es tiefe Finsternis bei den Völkern gab. Finsternis nicht nur über einer Nation, sondern sie begleitet auch das einzelne Menschenleben.

Viele Menschen gibt es, über deren Leben nur Finsternis steht. Das ist nicht Gottes Wille, sondern er möchte, daß es in unseren Herzen licht sei. Dafür hat er seinen Sohn als das Licht der Welt zu uns geschickt. Das Ostergeschehen hat ihn wieder neu zu unserem Lichtträger werden lassen.

*Gelobet sei mein Herr, mein Gott, mein Licht, mein Leben.*

# 27. April

**Wer glaubt, daß Jesus der Christus ist,
der ist von Gott geboren.**
*1. Johannes 5,1a*

Von Gott geboren! Diese Aussage macht mir zu schaffen. Nach Gottes Urschöpfung sind wir alle von Gott geboren, denn wir sind aus Erde geworden, und unsere Erde unterliegt der Schöpfung Gottes. Der Apostel macht aber einen feinen Unterschied. Er setzt den Glauben voraus: Wer glaubt, daß Jesus der Christus ist! Wenn Jesus nicht auferstanden, sondern im Tode geblieben wäre, wäre er nie zum Christus, zum Erhöhten geworden. Nun aber ist Christus auferstanden, sagt Paulus. Die Geschichte der Urgemeinde lehrt, daß die Auferstehung Christi nicht bei allen Menschen den Glauben geweckt hat. Im Gegenteil, viele sind erst nach der Auferstehung Jesu zu Verfolgern der Gemeinde geworden, und das bis in die heutige Zeit. Aber genau so sind andere durch die Auferstehung Jesu wach und gläubig geworden. Einer meiner Freunde war, als ich ihn kennenlernte, erst fünf Jahre vorher gläubig geworden. Seit der Zeit ist er ein neuer Mensch. Jetzt wußte er auch, daß er von Gott geboren war. Gott selber war es, der ihn durch den Sohn Jesus Christus in ein neues Leben geführt hatte. Von der Zeit an hat er einen neuen Geschwisterkreis. Es waren die Glaubensgeschwister, die wie er von Gott geboren waren. Natürlich könnte man das schon mit der Taufe sagen, aber bei der Kindertaufe kann der Täufling die neue Geburt selber noch nicht wahrnehmen. Deshalb muß Gottes Heiliger Geist so lange an ihm arbeiten, bis er erkennt, daß er durch Christus von Gott geboren wurde. Eltern und Paten tragen die Verantwortung. Neues Leben durch Christus macht das Leben lebenswert.

*Zieh ein zu Deinen Toren, sei meines Herzens Gast,
der Du, da ich geboren, mich neu geboren hast.*

# 28. April

**Kommt her und sehet an die Werke Gottes, der so wunderbar ist in seinem Tun an den Menschenkindern.**
*Psalm 66,5*

Wenn einer etwas Besonderes getan hat, das zur Freude des anderen dienen soll, dann holt er ihn heran und zeigt ihm die Arbeit. Beide wollen sich darüber freuen. Auch Kinder zeigen gern den Eltern, was sie gebaut oder gemalt haben. Die Eltern sollen das Gefertigte bewundern und darüber staunen. Der Mensch freut sich, wenn sein Werk gelungen ist und wenn es gelobt wird. Genau so weist uns der Psalmbeter auf die Werke Gottes. Wir gehen zu blind durchs Leben und können uns über die Schöpfung Gottes nicht genug freuen. Oft muß man auf sie aufmerksam gemacht werden, obwohl wir ein Teil von ihr sind. Vielleicht fällt gerade deshalb das Staunen so schwer. Aber Gott hat es verdient, daß wir uns seiner Werke freuen. Schon jeder neue Tag ist ein Werkstück unseres Gottes. Die Sonne hat wieder ihre Bahn eingenommen und beginnt mit ihrem Lauf, bis sie am Abend "zur Ruhe" geht. Alles ist wunderbar. Deshalb beginnt auch der Psalmsänger seinen Psalm mit "Jauchzt Gott, alle Lande! Lobsinget zur Ehre seines Namens."

Wer möchte da nicht mitmachen und sich die Augen öffnen lassen für all das, das Gott für uns geschaffen hat? Vielleicht erkennen wir besonders heute, wenn wir in den neuen Tag hineingehen, irgendwelche Kleinigkeiten von Gottes Schöpfung, die uns bisher verborgen geblieben sind. Wir sollten sie in Andacht wahrnehmen und dankbar sein, daß Gott das alles für uns geschaffen hat.

***Herr, wie sind Deine Werke so groß und viel! Du hast sie alle weise geordnet, und die Erde ist voll Deiner Güter.***
*(Psalm 104,24)*

## 29. April

**Laß meinen Gang in deinem Wort fest sein und
laß kein Unrecht über mich herrschen.**
*Psalm 119,133*

Das ist eine Bitte, die uns allen zu eigen ist: Laß kein Unrecht über mich herrschen. Unrecht begleitet jedes Menschenleben. Aber man sieht auch manch ein Unrecht, das von anderer Seite als korrekt und recht erkannt wird. So kennt auch Gott andere Maßstäbe für Recht und Unrecht. Unter ihm aber stellen wir für uns so manches Mal fest, daß auch Gott ungerecht sei. Verständlich. Es ist uns nicht möglich, den weiten Blick zu haben, den Gott über uns hat. Wir sehen nur, was uns im Augenblick widerfährt und urteilen danach.

So kommt es dann auch über uns, daß wir von einem ungerechten Gott sprechen. Auch im vor uns liegenden Psalm bittet der Beter: Laß kein Unrecht über mich herrschen! Er hätte sich dieses Gebet ersparen können, wenn er Gott als den nur gerechten Gott erkannt hätte. Aber es soll sicher anders gesehen werden. Der Satz beginnt: Laß meinen Gang in deinem Wort fest sein. Daran wird deutlich, daß der Psalmbeter die Quelle des Unrechts bei sich selber erkennt. Wenn unser Gang im Wort Gottes nicht gefestigt ist, gehen wir einen Weg, der nicht Gott wohlgefällig ist. Ein solcher Weg kann nicht immer der gerechte sein. So kommt es dazu, daß wir uns das Unrecht selber heranholen. Jesus trat auf seinem Weg, den er zu gehen hatte, für die Gerechtigkeit Gottes ein. Er wußte, daß Gott der Gerechte ist. So kann auch bei jedem von uns manches Unrecht vermieden werden, wenn wir den Weg der Gerechtigkeit wählen, den Weg unter dem Wort unseres Gottes.

*Laß uns, Herr, immer wieder unser Versagen erkennen
und die falschen Wege, die wir gehen und hilf uns.*

# 30. April

**Er wird sich unser wieder erbarmen und alle unsere Sünden in die Tiefen des Meeres werfen.**
*Micha 7,19*

Über die Sünde wurde in diesem Andachtsbuch schon viel geschrieben. Das zeugt davon, daß sie die immer wiederkehrende Begleiterscheinung unseres Lebens ist. Heute wird die Sünde abgetan. Man will nichts davon wahrhaben. Oder sie wird völlig verweltlicht. Man spricht vom Sündenregister der Autofahrer in Flensburg, wie auch vom Bußgeldkatalog. Sonst ist die Sünde nicht mehr erwähnenswert. Sie ist ein Teil überholter Ethik. Jeder soll heute seine Freiheit haben und nicht unter der Last der Sünde leben. Aber auch Gott will nicht, daß uns die Sünde zur Last wird. Er wird sich unser erbarmen, so hofft der Prophet Micha 700 Jahre vor Jesu Geburt. Und seine Hoffnung war nicht vergeblich. Damit die Sünde der Welt in die Tiefen des Meeres geworfen werden konnte, hat Gott seinen Sohn in die Welt geschickt, hat er ihn Mensch werden lassen. Die Sünde hat bisher zwischen Gott und den Menschen gestanden. Sie steht auch heute noch dazwischen bei denen, die Jesus Christus nicht als ihren Herrn annehmen. Nur mit dem "lieben Gott" leben viele Menschen, aber so bleibt Gott ihnen der Ferne. Jesus Christus ist in die Welt gekommen, damit Gott uns in ihm nahe ist. Jesus Christus ist auch in die Welt gekommen, damit Sünder selig werden. Die Sünde kann er vergeben und von uns abnehmen. Der Prophet Micha hat es vorausgesehen, daß Jesus unsere Sünde in die Tiefen des Meeres wirft. Und da Sünde keine Materie ist, wird sie im Meer aufgehen und vergehen und kann nicht mehr hervorgeholt werden. Das gilt für jede neue Sünde, in die der Christ hineinkommt. Sie ist abgetan.

*Denn so Du willst das sehen an, was Sünd und Unrecht ist getan, wer kann, Herr, vor Dir bleiben?*

# 1. Mai

**Singet dem Herrn ein neues Lied, denn er tut Wunder.**
*Psalm 98,1*

Singe, wem Gesang gegeben! Wo man singt, da laß dich ruhig nieder! Solche und ähnliche Aussagen sprechen dafür, daß das gesungene Lied eine besondere Dynamik ausstrahlt, ja, daß es auch verbindet. Wir waren mit einem befreundeten Ehepaar auf Bornholm, wo wir u. a. eine Rundkirche besichtigten. Die Kirche, so spürten wir es, als wir hineinkamen, hatte eine einmalig gute Akustik. Schon das gegenseitige Gespräch wurde von einer eindrucksvollen Klangfülle begleitet. Wir hatten uns nicht verabredet, als wir vier einen Kanon anstimmten. Die vielen Besucher blieben stehen, hörten zu, ja, einige stellten sich zu uns und sangen im Kanon mit. Das war schon ein Wunder für sich. Aber durch diesen "Einsatz" bekamen wir Mut, so daß wir uns bei der Besichtigung der nächsten Kirche genau so verhielten. Der Sonntag Kantate fordert zum Singen auf.
Auch in der Bibel gibt es viele Lieder, durch die das Gotteswort verkündet wird. Zu ihnen gehören auch die Psalmen. Der geistliche Gesang soll dem Lob Gottes dienen, denn Gott hat seine Botschaft auch durch den Lobgesang verkünden lassen. Ich denke an den Lobgesang der Engel über dem Hirtenfeld von Bethlehem, mit dem sie die Geburt Jesu verkündet haben: "Ehre sei Gott in der Höhe und Frieden auf Erden ..." - Wenn von Jesus auch nicht berichtet wird, daß er selber gesungen hat, so haben seine vielen und großen Wunder es verdient, daß man für ihn einen Lobgesang anstimmt. Das können wir nicht oft genug tun.

*Ich singe dir mit Herz und Mund,*
*Herr, meines Herzens Lust;*
*ich sing und mach auf Erden kund,*
*was mir von Dir bewußt.*

## 2. Mai

**Alles, was ihr tut mit Worten oder mit Werken, das tut alles im Namen des Herrn Jesus und dankt Gott, dem Vater, durch ihn.**
*Kolosser 3,17*

Körperliche und geistige Arbeit haben ihre Werte. Das ist sicher mit dem "Tun mit Worten und Werken" gemeint. Damit ist dann jeder Arbeiter angesprochen. Auch der heutige Tag fordert seine Arbeit auf vielfältige Weise. Mit einem Schritt auf die Straße werden die verschiedenen Arbeiten wahrgenommen. Aber wo geschieht noch Arbeit im Namen des Herrn? Der Mensch lebt im Streß, obwohl ihm die Arbeit durch gute Hilfsmittel erleichtert wird. Wer denkt daran, daß er trotzdem seine Arbeit im Namen des Herrn verrichten sollte, wie es früher der Landmann getan hat, der beim Läuten der Glocken auf dem Feld einhielt, um zu beten. So auch der Bergmann, bevor er in die Grube einfuhr. Das soll nicht heißen, daß es heute keine tätigen Menschen mehr gibt, die bei ihrem Tagewerk Gott die Ehre geben und ihre Arbeit unter den Segen Gottes stellen. Dafür gab Paulus auch seiner Gemeinde in Kolossä den guten Rat, wie wir ihn gelesen haben. Daß er heute noch hier und da befolgt wird, spricht für die einzelnen Menschen, die das Vertrauen zu Gott noch nicht verloren haben. Sie wissen: Auch Gott gibt reichlich; so gebührt ihm Anbetung, Lob und Dank. Ihn dürfen wir heute an Jesus Christus abgeben. Gott danken, dem Vater, durch ihn, wie Paulus schreibt. Denn er ist nach Gottes Willen unser Herr geworden. Daß heißt, daß wir auch unser Tun mit Worten oder Werken unter Seinen Augen verrichten. Vor Jesus Christus sollen wir uns verantworten.

*Laß unser Werk geraten wohl,*
*was ein jeder ausrichten soll,*
*daß unsre Arbeit, Müh und Fleiß*
*gereich zu Deim Lob, Ehr und Preis.*

## 3. Mai

**Meine Seele erhebt den Herrn, und mein Geist freuet sich Gottes, meines Heilandes.**
*Lukas 1,46 + 47*

Das ist der Beginn des Lobgesanges der Maria. Maria ist glücklich, daß sie Mutter wird, obwohl sie noch ledig ist. Aber das, was unter ihrem Herzen wächst, ist von Gott gezeugt. Menschlich nicht faßbar. Nur im Glauben können wir es begreifen, weil Gott es will, daß wir es begreifen. Aber der Lobgesang ist so inhaltsvoll, daß man den Eindruck haben muß, daß er nur aus einem fröhlichen und zufriedenen Herzen kommt. Er gehört eigentlich in die Adventszeit hinein, aber auch in der Kantatewoche hat er seinen guten Platz. Die Seele kann man zu allen Zeiten zum Herrn erheben. Das sollten besonders werdende Mütter tun. Sie werden belohnt werden, wenn sie während der Schwangerschaft ganz viel Lob dem Herrn entgegenbringen. Eine junge Frau, die Mutter werden darf, darf sich freuen wie Maria, wenn sie singt: Mein Geist freuet sich Gottes, meines Heilandes. Wie traurig ist es dagegen in unserer Gesellschaft, wenn die Diskussion um Abtreibungen zu den wichtigsten und häufigsten Gesprächen gehört. Es ist nicht zu fassen, daß der Wunsch auf Abtreibung von vielen Institutionen und politischen Verbänden gefördert wird. Viele Mütter sind überglücklich, wenn unter ihrem Herzen neues Lebens wächst, während andere das Wunder Gottes nicht zu schätzen wissen. Sie sind arm, weil ihnen der gute Geist fehlt, den Schöpfer zu verherrlichen. Ihnen sollte besondere Fürbitte zuteil werden, damit sie es wieder lernen, Gottes Gaben zu achten.

*Wir bitten Dich Herr Jesu Christ,*
*weil Du ein Freund der Kinder bist,*
*nimm Dich des jungen Lebens an,*
*daß es behütet wachsen kann.*

## 4. Mai

**Sagt Dank Gott, dem Vater, allezeit für alles,
im Namen unseres Herrn Jesus Christus.**
*Epheser 5,20*

Dieses Pauluswort klingt so einfach und selbstverständlich. Natürlich sieht man ein, daß man "danke" zu sagen hat. So haben wir es als Kinder gelernt. Wenn wir etwas geschenkt bekamen, sagten Vater oder Mutter: "Hast Du auch danke gesagt?" Auch als Erwachsener weiß man dankbar zu sein für viele schöne Sachen, die man bekommt und die einem zuteil werden. Aber Paulus schreibt nun: Sagt Gott Dank für alles! Was belastet alles ein Menschenherz? Da treten Krankheiten auf, die nicht leicht zu nehmen sind. Sorgen belasten den Alltag. Ich wohne in der Nähe des Krankenhauses. Jeden Tag höre ich ein paarmal das Martinshorn des Unfallwagens. Ich denke dann immer an die Menschen, die transportiert werden müssen und versetze mich in ihre Lage. Was würden sie sagen, wenn man ihnen als Trost zusprechen würde: Danken Sie Gott allzeit! Wir erkennen, wie schwer es ist, dieses Gotteswort anzunehmen. Wir können es nur unter einem doppelten Blick sehen: Erstens müssen wir wissen, daß auch Paulus in großen Nöten war und trotzdem immer danken konnte. Zum andern schreibt der Apostel: Danket im Namen unseres Herrn Jesus Christus. Damit bekommt das Wort einen anderen Sinn. Christus ist uns als der leidende Gottesknecht vorausgegangen. Er hat eine schwere Last auf sich nehmen müssen, sowohl als er von seinen Feinden verfolgt wurde, als auch und besonders, als er selber dem Tod geweiht war. Damit hat er uns das Kreuz vorausgetragen, und dafür wollen wir dankbar sein. Das soll auch unser Trost sein.

*Gott, daß von Herzen können wir nochmals mit
Freuden danken Dir, gehorsam sein nach Deinem
Wort, Dich allzeit preisen hier und dort.*

## 5. Mai

**Ich will noch mehr zu der Zahl derer,
die versammelt sind, sammeln.**
*Jesaja 56,8*

Das Wort klingt zuerst sehr profan, aber es ist ein Zuspruch Gottes durch den Mund des Propheten an die Zurückgekehrten aus Babylon. Nicht viele sind von den gläubigen Juden übrig geblieben. Die zurückgekehrt sind, leben noch weitgehend in der Zerstreuung. Gott möchte seine Gemeinde wieder zusammenführen, alle, die noch den Sabbat heiligen. Das klingt so, als seien wir damit auch gemeint. Leben wir nicht in ähnlichen Verhältnissen? Unsere Gemeinden sind ebenfalls zusammengeschrumpft. Viele Kirchen sind leer. Wo sie noch sonntags gefüllt sind, bleibt es beim sonntäglichen Gottesdienst. Dann geht jeder wieder in seinen Alltag. Auch wir könnten den Ruf Gottes vertragen: Ich will meine Gemeinde sammeln! Es werden sich nicht viele dafür zusammenfinden. Das stimmt traurig. Man spricht wohl noch vom christlichen Abendland, aber was ist daraus geworden? Fremdreligionen halten bei uns Einzug, und die Christengemeinden sehen ahnungslos zu. Eigentlich sollte das anregen, selber wieder aktiv zu werden. Aber wer spricht noch mit wem über die Gemeinde Gottes? Selbst am Arbeitsplatz traut man sich nicht zu einem solchen Thema, obwohl noch fast alle Bürger getauft und konfirmiert sind. Das ist bedrückend. Wie wird es weitergehen, wie wird es in der Zukunft aussehen? Um so mehr sollte jeder, der noch bewußt Christ ist, Gott bitten, daß er auch für uns wieder die Gemeinde sammelt.
Christus spricht: Wo zwei oder drei in meinem Namen versammelt sind, da bin ich mitten unter ihnen. *(Matthäus 18,20).*

***Herr wir bitten dich, versammle auch uns wieder
zu Deiner Gemeinde und sei mitten unter uns.***

# 6. Mai

**Wer antwortet, ehe er hört, dem ist's Torheit und Schande.**
*Sprüche 18,13*

Ein sehr weltliches Wort in der Heiligen Schrift, das aber aus der Lebenserfahrung und dem täglichen Umgang mit Gesprächspartnern erwachsen ist. Es ist unangenehm und auch taktlos, wenn man nicht zuhören kann, sondern sehr eilig seine Meinung abgeben möchte, ohne den anderen ausreden zu lassen. Sicher aber soll es hier nicht nur um weltliche Rede gehen, sondern, wie grundsätzlich in der Heiligen Schrift, um die Verherrlichung des Wortes Gottes. Gott will zu uns reden! Außerdem ist er es, der uns die Sinne zum Hören und Reden gegeben hat. Die Weisheit dieses Wortes sagt uns: Erst hören dann reden! Das gilt zunächst für alles, das man persönlich bespricht. Nur durch gemeinsam abgestimmtes Hören und Reden kommt es zu einer Einmütigkeit und guten Verständigung. Nicht nur die eigenen Beiträge sind die besten.
Die Bibel lehrt uns, daß Gott als der Schöpfer das erste Wort hatte. Man lese dazu 1. Mose, Kap.1 oder Johannesevangelium, Kap. 1. Auch heute noch gilt Gottes Wort vor Menschenwort. Es will zu uns reden und uns durch den Tag geleiten. Gott hat für uns jeden Tag eine Weisung bereit. Was wir noch zu sagen haben, ist der Dank. Damit läßt uns dann Gott zu Worte kommen. Da gibt es sicher viel, was wir ihm zu sagen haben - auch für andere Menschen, für unseren Nächsten und für die Fernen, die wir Gott anbefehlen, wenn nach dem Dank die Bitte folgt. So laßt uns auf ihn hören, um dann zu ihm und mit ihm zu reden - zu beten.

*Rede, Herr, so will ich hören,*
*und Dein Wille werd erfüllt;*
*nichts laß meine Andacht stören,*
*wenn der Brunn des Lebens quillt.*

# 7. Mai

**Gelobt sei, der da kommt, der König, in dem Namen des Herrn!**
*Lukas 19,38a*

Freudenruf der Jünger! Es klingt weihnachtlich. Aber ist die Freude über den Sohn, den Gott in die Welt geschickt hat, nicht immer ein weihnachtliches Ereignis, ein großes Geschenk? Es gibt Christen, die die Freude über das Weihnachtswunder in das ganze Jahr hineinnehmen. Sie könnten immer Weihnachtslieder singen. Andere wieder sind Osterchristen, die täglich von der Auferstehung Jesu leben und sich selber des Neugeborenseins bewußt sind. Wieder andere füllen ihr Leben mit der Kraft des Heiligen Geistes, der nach der Himmelfahrt Christi über die Jünger kam, Dreieinigkeit!

Daran wird deutlich, welch eine Freude vom Evangelium ausgeht, das uns den Erlöser erkundet hat, der alle unsere Schuld abgetragen hat und will, daß wir glückliche Christenmenschen sind. Auch diese Geda-ken sollen uns dazu verhelfen, daß wir gelassen aber auch getrost jeden neuen Tag aus Gottes Hand nehmen und uns letzten Endes freuen dürfen, daß alle Last bei Gott liegt. So hatten auch die Jünger allen Grund zur Freude, die sie nicht nur selbstverständlich hingenommen, sondern durch Lob und Dank zum Ausdruck gebracht haben: "Gelobt sei, der da kommt!" Als sie diese Worte ausgesprochen hatten, war Jesus noch unter ihnen als Menschensohn. Aber er hatte sich ihnen schon so vorgestellt, so daß sie ihn bereits als den wahren König annehmen konnten. Für uns ist er inzwischen zum König aller Könige geworden. Das läßt uns fröhlich ans Tagewerk gehen. Wir dürfen alle unsere Arbeit verrichten im Aufblick zum Herrn, der uns jeden neuen Tag schenkt. Gelobt sei der Herr!

*__Herr, wir loben Dich als den Herrn aller Herren und danken Dir, daß Du in die Welt gekommen bist.__*

## 8. Mai

**Gelobt sei Gott, der mein Gebet nicht verwirft
noch seine Güte von mir wendet.**
*Psalm 66,20*

Der Beter dieses Psalms hat ein persönliches Schicksal hinter sich. Dafür klagt er aber Gott nicht an, sondern ist ihm dankbar, daß er ihn in bestimmten Zeiten seines Lebens, die es ihm schwer gemacht haben, in Zucht genommen hat. Schon das ist Grund genug, diesen Gottesmann als Vorbild zu erkennen. Er ist jetzt wieder soweit, daß er in den Festversammlungen fröhlich und dankbar Gott loben kann. Von seiner Gotteserfahrung möchte er aus der Freude des Herzens heraus weitersagen. Jeder einzelne hat seine Geschichte mit Höhen und Tiefen im Leben. Daß es keinen Grund gibt, mit Gott dafür zu zürnen, bezeugt der Psalmbeter beispielhaft. Für ihn steht immer Gottes Gnade über dem Leben, seine Zuwendung, auch in schweren Zeiten und Durststrecken, die jedes Menschenleben begleiten. Unter Gottes Schirm läßt sich vieles, ja alles ertragen. Mit dieser Erkenntnis und Erfahrung, die der Psalmist gemacht hat, will er anderen eine Hilfe sein. Seine Hilfe dürfen wir genau so annehmen. Wenn diese Andacht in der Morgenstunde des neuen Tages gelesen wird, sei das Psalmwort ein Weggeleit für das Morgengebet: Gott loben, weil er unsere Gebete annimmt und seine Güte für den ganzen Tag für uns bereit hat. Wenn Sie am Abend dieses Wort vor sich haben, schauen Sie bitte dankbar auf den Tag zurück, wenn er auch Ärger gebracht hat. Gott hat gewiß auf Sie geschaut und Sie aus Gnade in Zucht genommen. Danken Sie dafür wie der Psalmbeter.

*Ja, er will gebeten sein, wenn er was soll geben;
er verlanget unser Schrei'n, wenn wir wollen leben
und durch ihn unsern Sinn, Feind, Welt,
Fleisch und Sünden kräftig überwinden.*

## 9. Mai

**Was klagt der Mensch, solange er lebt?
Ein jeder klage über seine eigene Sünde!**
*Klagelieder 3,39*

Die Klagelieder vom Propheten Jeremia, niedergeschrieben um 650 Jahre vor Christi Geburt, werden bis heute im jüdischen Synagogengottesdienst zur Erinnerung an die Zerstörung des salomonischen und des herodianischen Tempels verlesen. Aber das Klagen ist ein uraltes Gebaren der Menschheit. Es ist dem Menschen angeboren. Klagen kann er! Und es fängt beim Wetter an, sobald man einander begegnet. Es ist zu heiß oder zu kalt, zu trocken oder zu naß. Nie wird es einem recht gemacht. - Dann kommt die ständige Klage über manche Gebrechen, obwohl der Gesprächspartner nicht helfen kann. Schließlich wird Gott angeklagt, weil er das eine oder andere zuläßt und allzu ungerecht sei . "Was klagt der Mensch, solang er lebt?"

Keiner klagt dagegen über seine eigene Schuld. Keiner klagt, weil er Gott zu wenig die Ehre gibt. Im Buch der Klagelieder wird vermahnt: Ein jeder klage über seine Sünden! Das ist das Verschulden vor Gott. Auch darüber dem Nächsten gegenüber zu klagen, wäre lohnenswert, weil dann der andere auch an sein Versagen erinnert wird. Man würde gegenseitig erkennen, wie groß immer der Abstand zu Gott ist. Daß vieles dazwischensteht, das nicht zu sein braucht. Wenn zwei Gesprächspartner gemeinsam im Glauben stehen, wissen sie, woran es mangelt. Wenn es nur der eine ist, kann er dem anderen zurechthelfen. Ob man sich das vornehmen sollte? Es wäre ein gegenseitiger Dienst, der die Sünde vor Gott, den großen Abstand zu ihm kleiner werden ließe. Das wäre beiden eine Hilfe.

**Wir sind immer wieder Versager vor Dir, Du treuer Gott.
Bitte sei nachsichtig mit uns und vergib uns.**

# 10. Mai

**Ich behalte dein Wort in meinem Herzen,
damit ich nicht wider dich sündige.**
*Psalm 119,11*

Hier redet ein Mensch mit Gott; er betet. Er gibt zugleich ein Versprechen ab: Ständig soll mich dein Wort, Herr, in meinem Herzen bewegen! Was ist es um dieses Wort? Es ist Gottes Zusage an uns: Ich bin der Herr, dein Gott! Dieser Zuspruch gilt vom ersten Schöpfungstag, und er gilt, solange die Erde steht. So sieht es der Psalmbeter. Er weiß sich hineingeboren in eine Welt der Gottlosigkeit. Deshalb liegt ihm an der ständigen Bindung zu Gott.

Wer dieses Wort in der Bibel nachliest, erkennt, daß es eingefaßt ist in der Bitte um Kraft zum Halten der Gebote. Wie schwer es aber ist, unter den Geboten Gottes zu leben, wissen wir. Dafür hat Gott seinen Sohn in die Welt gegeben, damit durch ihn unsere Schuld vergolten wird. Selbst wenn der Beter die Vergebung durch Jesus Christus noch nicht erfahren hatte, so gehörte er sicher zu den Menschen, die dank der Verkündi-gung durch die Propheten den Messias, den Erlöser erwarteten. Wir aber dürfen uns freuen, daß Christus als Sünderheiland in die Welt gekommen ist. Für uns gilt das Wort des Gesetzes ebenso wie das Wort von der frohmachenden Gnade. Mit diesem doppelten Zuspruch dürfen wir in jeden Tag neu hineingehen. Die Möglichkeit gibt uns dafür das Herrnhuter Losungsbüchlein mit der Losung aus dem Alten Testament und seiner Erklärung aus dem Neuen. Wenn uns dieses Wort jeden Tag begleitet, werden wir immer Gott nahe sein und er uns. So wird auch unser Leben lohnenswert.

*Halleluja, ja und Amen! Herr, Du wollest auf mich sehn,
daß ich mög in Deinem Namen fest bei Deinem Worte stehn.*

# 11. Mai

**Ich will unter ihnen wohnen und will ihr Gott sein,
und sie sollen mein Volk sein.**
*Hesekiel 37,27*

Das ist eine Verheißung an das Volk Israel. Es wird die Zeit kommen, so sollen wir es verstehen, da Gott mit seinem Volk eine Einheit sein wird. Er wird mitten in seinem Volk sein, so wie es Jesus seiner Gemeinde verheißen hat: Wo zwei oder drei in meinem Namen versammelt sind, da bin ich mitten unter ihnen *(Matthäus 18,20)*. Aber das Volk Israel hat bis jetzt lange auf die Gegenwart Gottes gewartet. Immer wieder ist es auf derErde verfolgt worden und hätte es gern gehabt, daß Gott dann zugegen gewesen wäre. War Gott wirklich abwesend, oder hat Israel Gott nicht erkannt und ihn nicht angenommen? Wenn wir heute vom jüdischen Volk hören, denken wir an die frommen Menschen, die ihr Leid an die Klagemauer in Jerusalem bringen und meinen, daß ganz Israel dort stehe. Das ist nicht so. Nur ein kleiner Prozentsatz der israelischen Juden gehört zu den Gläubigen. Alle anderen leben genau so in den Tag hinein, wie es die meisten sogenannten Christen auch tun. Das ist berechtigt Gottes Klage. Gott möchte auch unter uns seinen Platz haben. So gilt das Wort von Gott nicht nur den Juden, sondern auch uns. Auch unter uns möchte er wohnen und sich durch seinen Sohn Jesus Christus von uns angenommen wissen, schon im kleinen Kreis, wo es nur zwei oder drei sind. Aber besser wäre es, wenn unser christliches Abendland wieder berechtigt seinen Namen hätte. Wir werden nichts daran ändern, aber wir schaden uns selbst, wenn wir Gott seinen Platz unter uns versagen. Das dient uns nicht zum Heil. Wir wollen für unser Volk beten, daß es Gott treu bleibe.

*Herr, komm in mir wohnen, laß mein' Geist
auf Erden Dir ein Heiligtum noch werden.*

## 12. Mai

**Wenn ich erhöht werde von der Erde,
so will ich sie alle zu mir ziehen.**
*Johannes 12,32*

Alle, sagte Jesus, Da erinnere ich mich: Es war in den letzten Kriegstagen des 2. Weltkrieges. Die tobende Front war bereits über uns hinweggegangen. Wenn es nicht Krieg gewesen wäre, hätte ich sagen können, daß wir friedlich nebeneinander in einer Scheune auf dem Stroh gelegen haben. Aber wir waren verwundete Gefangene. Neben mir lag ein schwerverwundeter junger Soldat, vielleicht 17 Jahre alt; ich war 18. Er hatte einen unheilbaren Bauchdurchschuß. Die nur notdürftige erste Hilfe ließ seine Schmerzen stark durchkommen. Dann schrie er auf. Aber er konnte auch Fassung bewahren. Die Kräfte ließen spürbar nach, als er mir sagte: "Kamerad, wenn Du nach Hause kommst, sage meiner Mutter, daß ich hier gestorben bin." Seine Adresse konnte er mir nicht mehr geben. Es war zu spät. - Ich gehe davon aus, daß auch dieser junge Kamerad getauft war. Ich weiß es nicht. Aber ich muß an ihn denken, wenn ich das Wort Jesu höre: "Wenn ich erhöht werde von der Erde, will ich sie alle zu mir ziehen." Das macht Hoffnung. Hat Jesus nicht auch dem einen Schächer am Kreuz gesagt, daß er mit ihm zusammen im Paradiese sein wird? Diese Erde ist nicht die ewige Heimat. Sie ist eine gefallene Erde. Und da Gott den Menschen geschaffen hat, daß er sich die Erde untertan mache, übernimmt er für ihn die Verantwortung. Dafür hat er seinen Sohn geschickt, der wieder zum Vater gegangen ist, damit er eines Tages alle zu sich nähme.

*Ob durch Leben, ob durch Tod getrennt, alles, was nach Jesum Christ sich nennt, trifft sich einst beim Herrn im Himmelssaal. Christen sehen sich nie zum letzten Mal.*
*N.L. Graf von Zinzendorf*

## 13. Mai

**Himmel und Erde werden vergehen,
aber meine Worte werden nicht vergehen.**
*Matthäus 24,35*

Als Jesus diese Worte zu seinen Jüngern gesprochen hatte, konnten sie es nicht fassen, daß die ganze Schöpfung einmal ein Ende haben würde. Aber in den letzten zweitausend Jahren hat man immer wieder mit dem Weltuntergang gerechnet. Es gab genug Anlässe dafür. Noch steht unsere Erde. Aber wir wissen inzwischen, daß es dem fortschrittlichen Menschen nicht mehr schwerfällt, alles Leben auf dieser Erde zu zerstören. Die Atombomben von Hiroshima und Nagasaki haben uns nachdenklich werden lassen. Das war nur ein schrecklicher Anfang. Inzwischen hat sich vieles getan, das die Menschheit aufmerken läßt, aber von Weltuntergangsstimmung will man nichts wissen, obwohl wir wissen, daß auch unsere Erde nur Materie und damit eines Tages dem Verfall preisgegeben ist. Trotzdem und vielleicht gerade deshalb tröstet man sich gern mit dem angeblichen Wort Luthers: "Wenn morgen die Welt untergeht, will ich heute noch mein Apfelbäumchen pflanzen." Das ist wohl ein christliches Wort. Keiner sollte sich nur auf den Weltuntergang einrichten und dafür die Hände in den Schoß legen. Als Christen haben wir auf dieser Erde Verantwortung zu tragen, solange sie steht. Aber wir müssen auch wissen, daß Gott diese Welt in der Hand hat und ihr auch nach seinem Willen ein Ende bereiten kann. Dafür läßt er seinen Sohn zu Worte kommen, dem er schließlich alles übergeben hat. Jesus behält das letzte Wort! Sein Wort gilt auch noch über jedes Chaos hinaus, denn wenn Himmel und Erde vergehen, wird er wiederkommen in Herrlichkeit. Darauf dürfen wir hoffen.

*Wir warten Dein, Du kommst gewiß,
die Zeit ist bald vergangen.*

# 14. Mai

**Wie sich der Himmel über der Erde wölbt, so umgibt Gottes Liebe alle, die ihn verehren.**
*Psalm 103,11*

Gott ist nicht nur für den einzelnen Menschen da, der mit ihm redet. Gott ist der Allumfassende, der sich zur gleichen Zeit mir zuwendet wie auch dem Beter auf dem anderen Erdteil. Er ist wohl unser Gesprächspartner, aber er ist es zur gleichen Zeit für den anderen, der ihn braucht. So ist seine Zuwendung uns gegenüber nicht einem menschlichen Wesen gleich. Gottes Kraft und sein Vermögen haben keine Punktstrahlerwirkung, sondern er streut seine Liebe aus wie die Sonne ihr Licht. Das macht der Psalmbeter deutlich an dem alten Weltbild, nach dem sich das Himmelsgewölbe wie eine große Glocke über die Erde breitet, eine Vorstellung, die uns heute fremd ist. Aber das Bild spricht uns an.

So könnte es sein, daß die Andacht heute von sich sorgenden Eltern gelesen wird, deren Kind vor vielen Jahren ausgewandert ist. Dort in der Ferne lebt es mit seiner Familie. Dazu sagt uns die Bibel: Zur gleichen Zeit, in der du sorgend deine Hände faltest für einen Menschen irgendwo in der Welt, ist Gott auch diesem gegenwärtig kraft seiner unausschöpflichen und allumfassenden Liebe. Das macht uns Mut, nicht müde zu werden im fürbittenden Gebet für die weltweite Christenheit, für Gottes Kinder, die ebenfalls in dieser Stunde unserer Fürbitte bedürfen. - Der Zuspruch bleibt: Gottes Liebe umgibt alle!

*Gott ist gerecht, ein Rächer alles Bösen;*
*Gott ist die Lieb und läßt die Welt erlösen.*
*Dies kann mein Geist mit Schrecken*
*und Entzücken am Kreuz erblicken.*

# 15. MAI

**Du aber bleibst, wie du bist,
und deine Jahre nehmen kein Ende.**
*Psalm 102,28*

Wir stehen mit beiden Beinen in der Welt. So ist es uns von Geburt an verordnet. Schon Kinder haben ihre Sorgen, auch die Eltern mit ihren Kindern. Und wenn die Kinder groß werden, werden auch die Sorgen größer. Berufswahl und andere Probleme kommen an sie heran. Schließlich aber bleiben auch die Sorgen der Eltern nicht aus, sondern stehen jeden Tag neu am Bett und lassen nachdenklich werden. Man kann schon sagen: Vom Aufgang der Sonne bis zu ihrem Niedergang hat jeder seinen Tag zu bewältigen, ob er einen guten Verlauf nimmt oder einen schlechten.

Dagegen steht nun der Glaube an den ewigen Gott, von dem es in der Offenbarung heißt, daß Gott der Anfang und das Ende allen Seins ist *(Offenbarung 1,8)*. In unserem täglichen Leben ist Gott für uns der immer Gegenwärtige. Der Psalmbeter, der das Andachtswort gesprochen hat, erkennt darin, daß Gott immer bleibt, wie er ist. So ist es seit Beginn der Schöpfung gewesen. Regierungen und Regime wechseln einander ab. Völker bekommen neue Strukturen, aber Gott bleibt. Das haben wir besonders in diesem Jahrhundert erlebt, wenn wir an die vielen Staatssysteme denken, die allein in Europa und in Deutschland einander abgelöst haben. Gott wurde nicht abgelöst. Er blieb immer derselbe, der Ewige. Und daß dieser ewige Gott sich vor zweitausend Jahren der Menschheit durch seine Menschwerdung zugewendet hat, ist ein besonderes Gnadengeschenk. Sollten wir diesem ewig reichen Gott nicht auch unser tägliches Leben anvertrauen, gleich, was auf uns zukommt?

*Der ewig reiche Gott woll uns bei unserm Leben
ein immer fröhlich Herz und edlen Frieden geben.*

## 16. Mai

**Ich will mein Gesetz in ihr Herz geben
und in ihren Sinn schreiben, und sie sollen
mein Volk sein, und ich will ihr Gott sein.**
*Jeremia 31,33b*

Als Gott dem Propheten Jeremia 600 Jahre vor Christi Geburt diese Worte in den Mund gelegt hat, konnten die Menschen an Jesus noch nicht denken. Denn Jesus ist es erst gewesen, der dem jüdischen Gesetz das Evangelium dazugegeben hat. Gesetze kennen wir alle. Wir alle müssen auch feststellen, daß in unserem Volk die Gesetze immer mehr übertreten werden. Sogar politische Parteiprogramme fordern die Auflösung alter Gesetze, die dem Volk eine gewisse Ordnung garantiert haben. Man spricht von einer auf uns zukommenden Gesetzeslosigkeit. Das bedeutet dann den Zerfall unserer Kultur und unserer Gesellschaftsordnung. Nur so aber kann ein Volk kaputt gemacht werden. Es scheint so, als sollte unser Volk seinem Ende entgegengehen. Was sind aber Gesetz und Evangelium in ihrer Zueinanderordnung? Die fundamentalen Gesetze im jüdischen Volk und im Alten Testament sind die 10 Gebote. Und jeder weiß, daß es damit seine Schwierigkeiten hat. Wenn wir alle 10 Gebote einmal durchgehen von der Ehre Gottes bis zur Achtung des Besitzes des Nächsten, dann wissen wir, daß es nicht einfach ist, sie einzuhalten. Der Jude leidet bis heute darunter, daß keiner da ist, der ihm die Verfehlungen vergibt. Er wartet sehnsüchtig auf den Messias, auf seinen Erlöser, Christen sind da im Vorteil. Sie haben ihren Herrn Jesus Christus, der alle Schuld der Menschen übernommen hat und immer neu Vergebung zusprechen kann. Wer Christus ins Herz genommen hat, hat damit auch das Gesetz ins Herz bekommen und kann damit glücklich werden.

***Danke, daß Du uns das Gesetz ins Herz gegeben hast.***

# 17. Mai

**Es ist noch eine kleine Zeit, dann wird mich die Welt nicht mehr sehen. Ihr aber sollt mich sehen, denn ich lebe, und ihr sollt auch leben.**
*Johannes 14,19*

Wenn einem das ein Freund sagt, kann er die Worte nicht verstehen. Anders ging es dem Jüngerkreis auch nicht. Sie wollten den Herrn bei sich behalten, zumal er in Vollmacht vor allen auftrat. Unvorstellbar, daß er eines Tages nicht mehr unter ihnen sein könnte. Aber Jesus hat seine Freunde mit diesen Worten vorbereiten wollen. Sie sollten sich darauf einstellen, daß die Zeit kommen wird, da er in dieser menschlichen Gestalt nicht mehr bei ihnen sein wird. So bereitet er sie mit den nächsten Sätzen in diesem Kapitel schon auf das Kommen des heiligen Geistes vor. Aber wahrscheinlich haben sie ihn nicht verstanden. Eindrucksvoll ist auch, daß Jesus von der Welt spricht, die ihn nicht mehr sehen wird. Er wird damit an alle Menschen gedacht haben, denen er bisher begegnet ist, über den Jüngerkreis hinaus. Dann hören wir von ihm, daß er trotzdem leben wird (auch wenn man ihn nicht mehr zu sehen bekommt). Er wird mit seinem Vater in einer Einheit sein, zu seiner Rechten sitzen. Aber als der Erhöhte ist er Sieger geworden über den Tod. "Ich lebe!"

Diesen Sieg gibt er weiter an seine Gemeinde, an alle, die ihm die Ehre geben werden. Sollten Sie demnächst einen lieben Menschen abgeben müssen oder jemand zur letzten Ruhe begleiten, dann nehmen Sie diesen Trost mit: "Ich lebe, und ihr sollt auch leben!" Dafür hat Gott seinen Sohn in die Welt geschickt und ihn durch den Tod ins Leben geführt.

*Jesus lebt, mit ihm auch ich!*
*Tod, wo sind nun deine Schrecken?*

## 18. Mai

**Seid so unter euch gesinnt, wie es auch
der Gemeinschaft in Christus entspricht.**
*Philipper 2,5*

Während ich an dieser Andacht schreibe, ist im Land der Wahlkampf auf hohen Touren. Überall an den Straßen sieht man Plakate mit den Gesichtern der Kandidaten, einem kurzen Spruch und dann dazu die Parteizugehörigkeit. Wie wäre es wohl, wenn man auf die Stellschilder Plakate kleben würde mit dem Satz: "Was würde Jesus dazu sagen?" Und das überall in den Städten, wo Kraftfahrer einander die Vorfahrt nehmen und rücksichtslos durch die Straßen jagen, ältere Menschen nur ängstlich die Straßen überqueren können, junge Strolche den Frauen die Handtaschen vom Arm reißen, wo man die Ausländer zusammenschlägt und vieles mehr. Oder wie wäre es mit Plakaten, die ebenfalls die Straßen zieren könnten, mit der Aufschrift: "Seid untereinander freundlich gesinnt!" Ob das keinen Eindruck machen würde, wenn man es täglich zu lesen bekäme? So aber hat es der Apostel gemeint, wenn er seiner Gemeinde geschrieben hat: "Seid so unter euch gesinnt, wie es auch der Gemeinschaft in Christus Jesus entspricht." Der Brief ging damals nur an die Adresse der Christen. Aber was heißt heute "nur"? Immer noch werden fast alle jungen Menschen konfirmiert. Sie sind also im christlichen Glauben unterwiesen, aber dann schläft die Lehre bei ihnen ein, so daß ihnen auch das Vaterunser und die Gebote wieder fremd werden. Daraus ergibt sich, daß man im Leben rücksichtslos miteinander umgeht. Vielleicht sollte man wieder im kleinen anfangen, christliche Liebe zu üben. Schon die ersten Schritte können einen anderen anstecken. Was in Selbstlosigkeit geschieht, wird immer gesegnet sein.

*Es geht uns so gut, und deshalb gehen wir zu wenig
aufeinander zu. Laß das wieder anders werden, Herr.*

## 19. Mai

**Dein Reich ist ein ewiges Reich, und
deine Herrschaft währet für und für.**
*Psalm 145,13*

Da kann man schon traurig sein, wenn man das liest. In der Welt sieht es doch ganz anders aus. Da ist nicht viel von Gottes Reich zu spüren. Hier regieren die Mächtigen auf dieser Erde, die Großindustrie, das Großkapital, die Weltherrscher. Ein Drittel der Menschheit muß hungern und verhungern, damit andere Völker im Überfluß leben und ihre Erträge und Nahrungsmittel ins Meer versenken, denn die Währung muß stimmen. Ganze Völker werden unterdrückt und zu Boden getreten, weil ihnen Initiativen fehlen. Oder ist es nicht so? Vielleicht doch nicht. Allein in diesem Jahrhundert haben wir erleben müssen, wie große und mächtige Regime zusammenbrachen. Das Weltreich der Sowjetunion ist wieder in kleine Staaten aufgeteilt, der Kommunismus hat zur Zeit aufgehört zu regieren. Was noch kommt, wissen wir nicht. Oder denken wir an die reichsten und wohlhabendsten Menschen dieser Erde. Hört man doch immer wieder, wie sie an schweren Krankheiten oder durch andere Einflüsse dahingerafft werden. Das alles macht uns nicht froh und glücklich und weckt erst recht keine Schadenfreude. Aber um so mehr dringt das andere durch, nämlich anzunehmen, daß der Psalmist doch wohl recht hat, wenn er von Gott sagt, daß sein Reich ein ewiges Reich ist. Wo früher in der DDR die Kirche schweigen mußte, wachsen und blühen jetzt wieder neu die Gemeinden. Daran wird deutlich, daß nicht der Mensch die Schöpfung in der Hand hat, sondern daß Gott letzten Endes der Herr bleibt. Das macht uns neuen Glaubensmut und läßt uns zuversichtlich sein.

***Mache Deinen Ruhm bekannt überall im ganzen Land,
Erbarm Dich, Herr.***

## 20. Mai

**Wie der Schmelztiegel das Silber und der Ofen das Gold, so prüft der Herr die Herzen.**
*Sprüche 17,3*

Wenn ich in der Dunkelheit mit der Bahn durch die Großstadt fahre und die Fenster der vielen Wohnblocks erleuchtet sehe, frage ich mich oft: Wer mag wohl der Glücklichste hinter den Gardinen sein, und wer wohl der Traurigste. Wer wird in diesem Augenblick zu den Verzweifelten gehören, zu den Niedergeschlagenen, und wer wird wohl sorgenlos in den Abend hineinleben können? Aber auch wenn ich ein Kaufhaus betrete und beobachte, wie die vielen Menschen dort emsig die Waren betrachten, kommen mir ähnliche Gedanken.

Berechtigte Fragen, die aber von uns keine Antwort bekommen. Wie gut. Jeder Mensch ist Persönlichkeit und läßt letzten Endes nicht in sein Herz hineinschauen, obwohl man manch einem dadurch helfen könnte. Aber Gott hat das so angelegt, und das ist auch gut so. Er kennt unsere Herzen und er allein prüft sie. Ganz gewiß kennt er auch die Herzen derer, die in ihrem Leben Gott schon lange abgeschrieben haben. Solange Gott ihre Herzen prüft, sind sie noch nicht für ihn verloren. Schauen wir nicht nur auf andere. Jeden hat Gott im Auge, und unser Herz ist ihm ebenfalls nicht fremd. Was sammelt sich alles in den Herzen an, von dem nicht einmal der nächste Vertraute erfährt. Vielleicht ist auch manches verborgen, das uns selbst nicht einmal zu eigen ist. Gott prüft uns liebevoll, nicht mit kritischen Augen, wie man gern den anderen sieht. Gott will das Wertvolle aus unseren Herzen herausholen, das unserem Leben den rechten Sinn und die Erkenntnis für das Ewige und Wahre gibt. Dafür prüft er unsere Herzen.

***Frieden dem Herzen, Frieden dem Gewissen gib zu genießen.***

## 21. Mai

**Es soll nicht durch Heer oder Kraft, sondern durch meinen Geist geschehen, spricht der Herr.**
*Sacharja 4,6*

Was geschieht alles durch Heer oder Kraft? Die ganze Weltgeschichte ist auf Heer und Kraft aufgebaut gewesen und wird weiterhin durch Heer und Kraft geführt werden. Dabei ist es sehr interessant, erkennen zu müssen, daß alle Völker, die mit Heer und Kraft ihre Feldzüge geführt haben, danach zugrunde gegangen sind. Aber die Menschen lernen nicht daraus. Alle Volksführer sind durch die Geschichte mit der Allmacht Gottes konfrontiert worden; trotzdem kannten sie nur Hohn und Spott, weil sie die Herren sein wollten.
Als Gott dem Propheten Sacharja diese Worte in den Mund gelegt hatte, war eine lange und bekannte Geschichte vergangen. Deshalb gibt der Prophet die Verheißungen Gottes weiter, wenn auch vergebens. Uns aber, die wir heute wieder die Worte hören, sollten die Augen aufgehen und das Herz geöffnet werden, wenn wir an die zurückliegende Geschichte denken, die immer ins Elend führte. Mögen sich die Worte in uns einprägen: "Es soll nicht durch Heer oder Kraft, sondern durch den Geist Gottes geschehen." Alles ist damit gemeint, auch die Verhaltensweisen in kleinen Dingen. Will man doch besonders in kleinen Dingen selbst der Mann sein. Gott sagt: Es lohnt sich, alles unter meinem Geist zu gestalten, und ihr werdet erleben, daß so alles Tun gesegnet wird.

*Nur mit Dir, du starker Heiland Du, wird*
*uns der Sieg gelingen; wohl gilt's zu streiten*
*immerzu, bis einst wir Dir lobsingen.*
*Nur Mut, die Stund ist nimmer weit,*
*da wir nach allem Kampf und Streit*
*die Lebenskron erringen.*

## 22. Mai

**Ich will meinen Geist in euch geben und will solche Leute aus euch machen, die in meinen Geboten wandeln.**
*Hesekiel 36,27*

Es wäre sicher interessant, einen solchen Mann wie den Propheten Hesekiel heute unter uns zu haben, einen Propheten, der damals seine Zeit erlebt und mit Gott gelebt hat. Dieser Zeuge würde uns heute sagen: "Seht, das hat uns Gott seinerzeit verheißen, als der Heilige Geist noch nicht über die Gläubigen gekommen war. Nun hat sich die Zeit erfüllt."

Zugestanden, wer kein Verhältnis zum christlichen Glauben hat, wird es schwer haben, sich in diese Botschaft hineinzuversetzen. Aber letzten Endes bleibt die Botschaft und läßt sich nicht verdrängen. Die Zeit ist reif geworden, da Gott seine Verheißungen erfüllt hat. Er hat seinen Geist in uns hineingegeben, denn wir leben als Christen heute aus der Kraft des Heiligen Geistes, den der auferstandene Herr seinen Jüngern in Jerusalem verheißen hat. Wer bewußt unter dem Geist Christi lebt, hat seinem Leben einen besonderen Sinn gegeben und wird mit den Unannehmlichkeiten des Alltags anders fertig als solche Menschen, die nur in den Tag hineinleben und sich möglicherweise nach ihrem Horoskop ausrichten, was es geben soll. Wer unter dem Geist Gottes lebt, hat es leichter, die uns aus der Schrift gegebenen Gebote als Richtschnur anzuerkennen und damit zu leben. Gerade weil die Gebote hohe Anforderungen an den Menschen stellen. Aber wer ein Kind des Geistes Gottes ist, weiß, daß Gott in Christus verzeihen kann, wo die Einhaltung der Ordnungen schwer fällt.

*O komm, du Geist der Wahrheit, und kehre bei uns ein, verbreite Licht und Klarheit, verbanne Trug und Schein.*

## 23. Mai

**Tut Buße, und jeder von euch lasse sich taufen auf den Namen Jesu Christi zur Vergebung eurer Sünden, so werdet ihr empfangen die Gabe des heiligen Geistes**
*Apostelgeschichte 2,38*

Das ist ein sehr deutliches Wort eines gestandenen Mannes. Petrus war es, der als erster nach Tod und Auferstehung Jesu und nach der Ausgießung des Heiligen Geistes am Pfingsttag in Jerusalem die zerstreute Gemeinde wieder zusammenrief und die erste Predigt hielt. Aufmerksame Zuhörer muß er gehabt haben, denn die Bibel berichtet: Als sie das hörten, ging es ihnen durchs Herz, so daß sie fragten: Was sollen wir nun tun? Diese Rückfrage ist typisch für Menschen, die zunächst ihre Entscheidungen getroffen haben, ihren Weg gegangen sind, die aber dann ihre Grenzen erkennen mußten.

Wenn ich diese Andacht schreibe, denke ich an die faszinierende Bergwelt der Alpen, die ich bei Freizeiten und im Urlaub oft vor mir gehabt habe. Ich denke an unerfahrene Bergwanderer, die, nachdem sie sich verstiegen haben, nicht den Mut zur Umkehr finden. Der Weg zurück könnte blamabel werden.
So ist es auch in unserem Alltag, wenn wir dem biblischen Bußruf folgen sollen. Wer will heute noch etwas von Buße und Umkehr wissen? Alte, erfahrene Bergsteiger aber würden uns sagen, daß Umkehr Rettung bedeuten kann, während ein falsch fortgesetzter Weg in den Abgrund führt. Stillstehen, einsehen und umkehren: Das führt zum Heil. Deshalb empfiehlt Petrus: Nehmt durch die Taufe den Namen des Herrn an, damit ihr den Weg als Kinder Gottes geht. So wird Gottes Geist bei euch sein und euch ans Ziel bringen.

*Herr, richte Du unser Leben aus, sei die Mitte und hilf, daß wir immer rechte Korrektur vornehmen.*

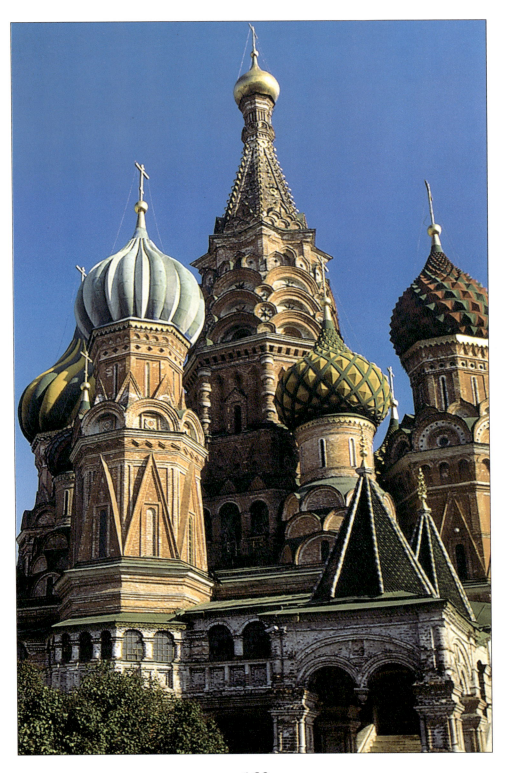

## 24. Mai

**Wendet euch zu mir, so werdet ihr gerettet, aller Welt Enden; denn ich bin Gott, und sonst keiner mehr.**
*Jesaja 45,22*

Eine Bekannte ist in normal bürgerlichen Verhältnissen groß geworden. Sie flüchtete nach dem Krieg mit ihren Eltern aus Pommern und fand ihren neuen Wohnsitz in der DDR. Dort wurde sie in den vierzig Jahren des regierenden Sozialismus von dem System geprägt und heiratete dann auch einen Gleichgesinnten. Der "einzig wahren Ideologie" blieben sie nicht nur treu, sondern folgten dann auch noch einem Ruf in das kommunistische Nordkorea. Seit der Zeit ist die Anschrift verloren gegangen. Es hat nach diesem Vorbild den Anschein, als sei der Kommunismus allein seligmachend. Dennoch sind in den letzten Jahren viele derartig diktatorische Regime zusammengebrochen. Und besonders dieses Jahrhundert hat immer wieder bewiesen, daß die Herren dieser Welt oft vorzeitig abtreten mußten. So ist das auf der ganzen Erde.

Parallel dazu ist aber der Glaube an den einen Gott Himmels und der Erde immer geblieben, wenn auch viele Gläubige unter Verfolgungen leiden mußten. Nach dem Krieg wurden viele ehemalige Nazi-Tagungsstätten von den Kirchen übernommen, was man sich vorher nie hätte träumen lassen. Es lohnt sich also, daß wir uns unserem Gott zuwenden und ihm allein vertrauen. Immer hat uns Gott durch seinen Sohn Jesus Christus Rettung zugesagt, und wir sind noch auf dem Weg. Auch die vielen Menschen in der Welt, die jetzt noch in der Irre laufen, sollen gerettet werden. Dafür müssen die beten, die den Herrn Jesus Christus im Herzen tragen. Dafür wollen wir auch heute beten.

***Wir bitten Dich, Herr, daß eines Tages aller Welt Enden das Heil schauen möchten, daß du bereit hast.***

# 25. Mai

**Petrus spricht: Du bist Christus,
des lebendigen Gottes Sohn.**
*Matthäus 16,16*

Petrus und sein Bruder Andreas waren die ersten Jünger, die Jesus in seine Nachfolge rief. Daß sie sich haben rufen lassen, war nicht selbstverständlich, denn sie hatten ihren festen Beruf als Fischer am See Genezareth. Aber Gottes Heiliger Geist hat sie zu dieser Entscheidung geführt, und sie sind dann auch dem Herrn treu geblieben. Daß Petrus ein besonders inniges Verhältnis zu seinem Herrn hatte, wird durch dieses Bekenntnis deutlich. Er war es vor allen Jüngern, der Jesus als den Christus Gottes erkannte. Petrus sah also auch schon während des gemeinsamen Weges mit Jesus in seiner Entscheidung für Jesus keine materiellen Vorteile, sondern erkannte ihn offensichtlich früh als den Heiland der Welt. Daß er später auch wie andere Jünger in Zweifel gekommen ist, ist nur allzu menschlich. Aber nach der Auferstehung und Himmelfahrt Christi hat sich Petrus dann wieder besonders bezeugt. Die Andacht vom 23. Mai weist das aus. Den begonnenen Weg mit Jesus Christus ist Petrus zu Ende gegangen, bis er wie viele andere Zeugen vermutlich in Rom den Märtyrertod gestorben ist. Das darf aber sicher sein, daß unser Herr für ihn einen Platz in der Ewigkeit bereit halten wird.
Keiner von uns kann Petrus gleich sein. Das wäre vermessen. Aber es hat immer wieder gleiche Zeugen gegeben und gibt sie auch in unserer Gegenwart. Solche Zeugen braucht die Gemeinde für ihr Wachsen und Werden. Vielleicht gehört manch ein Leser dieser Andacht zu den kleinen Zeugen und wenn nicht, warum sollte er es nicht noch werden?

*__Zeuch an die Macht, du Arm des Herrn,
wohlauf und hilf uns streiten.__*

# 26. Mai

**Christus spricht: Du bist Petrus, und auf diesen Felsen will ich bauen meine Gemeinde.**
*Matthäus 16,18a*

In der vorausgegangenen Andacht haben wir das Petruszeugnis über Jesus Christus gehört. Das hat Jesus nicht nur wie ein Kompliment angenommen, sondern es war für ihn die Glaubensaussage des Apostels. Für Petrus ist Jesus der ewige Christus, der vorher war und immer sein wird. So konnte Jesus diesem Apostel auch die Vollmacht zusprechen, daß er der zukünftige Träger des Wortes Gottes sein würde. Jesus hatte ihm schon vorher im Zusammenhang mit der Berufung den Namen "Kephas" gegeben *(Joh. 1,42)* Das ist aramäisch und heißt auf deutsch "Felsen" (griechisch: Petros). Auf diesen Felsen will nun Christus seine Gemeinde bauen. Er will damit sagen, daß er Petrus für fähig hält, die Christengemeinde nach der Himmelfahrt Christi zu gründen. Petrus wird dafür der Einmalige, dem Jesus diese Gaben zuspricht.

Damit dürfte auch die katholische Kirche im Irrtum sein, wenn sie ihre Papstfolge auf Petrus aufgebaut hat. Gründer kann nur einer sein, der dazu berufen wurde. Christus hat Petrus dazu berufen. Alle, die als tüchtige Mitarbeiter nachgefolgt sind, haben ihren Dienst in dieser Gemeinde an ihrem Platz wahrgenommen und haben ihn fernerhin wahrzunehmen. Auch Luther wollte keine neue Kirche gründen. Wahrscheinlich dürfte er auch nicht wissen, daß man heute die Kirche nach seinem Namen nennt. Aber ähnlich wie Petrus sollten sich viele Christen zur Verfügung stellen, um die einst gegründete Gemeinde weiterzuführen, bis der Herr wiederkommt.

*Was vermögen wir schon? Gott, gib uns die Gaben, daß wir auch zum Bau Deiner Gemeinde beitragen können.*

## 27. Mai

**Ich will dich mit meinen Augen leiten.**
*Psalm 32,8*

Die ganze Woche nach Pfingsten steht unter der Freude darüber, daß Christus durch seinen Apostel die Gemeinde gegründet hat. Deshalb nennen wir auch das Pfingstfest den Geburtstag der Kirche. Zu dieser Gemeinde darf jeder gehören, der durch die Taufe Jesus Christus als seinen Herrn angenommen hat. Alle Gemeindeglieder stehen deshalb besonders unter dem Schutz und unter den wachsamen Augen unseres Gottes. Der Psalmbeter, der uns den eindrucksvollen Satz überliefert hat, hat ihn sich von Gott in den Mund legen lassen: "Ich will dich mit meinen Augen leiten." Weder Vater oder Mutter können ihr Kind letzten Endes überall dahin, wo es die Schritte nimmt, mit ihren Augen leiten.

Als ich nach einem Fronturlaub wieder zur Truppe mußte, hat mich mein Vater bis zum Marktplatz begleitet. Dann sagte er mir, als ich mich immer noch nicht verabschieden wollte: "Nun geh' mit Gott, aber nun geh' zu deiner Einheit zurück." Ich habe diesen Abschied nie vergessen, was beweist, daß ich davon heute schreibe. Überall, wo wir eingesetzt wurden, mußte ich an den letzten Händedruck und an die Worte meines Vaters denken. Aber mit seinen Augen konnte er mich nicht leiten. Er war auch nur ein Mensch wie ich. Dagegen war mir später bewußt, daß Gott es war, der mich mit seinen Augen geleitet hat und der offensichtlich nicht gewollt hat, daß ich im Kriege den Tod fand. Wahrscheinlich wollte er mich noch gebrauchen. Aber diesen Trost dürfen wir uns zu allen Zeiten, nicht nur in Notsituationen zusprechen, daß Gottes Augen über uns wachen. Denn wir sind Glieder seiner Gemeinde, Kinder Gottes, und seine Augen über uns sind seine Vateraugen.

***Danke, Herr, daß Du uns täglich im Auge behältst!***

## 28. Mai

**Ich vermag alles durch den, der mich mächtig macht, Christus.**
*Philipper 4,13*

Von dem bekannten Evangelisten, Schriftsteller und Nachrichtensprecher Peter Hahne habe ich das Wort gelesen: "Wer betet, bekommt Ordnung in sein Leben. Er verläßt seinen eigenen Standpunkt und begibt sich in die Nähe Gottes."
Diese Erfahrung hat auch der Apostel Paulus gemacht, der, wie er schreibt, alles allein durch Christus zu tun vermag. Paulus hat sich immer wieder von sich selber abgewandt und sich auch durch sein Gebet in die Nähe Gottes begeben. Das konnte er sogar in seiner Todeszelle, von der aus er den Philipperbrief und damit auch diesen Satz geschrieben hat. Der Liederdichter Paul Gerhardt singt: Was sind wir doch? Was haben wir auf dieser ganzen Erd, das uns, o Vater, nicht von dir allein gegeben werd? *(EG 324)*

Auch in diesen Versen kommt es durch, daß unser Leben nur lohnenswert ist, wenn wir uns ganz an Gott abgeben. Aus uns selbst heraus vermögen wir wohl viel zu tun. Aber letzten Endes ist all dieses Tun nichtig und ohne Fundament. Wenn wir uns dagegen von uns abwenden, wie Paulus bekennt, und uns Christus zuwenden, dann können wir viel tun. Viele Menschen kommen mit ihrem Leben nicht klar, weil sie sich selbst nur in den Mittelpunkt stellen, weil sie sich selbst nur sehen, Peter Hahne empfiehlt: Den eigenen Standpunkt verlassen, und Paulus geht noch ein Stück weiter, indem er erkennt, daß er aus sich heraus nichts vermag, sondern nur Christus wirkt durch ihn. Die erste Erfahrung hat er dafür gemacht, als er Christus vor Damaskus begegnete. Muß man wie Paulus erst blind werden, um Christus als seinen Herrn anzunehmen?

***Herr Jesus Christus, laß uns nur auf dich schauen.***

# 29. Mai

**Heilig, heiiig, heiiig ist der Herr Zebaoth,
alle Lande sind seiner Ehre voll!**
*Jesaja 6,3*

Weiß der Leser, daß unser Glaubensbekenntnis mehrere Wurzeln hat? Ich wurde daran erinnert, als meine Frau mich im Garten auf eine freiliegende Birkenwurzel aufmerksam machte, die sich über ein Gemüsebeet schlängelte. "Kann man sie nicht abhauen?"

Bei einem kräftigen Baum mag es noch möglich sein, aber wie ist es mit den freiliegenden, uns gegenwärtigen Wurzeln des Glaubens? Sie finden sich im laufenden Kirchenjahr: Die Adventszeit führt zum Christfest, das von der Neuschöpfung Gottes kündet. Gott, der Schöpfer kommt wieder auf die Erde ins menschliche Fleisch durch den Sohn. Daher glauben wir mit dem ersten Glaubensartikel an Gott den Vater. - Die Passionszeit mündet im Kreuz und in der Auferstehung Jesu, die für die Menschheit zur Erlösung von Sünde und Tod führte. Dafür bekennen wir im Glaubensbekenntnis Jesus als den Christus. - Der Osterzeit schließt sich das Pfingstfest an, weil der erhöhte Christus uns den Heiligen Geist, den Tröster gesandt hat. Deshalb glauben wir an den Heiligen Geist, denn Gott Vater, Sohn und Heiliger Geist sind zur Einheit geworden. Welche der drei Wurzeln sollte man da abschlagen? Ob der große Prophet Jesaja schon an die Endzeit gewiesen werden sollte, in der sich Gott in der Dreieinigkeit bezeugt, bis die Engel über seinem Haupt das dreimalige "Heilig" bei seiner Berufung ausriefen? Das ganze Alte Testament ist voll von dem Verlangen nach dem Messias, dem Gesalbten, den wir als unseren Herrn anbeten dürfen. Durch ihn loben wir auch die Dreieinigkeit, Vater, Sohn und Heiligen Geist.

***Dreieiniger Gott, danke, daß Du Dich uns bezeugst.***

## 30. Mai

**Gelobt sei Gott, der Vater unseres Herrn Jesus Christus, der uns gesegnet hat mit allem geistlichen Segen im Himmel durch Christus.**

*Epheser 1,3*

In einem Andachtsbuch müßte eigentlich auf jeder Seite das Lob Gottes zum Ausdruck kommen. Denn das ist schließlich der Sinn einer Andacht, daß wir dankbar Gott die Ehre geben. Diese Einstellung hat auch der Apostel Paulus, wenn er seinen Brief an die Gemeinde in Ephesus mit dem Lob Gottes, des Vaters und dem Lob seines Sohnes beginnt. Natürlich kann es auch sein, daß diese Worte heute von Menschen gelesen werden, die keinen Grund haben, Gott zu loben. Wenn Traurigkeit oder andere Kümmernisse in die Familie eingetreten sind, liegt es einem nicht, Gott zu loben.

Aber auch für solche Notlagen dürfen wir uns sagen lassen, daß alles von Gott kommt und alles unter seiner Obhut steht. Keiner weiß, weshalb sich Gott - heute für uns durch seinen Sohn Jesus Christus - in dieser oder jener Angelegenheit so verhält. Wir wissen nur, daß er auch seinen Sohn nicht für die Menschheit verschont hat, und als Jesus am Kreuz gestorben war, haben die Jünger Gott auch nicht verstanden. Erst hernach wußten sie, daß Gott letzten Endes alles herrlich hinausgeführt hat. Das ist in unserem Leben nicht anders. Eduard Mörike schreibt: "Immer, wenn du meinst, es geht nicht mehr, kommt von irgendwo ein Lichtlein her." Und besonders der Apostel Paulus hat in seinem Leben manche Tiefschläge einstecken müssen, aber er sah trotz allem immer wieder das Licht des neuen Morgens. Letzten Endes dürfen wir es zugestehen, daß uns der Herr reichlich gesegnet hat. Dafür hat er unser Lob verdient.

***In dir ist Freude in allem Leide, o du süßer Jesu Christ.***

# 31. Mai

**Wer reichlich gibt, wird gelabt, und wer reichlich tränkt, wird auch getränkt werden.**
*Sprüche 11,25*

Das Wort der Sprüche schreibt vom Segen des Teilens. Ein Sprichwort sagt: Geteilte Freude ist doppelte Freude, geteiltes Leid ist halbes Leid. Das ist gewiß nicht nur so dahergeredet, sondern dahinter stecken Erfahrungswerte. Auch Jesus meinte es sicher gut mit uns, als er den guten Rat gab: Wer zwei Röcke hat, der gebe dem, der keinen hat *(Lukas 3,11)*. Aber so ist es in der Welt: Viele Länder leben im Überfluß, während ein Drittel der Menschheit hungern muß. Das sind Zustände, die man nicht versteht. Auch nicht, wenn man hört, daß es in Deutschland 10 Besitzende gibt, die insgesamt ein Vermögen von 80 Milliarden DM haben. Das Geld liegt auf der Bank. Jeder kann nur essen und trinken, sich kleiden, und keiner braucht zu frieren. Es wäre jetzt falsch, wenn man sagen würde: Sollen die doch abgeben, die es haben. Aber die meisten tun das nicht, sondern im Gegenteil: Die Erfahrung lehrt, daß viel eher und lieber die abgeben, die auch nur das Nötigste besitzen. Sie wären auch zu diesem Thema die besten Zeugen, denn sie könnten berichten, daß ihnen das Teilen und Abgeben nie zum Schaden gewesen ist. Die Belohnung zahlt Gott selber. Er segnet das Geben und das Teilen. Gott hat uns zuvor beschenkt. Seine große Liebe zu uns ist nicht zu überbieten. Sie hat sich dargestellt durch seine Schöpfung und Erlösung an die ganze Welt. Und das wissen wir auch, daß alles, was wir auf Erden besitzen, nur geliehen ist und daß wir alles zurücklassen müssen, wenn uns der Herr ruft. Möge um so mehr das Abgeben und das Teilen zum Segen werden.

# 1. Juni

**Die Gnade unsres Herrn Jesus Christus und die Liebe Gottes und die Gemeinschaft des heiligen Geistes sei mit euch allen!**
*2. Korinther 13,13*

Herzlichen Glückwunsch und alles Gute, vor allem Gesundheit! Das ist der übliche Geburtstagszuspruch bei der Gratulation. Weil ihn alle so aussprechen, hat er keine besonderen Werte. Außerdem: Glück ist Glückssache; alles Gute - wer wünscht schon Schlechtes? Und Gesundheit ist nicht immer vorrangig, denn es gibt viele kranke Menschen, die trotz ihrer Krankheit glücklicher und zufriedener sind als manch ein Gesunder. Nun spricht der Apostel Paulus: Er hat den Korinthern einen dritten langen Brief geschrieben. Der zweite ist offensichtlich verlorengegangen und konnte deshalb im Neuen Testament nicht aufgenommen werden. Viele Hilfen und Weisungen hat er seiner Gemeinde gegeben, damit sie zusammenhalte in rechter Lehre und im Aufblick zum Herrn. Dann schließt er den Brief wie auch seinen ersten mit dem Gnaden- und Liebeswunsch. Dieser Schlußsatz, wie er über dieser Andacht steht, ist vielen Gottesdienstbesuchern nicht nbekannt, denn es ist der Wunsch, den auch der Pastor von der Kanzel der Gemeinde zuspricht, Gnade, Liebe, Gemeinschaft! Was für eine Fülle an Segenswünschen sind es gegenüber üblichen Gratulationen? - Gnade unseres Herrn; das heißt: Er soll bei Dir sein! Liebe Gottes: Gott will uns verzeihen und mit uns immer einen neuen Anfang machen! Gemeinschaft des Geistes: Der Heilige Geist soll unter uns Einigkeit und Frieden wirken! Das sind Wünsche, mit denen man in den Tag und in eine neue Woche hineingehen kann.

***Gib daß wir heute, Herr, durch Dein Geleite
auf unsern Wegen unverhindert gehen und überall
in Deiner Gnade stehen. Lobet den Herren!***

## 2. Juni

**Lasset uns laufen mit Geduld in dem Kampf,
der uns verordnet ist, und aufsehen auf Jesus,
den Anfänger und Vollender des Glaubens.**
*Hebräer 12,1c + 2a*

Das klingt nicht einladend. Wenn man zur Gemeinde Gottes gerufen wird und sich rufen läßt, dann soll man sich darauf einstellen, zum Kampf gerüstet zu sein? Hat man sich nicht sagen lassen, daß die Gemeinschaft der Heiligen eine Gemeinde des Friedens ist? Dabei soll man dann noch geduldig sein, geduldig auf einen verordneten Kampf warten. Es läßt sich aber nicht leugnen, daß im Laufe der Kirchengeschichte Christen wiederholt Kämpfer sein mußten, obwohl Jesus stets den Frieden verkündigt hat. Dem Frieden muß wohl der Kampf vorausgehen. Dazu braucht man Waffen. Gegen den Widerchrist sind allerdings solche, wie sie die Weltrüstung produziert, um Kapital herauszuschlagen, nicht angebracht. Der Apostel Paulus empfiehlt dafür andere Mittel. Er zählt auf *(Eph. 6,16+17)*: Den Schild des Glaubens, den Helm des Heils und das Schwert des Geistes. Glauben, Heil und Heiliger Geist; mit dieser Ausrüstung hat manch ein Streiter Gottes seine Gegner besiegt.
Ein Beispiel ist der frühere Landesbischof Dr. Hanns Lilje, Hannover, von dem geschrieben wird, daß er sich mit seinen „Waffen" während seiner Haftzeit im Nationalsozialismus den Feinden widersetzen konnte. Die Wärter mußten laufend ausgewechselt werden, weil sie durch Dr. Lilje bekehrt wurden. Der Heilige Geist hatte zugeschlagen. Das ist eine Gnade, die nicht allen Christen zueigen ist. Aber Kraft dafür kann sich jeder vom Herrn erbitten.

*Wir sind im Kampfe Tag und Nacht,
o Herr, nimm gnädig uns in acht
und steh uns an der Seiten.*

# 3. Juni

**Alle Weisheit kommt von Gott dem Herrn und ist bei ihm in Ewigkeit.**
*Sirach 1,1*

Weisheit ist nicht angeboren, sie kann auch nicht erlernt werden. Sie kann aber wachsen mit der Reife des Menschen. In der Bibel sind viele weise Leute zu Wort gekommen, die Gott mit dieser Weisheit ausgestattet hat. Ob es ihnen immer bewußt war, daß Gott an ihnen gearbeitet hat, wer vermag das zu beurteilen? So hatte es Gott den Weisen aus dem Morgenland eingegeben, daß sie den in die Welt gekommenen Gottessohn finden sollten. Diese Gabe war ein besonderes Geschenk unseres Gottes.

Aber zu allen Zeiten hat es weise Menschen gegeben, auch solche, die ihre Weisheit mißbraucht haben. Aber göttliche Weisheit steht in unmittelbarer Verbindung mit Gott. So lehrt uns ein Kirchenlied von dem Liederdichter Johann Heinrich Schröder, daß die höchste Fülle der Weisheit in Jesus Christus liegt, wenn er schreibt: Aller Weisheit höchste Fülle in dir ja verborgen liegt. Gib nur, daß sich auch mein Wille fein in solche Schranken fügt, worinnen die Demut und Einfalt regieret und mich zu der Weisheit, die himmlisch ist, führt. Ach wenn ich nur Jesus recht kenne und weiß, so hab ich der Weisheit vollkommenen Preis. *(EG 386)* Damit wird ein wunderbares Geheimnis gelüftet, nämlich zu erkennen, daß er der Weiseste ist, der Jesus Christus als den wahren Heiland und Erlöser erkennt und ihn für sich als solchen auch annimmt. So verstehen wir auch, wenn es bei Sirach heißt, daß die Weisheit in Ewigkeit ist. Jesus Christus selber war von Ewigkeit und wird in Ewigkeit sein. Das ist die Botschaft des Evangeliums.

***Gott sei Dank, daß er uns in Jesus Christus die Fülle aller Weisheit gegeben hat.***

# 4. Juni

**Befiehl dem Herrn deine Werke,
so wird dein Vorhaben gelingen.**
*Sprüche 16,3*

Jeder Morgen hat seine Erwartungen für den bevorstehenden Tag. Das Tagewerk war vielleicht schon geplant, aber es will noch verrichtet werden. Auch geht man zur Arbeitsstelle und weiß noch nicht, was einen erwartet.
So manches Mal wünscht man, daß es bald Feierabend wäre! Aber so geht es mit vielen Vorhaben, die sich mitunter über Wochen hinausziehen. Ob da die eigenen Kräfte immer reichen? Gott will mit uns in den Tag hineingehen und an jedes neue Werk.

So hat es schon der weise König Salomo erfahren, der um 1000 vor Christi lebte und dem die meisten Sprüche der Spruchsammlung zugeschrieben werden. Er war ein gläubiger Mann, der auch zur Selbstverwirklichung fähig gewesen wäre, wie man es heute ausdrückt. Aber er gab sich und sein Handeln an Gott ab. Deshalb lag ihm der Tempelbau am Herzen, eine Stätte, da man Gott die Ehre gab. Wir dürfen von ihm den guten Rat annehmen, all unser Tun in Gottes Hand zu legen. Dafür empfiehlt es sich, am Morgen mit einer stillen Zeit zu beginnen, mit dem Lesen in der Bibel oder in einem Andachtsbuch. Ich kenne einen Arzt, der in seiner Praxis einen Andachtsraum hat, in dem das Personal mit einer geistlichen Besinnung den Tag beginnt. Jeder Tag ist ein Zeitablauf in dieser vergänglichen Welt. Dafür müßte er seine besondere Note bekommen. Laßt uns jedes Tagewerk dem Herrn anbefehlen.

*So wollst Du nun vollenden Dein Werk an mir und senden,
der mich an diesem Tage auf seinen Händen trage.*

# 5. Juni

**Christus spricht: Wer euch hört, der hört mich; und wer euch verachtet, der verachtet mich.**
*Lukas 10,16*

Es ist erstaunlich zu beobachten, wieviele Autos sonntags morgens auf den Straßen und Autobahnen fahren. Ich hätte es nicht gewußt, wenn ich durch einen bestimmten Anlaß nicht verpflichtet gewesen wäre, auch am Sonntagvormittag mit dem Wagen unterwegs zu sein. Für mich gehört der Sonntagvormittag dem Gottesdienst, nicht zuletzt, weil es auch das dritte Gebot so fordert. Aber nun mußte ich mit dem Wagen durch Städte und Dörfer. Das hat gutgetan. Als es auf 10 Uhr zuging, hörte ich in allen Orten, durch die ich kam, die Glocken läuten. Dann sah ich Menschen einzeln, aber auch zu zweit und in kleinen Gruppen gezielt durch die Straßen gehen. Sie wollten in die Kirche. Jetzt erst wurde mir deutlich, daß überall zur gleichen Zeit das Wort Gottes und mit ihm Christus verkündet wird - im ganzen Land! So hat es Jesus gewollt, als er seinen Jüngern sagte: Wer euch hört, der hört mich. Sicher sind nicht überall die besten und eindrucksvollsten Predigten in den Kirchen gehalten worden, aber es war Gottes Wort, es war das Wort unseres Herrn, der die Prediger zum Dienst berufen und beauftragt hat. Wenn man bedenkt, daß in allen Kirchen zur gleichen Zeit das Lob Gottes angestimmt wird, daß dann überall gebetet und fast zur gleichen Zeit, nämlich gegen 11 Uhr, mit dem Vaterunser geschlossen wird, dann ist das ein großes Gnadengeschenk unseres Gottes an sein Volk, an seine Kinder, die er nicht aufgegeben hat. Vielleicht ordnet sich der eine oder andere Leser, wenn er es noch nicht getan hat, am Sonntag in die Schar der Kirchgänger ein - zum Lobe Gottes.

*Herr, laß uns noch mehr den Sonntag heiligen, wie Du es uns geboten hast und rüste Deine Diener aus.*

# 6. Juni

**Es freue sich das Herz derer, die den Herrn suchen.**
*Psalm 105,3b*

Das Wort könnte zu einer Fortsetzung der gestrigen Andacht veranlassen. Unser Herr Jesus spricht: Suchet, so werdet ihr finden *(Matth. 7,7)*. Unser Herr läßt sich finden, und keiner sage, daß er im Gottesdienst nicht gegenwärtig sei. Immer wieder erleben es die Gläubigen, daß Gott in seinem Sohn Jesus Christus und in der Kraft des Heiligen Geistes gegenwärtig ist. Wer ihn nicht so nahe spürt, gehört weiterhin frohen Mutes zu den Suchenden. Gott will, daß wir auf der Suche sind. Er geht uns nicht aus dem Weg, sondern geht mit uns den Weg. Jesus ging neben den Emmausjüngern her, und sie haben es nicht gewußt. Als sie ihn dann erkannten, waren sie froh, daß sie den Herrn gefunden hatten. So dürfen wir uns alle freuen, wenn wir als unser Wegziel den Herrn, unsern Gott, haben, der sich gern finden läßt. Dafür hat Gott mit uns seine Geschichte gemacht, seine Heilsgeschichte. Wir dürfen mitmachen. Wir dürfen auf dem Weg bleiben, solange wir vom Herrn unser Leben anvertraut bekommen haben. Das sollte uns froh und unsere Herzen fröhlich machen, wie der Psalmsänger schreibt.

Immer wieder kann man nur staunen, daß schon vor so vielen tausend Jahren die Menschen auf der Suche nach Gott waren. Er war für sie stets der Ferne. Wir aber haben die Verkündigung vernommen, daß Gott für uns durch den Sohn in die Welt gekommen ist. Wie wären die Menschen von damals zur Zeit der Psalmdichter froh gewesen, wenn sie von Jesus Christus gehört hätten. Deshalb wollen wir uns freuen, daß wir ihn gesucht und gefunden haben.

***Danke, Gott, daß Du uns in Jesus Christus erschienen bist und daß wir Dich durch ihn gefunden haben.***

## 7. Juni

**Niemand hat Gott je gesehen; der Eingeborene, der Gott ist und in des Vaters Schoß ist, der hat ihn uns verkündet.**
Johannes 1,18

Das ist ein alter Wunsch der Menschheit, Gott von Angesicht zu Angesicht sehen zu dürfen. Immer wieder sagen ungläubige Menschen: „Wenn ich Gott sehen kann, will ich an ihn glauben."

So ging es schon Mose, der viel mit Gott im Gespräch war und dann eines Tages Gott herausforderte: „Laß mich deine Herrlichkeit sehen" *(2.Mose 33,18)*. Aber Gott antwortete ihm: Mein Angesicht kannst du nicht sehen; denn kein Mensch wird leben, der mich sieht. Wenn Gott für uns sichtbar wäre, wäre er nicht mehr der allmächtige Gott, und ganz gewiß würde keiner dadurch zum Glauben kommen, daß er Gott gesehen hat. Was ich sehe, brauche ich nicht zu glauben.

Dagegen hat sich Gott aber vor zweitausend Jahren durch seinen Sohn der Welt vorgestellt. Er ist über die Erde gegangen wie andere Menschen auch, als Mensch unter Menschen. Er hat mit ihnen gegessen, gelebt, gelitten und ist gestorben, wie jeder sterben muß, um sich als Christus, König und Herr nach seiner Auferstehung wieder zu bezeugen. Er hat sich den Seinen vorgestellt als Gott von Gott, als der, der mit dem Vater eine Einheit ist: „Ich und der Vater sind eins *(Joh.10, 30)*." Aber was hat es den Ungläubigen gebracht, die Gott sehen wollten? Sie sind in ihrem Verharren geblieben. Ihr Herz wurde eher noch verstockter. Bis zum heutigen Tage ist Jesus genau so wenig gefragt wie damals, als er sich als der Auferstandene bezeugt hat. Mehr geht nicht! Gott hat in Christus seine letzte Offenbarung an die Welt gegeben; wer sie annimmt, wird mit ihr leben.

*Bitte, Herr, bezeuge Dich uns trotzdem weiterhin.*

# 8. Juni

**Der Herr sprach: Mein Angesicht soll vorangehen;
ich will dich zur Ruhe geleiten.**
*2. Mose 33,14*

Es ist schon zu empfehlen, die Bibelstelle 2. Mose 33,18-23 zu diesem Wort zu lesen. Sie gehört für mich zu den eindrucksvollsten Berichten der Bibel. Mose war mit seinem Volk vom Ausbruch aus der ägyptischen Gefangenschaft auf dem Weg ins verheißene Land Kanaan. Eine lange und schwere Wegstrecke hatte man schon hinter sich. Mose hatte viel für sein Volk unterwegs getan, ihm auch die ersten Gesetze gegeben und die Gebote von Gott empfangen. Auch die Stiftshütte hatte man schon als Anbetungsstätte errichtet. Aber dann kam über Mose Schwachheit und Resignation. Das Volk wollte nicht mehr so mitmachen, wie es für die bevorstehende, noch anstrengende Wegstrecke nötig wäre. So war Mose wieder innig mit Gott ins Gespräch gekommen, bis ihm Gott zugesagt hat, daß er spürbar für Mose vor ihm hergehen würde. Die Geschichte lehrt, daß Gott es auch getan hat. Das ist bis heute so geblieben! Gott geht immer vor uns her. Durch seinen Sohn hat er uns wissen lassen: Ich bin bei euch alle Tage bis an der Welt Ende. So wie ein Bergführer die Strecke angibt und die Mannschaft sich ihm anvertraut, weil es sonst zur großen Gefahr kommen könnte, möchte Gott, daß wir uns auf unserem Lebensweg ihm anvertrauen und ihm nachgehen. Das wäre nötig, angesichts der unruhigen Weltsituation, die immer schlimmer wird. Kein Mensch brauchte zu hungern, aber auch keiner würde im Überfluß leben, wenn man sich an Gottes Ordnungen und Weisungen hielte. Es bleibt nur immer die kleine Schar, die sich mit Gottes Geleit begnügt. Aber sie sollte es weiterhin tun und nicht müde werden.

***Jesu, geh voran auf der Lebensbahn!***

## 9. Juni

**Wer der Gerechtigkeit und Güte nachjagt,
der findet Leben und Ehre.**
*Sprüche 21,21*

Kein christliches Wort, auch kein frommes, aber eine Lebensregel, die sich Christen zu eigen machen sollten. Mit dem Vorsatz, Gerechtigkeit und Güte zu pflegen, kommt jeder gut durchs Leben. Er wird es nicht immer einfach haben, denn Gerechtigkeit wird oft schlecht belohnt, und allzuviel Gutmütigkeit kann schändlich ausgenutzt werden. Gott wird aber solche Verhaltensweisen höher bewerten als Ungerechtigkeit und Schlechtigkeit. Gerechtigkeit und Güte sind wahre Werte, die dem Leben den rechten Sinn geben. Mit ihnen lassen sich die Gebote Gottes leichter erfüllen. Es könnte ja sein, daß gerade heute bei einem besonderen Anlaß diese beiden Wesenszüge gefragt sind und man dadurch weitergeführt wird.

Aber Gerechtigkeit und Güte sind auch christliche Werte. Martin Luther schreibt dazu: „Durch den Glauben an Christus wird Christi Gerechtigkeit unsere Gerechtigkeit, und alles, was sein ist, ja er selbst, wird unser." Daher nennt der Apostel Paulus sie Gottes Gerechtigkeit und so auch unsere Gerechtigkeit und schreibt an die Gemeinde in Rom: „Der Gerechte wird aus Glauben leben *(Röm. 1,17).*" Wenn wir also den richtigen Glauben haben, leben wir gerecht vor Gott. Genau so ist es mit der Güte, von der Luther sagt: „Gottes Güte währet ewiglich, und ohne Unterlaß tut er uns immer das Beste. Schaffet uns Leib und Seele, behütet uns Tag und Nacht und erhält uns ohne Unterlaß beim Leben. So sei es auch unsere Art, denen wohlzutun, die es nicht verdienen."

*Die höchste Gerechtigkeit ist mir erworben,
da Du bist am Stamme des Kreuzes gestorben.*

# 10. Juni

**Schmecket und sehet, wie freundlich der Herr ist.
Wohl dem, der auf ihn trauet!**
*Psalm 34,9*

Hier betet ein gottesfürchtiger Mensch des Alten Bundes, des Alten Testamentes. Der Psalmbeter ist der König David, der in sich gegangen ist und sich ganz unter Gott gestellt hat. Deshalb beginnt er seinen Psalm mit dem Lobpreis: „Ich will preisen den Herrn allezeit; sein Lob sei immer in meinem Munde." Durch sein inniges Verhältnis zu Gott empfindet er die starke Wirklichkeit der Güte Gottes und seine lebendige Gegenwart in einer Form, die ihn zu dieser Aufforderung kommen läßt: „Schmecket" und sehet. So weist er seine Zuhörer auf Gott, wie Johannes der Täufer mit seinem Finger auf Jesus gezeigt hat: „Sehet!" In diese Freude und in den Genuß, Gott zu schmecken und ihn zu schauen, sollen auch wir hineingenommen werden. Das ist nicht so einfach getan, sondern es muß erbeten werden, wie man sich vieles im Leben erbeten muß. Man könnte Beispiele aufzählen von Lebenserfahrungen, die gemacht wurden, Menschen, die jahrzehntelang für Gott und den Glauben an ihn nur ein Lachen übrig hatten, durften eines Tages selber den Herrn schmecken und sehen und wollen seit der Zeit nicht mehr darauf verzichten.

Für regelmäßige Kirchgänger hat aber diese Formulierung „schmecket und sehet" noch eine besondere Bedeutung. Ich erinnere an die Teilnahme am Heiligen Abendmahl. Wenn der amtierende Pastor zum Tisch des Herrn einlädt, dann tut er es mit den Worten „schmecket und sehet wie freundlich der Herr ist". Im Brot und Wein dürfen wir dann den Herrn „schmecken" und seinen Leib und sein Blut zu uns nehmen zur Vergebung unserer Sünden.

***Danke, Herr, für Deine Freundlichkeit und Zuwendung.***

## 11. Juni

**Freuet euch in dem Herrn allewege!
Und abermals sage ich: Freutet euch!**
*Philipper 4,4*

Was kann uns Besseres empfohlen werden, als uns zu freuen? Freude bewegt des Menschen Herz, Freude gibt frohen Mut zum Leben und zum Schaffen. Freude sollte jeden Morgen der neue Auftakt sein, um den Tag und alles, was auf ihn zukommt, zu bewältigen. Die Freude durchdringt unzählige Male das Alte und das Neue Testament. Muß es also auch eine Freude sein, mit Gott zu leben, Gott zu loben und ihn anzunehmen. Aber genau so gibt Gottes Schöpfung Anlaß zur Freude. Deshalb konnte Paul Gerhardt in seinem Lied schreiben: „Geh aus, mein Herz, und suche Freud in dieser schönen Sommerzeit." *(EG 503)*
Ob es der Sommer ist, der Herbst, der Winter oder der Frühling, zu allen Zeiten suchen die Menschen ihre Freude in der Natur. Doch darf es nicht so sein, daß man die Natur für Gott einsetzt, wenn er auch der Schöpfer ist. Gott hat uns eine viel größere Freude beschert. Die meint der Apostel Paulus, wenn er in seinem Philipperbrief von der Freude schreibt. Freuet euch in dem Herrn, schreibt Paulus. Ja, das ist unsere Freude, daß wir einen Herrn haben, der nicht kommt und geht wie die vielen Herrn auf dieser Erde, sondern der immer war und der ewig bleiben wird. Das ist unsere Freude, daß wir einen anderen Herrn haben, als die vielen Herren dieser Welt, an die man nie herankommt und wenn überhaupt, nur nach langer Anmeldung. Das ist unsere Freude, daß wir einen Herrn haben, mit dem wir reden können zu allen Zeiten ob am Tage oder in der Nacht, auch heute!

*Freude, Freude über Freude: Christus wehret allem Leide.
Wonne, Wonne über Wonne: Christus ist die Gnadensonne.*

# 12. Juni

**Jauchzet dem Herrn, alle Welt!**
*Psalm 100,1*

Jauchzen ist ein Ausdruck besonderer Freude, den wir in unserem Wortschatz kaum noch kennen. Er ist Gebärde des Dankes dem Schöpfer gegenüber. Will man sich diese Verhaltensweise heute vorstellen, denke man an ein Wickelkind, das, der Mutter entgegenstrampelnd, die ersten Freudenschreie von sich gibt. Was könnte es anderes tun? Ähnlich erfahren es Helfer und Pfleger bei schwer behinderten Menschen, die so zu Vorbildern denen gegenüber werden, die sich über kleine Dinge nicht mehr freuen können.

Jauchzen aber ist mehr als die Antwort auf kleine Gefälligkeiten. Es will uns vertraut machen mit der Verhaltensweise des alten jüdischen Gottesvolkes. Die Juden loben ihren Schöpfer als den, der seine Kinder liebt und mit ihnen die ganze Welt im Auge hat. Deshalb soll sich das Jauchzen nicht nur auf die gottesdienstliche Gemeinde im Tempel beschränken, sondern: Alle Welt jauchze! Wer einen Blick in die Mission geworfen hat, weiß, daß es die jungen Kirchen besonders verstehen, jauchzend Gott zu loben und ihm zu danken. Da kommt das fröhliche Verhalten dem biblischen Jauchzen gleich. Aber nicht nur in der Mission, sondern Gott sei Dank, in der ganzen Welt, auf der ganzen Erde gibt es Gemeinde Gottes, die zu ihren Zeiten in der jeweiligen Gemeinschaft dem Herrn ihr Jauchzen entgegenbringt. Auch unsere Bibel ist voller Freude, die immer wieder Gott dankbar entgegengebracht wird. Man lese nur die Psalmen. So sollen auch unsere Herzen heute bewegt werden, damit sich Gott über sein Volk wieder freuen kann. Wir haben wirklich allen Grund zu jauchzen und Gott gegenüber dankbar und fröhlich zu sein.

***Wir freuen uns, Herr, daß wir fröhlich sein können.***

# 13. Juni

**Dienet dem Herrn mit Freuden!**
*Psalm 100,2a*

So wie das Jauchzen aus dem Herzen kommt, so auch das Verlangen, darüber hinaus die Freude durch die Tat zu verwirklichen. Das jüdische Volk konnte mit Freude Gott dienen. Daher haben wir auch den Begriff „Gottesdienst" übernommen. Der Liederdichter David Denicke hat den Psalm wieder in Verse gefaßt und diesen Satz mit dem vorausgehenden verbunden, wenn er schreibt: „Nun jauchzt dem Herrn, alle Welt! Kommt her, zu seinem Dienst euch stellt." *(EG 288)* Immer und in jeder Lebenssituation stehen wir unter Gott. Gott bleibt der Gebende, wir die Nehmenden! So nehmen wir mit unserem Dienstangebot vorher die Kraft von ihm, um sie in Freude zum Dienen zu verwandeln. Gottesdienst ist vielfältig, und jeder prüfe sich selbst: Ist es nicht Freude, wenn Eltern ihr Kind zur Taufe bringen? Gibt es wohl einen Konfirmanden, der nicht in der Gemeinschaft seiner Mitkonfirmanden freudig in das Gotteshaus zu seiner Konfirmation einzieht? Und welches Brautpaar tritt nicht mit freudiger Erregung vor den Altar? Schwingt nicht Freude mit, wenn Konfirmationsjubilare nach Jahrzehnten unter Glockengeläut wieder in die Kirche einziehen? Oder wenn Ehejubilare sich ihres Hochzeitstages erinnern?

Das ist wahrer Gottesdienst! Gott möchte nicht nur Freudenbringer zu solchen Anlässen sein, sondern erwartet täglich unseren Dienst mit Freuden, der uns wieder Kraft für den Alltag gibt. Vielleicht liest diese Andacht in einer Morgenstunde eine Krankenschwester, die den Stationsdienst vor sich hat; eine Altenpflegerin, auf die ihre Pflegebedürftigen warten, oder auch ein Lehrer, der in die Schulklasse muß. So dienet dem Herrn mit Freuden.

***Herr, laß uns alle unsere Arbeit mit Freude tun.***

# 14. Juni

**Kommt vor sein Angesicht mit Frohlocken!**
*Psalm 100,2b*

Mit dieser dritten Aufforderung will uns der Psalmsänger Mut machen: Nun kommt schon! Gott wartet auf euch! Kennen wir nicht alle diese Ausreden: Solange ich Gott nicht sehen kann, kann ich nicht an ihn glauben? Ob wir ihn wirklich zu Gesicht bekommen wollen? Oder sind wir froh, daß sich Gott uns gegenüber verborgen hält, wie er es Mose gegenüber getan hat, der ihn bat: Laß mich deine Herrlichkeit sehen *(2.Mo. 33,18)*. Gott gab Mose die Antwort: Mein Angesicht kannst du nicht sehen, denn kein Mensch wird leben, der mich sieht! Obwohl dem Psalmsänger diese Worte sicher bekannt waren, forderte er die Gemeinde auf: Kommt vor Gottes Angesicht!

Wenn wir das Gespräch Gottes mit Mose verfolgen *(2. Mo. 33,17-23)*, werden wir gewahr, daß die Aufforderung, vor Gott zu treten, in eine andere Richtung führt. Gott will, daß wir seine Herrlichkeit an uns vorüberziehen lassen. Er will und erwartet von uns, daß wir die Schuppen von unseren Augen fallen lassen, um seine ganze Schöpfung zu schauen. So sollen wir uns unter diesem Wort auf den Weg machen. Der Psalmist fordert Entscheidung! Er möchte vor den vielen Irrwegen bewahren, die sich vor uns in der Welt öffnen. Es könnte der Tag kommen, da wir unterwegs sind und nach Gott fragen, und wir finden ihn nicht. Eine Redensart sagt: „Das Leben führt uns seltsame Wege." Nicht seltsame Wege sollen wir gehen, auch nicht einsame Wege, sondern den Weg, der zum Vater führt. Der Wegweiser dafür ist nur das Wort Gottes.

***Herr, sende Dein Licht und Deine Wahrheit,
daß sie uns leiten zu Deiner Wohnung.***
*Psalm 43,3*

# 15. Juni

**Erkennet, daß der Herr Gott ist!**
*Psalm 100,3a*

Die Bereitwilligkeit, es mit Gott zu wagen, führt zur rechten Gotteserkenntnis. Herren gibt es viele auf der Erde. Sie können Zwänge oder Dinge sein, die den Menschen zum Sklaven machen. Wer sich aber für Gott entschieden und ihn als den Gütigen erkannt hat, weiß, daß sich der Weg mit ihm lohnt. Häufig erleben Menschen, daß ihnen unerwartet für Gott die Augen geöffnet werden. So zum Beispiel einem Ehepaar, das nach 16 Ehejahren an einer Bibelfreizeit teilgenommen hatte. Beide hatten keine hohen Erwartungen an diese Tagung gestellt, kamen jedoch in der Gemeinschaft, die sich mit Gottes Wort befaßte, zum Glauben. Wieder zu Hause angekommen, waren Tischgebet, Hausandacht und der sonntägliche Gottesdienst neue Lebensformen, die vorher nicht selbstverständlich waren. Dieses Ehepaar erkannte in der Auseinandersetzung mit Glaubensfragen einen neuen Lebenswert.

Es gibt nur einen Herrn, der sich gern zu erkennen gibt. Er kam zuerst zu den Menschen, wie es die Paradiesgeschichte berichtet *(1. Mo. 3,8)*. Danach durch den Sohn, der sich den Menschen vorstellte: „Wer mich sieht, der sieht den Vater *(Joh. 12,45)*!" Und Petrus sprach: „Du bist Christus *(Matth. 16,16)*!" Für andere mußte Jesus erst ans Kreuz gehen, bis sie nachdenklich wurden: Da wurden ihre Augen geöffnet, und sie erkannten ihn *(Luk. 24,31)*. Dieser Herr ist auch heute spürbar gegenwärtig, besonders dann, wenn Freud und Leid einander ablösen. Darum lohnt es sich, die Augen aufzuhalten, um ihn rechtzeitig zu erkennen.

**Daß wir erkennen seine Werk und was ihm lieb auf Erden, und Jesus' Christus' Heil und Stärk bekannt den Heiden werden und sie zu Gott bekehren.**

# 16. Juni

**Er hat uns gemacht und nicht wir selbst
zu seinem Volk und zu Schafen seiner Weide.**
*Psalm 100.3b*

Nach den vier Aufforderungen folgt ein Bekenntnis: Ich weiß, daß Gott mein Schöpfer ist. Er hat mich gemacht. Wir sind sein Volk.

Jeder einzelne wird von Gott behütet. Er bewahrt uns auch vor Fehltritten. Kommt es doch dazu, geht Gott uns nach wie einem verlorenen Schaf. Unser Leben hat ein Ziel, und Gott hat uns lieb. Oft aber verstehen wir Gottes Liebe nicht und sind dann mit dem Urteil voreilig: „Wenn es Gott gibt, dann würde er nicht..." Diese Fehlerkenntnis, daß es Gott nicht gibt, bringt den Menschen leichtfertig dazu, selbst Herr der Schöpfung sein zu wollen. Vor 25 Jahren erschien dazu ein Buch unter dem Titel „Die Menschenmacher" von Richard Kaufmann, in dem der Autor darstellt, was der Mensch heute alles vermag. Martin Luther hat das Psalmwort übersetzt: „Er hat uns gemacht und nicht wir selbst ... In Übersetzungen, die dem Urtext näher kommen, heißt es: ... sein sind wir ... " In allen Übersetzungen ist der Protest gegen den Eigenwillen des Menschen deutlich. Was der Mensch ist und wo seine Grenzen sind, erkennt er, wenn seine physischen und psychischen Kräfte ihn verlassen. Dann hilft ihm auch kein Protest mehr gegen Gott, sondern er muß sich fragen: „Was sind wir doch, was haben wir auf dieser ganzen Erd ... ?" *(EG 324)* Viel fröhlicher schreibt dagegen Matthias Claudius: „Ich danke Gott und freue mich wie's Kind zur Weihnachtsgabe, daß ich bin, bin! Und daß ich dich, schön menschlich Antlitz habe." Wer mit dieser Freude dankbar Gott loben kann, ist von Gott besonders begnadet.

***Eigentlich können wir es nicht fassen, daß wir da sind,
daß Du uns gemacht hast, treuer Gott. Danke!***

# 17. Juni

**Gehet zu seinen Toren ein mit Danken, zu seinen Vorhöfen mit Loben; danket ihm, lobet seinen Namen.**
*Psalm 100,4*

Der Psalm führt mit diesem Wort noch einmal zurück in die jüdische Gemeinde, zu ihrem Tempel mit Toren und Vorhöfen. Da aber für Juden und Christen die Psalmen Gottes Wort sind, wollen wir die Tore und Vorhöfe der jüdischen Gemeinde achten und auch den innersten Bereich des Tempels zu uns reden lassen. Er war das Allerheiligste, wo der Hohepriester Gott unmittelbar nahe sein sollte. Auch das Psalmwort möchte uns heute dazu verhelfen, daß wir in Gottes Nähe kommen, uns mit ihm versöhnen und vereinen. Dafür empfiehlt der Beter: „Machet euch auf den Weg! Erkennt, daß euer Herr Gott ist! Geht ihm entgegen, der euch schon erkannt und auserwählt hat, der zu euch gekommen ist vor eurer Zeit!" An dieser Aussage scheiden sich jüdischer und christlicher Glaube voneinander. Während die Juden nach wie vor in Erlösungserwartung stehen, ist für uns der Herr bereits gekommen und hat Welt, Sünde und Tod überwunden.
Unser Dank drückt sich im Loben und Preisen aus, so „Singt dem Herrn und lobt ihn, Halleluja, lobt ihn! Singt dem Herrn und lobt seinen Namen, preiset ihn in Ewigkeit. Amen." Mit dieser Freude wollen wir uns als Christen dem zuwenden, der uns zu solchen gemacht hat und dessen Name auch uns zur Ehre wurde. Gelobt sei der Herr.

*Es müssen, Herr, sich freuen von ganzer Seel*
*und jauchzen hell die unaufhörlich schreien:*
*„Gelobt sei der Gott Israel´!"*
*Sein Name sei gepriesen, der große Wunder tut*
*und der auch mir erwiesen das,*
*was mir nütz und gut.*

## 18. Juni

**Denn der Herr ist freundlich, und seine Gnade währet ewig und seine Wahrheit für und für.**
*Psalm 100,5*

Wer die frohmachende Botschaft liest und hört, kann nicht anders als Gott dankbar sein. Es kann in der Welt nicht mehr Beweise für die Freundlichkeit unseres Gottes geben als die, die wir bekommen. So verhalten sich Menschen, die mit Gottes Angebot leben: Schwerkranke nehmen ihren Zustand aus Gottes Hand und bleiben trotz allen Leides zufrieden. Einsame wissen sich trotz ihrer Einsamkeit nicht allein. Resignierende geben nicht auf, sondern kennen das Trostwort: ... und ob ich schon wanderte im finstern Tal, fürchte ich kein Unglück, denn du bist bei mir - *(Psalm 23,4)*

Letzten Endes ist es Gottes Gnade, die den Menschen das Gotteswort gegeben hat, und Gottes Gnade ist groß, so daß der, den es nach Gott hungert, auch von dem Wort getroffen und gespeist wird. Die Christen in der ersten Gemeinde haben uns gelehrt, wie sie unermüdlich an den Herrn herangetreten sind, bis er zu ihnen Zugang nahm. Gott braucht seine Gnade nicht für sich selbst, sondern nur für die, die auf Erlösung warten.

Das setzt voraus, daß man dem Wort Glauben schenkt, daß man die Schrift annimmt als Wort der Wahrheit. Das Wort Gottes hat in den Jahrtausenden der Geschichte Gottes mit den Menschen immer seine Schwierigkeiten gehabt, angenommen zu werden. Dazu hilft nur das Gebet: Herr, ich kann nicht glauben, hilf meinem Unglauben, hilf, daß ich dich annehme.

*__Die Gottesgnad alleine steht fest und bleibt in Ewigkeit bei seiner lieben G´meine, die steht in seiner Furcht bereit.__*

# 19. Juni

**Des Menschensohn ist gekommen, zu suchen und selig zu machen, was verloren ist.**
*Lukas 19,10*

Das ist der letzte Satz einer Berufungsgeschichte. Der Berufene hatte den Namen Zachäus. Ein frommer Name, der übersetzt heißt: Gott gedenkt (meiner). Menschlich gesehen hätte dieser Mann von Jesus nicht gerufen werden können, denn er war in seinem Ort verrufen. Ein Zolleintreiber. Solche Leute standen wohl unter der Gunst des Kaisers, weil sie dafür sorgten, daß die Steuern hereinkamen, aber sie sorgten genau so - unberechtigt - für ihre eigene Tasche. Das gefiel dem Volk gar nicht. Zöllner waren daher verachtete Menschen, weil man ihnen nicht zu Unrecht den Betrug unterstellte. Wie kann so ein Mann in die Nachfolge Jesu gerufen werden? Man achte aber auf die eine Aussage in der Geschichte, Vers 3: Er begehrte Jesus zu sehen! Mit diesem Wunsch unterscheidet sich dieser unberechtigt Reiche von vielen anderen, die im gleichen Ruf oder Verruf stehen.

Es gibt viele seinesgleichen, die wie er zu den Verachtetsten im Volke gehören. Sie scheinen sich aber in ihrer Rolle sehr wohlzufühlen und fragen nicht nach Vergebung. Manche Brüder der Landstraße haben an meiner Tür gestanden, die sich nur mit einem Brot oder mit einer Mahlzeit begnügt haben, um schnell wieder weiterzukommen. Von einer praktischen Hilfe für einen neuen Anfang wollten sie nichts wissen. Zachäus aber fragt nach Jesus, und er erlebt es, daß Jesus ihn annimmt. Jesus macht aus ihm, auch aus jedem anderen unredlichen Menschen einen neuen Menschen, sogar einen Mitarbeiter. Wer in die Buße geht, wer umkehrt, ist für unseren Herrn Jesus Christus nicht verloren.

***Suche Jesum und sein Licht; alles andere hilft dir nicht.***

## 20. Juni

**Kehrt um und kehrt euch ab von allen euren Übertretungen, damit ihr nicht durch sie in Schuld fallt.**
*Hesekiel 18,30b*

Wenn ich das Wort „Übertretungen" höre, fällt mir eine Sportdisziplin ein. Wenn einer beim Absprung für den Weitsprung übergetreten hat, wird sein Sprung nicht bewertet. Man könnte die übergetretenen Zentimeter bei der Auswertung zurückrechnen. Doch Übertritt ist Übertritt. Er kann möglicherweise sogar zur Disqualifikation führen. Das ist dann hart. Übertretungen vor Gott sind jedoch weit schlimmer, wenn man es auch nicht zu spüren bekommt. Gestern haben wir in der Andacht die Geschichte vom Zöllner Zachäus gelesen. Er hat sich manche Übertretungen in seinem Leben erlaubt und ist dadurch vor Gott schuldig geworden. Er stand kurz vor der Disqualifizierung, und das heißt: verlorengehen! Aber Zachäus beherzigt die Empfehlung des Propheten, wenn er in seinem Wort schreibt: Kehrt um! Umkehr kann lebensrettend sein. In einer der Andachten in diesem Buch ist das Beispiel von den Bergsteigern erwähnt worden, die, weil sie sich verstiegen haben oder in ein schlechtes Wetter hineingekommen sind, nur durch Umkehr gerettet werden können. Den Rat zur Umkehr gibt auch der Prophet Hesekiel seinem Volk. Das Volk ist halsstarrig geworden und ist dadurch der Sünde verfallen. Nur durch Umkehr konnte es wieder zurechtkommen. Es gibt viele Situationen im Leben, in denen man durch Umkehr vor unnötigen Übertretungen bewahrt wird. Aber heilsbringend ist allein die Umkehr zu Gott, der dadurch mit jedem Bußfertigen einen neuen Anfang macht.

*Herr, meinen Geist befehl ich Dir;*
*mein Gott, mein Gott weich nicht von mir,*
*nimm mich in Deine Hände.*

# 21. Juni

**Lehre uns bedenken, daß wir sterben müssen,
auf daß wir klug werden.**
*Psalm 90,12*

So lautet die alte Lutherübersetzung. Aber sterben, um klug zu werden? Das ist schon schwer zu verstehen. Aus dem hebräischen Urtext wird dieser Satz übersetzt: Lehre uns zählen unsere Tage, daß ein weises Herz wir gewinnen. - Wir merken bei dieser Erkenntnis, daß es gut ist, wenn über das Gotteswort nachgedacht wird. So lassen sich beide Übersetzungen verstehen: Daran denken, daß man sterben muß, erinnert daran, daß jeder Tag der letzte auf dieser Erde sein könnte. Darum sollten die Tage bewußt gelebt werden, die Gott einem noch schenkt. Strafgefangene aber auch Zeitsoldaten machen sich Striche an den Wänden, um die noch verbleibenden Tage zu zählen. Damit sollen nicht die einen mit den anderen in Verbindung gebracht werden. Aber wenn solche Gruppen ihre Tage zählen, dann wollen sie damit sagen, daß sie froh sind, wenn die Zeit hinter ihnen liegt. Wenn wir an das Sterben denken, freuen wir uns über jeden Tag, den Gott auf dieser Erde schenkt.

Wer bewußt in die Zukunft hineinlebt, wird aus jedem geschenkten Tag das beste machen. Nicht, wie man in der Bibel des Alten Testamentes lesen kann, durch „Essen und Trinken und Fröhlichsein", sondern durch Besinnung und Nachdenken, durch Zurückschau auf das vergangene Leben. Dann tritt die Frage auf: „Gott, was habe ich im Leben falsch gemacht, wo habe ich versagt, wann bist du mit mir nicht zufrieden gewesen?" Es kann zu einer Lebensbeichte kommen, der sich dann die Bitte anschließt:

***Herr, wenn Du mir auf dieser Erde noch Zeit gibst,
laß sie mich jetzt zu Deiner Zufriedenheit füllen.***

## 22. Juni

**Naht euch zu Gott, so naht er sich zu euch.**
*Jakobus 4,8a*

Das Gegenteil hat der Gottesmann Mose mit Gott erlebt. Gott hat ihm bei manchen Gelegenheiten verboten, ihm zu nahe zu kommen. So begegnete Mose Gott im brennenden Dornbusch, wo ihm geboten wurde, gewisse Distanz zu halten. Als Mose zu einer anderen Zeit Verlangen hatte, Gott von Angesicht zu Angesicht zu sehen, hat Gott es ihm verwehrt. Auch auf dem Berg Sinai durfte Mose sich Gott nicht nähern, sondern „eine Wolke bedeckte den Berg" *(2.Mose 24. 15)*, Gott hat immer den Abstand von seinem Volk gehalten.

Dazu sagt der Apostel Jakobus: „Naht euch zu Gott." Es hat sich im Laufe der Heilsgeschichte offensichtlich Wichtiges zugetragen. Gott selber ist zu den Menschen gekommen in seinem Sohn Jesus. Gott ist durch Jesus zum „Sehen und Anfassen" geworden. So kann nun Jakobus zureden: „Naht euch zu Gott." Damit will er sagen, daß der Sohn Gottes es wünscht, daß wir in seine Nähe treten, Jesus Christus ist der große Mittler geworden zwischen Gott und uns. Er hat die Brücke zum Vater gebaut und läßt uns über sie in Gottes Nähe kommen. Gottes Nähe bedeutet für uns, daß wir mit ihm Frieden halten. Der Unfrieden in der Welt macht die Menschheit kaputt. Die Welt braucht den Frieden, aber sie wird ihn nur erreichen, wenn sie Frieden mit Gott hält. Heute wissen wir, daß es notwendig ist, sich Gott zu nahen, denn wenn wir uns Gott nahen in Jesus Christus, mit Christus Frieden halten, wird Gott sich auch uns nahen, wird Gott uns den Frieden bringen, einen Frieden, den nicht nur die Völker brauchen, sondern jeder einzelne.

*Wir wissen, allmächtiger Gott, daß wir Deine Nähe brauchen. Gib sie uns durch Deinen Sohn.*

# 23. Juni

**Gott sei Dank, der uns den Sieg gibt durch unsern Herrn Jesus Christus.**
*1.Korinther 15,57*

Wenn Völker gegeneinander Krieg führen, gibt es Sieger und Besiegte. Die Sieger triumphieren, die Besiegten werden unterdrückt. Was wäre wohl aus unserem Volk geworden, wenn der Nationalsozialismus den 2. Weltkrieg gewonnen hätte? Allerdings gibt es auch Siege und Niederlagen im kleinen. Bei Gesellschaftsspielen sind Kinder oft traurig, wenn sie verloren haben. Andere dagegen dürfen sich freuen, auch wenn es um keine materiellen Werte geht.

Wie steht es nun mit dem Sieg, den uns Gott durch Christus gibt? Auch da muß es doch auf der anderen Seite Niederlagen und Verlierer geben? Gott sei Dank, der uns den Sieg gibt, schreibt Paulus. Er bezieht uns damit als Sieger ein. Von Jesus Christus wird gesagt, daß er gesiegt hat. Es ist also auch bei ihm ein Kampf vorausgegangen. Gott hat es so gewollt, sonst hätte er ihn vor diesem Kampf bewahren können. Indem Gott seinen Sohn in die vergängliche Welt hineingegeben hat, hat Jesus den Kampf mit den Feinden in der Welt aufnehmen müssen. Zwei Feinde gibt es: den Teufel und den Tod. Beide waren auch die Widersacher Jesu. Der Teufel hat ihm zu schaffen gemacht vom ersten Tage an während seines Auftretens unter den Menschen; der Tod war sein Feind auf Golgatha. Beide mußten Jesus Christus unterliegen. Weil Gott uns seinen Sohn nach seiner Auferstehung für alle Zeit zur Seite gegeben hat, sind für uns Teufel und Tod besiegt. Das waren die großen Feinde, bis Jesus kam. Dafür dürfen wir Gott Dank sagen.

*Herr, Dein Kampf ist unser Sieg, Dein Tod ist unser Leben; in Deinen Banden ist die Freiheit uns gegeben.*

## 24. Juni

**Laßt uns Gutes tun und nicht müde werden; denn zu seiner Zeit werden wir auch ernten, wenn wir nicht nachlassen.**
*Galater 6,9*

Der Gottesdienst war zu Ende. Es klingelte an der Haustür. Ein Bettler. Er bekam wie alle anderen ein Reisebrot und ging wieder. Da schlug mein schlechtes Gewissen, denn es war Sonntag, und bei uns gab es gutes Mittagessen. Außerdem hatte der Durchreisende gesagt, daß er an diesem Morgen schon viele Kilometer gelaufen sei. Ich rief ihn zurück und lud ihn zum Essen ein. Nachdem ich ihm noch ein paar Mark in die Hand gedrückt hatte, erklärte ich ihm den Weg zur Herberge und ließ dem Herbergsvater einen Gruß bestellen. Er sollte ihn auf Kosten der Kirchengemeinde drei Tage versorgen. Am Nachmittag machten wir einen Spaziergang und kehrten auch bei den Herbergseltern ein. Ich erzählte alles von dem Durchwanderer und fragte, ob er sich gemeldet habe. Der Herbergsvater schmunzelte und sagte: „Dann will ich zu ihm gehen und ihm das Geld abnehmen, denn er wohnt bei mir schon zwei Wochen und hat allerhand Schulden gemacht." Sollten wir uns nun ärgern? Wir haben darüber gelacht, daß wir so betrogen wurden.
Sollte man von nun an die Türen zuhalten, keinem mehr etwas geben? Das wäre sicher nicht im Sinne unseres Herrn Jesus Christus. Er hätte immer wieder gegeben und eingeladen. Außerdem gehört auch ein solch kleiner Betrüger gewiß nicht zu den Wohlhabenden des Volkes, sondern zu den Ärmsten der Armen, sonst würde er nicht in der Herberge wohnen. Wir können uns nur wünschen, daß diese Armut mal ein Ende hat und diese Menschen gute Bürger der Gesellschaft werden.

*Ja, Herr, wir bitten Dich auch für diesen Durchwanderer und für alle Armen der Straße. Segne sie!*

## 25. Juni

**Suchet den Herrn, solange er zu finden ist;
rufet ihn an, solange er nahe ist.**
*Jesaja 55,6*

Es würde mich nicht wundern, wenn manch ein Leser dieser Andacht zurückfragen würde: „Wo soll ich den Herrn, unseren Gott, suchen?" Die Antwort ist in der gestrigen Andacht schon teilweise gegeben worden. Auch in dem Bruder der Landstraße, von dem ich berichtet habe, kann man Gott finden. Gott ist durch Jesus Mensch geworden, und viele haben in Jesus nie Gott erkannt, obwohl sich Jesus vorgestellt hat: „Ich und der Vater sind eins" *(Joh. 10,30)*. Man hielt ihn für den Zimmermannssohn von Nazareth. Natürlich war er das als Mensch. Aber Gott hat ihn in diese Rolle hineingegeben, damit er den Menschen nahe kommen konnte. Als nur wahren Gott hätte man ihn nie erkannt. So wie man aber in Jesus Gottes Sohn kennengelernt hat, gibt es viele Menschen, durch die sich Jesus uns darstellt: Arme, Kranke, Einsame, Verzweifelte, auch Kriminelle und Verwahrloste. In ihnen will sich Gott in Jesus Christus vorstellen. An ihnen soll der Dienst der christlichen Nächstenliebe getan werden. Natürlich ist man auch auf dem richtigen Weg zu Gott, wenn man sich in die Gottesdienste und christlichen Versammlungen begibt. Da gilt es besonders, ihn anzurufen und anzubeten. In solchen Gemeinschaften bekommt man Stärkung für den Alltag. Wer weiß, wann wieder ein Mensch über den Weg läuft, bei dem man fragen muß, ob Gott ihn gesandt hat? Es wird die Zeit kommen, da werden wir Gott suchen und nicht mehr finden. Das wird dann eine schreckliche Zeit. Jesus hat uns solche Zeiten prophezeit.

*Drum beug ich diesen Morgen früh in rechter Andacht
meine Knie und ruf zu Dir mit heller Stimm:
Dein Ohren neig, mein Red vernimm.*

## 26. Juni

**Kämpfe den guten Kampf des Glaubens ; ergreife das ewige Leben, wozu du berufen bist und bekannt hast das gute Bekenntnis vor vielen Zeugen.**
*1. Timotheus 6,12*

Dieser mutmachende Zuspruch galt einst dem jungen Mann Timotheus, einem treuen Mitarbeiter des Apostels Paulus. Viele Christen haben sich dieses Wort zu eigen gemacht. So ist es nicht ausgeschlossen, daß es dem einen oder anderen Leser dieser Andacht bei der Konfirmation zugesprochen wurde. Jedem Christen sollte es eine getroste Weisung sein. Wie sieht das Glaubensleben des einzelnen aus? Glauben schließt die Aufforderung zum Loben ein: Glauben - geloben - loben! Ist mein Leben bis jetzt ein Gotteslob gewesen? Wie habe ich in meinem Leben meinen Glauben bezeugt? Wie ihn verteidigt, für ihn gekämpft? Aber der Glaube ist nur die Voraussetzung für das, was auf den Christen wartet, was ihm verheißen ist: Ewiges Leben! Daß ich den Glauben nicht nur annehme, sondern mit ihm mein Leben fülle, gibt Gewißheit für das ewige Leben. Ich denke dabei an die vielen Konfirmationen, bei denen mitunter große Gruppen vor dem Altar standen, um ihr Bekenntnis abzulegen. Was ist daraus geworden? Wieweit war es ein Lippenbekenntnis, mit dem man sich nur materielle Vorteile erschlichen hat, wie es mir von erwachsenen Jugendlichen bestätigt wurde? Und die Eltern haben mitgemacht! Heute möchte dieses Wort neu zum Bekenntnis rufen; für den, der sich rufen läßt, ob jung oder alt, ist es noch nicht zu spät. Gott wartet auf uns.

*Ihr, die ihr Christi Namen nennt,*
*gebt unserm Gott die Ehre;*
*ihr, die ihr Gottes Macht bekennt,*
*gebt unserm Gott die Ehre!*

## 27. Juni

**Ihr seid das Salz der Erde.**
*Matthäus 5,13a*

Salz der Erde? Das ist schon richtig, denn das Salz wird aus der Erde gewonnen und durch Bergbau gefördert. Man hat es früher auch aus dem Toten Meer geholt. So war es dann ein Hauptbestandteil des Binnenhandels in Palästina. Es gehörte zu allen Zeiten zu den begehrtesten und wichtigsten Nahrungsmitteln. Durch den Salzhandel konnte man reich werden, aber wer es früher einführen mußte, mußte dafür schwer bezahlen. Es ist nicht zu fassen, daß das Salz in der Welt einen so hohen Stellenwert hat, wenn man bedenkt, daß die Hausfrau nur von ganz minimalen Mengen in der Küche Gebrauch macht.

So unscheinbar und doch wertvoll sind für Jesus die Menschen in seiner Nachfolge gewesen. Als er von dem Berg am See Genezareth zu den Menschen sprach, die zusammengekommen waren, nannte er sie das Salz der Erde. Gemeint waren zuvor seine Jünger, aber auch jeder, der aufmerksam zuhörte und sich bereit fand, in die Nachfolge Jesu zu treten. Das Beispiel vom Salz hatte Jesus ebenfalls der Heiligen Schrift entnommen, Salz gehörte zu den Opfergaben. Es macht haltbar und schmackhaft. Wenn Christen als das Salz der Erde angesprochen werden, sollen sie um ihre Notwendigkeit und Wichtigkeit wissen. Es ist verheißen, daß die Schar der Christen kleiner wird, obwohl Jesus es gewollt hat, daß alle Welt vom Heil des Evangeliums erreicht werden soll. Aber wo Christen zugegen sind, sollen sie gleich dem Salz ihre Funktion in der Gesellschaft übernehmen, und vielleicht hat der eine oder andere die Kraft, die Botschaft heilbringend weiterzusagen.

*Gib den Boten Kraft und Mut,*
*Glaubenshoffnung, Liebesglut.*

## 28. Juni

**Ihr seid das Licht der Welt.**
*Matthäus 5,14a*

In einem Gedankengang vergleicht Jesus seine Anhänger erst mit dem Salz und dann mit dem Licht. Zwei Bilder, die sich gegenüberstehen. Während das Salz unauffällig seine Wirkung zeigt, ist das Licht in der Welt dominierend. Mit der Erschaffung des Lichtes hat Gott seine Schöpfung begonnen. Jeder neue Tag beginnt mit dem Licht. Sehende Menschen brauchen es, um sich fortbewegen zu können. Die Kreatur und die Pflanzenwelt sind vom Licht abhängig. Aber da begegnen sich schon Salz und Licht, die beide lebenswichtige Funktionen haben.

Ein anderes kommt hinzu: Jesus sagt auch von sich, daß er das Licht der Welt sei *(Johannes 8,12)*. Wer soll nun das Licht sein, wer ist es? Sicher hat Jesus zu Recht beides gemeint. Zunächst hat Gott ihn als das Licht in die Welt geschickt, wie es bei Johannes 1, Vers 5 heißt: Das Licht scheint in der Finsternis, und die Finsternis hat es nicht begriffen. Jesus selbst ist der Lichtträger. Aber weil er den Auftrag an seine Jünger weitergegeben hat, tragen sie damit auch sein Licht in die Welt hinein und werden selber zu Lichtträgern. Paulus schreibt an die Gemeinde in Philippi *(Kap. 2,5)*:"Ein jeglicher sei gesinnt, wie Jesus Christus auch war." Nicht nur nach der Gesinnung unseres Herrn sollen wir unser Leben ausrichten, sondern sollen ihn auch durch uns hindurchstrahlen lassen. Das ist ein sehr schwerer Auftrag. Das kostet Verzicht und manche Entbehrung, aber es wird einmal reichlich belohnt werden. Wollen wir versuchen, Lichtträger zu werden.

*Herr, laß Dein Licht auf Erden siegen,*
*die Macht der Finsternis erliegen*
*und lösch der Zwietracht Glimmen aus.*

# 29. Juni

**Christus spricht: Ich habe für dich gebetet,
daß dein Glaube nicht aufhöre.**
*Lukas 22,32*

Dieses ursprünglich an Petrus gerichtete Wort ist ein Vermächtnis an uns. Jesus, der von Gott ermächtigt wurde, Menschenherzen zu bewegen, bringt uns betend vor Gott, um über ihn unseren Glauben zu wecken. „Ich habe für dich gebetet," sagt Jesus, „dein Glaube darf nicht aufhören!" Der Glaube bindet an Gott und läßt uns unsere Sünde erkennen. Er läßt uns wissen, ob wir an ihm bleiben oder ihn loslassen. Jeden Tag ist die Versuchung groß, sich anders zu entscheiden. Daher steht der Glaubende immer im Kampf mit der Sünde. Der Ungläubige erkennt die Sünde nicht mehr, weil es für ihn nur seine Welt gibt. Der Glaubende dagegen löst sich von den Vergänglichkeiten oder mißt ihnen keine Werte mehr zu. Ja, Glaube kann sogar alte Freundschaften trennen, wenn es keine andere Alternative gibt. Der Glaube darf nicht aufhören.

Wahrer Glaube traut der Verheißung, die Jesus gab. Die Verheißung heißt Leben. Somit bekommt der Glaube den höchsten Stellenwert. Die Bibel zeigt beides auf, den Unglauben und den Glauben. Sie zeigt auch ihre Werte. Schon Jesaja schreibt: Glaubt ihr nicht, so bleibt ihr nicht *(Kap. 7,9)*.
Dazu hören wir Jesus: „Wer glaubt, wird selig werden." Diese Zusage macht froh, weil sie über die Vergänglichkeit dieser Welt hinausweist. – Unser Glaube darf nicht aufhören. Er muß das Vertrauen wachsen lassen, daß uns unser Herr nicht losläßt, auch nicht, wenn uns Zweifel kommen.

*Darum bitten wir Dich, Herr, daß wir im Glauben wachsen und reifen. Steh' Du uns zur Seite auch an diesem Tag.*

# 30. Juni

**Wenn du gegessen hast und satt bist,
sollst du den Herrn, deinen Gott, loben.**
5. Mose 8,10

Dieser Satz stammt nicht aus der Zeit des Pietismus, auch nicht aus der Hungerzeit nach dem letzten Weltkrieg, als ich in meinem Elternhaus das Tischgebet gelernt habe, sondern er ist über 3000 Jahre alt. Solange die Menschheit ein persönliches Verhältnis zu dem Schöpfergott hat, gehört es zur täglichen Sitte, daß man Gott das Lob bringt, besonders auch für die Gaben, die man als tägliche Nahrung zu sich nimmt. Leider ist in den meisten Familien das Danken und Gotteslob weitgehend verloren gegangen. Besonders in wohlhabenden Ländern, zu denen unser Volk auch gehört, ist die tägliche Nahrung zur Selbstverständlichkeit geworden. Nicht nur das, sondern der Mensch wird immer wählerischer und achtet sehr darauf, daß die Mahlzeiten der Gesundheit zugute kommen. Die Kalorienmenge, der Cholesterinspiegel müssen stimmen, und natürlich achtet man auf Vitamine und vieles mehr. Vergessen wird dabei, daß das „tägliche Brot" in der Welt gar nicht mehr so selbstverständlich ist. Ein Drittel der Menschheit ist vom Hunger bedroht, so daß man nur noch schlechten Gewissens die Mahlzeiten zu sich nehmen könnte. Um so mehr sollte man wieder zum Loben und Danken zurückfinden, wie es Jesus auch mit seinen Jüngern getan hat, wenn er mit ihnen das Brot brach. Aber es gibt heute noch Familien, in denen das Brot von der Hausfrau mit dem Kreuzeszeichen gesegnet wird, bevor es auf den Tisch kommt. Zum Loben und Danken gehört aber auch, daß man der Hungernden gedenkt, an den Bettler an der Tür und an die Hungerhilfe in der Welt.

*Wir danken Dir, Herr, denn Du bist freundlich
und Deine Güte währet ewiglich.* Psalm 106,

# 1. Juli

**Herr, wohin sollen wir gehen?
Du hast Worte des ewigen Lebens.**
*Johannes 6,68*

Jesus mußte während seines Wirkens auf dieser Erde häufig erleben, daß treue Jünger, die lange mit ihm gegangen waren, sich von ihm abgewandt hatten. So kam es dann, daß er eines Tages die 12 Jünger, die immer noch bei ihm waren, fragte, wann sie ihn wohl verlassen würden. Petrus daraufhin: "Wohin sollen wir gehen, Herr?"

Eine Frage, die heute im Raum steht, wenn man daran denkt, daß sich viele Gemeindeglieder von der Kirche abwenden und ihren Austritt erklären. Es gibt auch anzuerkennende Gründe für manchen Austritt. Die institutionelle Kirche macht viele Fehler und wird manchem einst treuen Christen zum Ärgernis. Dadurch ist besonders in den Großstädten die Kirchenmitgliedschaft teilweise auf über 50% zurückgegangen. Aber der Austritt ist keine Lösung, wenn mit dem zuständigen Pastor keine Zusammenarbeit möglich ist. Besser wäre es, wenn der einzelne Christ zum Bekenntnis den Verantwortlichen der Kirche gegenüber bereit wäre. Wo das nicht mehr möglich ist, sollte man sich einer Nachbargemeinde anschließen, Jesu Botschaft darf nicht verloren gehen. Er hat uns das ewige Leben verheißen. Das müssen auch die Laien in der Kirche bekennen, jeder nach seinen Gaben und nach seinem Vermögen. Wer sich grundsätzlich von der Gemeinde löst, geht in die Irre und hat es später schwer, wieder zurückzufinden .. Das wäre die Antwort auf die Frage: Wohin sollen wir gehen? Jesus Christus will, daß wir ihm die Treue halten und daß durch uns andere Menschen für die Gemeinschaft mit ihm gewonnen werden. Er allein hat Worte des ewigen Lebens.

*Herr, laß uns bei Dir bleiben, bei Deiner Gemeinde.*

# 2. Juli

**Bist du es, der da kommen soll,
oder sollen wir auf einen andern warten?**
*Matthäus 11,3*

Ungeduld kann zur Verzagtheit führen, ja, sie kann den Glauben schwächen, kann glaubensmüde machen. Wie viele Nöte gibt es, von denen man betend hofft, daß sie vorübergehen? Wie viele Menschen mögen durch derartige Notlagen wieder zum Beten gekommen sein, und sie mußten für sich bestätigen, daß auch das Beten keine Hilfe war. Menschliche Ungeduld! Der Täufer Johannes war von dieser Ungeduld umgetrieben. Im Gefängnis hoffte er, daß Jesus ihn befreien würde. Schließlich gehörte Johannes auch zu den Menschen, die auf Erlösung warteten. Obwohl er uns in vielem ein Vorbild war, erkennen wir seine menschliche Schwäche. Das sollte uns stark machen, wenn wir in Zeiten der Not von der Ungeduld bewegt werden. Wir dürfen wissen: Gott bleibt treu! Seine Treue geht über unseren Tod hinaus, denn Gott will nicht, daß unser irdischer Tod das Ende unseres Seins ist. Dafür hat er uns nicht geschaffen. Wie Johannes den Täufer so hat Gott seinen Sohn durch das Tal des Todes gehen lassen. An dieser Todesschwelle ist auch Jesus ungeduldig geworden mit seinem Kreuzesschrei: "Mein Gott, mein Gott, warum hast du mich verlassen?"
Daß Gott ihn letzten Endes nicht verlassen hat, hat er uns bewiesen. Genau so ist Johannes nicht verlassen geblieben, sondern durfte eingehen zur ewigen Freude. Diese Freude steht jedem Christenmenschen bevor, und viele Gläubige, die den Tod vor Augen haben, gehen bewußt dieser Freude entgegen. Bleibt uns nur immer wieder das Gebet mit der Bitte, daß Gott uns die Ungeduld nehmen wolle, damit wir das Leben gewinnen.

***Laß uns geduldig hoffen und auf Dich warten, Herr.***

# 3. Juli

**Aus Gnade seid ihr gerettet durch den Glauben,
und das nicht aus euch selbst, Gottes Gabe ist es.**
*Epheser 2,8*

Dieses Gotteswort birgt das Wunder des christlichen Glaubens und offenbart es zugleich: Rettung, Erlösung, Seligkeit! Es ist schwer zu begreifen, was Rettung durch Gott bedeutet.
Sie läßt sich so erklären: Wir haben gelernt, daß eins und zwei drei ist. Es sind nicht zwei Ziffern nebeneinander, also zwölf, sondern die Summe ergibt eine andere Ziffer mit einem neuen Schriftbild.

Durch das Bibelwort kommen wir auch zu einer Rechnung: Gottes Gnade und des Menschen Glaube bringen Rettung, Gnade und Glaube gleich Rettung! Den Vorgang dafür erklärt uns der Apostel. Er spricht von der Gnade Gottes, die von oben kommt. In dem Wort Gnade steckt nämlich ein anderes, "neigen". Gott neigt sich zu den Menschen hinunter. Er kam auf die Erde durch seinen Sohn. Aber das Wort sagt, daß Gottes Gnade allein keine Rettung bringt, sondern Voraussetzung ist, daß Gott bei den Menschen Glauben findet.

Damit sind wir bei einem anderen Begriff: "Glauben". Auch in ihm ist ein weiteres Wort verborgen, nämlich "loben". Glauben heißt, daß ich Gott als meinen Schöpfer anerkenne, indem ich ihn lobe, mit ihm rede. Diesen Antrieb dazu gibt uns ebenfalls Gott, wenn wir wollen. So kommen sich Gnade und Glaube entgegen; das führt zur Rettung und gibt ewige Seligkeit. Dieses Wunder dürfen wir täglich erleben und dafür dankbar sein.

*Wir danken Dir, Gott, daß Du durch Deinen Sohn
zu uns Menschen gekommen bist aus Gnade,
damit wir gerettet und selig werden.*

# 4. Juli

**Weh über meinen nichtsnutzigen Hirten,
der die Herde verläßt!**
*Sacharja 11,17*

Untreue Angestellte hat es nicht nur im Volk Israel gegeben. Auch heute wird manch ein Landwirt Kummer haben mit Landarbeitern, die ihn enttäuschen, ein Handwerksmeister mit seinem Gesellen, und so könnte man fortfahren. Aber das sind Ärgernisse im kleinen. Wie oft liest man in der Zeitung von großen Unterschlagungen, Korruptionen oder von Enttäuschungen über den einen oder anderen Politiker, der gerade dem Volk ein Vorbild sein sollte?
Der Prophet Sacharja denkt bei diesem Wort an die untreuen Volksführer, die das Volk Israel immer wieder ins Elend getrieben haben. Gott hat sie manchmal sogar als Gericht über Israel eingesetzt. Solche Männer haben zu allen Zeiten die Völker regiert. Besonders in diesem Jahrhundert haben wir es zu spüren bekommen, nicht nur in der Zeit des Nationalsozialismus.

Aber wir dürfen und wollen hoffen, daß das nicht Gottes letztes Gericht über die Völker ist. Am Ende steht der Herr selbst! Das ist der Trost aus der Heiligen Schrift. Ein Politiker hat einmal gesagt: "Alle Herren dieser Welt müssen einmal gehen, aber unser Herr kommt." So hat Gott seinen großen Hirten dafür berufen, daß er alle die nichtsnutzigen Hirten dieser Welt eines Tages ablösen soll. Der große und zuverlässige Hirte ist Jesus Christus, der am Ende der Tage diese Welt richten oder retten wird. Beides liegt bei ihm. Auf ihn ist Verlaß. Deshalb gilt ihm die Zuwendung. Er ist unser guter Hirte, dem wir vertrauen dürfen, daß er seine Herde recht "weidet".

***Der Herr ist mein getreuer Hirt, hält mich in seiner Hute,
darin mir gar nicht mangeln wird jemals an einem Gute.***

# 5. Juli

**Bleibe in der Unterweisung, laß nicht ab davon; bewahre sie, denn sie ist dein Leben.**
*Sprüche 4,13*

Wie oft wurde mir bei Besuchen älterer Menschen gesagt, was sie alles an biblischer Geschichte, Bibel- und Gesangbuchversen in der Schule und im Konfirmandenunterricht lernen mußten. Dann haben sie mir auch manchen Vers oder auch Choräle aufgesagt. Ich bekam dabei ein schlechtes Gewissen meinen Konfirmanden gegenüber, die auch viel auswendig lernen mußten. Lernstoff ist wohl ein gewisses Polster, aber er darf nicht als einmalige Aneignung mit der Vergangenheit untergehen. Besonders nicht, wenn es um das Wort Gottes geht. Fernsehen und Tageszeitungen geben uns die Möglichkeit, auf dem laufenden zu bleiben. Aber wie ist es mit dem Wort Gottes? Gottes Wort möchte uns täglich verändern und uns ausrüsten für das, was ebenfalls täglich neu auf uns zukommt.

Das in den letzten Jahren Neue ist der Vormarsch des Islams. Man kann nicht nur von einwandernden Ausländern sprechen, sondern dahinter steht eine ganz besondere Taktik dieser Weltreligion. Der Islam hat sich zum Ziel gesetzt, das einst christliche Abendland für sich zu erobern. Moscheen wachsen in unserem Land wie Pilze aus der Erde, unzählige Deutsche sind bereits zum Islam übergetreten, weil sie in der anderen Weltreligion das Heil sehen. Das würde gläubigen Christen, die täglich in der Bibel lesen, nicht passieren. Tägliches Bibellesen hält geistlich auf dem laufenden. Deshalb sollte man das Wort der Sprüche ernst nehmen: Bleibe in der Unterweisung! Laß nicht ab davon! Bewahre sie! Sie ist dein Leben!

*Herr, Dein Wort, die edle Gabe, diesen Schatz erhalte mir, denn ich zieh es aller Habe und dem größten Reichtum für.*

# 6. Juli

**Die Furcht des Herrn ist der Anfang der Erkenntnis.**
*Sprüche 1,7*

Vor Gott braucht man keine Angst zu haben. Angst beunruhigt nicht nur, sondern macht auch unsicher. Sie läßt keine Entscheidungen zu, besonders wenn es um Todesangst geht. Aber in diesem Wort ist von Furcht und Erkenntnis die Rede. Furcht ist nicht gleich Angst. Deshalb ist es recht, wenn von Furcht Gottes gesprochen wird. Gemeint ist damit die Ehrfurcht vor Gott, zu wissen, daß er der Allmächtige und uns Beherrschende ist. Er ist unser Herr vor allen Herren, die wir über uns haben.

Wer Gott mit Ehrfurcht begegnet, hat den respektvollen Abstand zu ihm. Ehrfurcht vor Gott bezeugt Respekt und Achtung. Ehrfurcht anerkennt Gottes Gegenwart, seine Existenz. Unter dieser Haltung kommt der Ehrfürchtige zur wahren Gotteserkenntnis. Diese Erkenntnis stellt den Menschen unter Gott, läßt ihn erkennen, daß er, Gott, der Schöpfer ist und der Mensch das Geschöpf. Gott kann sich den Menschen zu eigen machen; er kann seinen Willen beugen und ihn willig machen, ihm hörig zu sein. Damit wird der Mensch nicht willenlos, sondern behält sogar die Freiheit, sich von Gott zu lösen. Aber wahre Gotteserkenntnis führt eher zu noch engerer Bindung Gott gegenüber, weil Gott gleichzeitig der Bewahrer ist. Er ist die Güte, die das menschliche Leben füllen, ihm den rechten Lebenssinn geben möchte. Das hat Gott nicht zuletzt durch seinen Sohn bewiesen, der der Menschheit zum Bruder geworden ist. Unter dieser Glaubensgewißheit läßt es sich getrost in jeden neuen Tag hineingehen.

*Allmächtiger Gott, wir danken Dir,*
*daß Du unser Herr bist,*
*dem wir uns täglich anvertrauen dürfen.*

# 7. Juli

**Wenn ich nur dich habe, so frage ich nichts nach Himmel und Erde.**
*Psalm 73,25*

In einem Fernsehfilm von einer eigenwilligen Prinzessin wurde gezeigt, wie sich die hochadelige Tochter in einen bürgerlichen Hauptmann verliebt. Sie sollte aber den König von Frankreich heiraten, der ihr alle Herrlichkeit auf Erden versprochen hatte. Aber mit viel List versuchte sie, an den Gardeoffizier heranzukommen. Der aber sah die große Gefahr dieser Liebschaft und wollte nicht mitmachen. Dann kam das offene Bekenntnis der Prinzessin: "Wenn ich dich habe, dann verzichte ich auf alle Reichtümer Frankreichs und auf den Anteil unseres Königreiches. Nur mit dir will ich glücklich sein." Das sind ganz natürliche Verhaltensweisen verliebter Menschen, wenn es auch später im Leben ganz anders kommt. Aber Eltern können da nichts verhindern.
Hier im Psalm spricht ein Mensch, der sich völlig von allem Weltlichen frei machen will. Ja, er geht so weit, daß ihm die ganze Schöpfung Gottes nur etwas bedeutet, wenn er sich allein für Gott entschieden hat. Himmel und Erde, so sagt er, werden für mich bedeutungslos, wenn ich mich dafür dem Herrn und meinem Schöpfer zuwenden kann. Ein solch starker Glaube ist bewundernswert! In ihm zeigt sich die letzte Erfüllung, die in der Freude besteht, mit Gott eine Lebenseinheit zu sein. Mit ihm soll der Tag beginnen, er soll durch den Tag hindurchführen und bei allen Entscheidungen zur Seite stehen. Dafür hat sich uns der Sohn dargestellt, daß wir durch ihn zu dieser Lebenseinheit mit dem Vater kommen. So ist dann jeder Tag ein Tag des Herrn. Das macht das Leben lebenswert.

***Ich folge Gott, ich will ihm ganz genügen;
die Gnade soll im Herzen endlich siegen.***

# 8. Juli

**Von allen Seiten umgibst du mich
und hältst deine Hand über mir.**
*Psalm 139,5*

Da kann man nur staunen, wenn es wirklich so ist. Gott umgibt uns von allen Seiten, ist ganz um uns herum. Wie mag der fromme Dichter des Psalms das so erkannt haben? Offensichtlich ist ihm durch seine Glaubenserkenntnis bewußt geworden, daß jeder Mensch durch seine Geburt, durch sein Geschaffensein ganz in die Wirklichkeit der Schöpfung Gottes hineingenommen worden ist. Wir leben in Gott, so könnte man sagen. Denn alles um uns herum ist Gottes Wirklichkeit. Ein Zitat eines bekannten Theologen dazu: "Das menschliche Ich ist Objekt des Wissens und der Wirklichkeit Gottes! Das ist zunächst weniger eine beglückende als vielmehr eine bedrückende Erkenntnis". Das heißt doch, daß Gott uns von allen Seiten im Auge hat, während wir Gott mit menschlichen Sinnen nicht wahrnehmen können. Da muß dann der Glaube einsetzen, es anzunehmen, daß wir voll im Wirkungsbereich unseres Gottes leben, der uns aber nicht "bespitzelt", sondern zu jeder Zeit bewahren möchte. Das tröstet dann wieder. Letzten Endes sind wir ja froh, so unter und in Gott geborgen zu sein. Dazu ein altchristlicher Segenswunsch aus dem 4. Jahrhundert: Der Herr sei vor dir, um dir den rechten Weg zu zeigen. Der Herr sei neben dir, um dich in die Arme zu schließen und dich zu schützen. Der Herr sei hinter dir, um dich zu bewahren vor der Heimtücke böser Menschen. Der Herr sei unter dir, um dich aufzufangen, wenn du fällst, und dich aus der Schlinge zu ziehen. Der Herr sei in dir, um dich zu trösten, wenn du traurig bist. Der Herr sei um dich herum, um dich zu verteidigen, wenn andere über dich herfallen. Der Herr sei über dir, um dich zu segnen.

***So segne dich der gütige Gott.***

# 9. Juli

**Geh aus deinem Vaterland und von deiner Verwandtschaft und aus deines Vaters Hause in ein Land, das ich dir zeigen will.**
*1. Mose 12,1*

Dieser Satz steht einzig in der Bibel. Es war der Gottesbefehl an Abraham. Er verließ daraufhin seine Heimat in Babylonien am Persischen Golf und nahm die Strapazen von über 1000 Kilometern mit der Karawane auf sich, um ins Gelobte Land zu kommen. Abraham hatte hohes Vertrauen zu Gott, wie es in dieser Art einmalig ist.

Wer würde so in die Ungewißheit ziehen mit der Familie und weiteren Angehörigen? - Solche Situation ist vielen Deutschen bekannt. Alle Ostvertriebenen haben das schmerzlich nachvollziehen müssen - nicht freiwillig! Heimat, Vaterhaus, Verwandtschaft und Freundschaft mußten sie hinter sich lassen. Sie kamen in die Ungewißheit hinein. Aber für alle begann dann ein neues Leben, Gott zeigte ihnen einen neuen Anfang. Doch das ist das Erstaunliche: Viele kamen in ihrer neuen Heimat auch zum Glauben. Sie bekamen Kontakt zur Kirche, übernahmen Verantwortung und wurden bekennende Christen. Ich selber wäre wahrscheinlich nicht in den Dienst Gottes getreten, sondern hätte in meiner alten Heimat das Geschäft meines Vaters übernommen. Gott will, daß wir um seinetwillen vieles aufgeben, das uns ans Herz gewachsen ist. Auch Jesus sagt: Wer verläßt Häuser oder Brüder oder Schwestern oder Vater oder Mutter oder Kinder oder Äcker um meines Namens willen, der wird's vielfältig empfangen und das ewige Leben ererben *(Matth. 19,29)*. Abraham mußte den Anfang machen. Um Gottes willen muß man Opfer bringen. Jesus lehrt uns, daß man dafür reichlich belohnt wird.

*Herr, hilf, daß wir loslassen können,*
*um neu anzufangen - mit Dir und für Dich.*

# 10. Juli

**Fürchte dich nicht, denn ich habe dich erlöst;
ich habe dich bei deinem Namen gerufen; du bist mein.**
*Jesaja 43,1*

Persönlicher geht es nicht! Der Prophet hat das Wort allerdings ursprünglich auf das gefangene Volk Israel bezogen, als es noch in Babylon war. Gefangene warten auf ihre Erlösung - zu allen Zeiten und in allen Notlagen. Jesaja hat das Volk dann getröstet und ihm zugesagt, daß der Tag kommen wird, da Gott erlösen wird. Er ist der Erlöser! Als solcher hat er sich durch Jesus Christus dargestellt.

Deshalb dürfen wir uns das Prophetenwort zu eigen machen. Es steht oft über der Taufe, durch die Kinder oder Erwachsene in den Bund mit Jesus Christus aufgenommen werden. Christus hat uns durch seinen Ostersieg erlöst. Er hat uns freigekauft von der Macht des Bösen und hat uns seinen Namen übertragen. Christen dürfen wir sein, von Christus Befreite. Was das bedeutet, wissen die getauften Eingeborenen zu schätzen, die aus heidnischen Naturvölkern kommen und vorher unter der Macht böser Geister gestanden haben. Dadurch, daß wir in den christlichen Glauben hineingeboren wurden, ist uns das Erlösungswerk nicht so bewußt. Wir müssen uns belehren lassen. - Aber Christus hat nicht nur von der Macht des Bösen erlöst, sondern auch von der des Todes. Deshalb ist es bei Trauerfeiern u.a. üblich, das obige Gotteswort den Angehörigen zuzusprechen: Fürchte dich nicht! Erlöst von Teufel und Tod zu einem Anfang für das neue ewige Leben. Zwischen Geburt und Tod, über denen Christus als Erlöser steht, läuft unser Leben ab und jeder neue Tag, auch der heutige.

*Ich bin getauft auf Deinen Namen, Gott Vater, Sohn
und Heilger Geist. Dafür danke ich Dir treuer Herr.*

# 11. Juli

**Wißt ihr nicht, daß alle, die wir auf Christus Jesus getauft sind, die sind in seinen Tod getauft?**
*Römer 6,3*

Bei den Konfirmandenfreizeiten gab es jedes Jahr eine besondere Attraktion. In der Nähe des Jugendheimes waren Moorlöcher, die von den Jugendlichen gern aufgesucht wurden. Mit ihrer Badekleidung stiegen sie in diese Kuhlen und kamen dann wie Mohren wieder aus dem Schlamm heraus. Nur noch die Augen waren sauber geblieben und leuchteten aus den schwarzen Köpfen hervor. Dann aber sprangen die "Neger" in ein benachbartes Schwimmbad, und wenn sie aus dem Wasser kamen, hatten sie ihr schwarzes Schlammkleid abgelegt. - Dieser Vorgang erinnert an die Taufe. Taufen heißt ja "hineintauchen", den alten Menschen ersäufen, töten. In der Urgemeinde wurde der Täufling ganz untergetaucht, wie es heute noch in einigen christlichen Gemeinschaften üblich ist. Damit wird deutlich, was Martin Luther im Kleinen Katechismus schreibt: "Der alte Adam soll ersäufet werden und sterben mit allen Sünden und bösen Lüsten, und wiederum täglich herauskommen und auferstehen ein neuer Mensch...." Wenn wir nach den Worten des Apostels Paulus in den Tod Jesu Christi getauft sind, dann sehen wir vor unserem geistigen Auge das aufgerichtete Kreuz, an dem der Mensch Jesus sterben mußte, um als der erhöhte Gottessohn Christus durch seine Auferstehung wieder ins neue Leben zu kommen. In Christus Getaufte dürfen daher frohe Menschen sein. Sie haben den alten Menschen abgelegt und leben als Neugeborene in der Gemeinschaft mit ihrem Herrn Jesus Christus.

*Ich gebe Dir, mein Gott, aufs neue Leib, Seel und Herz zum Opfer hin; erwecke mich zu neuer Treue und nimm Besitz von meinem Sinn.*

# 12. Juli

**Zu ihm kommt als dem lebendigen Stein,
der von den Menschen verworfen ist,
aber bei Gott auserwählt und kostbar.**
*1. Petrus 2,4*

Das Sprichwort ist bekannt: "Den Stein, den man am weitesten wirft, holt man zuerst wieder." Genau so hat man es mit Jesus gemacht. Als er im Garten Gethsemane gefangen genommen wurde, verließen ihn alle und flohen *(Mark. 14,50)*. Bei der Frage des Landpflegers Pilatus, welchen er frei geben solle, Jesus oder Barabbas, antwortete das Volk: "Gebt uns Barabbas - laßt Jesus kreuzigen!" *(Matth. 27,21+22)*. Unter dem Kreuz war es dann still geworden; nur Maria und Johannes waren geblieben. So wurde Jesus selbst von den treuen Jüngern verlassen. Nach seinem Tod ging jeder wieder in seinen Beruf zurück, bis die Nachricht kam, daß Jesus auferstanden war.

So geht man mit Bausteinen um, die erst aussortiert werden, bis man später feststellt, daß sie doch brauchbar sind. Jesus wird vom Apostel Petrus mit einem Baustein verglichen. Als sein Tod bevorstand, wurde er allein gelassen und verworfen. Nach seiner Auferstehung scharten sich die Jünger und andere ehemalige Anhänger um ihn, bis es zur Gründung der ersten christlichen Gemeinden kam, an die Petrus seine Briefe geschrieben hat. Jesus ist ein lebendiger Stein geworden, wie es Gottes Wille war. Damit wurde er der Herr der Kirche, die seine Gemeinde ist. Kirche heißt "Gemeinde, die dem Herrn gehört". Zu ihr gehören wir heute.

*Jesus Christus ist der Eine, der gegründet die Gemeine,
die ihn ehrt als teures Haupt.
Er hat sie mit Blut erkaufet, mit dem Geiste sie getaufet
und sie lebet, weil sie glaubt.*

# 13. Juli

**Stellet euch nicht dieser Welt gleich, sondern verändert euch durch Erneuerung eures Sinnes.**
*Römer 12,2a*

Das ist leicht gesagt. Wir alle sind in diese Welt hineingenommen, die immer weltlicher wird. Gott ist nicht mehr gefragt. Das wird in der Politik schon lange deutlich, mehr noch in den Medien und in der Presse. In vielen Schulen gibt es keinen Religionsunterricht mehr, von Andachten ganz zu schweigen. Selbst in den Landeskirchen und Synoden ist weitgehend der Ungeist eingezogen, so daß man fragen muß, wo noch bekennende Kirche ist.
Aber wir schauen nur auf unsere Zeit. Als Paulus seinen Brief mit diesen Zeilen an die Christen in Rom geschrieben hat, waren diese noch mehr in der Minderheit. Trotzdem haben sie durchgestanden und eine feste Gemeinde entstehen lassen. Wer sich zu Christus bekennt, sollte das Wort des Apostels ernst nehmen und in seinem Herzen bewegen. Paulus geht es darum, daß sich alle mit ihrem ganzen Denken und Wollen Gott zur Verfügung stellen, mit Leib und Seele.

Mit Gottes Hilfe dürfen wir uns als getaufte Christen viel zutrauen. Dabei dürfen wir wissen, daß wir nicht alleine sind, sondern der Herr wird mit uns sein. Er liebt seine Gemeinde und läßt sie nicht im Stich. Daß die Gemeinden kleiner werden und die Stellung des Christen schwieriger, hat uns Christus verheißen, aber das ist auch gewiß: Den treuen Beter hat Gott lieb.
Damit sind die Beter im Vorteil vor den Kindern der Welt. Das verpflichtet, aber es gibt immer neue Kraft.

*In die Wirrnis dieser Zeit fahre, Strahl der Ewigkeit;*
*zeig den Kämpfern Platz und Pfad*
*und das Ziel der Gottesstadt.*

# 14. Juli

**Der Engel des Herrn redete zu Philippus und sprach: Steh auf und geh nach Süden auf die Straße, die von Jerusalem hinabführt nach Gaza und öde ist. Und er stand auf und ging hin.**
*Apostelgeschichte 8, 26 +27*

So beginnt die Geschichte vom Kämmerer aus dem Mohrenland, der dem Apostel Philippus begegnet und sich taufen läßt. Wenn wir solche Berichte lesen, kommen wir schnell in Versuchung, die Männer der Bibel als besonders herausragende Gestalten anzusehen. Nur die können solche Taten tun! Jesus dagegen hat nicht nur seine Jünger gemeint, als er den Befehl zur Weltmission gegeben hat. Wie sollten diese paar Leute das Evangelium über die ganze Erde bringen? Philippus war ein Mann der "zweiten Reihe". Er gehörte zu den sieben Männern, die man in der Urgemeinde für die Armenpflege eingesetzt hatte. Damit ergeht die Stimme des Engels heute genauso an uns. Keiner lasse sich von der Redensart einschüchtern "Religion ist Privatsache". Wer getauft und unterwiesen ist, wer zur Gemeinde gehört, hat den Auftrag, das Wort Gottes weiterzusagen.

Der Frieden in der Welt und für die Welt kann nur erreicht werden, wenn wir wieder zum Frieden mit Gott kommen. Doch das geschieht nur, wenn die Botschaft vom Frieden nicht Privatsache bleibt. Wie oft bieten sich Möglichkeiten, das Wort Gottes weiterzusagen? Es könnte nach einer Familienfeier geschehen, die man mit einer Andacht schließt. So gibt es viele Möglichkeiten der Verkündigung, Gott will, daß wir sein Wort weitergeben.

*Herr, wie wenig haben wir den Mut, Dein Wort weiterzugeben, aber Du hast es uns geboten. Verhilf uns dazu wieder neu.*

# 15. Juli

**Welche der Geist Gottes treibt, die sind Gottes Kinder!**
*Römer 8,14*

Vor vielen Menschen liegt ein neuer Tag wie ein unbezwingbarer Berg. "Wenn es nur erst Abend wäre!" Mit diesem Seufzer steht manch einer auf. Besser wäre die Gebetsstrophe: "Führe mich, o Herr, und leite meinen Gang nach deinem Wort; sei und bleibe du auch heute mein Beschützer und mein Hort." Die heutige Zeit treibt uns wie einen alten angeschlagenen Fischerkahn auf dem weiten Meer. Auch in dem Wort aus dem Römerbrief ist davon die Rede, daß der Mensch "getrieben" wird. Aber da ist nicht nur einer, der treibt. Sondern das "sich treiben lassen" geschieht in freier Entscheidung aber unter Gottes Willen. Luther hat dieses Bibelwort so übertragen, und man kann es auch kaum anders ausdrücken. Eine andere Übersetzung lautet: "Gottes Geist bestätigt unserem Geist, daß wir Gottes Kinder sind." Da ist Bewegung! Wer sich von der Person des Heiligen Geistes bewegen läßt, weiß um die Zugehörigkeit zur Gotteskindschaft.In diesem Wissen dürfen wir jeden Tag neu beginnen. Da mag der eine vor einer Prüfung stehen, der andere vor einem Prozeß. Wieder andere befinden sich am Krankenbett eines lieben Menschen oder müssen selber schwerkrank in den neuen Tag hineinleben. Vielleicht ist auch Spannung am Arbeitsplatz zu erwarten. Jeder aber darf wissen, daß er als Kind des großen Gottes in den Tag oder in die kommende Nacht hineingeht. Gott geht mit und hält seine schützende Hand über alle seine Kinder. Das macht getrost und froh und läßt hoffen.

*Treib unsern Willen, Dein Wort zu erfüllen;*
*hilf uns gehorsam wirken Deine Werke,*
*und wo wir schwach sind, da gib Du uns Stärke.*
***Lobe den Herren.***

# 16. Juli

**Ich danke dir dafür, daß ich so wunderbar gemacht bin; wunderbar sind deine Werke; das erkennet meine Seele.**
*Psalm 139,14*

Die Dichter der Psalmen haben eine gute Beobachtungsgabe. Oft stoßen sie uns auf Gedanken, die uns nicht gekommen wären. Ich muß zugestehen, daß ich nur selten in meinen Gebeten den Dank dafür hineingenommen habe, daß Gott mich so geschaffen hat, wie ich bin. Allerdings gibt es auch viele Menschen, die unter ihrem Körperbau leiden. Wenn sie im Glauben stehen, entdecken sie dafür einen Ausgleich, den Gott ebenfalls für uns bereit hat. Dann kann es die gleiche Dankbarkeit und Zufriedenheit geben.
Es gibt eine Heilstätte für Körperbehinderte, vor deren Gebäude die Kranken gern in ihren Rollstühlen herumfahren. Sie begegnen einander, als liefen sie auf gesunden Füßen, sie scherzen und freuen sich. Von manch einem könnte ich mir denken, daß auch er betet: "Danke, Herr, daß du mich so gemacht hast."

Daß wir sein dürfen und die Schöpfung erleben, die Luft atmen und die Sonne genießen, den Regen, alles ist Grund zum Danken. Diese Woche stand unter dem geistlichen Thema "Taufe". Klar ist, daß der Taufe die Geburt vorausgeht. Ganz gewiß gibt es nur wenige Menschen, die sich nicht freuen, daß sie geboren wurden. Wenn man die Schöpfung Gottes genießen darf, möchte man das Geschenk nicht missen. Der Dichter Matthias Claudius singt froh in den Tag hinein: "Ich danke Gott und freue mich wie's Kind zur Weihnachtsgabe, daß ich bin, bin! Und daß ich dich, schön menschlich Antlitz! habe." Der Gesang sollte täglich jedem auf den Lippen liegen.

***Laß mich öfter daran denken, daß Du mich gemacht hast, Herr, und laß mich immer dafür Dank sagen.***

# 17. Juli

**So seid nun nicht mehr Gäste und Fremdlinge, sondern Mitbürger der Heiligen und Gottes Hausgenossen.**
*Epheser 2,19*

Ephesus war eine alte griechische Hafenstadt, in der das Heidentum zu Hause war. Die Epheser verehrten ihre Jagd- und Mondgöttin Artemis. Aber was sagt das schon? Eine Anbetung, wie wir sie kennen, gab es bei den Bürgern nicht. Artemis war nicht der lebendige Gott, der Schöpfergott.
Mindestens zweimal ist Paulus in der Stadt gewesen, die 1426 türkisch wurde, und hat dort jedesmal gepredigt, bis zu drei Monaten bei einem Besuch. So entstand dort die Christengemeinde mitten in der Heidenwelt. Mit seinen Zeilen geht Paulus auf die Vergangenheit der Gemeindeglieder ein. Sie waren ursprünglich Heiden, wie er schreibt, und als Heiden waren sie Außenstehende, allenfalls Gäste. Nun aber gehören sie zur Gemeinde, ja zur "Gemeinschaft der Heiligen", wie wir es im Glaubensbekenntnis bekennen. Sie gehören jetzt als Hausgenossen in das Haus, das Gott für sie gebaut hat, über dem Christus der Eckstein geworden ist.

Die Vergangenheit der Epheser sollte uns daran erinnern, daß auch unsere Vorfahren im Heidentum gelebt haben. Paulus war es, der die frohe Botschaft von Jesus Christus nach Europa gebracht hat *(Apg. 16,9+10)*. So sind wir nicht Fremdlinge, sondern als Gottes liebe Kinder angenommen und dürfen uns freuen, daß wir einen lebendigen Herrn haben, der jederzeit für uns da ist, uns unser Versagen immer wieder vergibt und uns für alle Zeit angenommen hat.

*Strick ist entzwei, und wir sind frei;*
*des Herren Name steht uns bei,*
*des Gotts Himmels und Erden.*

## 18. Juli

**Sie blieben aber beständig in der Lehre der Apostel und in der Gemeinschaft und im Brotbrechen und im Gebet.**
*Apostelgeschichte 2,42*

Wie viele Illustrierte mag es wohl auf dem Zeitungsmarkt geben? Immerhin müssen die Verlage dabei bestehen können. Wenn man sich mit einer solchen Zeitung beschäftigt, stellt man fest, daß sie weitgehend von Reklamen gefüllt ist. Was dann bleibt, ist es wirklich lesenswert?
Solche Angebote hatten die Menschen in der ersten Christengemeinde Gott sei Dank nicht. Man informierte sich nur von Mund zu Mund, durch Nachbarschaften und durchziehende Kaufleute. Die Apostel kamen in die Dörfer und brachten die ganz neue Kunde von Jesus Christus. Die muß so eindrucksvoll gewesen sein, daß man nicht genug davon hören konnte. Sie informierte nicht nur, sondern förderte auch die Gemeinschaften, so daß sich die christlichen Gemeinden sammelten. Es kam zu regelmäßigen Gottesdiensten, die jeden Abend stattfanden! Abgeschlossen wurden die Feiern durch Abendmahls- und Gebetsgemeinschaften. Das gab stärkenden Zusammenhalt und erhielt in der Gemeinde den Frieden. Diese Frömmigkeit ist bei uns verlorengegangen und dadurch weitgehend der Unfrieden und die Haltlosigkeit eingezogen. Dabei brauchten wir dringend wieder solche Ordnungen, die uns vor profanen Einflüssen bewahren und uns als Christen wieder zusammenführen. Apostel Lehre, Gemeinschaft, Tischgemeinschaft und das gemeinsame Gebet sollten wieder notwendiger Bestand unseres täglichen Lebens werden. Brot des Lebens!

*Also wird nun Gottes Gemeine gepflegt,*
*erhalten in der Zeit; Gott, unser Hort*
*schützt sie allein und segnet sie in Ewigkeit.*

# 19. Juli

**Jesus fuhr weg über das Galiläische Meer, das auch See von Tiberias heißt. Und es zog viel Volk nach, weil sie die Zeichen sahen, die er an den Kranken tat.**
*Johannes 6,1+2*

Natürlich hat es das schon immer gegeben. Wenn ein Mensch durch seine Hilfsbereitschaft auffällt, dann wird er entdeckt und hat viele Freunde. Wunderheiler (?) gibt es auch heute. Kranke und Bedürftige unternehmen dafür weite Reisen und lassen es sich viel kosten, besonders wenn man in der Hilfeleistung die letzte Hoffnung sieht. Das ist verständlich. Jeder hängt an seinem Leben. Aber diese "Wunderheiler" sind nicht der wahre Arzt der Kranken. Den erlebten die vielen Menschen in Galiläa, als sie von Jesus hörten. Sie wurden nicht enttäuscht. Enttäuscht haben sie später Jesus. So ist das bis heute. Jeder, der sich selbstlos einsetzt, muß damit rechnen, daß der Dank ausbleibt. Das sollte die Nächstenliebe nicht ermüden lassen, und man sollte auch den Zuspruch ernst nehmen: Gott vergelte es euch! Gott wird vergelten!

Wenn wir an den Liebesdienst denken, den Jesus während seiner Erdenzeit getan hat, dann kommt noch Wesentliches hinzu: Jesus wollte mit den Heilungswundern Zeichen setzen. Deshalb heißt es auch: Er tat viele Zeichen und Wunder. Nicht nur als Wunderheiland wollte er sich bezeugen, sondern als der zukünftige Heiland der Welt. Das wollten viele nicht wahrhaben. So ist es bis heute geblieben, obwohl die Apostel als Zeitzeugen die Wunder und Zeichen Jesu an die Nachwelt überliefert und Jesus als den Heiland der Welt bezeugt haben. Er ist unser Heiland geblieben. Wir brauchen ihn, wahrscheinlich in der Zukunft noch mehr! Ihm gilt deshalb die Ehre.

***Herr Christus, Du bleibst der Herr in aller Zeit.***

# 20. Juli

**Saulus fiel auf die Erde und hörte eine Stimme, die sprach zu ihm: Saul, Saul, was verfolgst du mich? Er aber sprach: Herr, wer bist du? Der sprach: Ich bin Jesus, den du verfolgst.**
*Apostelgeschichte 9,4+5*

Eine aufregende Geschichte erzählt von einem Teppichknüpfer aus Tarsus namens Saulus. Als strenggläubiger Jude kämpfte er für Gottes Ehre, indem er Anhänger der ersten Christengemeinde zur Aburteilung nach Jerusalem schleppte. Immer neue Opfer suchte er, bis er auf dem Weg nach Damaskus vor seinen Begleitern durch einen Lichtstrahl zu Boden geworfen wurde. Dann hörte er die Stimme: "Saul, Saul, was verfolgst du mich?" Und weiter: "Ich bin Jesus!" Da wurde ihm schwarz vor Augen, und es schwanden seine Sinne. Jeder mag für sich diese Geschichte aufschlagen und sie weiterlesen. Mich bewegt hier besonders die Frage Jesu: "Was verfolgst du mich?" Für den Namen des Saulus könnte man viele Namen einsetzen: Namen aus der Bekanntschaft, aus unserer Gemeinde - oder gar unseren Namen? Denn hinter der Frage Jesu steht doch die weitergehende: "Was habe ich dir eigentlich getan, daß du so mit mir umgehst?" Wird uns dabei nicht schwer ums Herz, wenn wir daran denken, wie wir so manches Mal mit unserem Herrn "umgehen"? Am deutlichsten wird es bei der Redensart: Ich habe ja gar nichts gegen die Kirche, aber ...

Und dann kommen die Entschuldigungen für die Passivität des Kirchenchristen. Aber der Herr der Kirche ist Jesus! Jesus würde sich freuen, wenn dieser Tag für den einen oder anderen ein Tag mit Jesus würde und nicht ein Tag ohne oder gar gegen ihn.

*Lieber Herr, Du kennst unsere Lauheit und weißt, wie wir mit Dir umgehen. Verzeihe uns dafür!*

# 21. Juli

**"Liebe Herren, was muß ich tun, daß ich gerettet werde?"
Sie sprachen: "Glaube an den Herrn Jesus,
so wirst du und dein Haus selig."**
*Apostelgeschichte 16,30+31*

Hier haben wir eine spannende Geschichte vor uns. Die Apostel Paulus und Silas waren in Philippi für ein Heilungswunder von den Römern ins Gefängnis gesperrt worden. Der Kerkermeister wollte gründlich sein und brachte sie in den innersten Trakt. Dann hörten alle Mitgefangenen die beiden Apostel in der Nacht loben und beten, bis ein schreckliches Erdbeben den ganzen Bau erzittern ließ. Die Gefängnistüren wurden aufgerissen, so daß die Gefangenen alle hätten fliehen können. Das hätte den Direktor den Kopf gekostet. Entsetzt sprang er von seinem Ruhebett auf und wollte sich umbringen. Aber Paulus rief ihm zu, daß keiner geflohen sei. Unfaßbar! Der Gefangenenaufseher erkannte den starken Glauben der Apostel und fragte daraufhin: "Was muß ich tun, daß auch ich gerettet werde?" Die Antwort war kurz: "Glaube an Jesus!" So kam ein römischer Heide zum Glauben. Gebete können Berge versetzen. Hier haben sie die Gefängnismauern bersten lassen. Kurz vorher hätte keiner für die Bekehrung des Kerkermeisters etwas gegeben. Er war sicher ein hart gesottener Mann, treu seiner Pflicht gehorchend.
Aber Gott kann durch die Kraft seines Geistes täglich Wunder wirken. Man sollte mehr Mut zum Gebet haben. Viele bekehrte Menschen können berichten, daß sie vorher nie daran gedacht hätten, einmal gläubig zu werden. Mit dem Gefängnisdirektor aus Philippi wird uns aber bewiesen, wie glücklich man durch den Ruf Gottes werden kann.

*Gott rufet noch, sollt ich nicht endlich hören?
Wie laß ich mich bezaubern und betören!*

## 22. Juli

**Dein Wort ist meines Fußes Leuchte
und ein Licht auf meinem Wege.**
*Psalm 119,105*

Das ist der Sinn eines solchen Andachtsbuches, daß es eine Hilfe für den laufenden Tag ist, daß es helfend durch den Tag begleitet. Das Wort Gottes kann auch in schweren Zeiten weiterfahren, weil man weiß, daß es von dem kommt, der unser Leben in seiner Hand hat.

Wie gern gibt man ein menschliches Wort mit auf den Weg. "Paß gut auf und fahr' vorsichtig". So wird man verabschiedet, wenn man sich mit seinem Wagen in den Straßenverkehr begibt. Es ist ein menschliches Wort, aber begleitet den Fahrer, solange er sich daran erinnert. Auf der Nabe meines Lenkrades habe ich als Aufkleber das Gebet: "Herr, behüte mich beim Lenken dieses Fahrzeuges. Laß mich für die Sicherheit der anderen so besorgt sein wie für mich!" Auch das ist ein hilfreicher Zuspruch, mit dem man sich Gott anvertraut. So gibt es viele Anlässe, unter Gottes Wort seinen Weg zu gehen, Jesus schickte seine Jünger hinaus zur Mission, und seine guten Zusprüche begleiteten sie. Das ist bis heute üblich, wenn Missionare auf die Missionsfelder entsandt werden. Das Wort Gottes als Leuchte für unsere Wege, die wir zu gehen haben. Wenn Gottes Wort zu uns redet, soll uns ein Licht aufgehen. Sein Wort ist wie kleine Lampen, die eine große Parkanlage erleuchten. Durch diese Hilfe gibt es keine Fehltritte. Deshalb lohnt es sich, täglich ein Gotteswort zu Herzen zu nehmen, so z.B. Psalm 73, in dem es heißt: Du hältst mich bei meiner rechten Hand *(Vers 23.)*. Mit diesem Wort läßt es sich getrost in den Tag hineingehen.

*Dein Wort ist's, das mein Herz erfreut,
Dein Wort gibt Trost und Seligkeit.*

# 23. Juli

**Als meine Seele in mir verzagte, gedachte ich an den Herrn; und mein Gebet kam zu dir.**
*Jona 2,8*

Gott wollte Jona einen Auftrag geben, aber Jona versuchte, vor Gott zu fliehen. Er ging an Bord eines Schiffes, bis ein großer Sturm das Schiff in Seenot brachte. Jona war sich seiner Schuld bewußt und ließ sich ins Meer werfen. Ein großer Fisch verschlang ihn. So betete nun Jona im Bauch dieses Fisches. Jesus hat dieses Gebet ernst genommen; auch wir sollen aus ihm lernen. Beten Sie wirklich regelmäßig und vertrauen sich Gott an? Es gibt auch Gebetsmüdigkeit. Wenn sie uns bewußt wird, erinnern wir uns gern, daß es lohnenswert ist, sich an Gott zu wenden. Jona gehörte zu den Menschen, die in die Versuchung kommen, Gott zu vergessen, wenn das Leben ohne ihn zu laufen scheint. Aber jetzt ist seine Seele sehr betrübt. Das tröstet uns, daß Männer und Frauen der Bibel in gleiche Notlagen gekommen sind, die wir auch kennen. Es muß erst dunkel um uns herum werden wie bei Jona im Bauch des Fisches. "Da dachte ich an den Herrn", so betete er. Es war noch nicht zu spät. Der Herr nahm sein Gebet auf. Davon können wir lernen. Gott läßt uns nicht fallen. "In wieviel Not hat nicht der gnädige Gott über dir Flügel gebreitet," *(EG 317)* so singen wir im Loblied. So kommen unsere Gebete bei Gott an, wenn sie aus der Not heraus auch nur gestammelt werden. Der Prophet Jona hat uns das Beispiel gegeben. Gott erhörte ihn in der tiefsten Dunkelheit im Bauch des Fisches. Dann spie der Fisch Jona wieder ans Land. Aber müssen wir uns erst durch Dunkelheiten und Tiefen führen lassen, um Gottes Nähe zu erkennen? Gott möchte täglich und regelmäßig erhört werden, auch heute.

**Wir danken Dir, Herr, allmächtiger Gott, daß Du uns auch die Treue hältst, wenn wir vor Dir versagen.**

# 24. Juli

**Lebt als die Kinder des Lichts; die Frucht des Lichts ist lauter Güte und Gerechtigkeit und Wahrheit.**
*Epheser 5,8b+9*

Kinder des Lichtes stehen im Rampenlicht, sie stehen im Lichtkegel Gottes. Das ist nicht immer eine angenehme Angelegenheit, denn wer im Lichtkegel steht, wird von allen Seiten gesehen.
Aber Gott hat es so gewollt, daß seine Kinder der Welt von ihrem Leben und Verhalten ein Zeugnis geben. Kinder Gottes sind wir mit der Taufe geworden, und wer die Taufe bewußt angenommen hat z.B., durch seine Konfirmation, der weiß, daß er Gottes Kind ist.

Als Kinder Gottes sind wir Kinder des Lichtes, denn Jesus Christus ist das Licht der Welt geworden. In diesem Licht, sagt der Apostel Paulus, müssen wir unseren Lebensweg gehen. Das soll nicht nur Belastung, sondern viel mehr Freude bringen. Wer im Lichtkegel wandert, wie auch ein Auto in seinem Lichtkegel fährt, der geht den rechten Weg, der kommt ans Ziel. Das Licht, so sagt Paulus, bringt Frucht, und weil Jesus das Licht der Welt ist, bringt er die Frucht der Güte, der Gerechtigkeit und der Wahrheit. Im Lichte Christi wandeln heißt, daß uns der Herr mit Güte begegnet, durch seine Gerechtigkeit und seine Wahrheit. Kinder des Lichtes sind aber darüber hinaus auch Erben des Reiches Gottes. Sie haben Lebenserwartung über den irdischen Tod hinaus und werden in der Ewigkeit teilhaben an Gottes ewigem Reich. Das wäre dann der Lohn für den aufrichtigen Gang im Lichtbereich unseres Herrn Jesus Christus.

*Ach bleib mit Deinem Glanze bei uns, Du wertes Licht;*
*Dein Wahrheit uns umschanze, damit wir irren nicht.*
*Ach bleib mit Deinem Segen bei uns, Du reicher Herr;*
*Dein Gnad und alls Vermögen in uns reichlich vermehr.*

# 25. Juli

**Nicht uns, Herr, nicht uns, sondern deinem Namen gib Ehre um deiner Gnade und Treue willen.**
*Psalm 115,1*

Vor vielen Jahren machte ich einen Besuch in der Anstalt Bethel bei Bielefeld. Ein schwerbehinderter junger Mann hatte einen kleinen Verkaufsstand aufgebaut. Er brannte mit den Füßen sehr geschickt kurze Sprüche in dafür bereitete Holzbretter, die man als Wandschmuck erwerben konnte. Die Besucher konnten bei der fleißigen Arbeit zusehen. Das war ihm eine besondere Freude. Auf einem Brettchen standen nur zwei kurze Wörter: "Ich" und "ER", Das erste Wort war durchgestrichen. So blieb nur noch ER. Auch das war eindrucksvolle Verkündigung. Der junge Künstler wollte damit zum Ausdruck bringen, daß letzten Endes nur Gott die Ehre gilt, nicht uns.

Der Psalmist formuliert diesen Wunsch in ein Gebet. Als Geschöpfe unseres Gottes haben wir nicht das Recht, unseren Namen vor ihm groß zu machen, sondern Gottes Name gilt allein. Sogar Jesus hat immer wieder von sich weg und auf seinen Vater verwiesen. Als der reiche Jüngling ihn fragte *(Matthäus 19,16)*: "Meister, was soll ich Gutes tun, daß ich das ewige Leben möge haben?" Antwortete Jesus: "Was fragst Du mich über das, was gut ist? Gut ist nur Einer." So können wir auch nur immer wieder den Vater bitten, daß wir ihm die Ehre geben, denn gnädig und treu ist er allein. Deshalb sollten auch überzeugte Christen bei allen guten Bekenntnissen vor der Welt darauf acht haben, daß sie letzten Endes Gott in Jesus Christus vorstellen und verherrlichen und nicht sich selbst.

***Vater, Dein Name werd von uns gepreiset, Dein Reich zukomme, Dein Will werd beweiset, frist unser Leben, wollst die Schuld vergeben, erlös uns. Amen.***

## 26. Juli

**Groß ist der Herr und hoch zu rühmen in der
Stadt unsres Gottes, auf seinem heiligen Berge.**
*Psalm 48,2*

Vor dem israelischen Sechstagekrieg, als noch Jerusalem geteilt war, fuhr ich zum ersten Mal nach Israel. Es war 1963. Die Stadt hinterließ auf die Besucher einen ähnlich traurigen Eindruck wie Berlin zur Zeit der Mauer. Die Klagemauer lag im jordanischen Stadtteil und konnte von den gläubigen Juden nicht aufgesucht werden. Dafür war die Ersatzpilgerstätte der Berg Zion mit dem König-David-Grab. Auch für Besucher war der Berg Zion ein beliebtes und wichtiges Ziel. So wanderten wir bei großer Hitze auf den " Heiligen Gottesberg", wie der Psalmdichter schreibt. Da erlebte ich eine besonders eindrucksvolle Szene: Ein sehr alter jüdischer Pilger - er war erblindet - ließ sich in seinem schweren und langen Gewand von einem Knaben den Berg hinaufführen. Der gläubige Jude wollte am König-David-Grab anbeten. So ehrfürchtig achtet der fromme Israeli den heiligen Berg Zion.

Mich hat dieser Eindruck damals sehr bedrückt, als ich an unsere leeren Kirchen in der Heimat denken mußte. Viele nichtige Entschuldigungen werden für den Besuch von Gottesdiensten angeführt. Auch die Ehrfurcht vor unseren heiligen Stätten, die wir aufzuweisen haben, ist weitgehend verloren gegangen. Dabei gibt es täglich viele Gründe, Gott zu loben in seiner Heiligkeit. Diese Ehrfurcht müssen wir uns wieder neu erbitten: Herr ich habe lieb die Stätte Deines Hauses und den Ort, da deine Ehre wohnt. *(Psalm 26,8)*

**Tut mir auf die schöne Pforte, führt in Gottes Haus mich ein; ach wie wird an diesem Orte meine Seele fröhlich sein! Hier ist Gottes Angesicht, hier ist lauter Trost und Licht.**

# 27. Juli

**Sei getrost, mein Sohn, deine Sünden sind Dir vergeben.**
*Matthäus 9,2b*

Immer wieder hat dieser Zuspruch Jesu geschockt, wenn Menschen zu ihm kamen, die von körperlichen Leiden geheilt werden wollten. Sündenvergebung ging der Heilung voraus. Erst mußte der Geplagte wieder in die Nähe Gottes gebracht werden, seine Vergangenheit und damit seine alte Schuld abgegeben werden. Dann erst hat Jesus ihn durch Heilung seiner körperlichen Gebrechen ins neue Leben geführt. Ein guter Freund erzählte mir: "Ich lag im Krankenhaus und bekam dort eine Lungenembolie. Hatte starke Schmerzen, konnte kaum noch atmen. Meine leise Frage an die Nachtschwester, bevor ich auf die Intensivstation kam war: Ob ich das wohl überlebe? Ich hörte nur schwach die Antwort: .....wenn Gott es will! In der Intensivstation stand dann plötzlich die Nachtschwester von der letzten Station an meinem Bett. Sie betete laut für mich. Dann hinterließ sie mir einen Brief mit dem 121. Psalm: Ich hebe meine Augen auf zu den Bergen. Woher kommt mir Hilfe? Meine Hilfe kommt von dem Herrn... Diese Worte berührten mich innerlich so sehr, daß ich in den nächsten Tagen mein Leben in Gottes Hand legte. Von diesem Zeitpunkt an ging es mir langsam besser. Dann bat ich Gott um Vergebung. Eine Last fiel von meinem Herzen. Gott hat mir vergeben. Durch eine Beichte wurde das später besiegelt. Zwei Jahre hatte man im Gebetskreis für mich gebetet. Nun war ich angenommenes Gotteskind und gehöre nun meinem Herrn Jesus Christus als sein Jünger." Wunder gibt es auch noch heute. Wir dürfen sie erleben.

***Und bin ich gleich der Sünde voll,***
***hab ich gelebt nicht, wie ich soll,***
***ei, kommst Du doch deswegen her,***
***daß sich der Sünder zu Dir kehr.***

## 28. Juli

**Unser Glaube ist der Sieg, der die Welt überwunden hat.**
*1. Johannes 5,4*

Wie ist das möglich, daß die Kirche noch lebt, zweitausend Jahre nach der Gründung der Gemeinde durch Jesus? Das ist keine profane Organisation gewesen. Gott hätte sie schon längst zerschmettert, weil er nicht will, daß wir seinen Namen mißbrauchen. Nur der Glaube immer wieder neu Hinzugekommener hat die Kirche Jesu Christi wachsen und werden lassen. In der Apostelgeschichte, die ja die Kirchengeschichte der Urgemeinde ist, kann man auf fast jeder Seite lesen, wie Menschen zum Glauben gekommen sind.

Aber Glauben steckt auch an! Das habe ich als junger Mann erlebt: Als ich im letzten Krieg einsam als Verwundeter auf dem Schlachtfeld lag, neben zerfetzten Toten und stöhnenden Schwerverletzten, habe ich Gott versprochen: "Herr, wenn Du mich hier herauskommen läßt und mich wieder an meine Eltern zurückgibst, dann will ich ganz fest glauben und Dir mein Leben lang dienen." Gott hat es getan, und ich durfte sein bescheidener Diener werden, obwohl meine Eltern anderes mit mir vorhatten. Aber zum rechten Glauben kam ich erst, als ich dann in der russischen Gefangenschaft am Asowschen Meer gläubige Kameraden kennenlernte, über die ich nur staunen konnte. Den oft sehr schweren Alltag hatten sie voll im Griff, auch wenn andere verzagten. Besiegt durch den Glauben! Als kleine Gruppe bekennender Christen haben wir so durchgestanden und der Herr hat mitgemacht. Das war unsere Welt, die wir im Glauben überwunden haben. Auch heute müssen wir täglich bitten:

*Herr, stärke uns den Glauben! - Wer an Dich glaubt,*
*erhebt sein Haupt und siehet Dir entgegen;*
*Du kommst uns ja zum Segen.*

## 29. Juli

**Es werden nicht alle, die zu mir sagen: Herr, Herr! in das Himmelreich kommen, sondern die den Willen tun meines Vaters im Himmel.**
*Matthäus 7,21*

Jesus hat immer seine Zuhörer durchschaut. Sie haben sich um ihn geschart, ihn verherrlicht und auch von ihm weitergesagt. Vieles war aber, wie man es auch heute kennt, verbunden mit einer vorübergehenden Sensation. Das erinnert an das Gleichnis von dem Säemann, der seine Saat ausstreute, und nur ein vierter Teil fiel auf gutes Land. So hatte Jesus auch Zuhörer, die viel Gutes getan haben, die aber später das Verhältnis zu Gott haben verkümmern lassen. Genau das gibt es heute: Man ist sozial eingestellt, humanistisch, weiß beim wahrsten Sinne des Wortes Nächstenliebe zu üben, aber es geschieht nicht aus dem Glauben heraus. Wer nicht aus dem festen Glauben an Gott in unserem Herrn Jesus Christus das Werk an den anderen verübt, also in diakonischem Verhalten, läßt alles gute Schaffen auf sich zurückfallen. Zu dem Gebot von der Nächstenliebe gehört unabwendbar, daß man Gott die Ehre gibt. Das geschieht, indem wir glauben. Jesus lehrt: Wer ihn anredet als seinen Herrn, ihm aber damit nicht zugleich den Glauben schenkt, der verehrt ihn vergeblich. Natürlich kann keiner für sich persönlich etwas für seinen Platz im Himmelreich tun. Gott selber ruft uns ab. Wir sind alle auf Gottes Gnade angewiesen, und dafür können wir nur immer wieder Jesus bitten wie der Vater eines kranken Knaben: "Herr, ich glaube; hilf meinem Unglauben *(Markus 9,24)*." Das führt zur echten Anrede: "Herr, Herr!" wie sie Jesus von uns erwartet.

*Der Glaub sieht Jesum Christum an,*
*der hat gnug für uns all' getan,*
*er ist der Mittler worden.*

# 30. Juli

**Wahrlich, ich sage euch: Solchen Glauben
habe ich in Israel bei keinem gefunden.**
*Matthäus 8,10b*

In dem vorliegenden Vers wird ein römischer Hauptmann ins Gespräch gebracht. Sein Knecht war schwer krank. Der Hauptmann muß wohl sehr um seinen Knecht - dankbar - besorgt gewesen sein, sonst hätte er ihn fallen lassen können und hätte sich um einen anderen bemüht. Schon das spricht für den Vorgesetzten. Aber er tut noch mehr. Als römischer heidnischer Hauptmann hört er von dem frommen Juden Jesus von Nazareth, von dem man zusätzlich sagt, daß er ein besonderer Heiliger sein solle. Daß dieser Hauptmann über die "Schwelle" tritt und zu Jesus kommt, ist schon ein großer Schritt. Dann bittet er ihn um die Heilung seines Knechtes. Jesus bietet seinen Besuch an, aber dann kommt das rührende Bekenntnis dieses Römers: "Ich bin es nicht wert, daß du in mein Haus kommst (denn ich bin Heide). Bitte sprich nur ein Wort!" Wer hatte zu Jesus ein so großes Vertrauen? Dieser Glaube war für Jesus einmalig in Israel. Über den Glauben wurde erst gestern in der Andacht gesprochen, denn er ist nun mal die wichtigste Verbindung zu Gott. Das heißt, wenn wir uns als Gottes Kinder wissen, dann gilt, daß wir täglich aus dem Glauben leben, daß wir täglich durch den Glauben Gott die Ehre geben. Der Glaube kann aber auch etwas ganz Profanes sein. Man kann an vieles glauben, und so verhalten sich die meisten Menschen. Glaube an Gott bindet aber an den, der uns geschaffen hat. Er hängt mit Vertrauen zusammen. Wenn man einem glaubt, vertraut man ihm. Das gilt auch im Vertrauen zu unserem Herrn Jesus Christus als Gottes Sohn. Der römische Hauptmann hat es uns vorgemacht.

*Danke, Herr, daß wir Dich haben und mit Dir leben!*

# 31. Juli

**Nicht daß ich's schon ergriffen habe oder schon vollkommen sei; ich jage ihm aber nach, ob ich's wohl ergreifen könnte, weil ich von Christus ergriffen bin.**
*Philipper 3,12*

Der Apostel Paulus ist voller Freude, wenn er an Christus denkt, den er unter Qualen vor Damaskus auf dem Weg zu verfolgten Christen angenommen hat. Der Glaube an Christus bewahrt ihn davor, wieder in die jüdische Gesetzlichkeit zurückzufallen. Christus ist seine Freude! So kennt er auch nur das eine Ziel, das durch Leiden und Anfechtungen führt, am Ende seines Lebens bei Christus zu sein. Diese Freude steigert sich in seiner Gefangenschaft, weil er mit der Hinrichtung rechnen muß. Das Letzte, so sieht er das, das ihm noch bleibt, ist, diese Freude weiterzugehen. So ist die Botschaft von Paulus auch bei uns angekommen. Wer sich in den Philipperbrief hineinliest, nimmt teil an der Freude, von der Paulus geprägt war.

Wir gehören als Christen noch nicht zu den Vollkommenen. Vollkommen sind wir erst in der Ewigkeit. Aber das Evangelium hat uns auf den Weg gebracht. Jeden Tag dürfen wir an uns arbeiten und uns neu die Kraft des Geistes Gottes erbitten, der uns ans Ziel bringen möchte. Wir würden in neue Versuchung fallen, wenn wir mit Scheuklappen durchs weitere Leben gehen würden. Christen müssen informiert sein, mitten im Leben stehen. Aber sie dürfen sich nicht aus der Bahn werfen lassen. Das Ziel muß vor Augen bleiben. Vollkommen werden durch Jesus Christus.

*Wer hier ermüden will, der schaue auf das Ziel,*
*da ist Freude.*
*Wohlan, so seid zum Kampf bereit, so krönet*
*euch die Ewigkeit.*

# 1. August

**Laß deiner sich freuen und fröhlich sein alle, die nach dir fragen, und die dein Heil lieben, laß allewege sagen: Der Herr sei hochgelobt!**
*Psalm 40,17*

Dank und Bitte prägen den 40. Psalm. In weiser Vorausschau sieht der fromme Mann (David) schon das endgültige Heil, das einmal über Israel kommen wird. Der Messias, der Heiland, ist für ihn schon auf dem Weg. So bittet er Gott, daß er die Menschen, die ihn im Heiland erwarten, schon in rechter Vorfreude leben lassen möchte. "Laß deiner sich freuen und fröhlich sein alle, die nach dir fragen."

Wer wirklich nach dem Herrn fragt, lebt in der Vorfreude, diesen Herrn zur Seite zu bekommen, um dann mit ihm zu leben, mit ihm durch das ganze Leben zu gehen, das Leben von ihm füllen zu lassen. Es gibt heute in unserer sehr säkularisierten Gesellschaft Christengemeinden und einzelne Menschen, die vielleicht von ihren Gemeinden enttäuscht wurden, die ganz fröhlich und immer wieder bekennen können: Der Herr sei hochgelobt! Warum ist es nur so schwer, diesen Herrn anzupreisen? Meint man, daß man dann auf seinen alten Lebenswandel und auf seine alten Freunde verzichten müsse? Natürlich, wer sich dann noch gegen Christus stellt, gehört nicht mehr in den Lebensbereich eines von Gott angenommenen Christenmenschen. Aber sehr schnell wird man aus der neuen Perspektive erkennen, daß all das Alte, das jetzt im Wege ist, grundsätzlich nicht froh gemacht hat. Wer erst den neuen Weg eingeschlagen hat, möchte nicht wieder umkehren, sondern kann der Freude Ausdruck geben: Der Herr sei hochgelobt!

**Christus spricht: ICH bin der Weg, ICH weise wohl, wie man wahrhaftig wandeln soll.**

## 2. August

**Es ist aber nahe gekommen das Ende aller Dinge.
So seid nun besonnen und nüchtern im Gebet.**
*1. Petrus 4,7*

Besonders im Alter stellt man fest, daß die zur Verfügung stehende Zeit eilig dahinläuft. Es ist nicht nur der neu begonnene Tag, der bald seine Höhe in der Mittagszeit erreicht hat, sondern auch das ablaufende neue Lebensjahr. Die Zeit läuft dahin. Dabei liegt in dem Wort Zeit der Gedanke "Zeit haben" oder "keine Zeit haben". Jedenfalls dient die Zeit, um mit ihr etwas anzufangen, sie sinnvoll zu füllen. Wenn ich auf meine Standuhr schaue, die dem Schreibtisch gegenübersteht, dann wird mir oft bange, denn sie geht immer Sekunde für Sekunde, tick, tack, tick, tack weiter, bis der große Zeiger seine Runde gemacht hat.

Für den Apostel Petrus läuft genau so die Zeit ab, aber er denkt dabei noch zusätzlich und besonders an die Weltzeit. Die Welt geht durch den Ablauf der Zeit genau so ihrem Ende entgegen wie ein neu begonnenes Jahr. Für das Ende der Weltzeit ist aber eine Prophezeiung gemacht, die auf einen neuen Anfang hoffen läßt. Jesus hat diesen neuen Anfang verheißen. Er hat uns gesagt, daß er, wenn diese Weltzeit ein Ende nimmt, wiederkommen wird, um einen neuen Himmel und eine neue Erde aufzubauen. Damit wir Jesus vorher nicht aus den Augen und aus dem Sinn verlieren, empfiehlt der Apostel Petrus, daß wir nicht mit dem Beten nachlässig sein sollen. Wir sollen zu dem Kontakt behalten, der gewiß wiederkommen wird, Jesus Christus. Dafür lohnt sich das Gebet.

*Ja, Herr Jesu, bei Dir bleib ich so in Freude wie in Leid; bei Dir bleib ich, Dir verschreib ich mich für Zeit und Ewigkeit.*

# 3. August

**Was mir Gewinn war, das habe ich um
Christi willen für Schaden erachtet.**
*Philipper 3,7*

Gewinn! Ein beliebtes Schlagwort unserer Tage. Viele Menschen setzen auf Gewinn. Nicht nur das Preisrätsel verspricht das große Glück, die Lotterie, eine Werbefahrt. Gewinne sind der Tenor auf dem Geldmarkt, beim Umsatz. Ist es aber hier und da zum großen Los gekommen, gilt häufig das bekannte Sprichwort: Wie gewonnen, so zerronnen. Oft kommt es nach dem großen Glück zur gleich großen Armut.

Gewinnchancen wie in unserer Zeit kannte der Apostel Paulus nicht. Trotzdem hatte er, wie er selber schreibt, sein altes Leben auf Gewinn aufgebaut. Nicht Geld oder Gut wollte er gewinnen, sondern den Frieden mit Gott und die ewige Seligkeit. Das war schon sehr edel. Dafür zählte er seine Leistungen auf, deren Krone letztlich die Verfolgung der gotteslästernden Christen war. All das sollte ihm den rechten Platz bei Gott einbringen. Aber dann trat Jesus in sein Leben, der ihm eine neue Blickrichtung gab und ihn lehrte, daß alles Trachten und Mühen vergeblicher Einsatz sind, wenn es uns vor Gott Gewinn bringen soll. Allein Jesus hat den Weg zu Gott freigekämpft. Sein Opfer am Kreuz brachte der Welt Gewinn. Als Sohn zur Rechten des Vaters sitzend kommt er den Menschen entgegen. Er holt sie ab, wo sie sind; so wie er auch Paulus vor Damaskus abgeholt hat für die neue Jüngerschaft. Wer ewiges Heil erhofft und damit schon in diesem Leben glücklich werden will, muß wie Paulus einen Strich unter die Vergangenheit ziehen und mit Jesus Christus einen neuen Anfang machen.

*Wir hängen zu sehr an den Vergänglichkeiten dieser Welt.
Mach Du uns davon frei, Herr Jesus Christus.*

# 4. August

**Wer nicht sein Kreuz auf sich nimmt und folgt mir nach, der ist mein nicht wert.**
*Matthäus 10,38*

Das ist eine harte Rede, die Jesus an seine Jünger richtet. Wir könnten jetzt sagen: Dann geht uns das nichts an. Aber geht das so einfach? Natürlich machen sich viele das Leben leicht, indem sie nicht an Sünde und Schuld denken. Das macht sich in unserer Gesellschaft bemerkbar und gut. Die Schuld wird verdrängt, und die Sünde nicht mehr beim Namen genannt. Das geht aber nur solange, wie sich jeder selbst der Nächste ist. Wenn wir Gott in unser Leben einbeziehen und von ihm erwarten, daß er uns treu zur Seite steht, besonders wenn das Leben uns durch Tiefen führt, dann müssen wir uns ihm auch offenbaren. Er gibt uns seinen Sohn zur Seite, der für die Welt das Kreuz getragen hat. Aber wer ist Jesus wert? Jesus sagt uns, daß er von uns das Tragen des Kreuzes erwartet. Da gibt es viele Kreuze zu tragen. Wie oft bricht man unter solchem Kreuz zusammen, wie auch Jesus zusammengebrochen ist. Wahrscheinlich mußte letzteres sein, damit wir den Mut haben, trotzdem auf den Herrn zu bauen. Ich kenne viele alte Menschen, deren ganzes Leben nur ein Kreuztragen war. Was man da alles aufzählen könnte? Aber das Wunderbare ist, daß sie trotzdem nicht müde geworden sind, ihrem Herrn zu vertrauen, ihm die Treue zu halten, Sie haben ihn so in ihr hohes Alter hineingenommen, in unbeschreiblicher Geduld. Das wird Gott nicht unbelohnt lassen, sondern ihnen die Krone des Lebens geben: Jesus Christus, der sie aus der Zeit in die Ewigkeit trägt.

*So laßt uns denn dem lieben Herrn*
*mit unserm Kreuz nachgehen*
*und wohlgemut, getrost und gern*
*in allem Leiden stehen.*

# 5. August

**Ich kannte dich, ehe ich dich im Mutterleib bereitete, und sonderte dich aus, ehe du von der Mutter geboren wurdest.**
*Jeremia 1,5*

So erging das Wort an den Propheten Jeremia. Gott hat zu ihm geredet und ihn dann in das Prophetenamt gerufen. Aber dieser Zuspruch ist genau so für manch einen von uns eindrucksvoll. Wir sind alle irgendwann einmal zur Welt gekommen, haben das Licht der Welt erblickt, wie man zu sagen pflegt.

Eine gute Aussage, denn neun Monate lebt der werdende Mensch in Finsternis, im Bauch der Mutter. Wie muß uns wohl als Neugeborene zumute gewesen sein, als es plötzlich hell um uns herum wurde? So wie zu Jeremia spricht Gott zu uns heute und läßt uns wissen, daß er uns während der ganzen neun Monate der Schwangerschaft unserer Mutter im Auge hatte, ja er kannte uns schon sehr genau und wußte, was er in unserem späteren Leben von uns zu erwarten hatte. Er selber hat bei der Prägung unserer Persönlichkeit Anteil gehabt. So mühevoll sind wir geworden. Das sei besonders heute dem gesagt, der diese Zeilen an seinem Geburtstag liest. Ein wunderbares Geburtstagsgeschenk, wenn Gott uns heute sagt: "Ich kannte Dich schon seit deinem Anfangsstadium im Leib deiner Mutter." So begleitet uns unser Schöpfer von den ersten Lebensbewegungen bis zum Tode. Und während unseres Lebens gibt er uns die Möglichkeit, daß wir zu ihm Kontakt aufnehmen und ihn erkennen, mit ihm reden, uns ihm anvertrauen und uns von ihm bereiten lassen für das ewige Leben. So wunderbar geht Gott mit uns, mit seinen Geschöpfen um. Wer wollte darauf verzichten?

*Wir können es kaum fassen, wie Du, Herr, Dich um uns sorgst. Dafür können wir Dir nicht genug danken.*

# 6. August

**Das Himmelreich gleicht einem Schatz, verborgen im Acker, den ein Mensch fand und verbarg, und in seiner Freude ging er hin und verkaufte alles, was er hatte, und kaufte den Acker.**
*Matthäus 13,44*

Jesus redete gern in Gleichnissen, die dann auch ihren Tiefgang hatten. So vergleicht er hier das Himmelreich mit einem wertvollen Schatz, den ein Landwirt auf seinem Acker plötzlich entdeckt. Das Himmelreich, so Jesus, kann für einen Menschen lange irgendwo verborgen sein, bis ihm die Augen dafür geöffnet werden. Aber was ist da verborgen? Martin Luther schreibt vom Himmelreich: "Wo das Evangelium ist, da ist Christus; wo Christus ist, da ist der Heilige Geist und sein Reich, das Himmelreich." Das Himmelreich ist nicht optisch wahrnehmbar wie unser kosmischer Himmel, sondern es ist der Bereich, in dem Jesus Christus kraft des Heiligen Geistes für uns gegenwärtig ist. Viele Menschen sind auf der Suche nach dem Herrn und finden keinen Zugang zu ihm. Hier im Gleichnis wird uns gesagt, daß der Herr sich auch denen darstellt, die ihn nicht gesucht haben. Die Herrschaft Gottes, in der Jesus der Herr ist, ist für uns so wertvoll, daß wir sie mit keinem irdischen Gut bezahlen können. Wir können sie uns nur schenken lassen. Dem Landmann geht das Licht auf. Jahrelang hat er an diesem Schatz vorbeigepflügt und ihn nicht entdeckt. Dann plötzlich wird er ihm vor die Füße gelegt. Der Schatz hat sich ihm geoffenbart, Jesus Christus selbst. Er ist der höchste Schatz, den wir in unserem Leben finden können. Wenn wir ihn haben, verlieren alle anderen Werte ihren Reiz. Das will uns Jesus im Gleichnis sagen.

**Du, Herr Jesus, bist der größte Schatz, den wir finden können. Sei uns nahe und allen Menschen.**

# 7. August

**Als Jesus nahe hinzukam, sah er
die Stadt an und weinte über sie.**
*Lukas 19,41*

In diesen Tagen gedenken wir in den Kirchen der Zerstörung Jerusalems im Jahre 70 nach Christus. Wenn man vor Jerusalem auf dem Ölberg steht, hat man die ganze Stadt vor seinen Füßen liegen, ein herrliches Panorama. So hat es Jesus auch erlebt. Er sah vor sich die Stadt mit ihren Mauern, Türmen und dem Häusermeer, das zu seiner Zeit noch nicht so gewaltig war wie heute, aber immerhin. Dann kamen ihm die prophetischen Gedanken. Vergeblich hat er versucht, Israel zu dienen und dem Volk die frohe Botschaft, das Evangelium vom Heil der Welt, zu bringen. Er wußte sich als der von den Juden erwartete Messias. Aber das Volk hat nicht gewollt. Deshalb sah er das große Gericht über Jerusalem kommem. Jesus weinte! Seine ganze Menschlichkeit kommt da zutage. Jesus hat Recht behalten. Jerusalem wurde durch den Kaiser Titus dem Erdboden gleich gemacht. Kein Stein blieb auf dem andern. Das macht mich nachdenklich. Ich habe den Eindruck, daß der Herr so manches Mal über unser Volk traurig ist und - weint! Die frohe Botschaft wurde besonders nach dem zweiten Weltkrieg überall in den Dörfern und Städten intensiv verkündet. Die Kirchen waren brechend voll, aber unser Volk ist wieder gleichgültig und teils gottlos geworden, womit es ein neues Gottesgericht heraufbeschwört. Jeder, der noch ein Herzensverhältnis zu seinem Heiland hat, sollte in sich gehen und nachdenklich werden. Gebete können Berge versetzen, auch Gottesgerichte abwenden. So laßt uns beten:

*Allmächtiger Gott, Du kennst unsere Undankbarkeit
und Untreue. Hilf uns wieder zurecht, daß wir Dir
gehorsam werden und Dir mehr Vertrauen schenken.*

# 8. August

**Danach setzte sich das Volk, um zu essen und zu trinken, und sie standen auf, um ihre Lust zu treiben.**
*2. Mose 32,6b*

So ist das im Leben: Wenn man Hilfe erfährt, ist man froh und glücklich. Aber bald ist der Helfer vergessen und seine Mühe ebenfalls. Es wird wieder alles zur Selbstverständlichkeit. Das Volk Israel hat sich nicht anders verhalten. Glücklich war es, als Mose es aus der ägyptischen Gefangenschaft befreit hatte und mit ihm auf dem Weg ins Heilige Land war. Dann aber kam nach und nach über das Volk die Ungeduld und Unzufriedenheit. So auch hier, Mose war auf dem Berg Sinai, um von Gott die Gesetzestafeln zu empfangen. Da er zu lange ausblieb, wurde das Volk unzufrieden, hielt sich an Moses Bruder Aaron, der nachgiebig war. Er goß ein goldenes Kalb als Gottesersatz, das man anbetete. So kam der Übermut. Man lebte in Saus und Braus und vergaß, was Gott ihnen Gutes getan hatte. Noch nie ist es unserem Volk so gut gegangen wie in den letzten Jahrzehnten. Besonders wenn beide Ehepartner verdienen, bringen sie viel Geld nach Hause, das man für einen normalen Lebensunterhalt nicht ausgeben kann. Dadurch steigt der Lebensstandard - auf Kosten derer, die rechnen müssen! Wie wird heute geschwelgt, so daß man auch bei uns sagen kann: Essen, trinken, aufstehen und die Lust treiben. Teure Weltreisen gehören dazu. Das kann auf die Dauer nicht gutgehen, besonders wenn wir daran denken, wieviel Elend und Hungersnöte es in der Welt gibt. Wie lange soll Gott noch zusehen, wielange noch mit uns Geduld haben? Ob wir noch einmal zur Besinnung kommen und nachdenklich werden?

*Gedenke, Herr, an deine Gemeinde, die du vorzeiten erworben und dir zum Eigentum erlöst hast.*
*Psalm 74,2*

# 9. August

**In Christus Jesus seid ihr jetzt, die ihr vormals ferne gewesen seid, nahe geworden durch das Blut Christi.**
*Epheser 2,13*

Einst ferne gewesen - jetzt nahe? Wir Christen im christlichen Abendland können kaum noch ermessen, welch ein Abgrund hier überwunden ist. Wenn dieses Pauluswort zum Beispiel von einem schwarzen Christen gehört wird, erinnert sich dieser gewiß an die Zeit seiner heidnischen Vorfahren oder an sein eigenes Leben vor seiner Berufung. Mit Schrecken denkt er an die vielen Kulte, die die Menschen in den Bann nehmen. Nicht anders war es bei unseren Vorfahren. Paulus möchte uns ins Herz brennen, daß wir uns unserer Gotteskindschaft neu bewußt werden sollen.

Jeden Tag, den Gott uns schenkt, dürfen wir uns freuen, daß wir erlöste Kinder Gottes sind. Die Angst ist von uns genommen, der Bann ist weggetan. Während meiner Studienzeit erzählte mir ein indischer Freund, daß sein Großvater noch als Stammeshäuptling die Pflicht gehabt habe, einem als Götzen auserwählten Baum jedes Jahr ein Menschenopfer, ein kleines, schönes Kind als Lebendopfer zu bringen. Angst hatten die Mütter um ihre Kinder, mehr Angst noch die Stammesangehörigen, wenn dieses Opfer im Jahr nicht zustande kam. Gott hat uns durch Christus wieder in seine Nähe geholt. Er hat seinen Sohn als letztes Blutopfer dahingegeben, damit wir frei werden und uns freuen können. Das war ein einmaliges Geschenk an diese Welt und an die Menschen, die an Gottes Liebe glauben. Das kann nur unser Gott.

*Lobt Gott den Herrn, ihr Heiden all,*
*lobt Gott von Herzensgrunde,*
*preist ihn ihr Völker all zumal,*
*dankt ihm zu aller Stunde.*

# 10. August

**Israel aber hat dem Gesetz der Gerechtigkeit nachgetrachtet und hat das Gesetz der Gerechtigkeit nicht erreicht.**
*Römer 9,31*

Wenn man sich mit dem Volk Israel beschäftigt, wie es in den letzten Andachten zur Sprache gekommen ist, dann kann einem dieses Volk leid tun. Es hat eine lange Geschichte hinter sich, eine aufregende Geschichte. Der große Auszug aus Ägypten, dann später die Wegführung in die babylonische Gefangenschaft, danach Verfolgungen, Heimatlosigkeit, - Antisemitismus, den es schon seit Jahtausenden gibt. Seitdem das Volk Israel einen eigenen Staat hat, wird es von Unruhen und Unfrieden begleitet. Und das, obwohl sich die alten Israeliten das Gesetz durch Mose haben geben lassen und sie sehr darauf bedacht waren und es noch sind, ihr Gesetz zu halten. Wie ist das möglich? Israel hat durch das Gesetz nur nach seinen Werken gelebt und nicht aus dem Glauben, wie Paulus schreibt. Ihm fehlt letztes Gottvertrauen, obwohl der fromme Jude sehr mit Gott ringt. Denken wir an die Klagemauer, an der manch ein Jude zerbricht, weil er keinen Frieden mit Gott findet. An dem zu erwartenden Messias hat das jüdische Volk vorbeigelebt.

Der Erlöser "kam in sein Eigentum, aber die Seinen nahmen ihn nicht auf" *(Joh.1,11)*. Auch Jesus hat das Gesetz geachtet, dafür war er ein strenger Jude. Aber er hat neben das Gesetz die frohe Botschaft des Evangeliums von der Vergebung der Übertretungen gestellt. Besiegelt hat er diese Botschaft durch seinen Tod. Möge es das Volk Israel eines Tages auch erkennen und gemeinsam mit uns davon leben.

***Ja, Herr Jesus, wecke Dein Volk Israel bald auf und also segne Deines Wortes Lauf!***

# 11. August

**Wer sich selbst erhöht, der wird erniedrigt werden;
und wer sich selbst erniedrigt, der wird erhöht werden.**
*Lukas 18,14*

Dieses Jesuswort ist auch im täglichen Umgang von Mensch zu Mensch ein beliebtes Zitat. Viele kennen es nicht in seinem Zusammenhang mit der Geschichte, die vorausgegangen ist. Da stellt Jesus zwei betende Menschen im Tempel vor und gibt ihre Gebete als Gleichnisse wieder. Der eine, ein Pharisäer, dankt Gott, daß er ihn in seinem Leben so gut geführt habe und er dadurch dem biblischen Gesetz gerecht geworden sei. Nun stände ihm auch der Platz im Himmel zu. Der andere, ein Zöllner, ist sich seiner großen Sünde bewußt und kann nur um Gnade bitten. Diesen Bericht schließt Jesus mit dem Wort, das uns nachdenklich machen sollte. Das Wort geht von Jesus aus! Er stellt den Vergleich auf zwischen dem einen und dem anderen. Jesus steht zwischen beiden und nicht wir, die wir so gern auf den einen und auf den anderen schauen. Daher steht es nur Jesus zu, von diesem Wort Gebrauch zu machen. Aber wie sieht Jesus diese beiden Menschengruppen? Wir können es nur ahnen. Gott hat seinen Sohn in die Welt gesandt, damit Sünder selig werden, auch diese beiden im Tempel. Paulus schreibt, daß wir allzumal Sünder sind und des Ruhmes mangeln, den wir bei Gott haben sollen *(Röm. 3,23)*. Damit steht der Pharisäer neben dem Zöllner. Jesus schaut auf beide. Doch wer schaut auf Jesus? Paulus sagt, daß wir nicht durch Werke, sondern allein durch den Glauben an Jesus selig werden. Er hat das Werk vollbracht. Mehr als Vergebung der Sünden, Auferstehung der Toten und ewiges Leben gibt es nicht. Diese Zusage ist alles.

*Herr, vor dem Teufel uns bewahr, halt uns bei
festem Glauben und auf Dich laß uns bauen.*

# 12. August

**Jesus spricht: Selig ist, wer sich nicht an mir ärgert.**
*Matthäus 11,6*

Dieser deutliche Ausspruch von Jesus setzt voraus, daß es wohl genug Grund gäbe, sich über Jesus zu ärgern. Wo Jesus aufgetreten ist und das Evangelium erkundet hat, ist er manches Mal auf Widerstand gestoßen. So bei einer Unterhaltung mit den Juden über den Tempel, als Jesus ihnen sagt: "Brecht diesen Tempel ab, und in drei Tagen will ich ihn aufrichten." *(Joh. 2,19)* Was ist das für eine Herausforderung?

Wenn jemand so respektlos über unsere stattlichen Kirchen sprechen würde, würde es uns auch ärgern. Der Tempel war für die Juden das höchste Heiligtum. Dann soll ein solches "Gerede" nicht aufregen? Daß Jesus schon in Vorausschau seinen Kreuzestod meinte, von dem er am dritten Tage auferstehen würde, wer konnte das ahnen? Oder wenn Jesus in der Bergpredigt gesagt hat *(Mattheus 5,29)*: "Wenn dir aber dein rechtes Auge Ärgernis schafft, so reiß es aus und wirf's von dir." Wie soll man das ohne Widerspruch annehmen? Jesus hat sehr hart in Bildern gesprochen. Er wollte, daß die Menschen aufhorchen und wußte, daß sie sich über manche seiner Reden ärgern. Doch da sollen wir hindurch. Nicht ärgern, sondern über seine Worte nachdenken. Wer dann zu Jesus hält und seine Lehre annimmt, so sagt uns Jesus selbst, der wird selig werden. Selig werden heißt, gerettet werden, aus der Vergänglichkeit dieser Welt herausgerettet für das ewige Heil. Jesus zur Seite zu haben, mit ihm leben und gehen, das bringt Rettung.

*Allein zu dir, Herr Jesu Christ,*
*mein Hoffnung steht auf Erden.*
*Ich weiß, daß Du mein Tröster bist,*
*kein Trost mag mir sonst werden.*

# 13. August

**Der Herr, dein Gott, hat dein Wandern durch diese große Wüste auf sein Herz genommen.**
*5. Mose 2,7*

Das ist ein seelsorgerliches Wort, das jedem zugesprochen werden könnte, der in gewissen Lebensphasen auch sein Leben als einen Weg durch die Wüste erkennt. Ganz viele Menschen sind in dieser Stunde in einer Verfassung, die sie mit einer Wüstenwanderung gleichsetzen könnten. Dann dieser Trost: Gott nimmt dein schweres Leben, das durch Durststrecken führt, auf sein Herz! Wenn wir kurz an die biblische Geschichte denken, die zu diesem Wort Anlaß gab, dann steht uns das durch die Wüste wandernde Volk Israel vor Augen. Der Weg in das gelobte und verheißene Land ist nicht mehr weit. Vierzig Jahre Wüstenwanderung liegen schon fast hinter den Israeliten. Das waren harte Jahre, Jahre, die Entbehrungen und Opfer abverlangt haben. Viele der Mitwandernden haben unterwegs den Tod gefunden. Aber Gott hat sie alle auf sein Herz genommen, hat sie geliebt und läßt sie auch im Tode nicht los.

Ein solches Trostwort kann jedem Mut machen, auch in schweren Zeiten durchzuhalten. Gott nimmt uns auf sein Herz! Sein großes und weites Herz hat er in der Krippe zu Bethlehem abgelegt. Da offenbarte sich Gott mit seinem Herzen. Der in Bethlehem menschgewordene Gott war das letzte große Werk an die Menschheit. "Gott wird Mensch dir, Mensch, zugute, Gottes Kind, das verbindt sich mit unserm Blute." *(EG 36,2)*. In diesem einstigen kleinen Kind und späteren großen Gott schlägt Gottes Herz, das uns trägt. Es trägt uns durch gute und schwere Zeiten. So liegt es an jedem, ob er sich von Gott tragen läßt.

**Nun wir legen an Dein Herz, was von Herzen ist ergangen. Führ die Seufzer himmelwärts und erfülle das Verlangen.**

# 14. August

**Gott widersteht den Hoffärtigen,
aber den Demütigen gibt er Gnade.**
*1. Petrus 5,5c*

Mehrere Jahre ist Petrus an der Seite seines Herrn gegangen. Ein treuer Jünger ist er gewesen. So wußte er genau, wie sich Jesus den Menschen gegenüber verhält, und was er von ihnen erwartet. Petrus wußte auch, wen sein einstiger und dann späterer Herr annehmen und wen er verstoßen würde. So sagt Petrus uns auch heute: "Gott widersteht den Hoffärtigen, aber den Demütigen gibt er Gnade." Wenn Gott einem Menschen widersteht, seinem Kind, dann ist das wirklich sehr schlimm. Viele Menschen, besonders unserer Zeit, kennen für Gott nur Verachtung. Sie verachten die Taufe, das heilige Sakrament des Altars, das Abendmahl. Sie verachten auch die von Gott Berufenen und meinen, daß sie ohne Gott besser dran seien. Ich habe das während meiner Dienstzeit erlebt, als ich im Pfarrhaus der Kirche gegenüber wohnte. Wenn ich zu einer Amtshandlung im Talar die Bundesstraße überqueren mußte, die sehr befahren wurde, ist es mir passiert, daß Kraftfahrer ihren Wagen gehalten haben, damit ich hinübergehen konnte. Andere sind vor mir vorbeigerast und haben mich mit verächtlichen Zeichen gegrüßt. Man kann nur traurig sein, wenn man feststellen muß, daß sich immer mehr Menschen in einer Verhaltensweise von Hochmütigkeit oder Hoffärtigkeit, wie es die Bibel ausdrückt, von Gott und ihren Boten abwenden, als könne ihnen nichts passieren. Sie brauchen nicht Gott zu widerstehen, Gott widersteht ihnen! Das ist nicht auszudenken, besonders wenn sie eines Tages Gott wirklich nötig haben. - Aber den Demütigen gibt Gott Gnade!

*Gott, laß mich schmecken Dein kräftig Versühnen
und dies zu meiner Demütigung dienen.*

## 15. August

**Wer nicht mit mir ist, der ist wider mich,
und wer nicht mit mir sammelt, der zerstreut.**
*Matthäus 12,30*

Gestern hat uns Petrus gesagt, daß Gott den Hoffärtigen widerstehen wird. Heute redet Jesus zu uns in ähnlicher Weise. Er unterscheidet auch: Wer nicht mit mir ist, der ist wider mich. Dieser Satz klingt sehr hart. Wer sich gegen Jesus stellt, steht auch nicht mehr unter seiner Gnade, wird nicht angenommen. Für Jesus gibt es nur die Zuwendung ihm gegenüber oder das sich Abgeben an das Böse, an Satan. Eine andere Alternative gibt es nicht. Jesus war gekommen, um zunächst seine Jünger um sich herum zu sammeln. Mit ihnen gemeinsam sammelte er dann die erste Gemeinde, die vielen, die Jesus erlebt hatten, und denen er auch geholfen hatte.

Daraus sind unsere Gemeinden entstanden. Schon als kleine Kinder sind wir unterwiesen worden und haben Jesus kennengelernt, im Elternhaus, in der Schule und in der Kirche. Wer Jesus lieb gewonnen hat, gehört nicht zu denen, die nicht mit ihm sind, sondern bekennt, wie es bei vielen Anlässen gesungen wird: "Jesu, geh voran auf der Lebensbahn, und wir wollen nicht verweilen, dir getreulich nachzueilen. Führ uns an der Hand bis ins Vaterland." *(EG 391)* Dieses Lied macht deutlich, was es heißt, mit Jesus zu sein, zu seiner Gemeinde zu gehören und auch "mit ihm zu sammeln", wie Jesus selber fordert. Gott möge uns davor bewahren, daß wir es eines Tages nicht mehr für notwendig erachten, uns so zu verhalten. Dann kommen wir schnell in die Versuchung, zu den anderen zu gehören, die nicht sammeln, sondern zerstreuen. Jesus wäre darüber sehr traurig.

*Lasset uns mit Jesus ziehen, seinem Vorbild folgen nach.*

# 16. August

**Der Herr macht arm und macht reich,
er erniedrigt und er erhöht.**
*1. Samuel 2,7*

Bin ich denn völlig machtlos in den unbarmherzigen Armen unseres Gottes? Wenn er arm macht, (so wie er mich ja auch - was mir wohlgefällt - reich machen kann) - wenn er erniedrigt (so wie ich durch ihn erhöht werden kann) - was liegt dann noch bei mir? Gewiß, in diesem alttestamentlichen Gotteswort spiegelt sich die Größe der Gnade Gottes. Aber muß ich erst ganz arm werden, um durch ihn reich zu werden; erst durch die tiefsten Tiefen der Menschheit gehen, wie sie Jesus erlitten hat, um von ihm erhöht zu werden? Diese Frage brach in mir auf, als ich bei einer Freizeit mit Konfirmanden in einem Rehabilitationszentrum das Bekenntnis eines dort Geheilten hörte, der ein Zeugnis ablegen konnte von der freundlichen Hilfe Gottes. Muß jeder erst ganz unten sein, um zum gleichen Bekenntnis zu kommen? Das darf wohl nicht wahr sein. Wahr ist aber, daß dieses Wort, gleich wo es uns trifft, ein Zuspruch und eine Hilfe ist. Gott macht reich und er erhöht! Das ist seine Verheißung für jeden, der sein Wort annimmt. Das gilt auch jedem, der dieses Wort liest. Auch heute! Denn Gott möchte, daß jeder, der aus seinem Wort lebt, sich mehr und mehr übt in der Hinwendung zu ihm. Oder wer ist ihm schon so nah, daß er vollkommen wäre? Wer ist schon so beschenkt, daß Gott ihm nichts mehr zu bieten hätte? Wolle Gott geben, daß wir unsere geistliche Armut erkennen und immer reicher werden durch ihn, damit wir einst erhöht werden von ihm.

*Was sind wir Armen, Herr, vor Dir?
Aber Du wirst für uns streiten
und uns mit Deinen Augen leiten;
auf Deine Kraft vertrauen wir.*

# 17. August

**Der Herr ist hoch über alle Völker; seine Herrlichkeit reicht, so weit der Himmel ist.**
*Psalm 113,4*

Gottes Hoheit über die Völkerwelt, über die gesamte Weltgeschichte, ja über die weite Schöpfung, ist dem Psalmsänger ein Lobpreis wert. Wie ist es nur möglich und mutig von manchen Kritikern und Zweiflern, die doch nicht mehr sind in der großen und weiten Schöpfung wie ein Wurm, daß sie dem allmächtigen Gott seine Herrschaft absprechen? Wenn sich Gott der Herr auf dieser Erde auch nur durch Jesus Christus, seinen Sohn geoffenbart hat, so wird er in irgendeiner Weise doch von allen Weltreligionen verherrlicht. Der Mensch ist grundsätzlich religiös, das heißt, daß er sich müht, und dafür ist er auch neugierig, zurückzuschauen zu dem Anfang. Selbst atheistische Wissenschaftler forschen und wollen wissen, wie es mit dieser Erde einmal begonnen haben kann. Wir haben die dicke Bibel, in der unzählige Menschen zurückgeschaut haben zur Schöpfung, und sie sind alle auf den einen Gott Himmels und der Erde gekommen. Ob das kein Gottesbeweis ist? Oder denken wir an die Geburt Christi, die schon viele hundert Jahre vorher von Propheten verheißen wurde. ER wurde als Gottessohn im Alten Testament angekündigt. So kam er in die Welt. Aber interessant ist, daß die Geburt Jesu keine Nichtigkeit, kein Geheimnis in Bethlehem blieb, sondern es kamen die Hirten, dann die Weisen aus fernen Ländern und sicher viele andere Menschen, die in der Bibel nicht aufgezählt werden. Dann ging es aber weiter: Nach der Auferstehung Jesu gingen die Menschen hinaus und verkündigten den Herrn, Paulus und die Apostel, später die Missionare. Gottes Sohn kam zu den Menschen wie auch heute zu uns. Nun sage einer: Der Herr ist nicht hoch über alle Völker.

**Danke, Herr, daß Du der Herr aller Völker bist!**

## 18. August

**Der Herr harrt darauf, daß er euch gnädig sei.**
*Jesaja 30,18*

Ich war zu einem Geburtstag eingeladen. Dabei hatte ich das Glück, ein kleines Geschenk mitzubringen, das grundsätzlich gebraucht werden konnte. Nach mir kam ein Gast, dessen Präsent das Geburtstagskind auch auspackte. Nach zunächst erster Freude bat es dann den Besucher, daß er das Geschenk doch umtauschen solle. Als ein Abendgast kam, passierte ihm das gleiche.

Diese kleine Begebenheit erinnert mich an das Angebot, das Gott uns täglich macht. Er möchte uns gnädig sein, aber man weiß mit seinem Gnadenangebot nichts anzufangen. Ich möchte nicht "in Gottes Haut stecken". Wie oft kommt Gott den Menschen entgegen? Die Bibel ist voll von diesen Feststellungen, aber der Mensch läßt Gott "vor der Tür stehen". Gott soll darauf "harren", daß er uns gnädig ist. Harren und Ausharren gehören zusammen. Ausharren heißt nichts anderes als geduldig warten. Ja, Gott hat schon große Geduld mit seinen Kindern. Ich gestehe, daß ich solche Geduld nicht aufbringen würde. Der Satz von Gottes Ausharren geht noch weiter. Da heißt es dann: und Gott macht sich auf, daß er sich euer erbarme. Gott muß also "über die Dörfer gehen", um seine "Ware" anzupreisen und loszuwerden. Wie können wir unserem Schöpfergott das zumuten? Wenn wir seine Gnade annehmen, ohne ihn warten zu lassen, dann müßte diese Bitte um Gottes Gnade zu unserem täglichen Gebet gehören. "Herr, erbarme dich, Christe, erbarme dich!" Ob man es so versuchen sollte, engere Verbindung zu Gott zu bekommen?

**Füll unser Herz mit Freuden durch Wohltat mancherlei,
daß uns nichts möge scheiden von Deiner Gnad und Treu.**

# 19. August

**Selig sind eure Augen, daß sie sehen,
und eure Ohren, daß sie hören.**
*Matthäus 13,16*

Augen und Ohren gehören zu den wichtigsten Sinnen des menschlichen Körpers. Jesus nennt sie selig, wenn sie gesund sind und voll reagieren. Aber die Seligkeit bezieht sich nicht nur auf grundsätzlich gesunde Sinne, sondern Jesus bringt sie mit seiner Person in Verbindung. Im vorausgehenden Schriftwort sagt er: "Darum rede ich zu ihnen in Gleichnissen. Denn mit sehenden Augen sehen sie nicht, und mit hörenden Ohren hören sie nicht." Es ist schon eigenartig, daß die einen von Jesus angesprochen werden und andere nicht. Oft passiert es, daß dieselbe Predigt von den einen angenommen, von anderen aber nicht bewußt wahrgenommen wird. Genau so ist es mit Gottesdienstbesuchen. Die einen machen sich auf den Weg, auch wenn es der Gesundheitszustand kaum zuläßt, andere haben dagegen Gründe, um fern zu bleiben. Ein fast Hundertjähriger, der sich nicht mehr weite Wege zutraut, hat sich mit der Taxe zum kirchlichen Wahllokal fahren lassen, weil er meinte: "Ich möchte mitbestimmen, wer in der Kirche die Verantwortung hat." Jesus spricht die selig, die sich bereitwillig seinem Wort stellen. Martin Luther sagt: "Wer die Seligkeit nicht aus lauter Gnade vor allen guten Werken empfängt, der wird sie sonst nimmer empfangen." Das ist es: Wenn Augen und Ohren sich dem Herrn zuwenden, stehen sie unter der Gnade Gottes. Die Gnade kann man nicht erzwingen, aber die Bereitschaft zum Hören und zum Sehen kommt aus dem Herzen. Die Gnade ist dann eine Gottesgabe, die Hörende und Sehende selig werden läßt.

*Wir können nur immer um Bereitschaft bitten zum Hören und zum Sehen. Gib Deinen Segen dazu, Herr.*

# 20. August

**Wenn du aber dort den Herrn, deinen Gott, suchen wirst, so wirst du ihn finden, wenn du ihn von ganzem Herzen und von ganzer Seele suchen wirst.**
5. Mose 4,29

So alt wie die Menschheit ist auch das Verlangen nach innerem Frieden und Geborgenheit. Die Schöpfungsgeschichte erzählt, wie schon der erste Mensch auf der Suche nach Glück war. Deshalb war er auf die Zukunft neugierig und hatte viele Erwartungen. - "Was wird das neue Jahr, was wird dieser Tag bringen?" Mit solchen Fragen beginnen viele einen neuen Zeitabschnitt. Mancher wird sich heute morgen die Frage gestellt haben. Aber wir können nicht gleich die Antwort bekommen. Das ist sicher gut so. Das Volk Israel blickte unruhig in die Zukunft. Gott hatte Wort gehalten und den Auszug des Volkes aus Ägypten begleitet, bis es das verheißene Land vor Augen hatte. Aber die Menschen waren ungeduldig.

So war es damals, so ist es heute. Man will im voraus alles wissen, statt bei Gott das wahre Glück zu suchen, um so Frieden zu finden. Denn noch immer gilt: Wer Frieden für sein Herz und seine Seele finden möchte, muß den suchen, der seine Kinder jeden Tag im Auge hat. Er geht mit ihnen durch das ganze Leben wie einst mit dem Volk des Alten Bundes. So geht Gott auch heute mit uns durch diesen Tag. Wenn wir ihn bewußt an der Seite haben wollen, dürfen wir gewiß sein, daß wir ihn wahrnehmen. "Wenn du dort den Herrn deinen Gott suchen wirst, so wirst du ihn finden, wenn du ihn von ganzem Herzen und von ganzer Seele suchen wirst."

*Such, wer da will, ein ander Ziel, die Seligkeit zu finden; mein Herz allein bedacht soll sein, auf Christum sich zu gründen.*

# 21. August

**Aus der Tiefe rufe ich, Herr, zu dir.**
*Psalm 130,1*

Da schreit ein Mensch nicht nur aus der Tiefe seines Herzens, sondern er scheint auch körperlich tief unten zu sein. Ich sehe bei diesem Schrei Elendsbilder der Dritten Welt vor meinem geistigen Auge. Ich sehe Hungernde, bereits vom Tode Gezeichnete, die den Vorübereilenden ein letztes Mal bittend die Hand entgegenstrecken, bevor sie sterben. Ich sehe bei diesem Schrei aus der Tiefe Bilder, die unserer Gesellschaft entstammen. Menschen, die am Leben verzweifeln und keine Hoffnung mehr sehen. Trauernde, die durch den Verlust eines lieben Menschen meinen, ihre Zukunft verloren zu haben. Elende, die am wahren Leben vorbeigelebt haben. Kranke, die von Menschen keine Hilfe mehr erwarten können.

Oder sind Sie es, dem dieser Schrei jetzt in den Mund gelegt wird? Dann schreien Sie nach oben - aus der Tiefe heraus, vorbei an den Menschen, deren Kraft für Sie nicht mehr ausreicht. Rufen Sie den Herrn an. Er hat nicht nur Himmel und Erde, sondern auch Sie geschaffen. Er wird sich Ihnen zuwenden, weil er Sie liebt. Ja, seien Sie gewiß, der Herr hält ein. Wenn der Herr auf unser Schreien hin stillsteht, bleibt seine Zuwendung nicht aus. Mindestens dreimal wird in den Evangelien erzählt, daß Jesus still stand, wenn hilfsbedürftige Menschen am Wege standen, die durch Jesus Hoffnung sahen. Er ging dann nicht vorüber, sondern stand still. Dann sah er die Not und half und heilte. So ist Jesus auch Ansprechpartner, wenn einer wie der Psalmbeter aus der Tiefe ruft.

*Aus tiefer Not schrei ich zu Dir, Herr Gott erhör mein Rufen.*
*Dein gnädig Ohren kehr zu mir und meiner Bitt sie öffne.*

## 22. August

**Herr, höre meine Stimme.**
*Psalm 130,2a*

Unvorstellbar, daß der Herr all unsere Stimmen hört. Was für ein Chor rufender, bittender, jubelnder, schreiender und dankender Stimmen dringt da an Gottes Ohr. So schreit dieser fromme Beter zu Gott. Er weiß, daß sein Rufen gleich einem Schrei der Vielen ist und dennoch gehört wird. Während die Menschen ihren Beistand nur auf wenige Personen beschränken müssen, kann sich Gott allen zuwenden, die Hilfe benötigen. Deshalb ist der Ruf aus der Tiefe immer mit innigem Vertrauen verbunden. Nur so kann sich der in Not Befindende bei denen einreihen, die Gottes Hilfe erbitten. Und er ist so kühn, daß er seinen Ruf mit der unbescheidenen Bitte begleitet: Höre meine Stimme!

Ja, so dürfen wir mit Gott reden, wenn wir beten, uns ihm vertrauensvoll zuwenden, wenn wir in höchsten Nöten sind. Und wir dürfen Gott zutrauen, daß er um unsertwillen keinen zurückstellt, der seiner Hilfe bedarf. Sonst wäre er nicht der allmächtige Gott. Wer Gott in sein Leben hineinnimmt und mit ihm über Höhen und durch Tiefen geht, darf jederzeit seiner Hilfe und seiner Nähe gewiß sein. Selbst Jesu Gottverlassenheit am Kreuz war ein Beweis der Nähe Gottes, denn nur durch sie ist Jesus zum Christus erhöht worden. Das kam uns allen zugute. Die ganze Welt darf seit der Zeit auf ihn schauen und ihn als den Erhöhten erkennen, der alle Not dieser Welt ans Kreuz mitgenommen hat. Wir sehen und erfahren noch von dieser Not, aber wir leben auch noch in dieser bereits gefallenen Welt. Gewiß sein dürfen wir trotzdem: Gott hört unsere Stimme.

*Fleisch, Welt, Vernunft, sag immer, was du willst,*
*meins Gottes Stimm mir mehr als deine gilt.*

# 23. August

**Herr, laß deine Ohren merken auf die Stimme meines Flehens.**
*Psalm 130,2b*

Wie redet der Beter mit seinem Gott - respektlos, vertraulich, demütig? Hier geht es offensichtlich weder um die eine noch um die andere Form, sondern darum, daß der Gebetsschrei der Not entspringt. Daraus können wir lernen:
Wer mit Gott redet, ihn um Antwort und Hilfe bittet, weiß, daß ihm Gott nahe ist, weiß, daß sein Ruf Gott erreicht. Daher rührt auch die Vorstellung des göttlichen Retters mit menschlichen Sinnesorganen. Gottes Ohren, die uns hören, Gottes Auge, das uns sieht, sein Mund, der zu uns spricht, seine Hand, die uns hält, und die "Erde, denn sie ist der Schemel seiner Füße" *(Mt. 5,35)*. Dadurch soll Gott nicht zum alten Mann über den Wolken entwürdigt werden, sondern vielmehr seine Zuwendung zu uns durch dieses Bild zum Ausdruck kommen. Zugleich haben wir den Eindruck, daß der alttestamentliche Beter am Horizont bereits den Neuen Bund erkennt, den Gott durch seinen Sohn mit uns geschlossen hat. Jesus ist als wahrer Mensch und wahrer Gott über die Erde gegangen, und wir lesen, wie er sich mit menschlichen Sinnen den Notleidenden zugewendet hat. Er tut es auch heute als erhöhter Christus. So dürfen wir mit dem Psalmbeter in unserer Not den Herrn anrufen und ihn bitten: Laß deine Ohren merken auf die Stimme meines Flehens. Gott hilft zu seiner Zeit, und was uns für seine Hilfe fehlt, ist unsere Geduld. Das geht mir genau so, aber dennoch lasse ich nicht von ihm, sondern weiß, daß seine Verheißung gilt!

*Dein gnädig Ohr neig her zu mir, erhör*
*mein Bitt, tu Dich herfür, eil, bald mich*
*zu erretten. In Angst und Weh ich lieg*
*und steh; hilf mir in meinen Nöten.*

# 24. August

**Wenn du, Herr, Sünden anrechnen willst -
Herr, wer wird bestehen? Denn bei dir
ist die Vergebung, daß man dich fürchte.**
*Psalm 130,3+4*

Die vierte Betrachtung unter dem 130. Psalm deckt den Zustand des Beters auf, der seine Not selbst beschreibt. Vielleicht ist eine schwere Krankheit nicht auszuschließen, offensichtlich wird jedoch seine große Sünde vor Gott, Sünde ist Trennung von Gott. Wenn einer seinen Hilfeschrei so steigern muß: "Höre meine Stimme! Öffne deine Ohren für meine Stimme!", dann muß es wohl schlimm sein.

Im Neuen Testament kennen wir einige Geschichten, in denen von Menschen berichtet wird, die sich nicht ohne weiteres wieder in Gottes Nähe wagen. Denken wir an den "verlorenen Sohn", der sich damit begnügen wollte, in Vaters Schweinestall zu leben. Doch bei diesem Beter geschieht etwas anderes. Er weiß um seine große Schuld, aber er hat von der immer wieder neuen Zuwendung Gottes gehört. Kein Mensch, das wird ihm klar, kann vor Gott gerecht sein. Jeder ist soweit schuldig, daß er von sich aus nicht vor Gott bestehen kann. Doch wenn jemand Schuld vergibt, dann ist das Gott. Das hat er uns durch Jesus bewiesen, der mit vielen Menschen einen neuen Anfang gemacht hat. Seine Worte "sündige hinfort nicht mehr" waren bei jeder Krankenheilung der Auftakt zu neuem Leben. So wurden die Menschen froh und hatten wieder Lebensmut. Jesus selbst wollte in ihr Leben hineingenommen werden, damit ihre Sünde nicht wieder so groß wird. Das sei für uns das Angebot, jeden neuen Tag mit Jesus zu leben.

*Mein Sünd` sind schwer und übergroß und reuen
mich von Herzen; derselben mach mich frei und los
durch Deines Todes Schmerzen.*

# 25. August

**Ich hoffe auf den Herrn, meine Seele hoffet,
und ich hoffe auf sein Wort.**
*Psalm 103,5*

Manchen wird es nachdenklich stimmen, wenn ihm nach einem Gespräch für sein Zuhören gedankt wird, Zuhören als Hilfe? Diese Erfahrung machen wir in unserem Leben, aber auch im Gebet. Gott kann zuhören. Danach kommt die neue Sammlung, das Sich-selbst-finden. Bei dem Psalmbeter heißt der neue Lebensansatz "Hoffnung". So beginnt mit diesem Vers ein neuer Abschnitt des Psalms. Während uns in seiner ersten Strophe das intensive Beten gelehrt wird, sollen wir uns jetzt im Verharren üben. Damit ist das Sich-selbst-erkennen gemeint, was nicht bedeutet, daß wir Gott nicht nötig haben, sondern daß wir uns eher unserer Ohnmächtigkeit bewußt werden. Der Mensch - vom Leben, von der Umwelt, vom Leiden ausgezerrt - muß seinen Zustand entdecken, damit seine ausgehungerte Seele neue Speise bekommt. Sie braucht Kraft, die nur von oben kommen kann.

Wenn Gott unsere Seele füllt, sie wieder ins Gleichgewicht gebracht hat, können wir unsere Sinne neu gebrauchen. So sollten wir nach dem innigen Gebet, nach der Ruhestellung, wieder das Wort Gottes auf uns wirken lassen. Es gibt Mut zum neuen Anfang, Hoffnung zum Weitermachen, wenn um uns herum alles hoffnungslos erscheint. Auf Gott hoffen, heißt Zukunft haben, ihn bewußt erwarten. Das jüdische Volk hat lange auf den Messias gewartet und hat dann an ihm vorbeigelebt. So wartet es heute noch, und es ist schon vorbildlich, wie geduldig es wartet. Seine Geduld wird nicht vergeblich sein.

***Darum auf Gott will hoffen ich, auf mein
Verdienst nicht bauen; auf ihn mein Herz soll
lassen sich und seiner Güte trauen.***

## 26. August

**Meine Seele wartet auf den Herrn
mehr als die Wächter auf den Morgen.**
*Psalm 130,6+7a*

Intensive Gebete kosten viel Kraft, bis der getroste Wartestand eintritt. Der Beter weiß, daß sein Gebetsschrei am Ziel angelangt ist. Gott "verarbeitet" ihn, denn er ist kein Gott der Verachtung, sondern ein Gott der Geduld und der Liebe.

Dies macht die Geschichte von der Auferweckung der Tochter des Jairus *(Mk. 5,21-43)* deutlich. Als Jesus zu dem sterbenden Kind gerufen wird, macht er sich gleich auf den Weg. Als ihm jedoch eine kranke Frau begegnet, nimmt er sich zunächst Zeit für sie. Die Herumstehenden sind entsetzt, zu Recht; denn das Kind stirbt. Daß der Sohn Gottes aber mit der Geduld des Vaters nicht zu spät kommt, beweist er durch die Auferweckung der Toten. So hat es der Psalmbeter gelernt, Gottes große Geduld zu erkennen, die nicht in den Tod führt. Es wird uns das Wächteramt vorgestellt, das sich in vier Nachtwachen aufteilt. Die letzte Nachtwache, die bis zum Anbruch des Morgens dauert, ist die anstrengendste. Der Beter hat Geduld, aber er weiß: Wenn Gottes Hilfe naht, ist das mehr als das Licht des neuen Tages. Gottes Hilfe bedeutet Licht des Lebens! Es bricht nicht mit dem Morgen eines neuen Kalendertages an, nicht nach der vergangenen unruhigen Nacht, sondern Gottes Tag beginnt, wenn Gott es will. Das aber bringt die Schwierigkeiten bei der Geduld im Glauben. Immer wieder können Gläubige bestätigen, daß ihre Ungeduld sie oft zum Zweifel geführt hat, bis dann Gottes großer Tag kam. Er kommt auch noch heute!

*O Jesu Christ, wir warten Dein, Dein heilig Wort leucht uns so fein. Am End der Welt bleib nicht lang aus und führ uns in Deins Vaters Haus.*

## 27. August

**Bei dem Herrn ist die Gnade und viel Erlösung bei ihm.**
*Psalm 130,7b*

Gnade und Erlösung als Antwort des Rufes aus der Tiefe? Ist das Gottes Hand? Wie reagiert ein Mensch in seiner Not, wenn man ihm nur Gottes Gnade zuspricht? Dieser Beter begnügt sich offensichtlich damit. Erkennbar wird der Prozeß, den er durchgemacht hat. Es hat den Anschein, als sei der Gottesmann während seines Gebetes mit Gott erst warm geworden. Jetzt hat er den ganz anderen Gott kennengelernt, der nicht wie Menschen handelt. Menschen setzen sich nach gewisser Zeit von jenen, denen sie geholfen haben, ab, weil ihre Kraft begrenzt ist. Gott nicht! Wer seine Hilfe verspürt hat, erlebt ihn als den weiterhin Gegenwärtigen.

Gottes Zusage ist keine Gnade auf Zeit, was er durch seinen Sohn mit der Verheißung bewiesen hat: "Ich bin bei euch alle Tage." *(Mt. 28,20)* - Doch wir hören weiter, daß der Psalmist selbst in persönlicher Not nicht nur an sich denkt. Das ist jüdisches Glaubensleben. Die Fürbitte für das Volk gehört zum Gebet.

Daraus sollten wir lernen. Unser christliches Abendland liegt im Sterben. Gott ist nicht mehr gefragt. Jeder baut trotz seines Wohlstandes weiter an seinen Türmen, die größer werden sollen als Gott. Der 130. Psalm schließt mit dem Blick eines Beters auf sein Volk, Gottes Gnade gilt nicht nur ihm. Unser Gebet sollte die Not der Vielen vor Gott bringen. Er ist unermüdlich bereit, sich unser zu erbarmen.

*Darum, Du Gott der Gnaden, Du Vater aller Treu,*
*wend allen Seelenschaden und mach mich täglich neu;*
*gib, daß ich Deinen Willen gedenke zu erfüllen,*
*und steh mir kräftig bei.*

# 28. August

**Gott wird Israel erlösen aus allen seinen Sünden.**
*Psalm 130,8*

Das ist typisch jüdisches Glaubensleben, von dem wir lernen sollten. Der Jude beansprucht Gottes Gnade nicht für sich allein, sondern denkt zugleich an sein von Gott auserwähltes Volk, das bangend auf den Messias wartet. Frieden mit Gott gibt es nur, wenn das ganze Volk mit Gott Frieden hält. Es bedarf der Zusage, der Gnade und schließlich der Erlösung.

Das gilt auch für uns! Unsere Landeskirchen stehen in großer Anfechtung. Die Zerstörung scheint jetzt von innen zu kommen. Die institutionelle Kirche soll der Gesellschaft gegenüber mundtot gemacht werden, damit die Unmoral und Anarchie schneller Einzug halten können. Kleine christliche Gemeinden, die sich jetzt häufiger bilden, sind für den einziehenden Antichristus ungefährlich. Über der bevorstehenden Entwicklung steht die Volkssünde, von der auch der Psalmbeter spricht. Sie findet ihren besonderen Nährboden in der Wohlstandsgesellschaft, in der man sich eigentlich nicht mehr wohlfühlen kann angesichts der Not in vielen anderen Völkern. Trotzdem zeigen wir ständig unsere Unzufriedenheit. Gott ist kaum noch im Gespräch, weil die Not seit Jahrzehnten bei uns gebannt ist. Dagegen baut der Mensch seine Türme, die größer sein sollen als Gottes Reich. Der 130. Psalm endet mit dem Blick eines aus seiner Not erlösten Beters auf sein Volk. Er weiß, daß Gottes Erlösungswerk nicht nur ihm gilt. Das sollte uns ans Herz gehen und uns ins Gebet führen, daß Gott über unser Volk noch einmal Gnade walten lasse.

***Beschirm die Obrigkeiten, richt auf des Rechtes Thron,
steh treulich uns zur Seiten; schmück wie mit einer Kron
das Volk im ganzen Land.***

# 29. August

**Mein Volk soll meiner Gaben die Fülle haben.**
*Jeremia 31,14*

Unser Volk hat sie schon, mehr als genug. "Wie soll das alles weitergehen?" Diese Frage wiederholt sich von Generation zu Generation. Man hat sie genau so zur Zeit des Propheten Jeremia gestellt. Er lebte in einer Zeit voller Unruhe und Spannung. Doch Gott legte ihm Voraussagen in den Mund, die die Menschen hoffen ließen. Gott hat sein Wort gehalten! Die bange Frage nach der Zukunft hat Gott durch seine Rettungsaktion in der Geschichte beantwortet. Unserem Volk hat Gott nach der grauenvollen Katastrophe wieder auf die Beine geholfen. Keiner hätte in den letzten Kriegswirren damit gerechnet. Man sah nur noch den Untergang. Heute sind wir schon wieder auf dem besten Weg, Gottes Gnade zu mißachten, obwohl er sie uns täglich durch viele Möglichkeiten anbietet. Wir legen nur auf das Materielle wert, auf Essen und Trinken, auf Geld und Besitz. Es ist Mode geworden, im Restaurant vornehm essen zu gehen, selbst wenn kein Anlaß dazu gegeben ist. Junge Leute bauen Häuser und verschulden sich ihr Leben lang. Jugendliche fahren die teuersten Autos und können sie nicht bezahlen. So ist unsere Welt geworden. Aber bei Nichtigkeiten wird Gott der Ungerechtigkeit bezichtigt. Wie lange willst du so weitermachen, Mensch? Das ist Gottes Frage heute an uns. Ist nicht jeder Tag unseres Lebens ein Geschenk an uns, das uns Möglichkeiten gibt zur Neubesinnung? Wie können wir das erwidern, was Gott uns täglich gibt? Wissen wir es noch zu schätzen und machen wir uns Sorgen um die Nöte um uns herum?

*Laß uns zur Besinnung kommen, Herr, damit
wir uns Deine Freundlichkeit und Gerechtigkeit
täglich neu vor Augen führen.*

# 30. August

**Unsere Väter hofften auf dich, und da sie hofften, halfst du ihnen heraus.**
*Psalm 22,5*

Das Wort läßt uns sowohl an die Vergangenheit denken als auch an die Zukunft. Wenn man hofft, Hilfe zu bekommen, muß wohl die Vergangenheit nicht so gut gelaufen sein.
Hoffen auf bessere Zeiten setzt voraus, daß man aus schlechteren kommt. Mit dem Psalmwort werden wir an das alte Volk Israel erinnert und an den Bund, den Gott mit Israel geschlossen hat. Aber es ist nicht Gottes Wille, daß wir nur mit der Vergangenheit leben und nicht aus der Resignation herausfinden. Genau so ist es nicht sein Wille, daß wir uns schwärmerisch der Zukunft zuwenden. Heute ist unser Platz hier! Und den lokalisieren wir sowohl aus der Vergangenheit wie auch im Blick auf die Zukunft. Gott hat uns das Leben geschenkt, damit wir diese Erde bebauen und pflegen. Er läßt uns leben, damit wir uns an der Schöpfung freuen. Dazu gehört, daß wir täglich dankbar von dem sprechen, der alles und natürlich auch uns geschaffen hat. Dafür ist es wichtig zu wissen, woher wir kommen. Ebenfalls wichtig ist, wie Gott mit den Menschen früher umgegangen ist und - der Mensch mit Gott! Im Rückblick werden wir dankbar. Aus Dankbarkeit heraus ist es leichter, jeden Tag unseres Lebens so zu gestalten, daß er nicht umsonst war. Wir sollen genau so wissen, was Gott mit uns vorhat. Damit führt uns der Blick nach vorn. Berechtigt fragen wir nach dem Sinn und Ziel unseres Lebens. Sinnvoll ist das Leben dann, wenn es ein Ziel hat. Das Ziel hat uns Gott durch seinen Sohn vorgegeben: "Wir sollen nicht zugrunde gehen, sondern ewig leben." *(Joh. 3.16)*

***Herr Jesus Christus, Du bist das Ziel unseres Lebens.
Laß uns das immer wahrhaben.***

# 31. August

**Jesus sah rings um sich auf die, die um ihn im Kreise saßen, und sprach: Siehe, das ist meine Mutter und meine Brüder!**
*Markus 3,34*

In der Bibel steht über diesem Abschnitt, dem das Wort entnommen ist: Jesu wahre Verwandte. Es trug sich nämlich zu, daß Jesu Mutter Maria mit ihren weiteren Söhnen vor der Tür standen und Jesus riefen. Er sollte zu ihnen kommen. Die um Jesus herumsaßen, machten ihn darauf aufmerksam, aber Jesus blieb in seinem Kreis und machte dann die Bemerkung, die oben steht, indem er in die Runde schaute. Das ist ein schwer verständliches Wort. Kaum gibt es darüber Kommentare. Einmal heißt es nur: Jesus bezeichnet die als seine Familie, die ihn als Messias erkannt haben. Er setzt neue Werte fest. - Will er danach seine engsten Angehörigen mißachten, oder hält er sie noch nicht für reif, ihn als den wahren Messias zu erkennen? Jedenfalls wird an dieser Aussage deutlich, daß er in seinen Brüdern und Schwestern nur die erkennt, die wirklich im Glauben an den Messias stehen. Wahr ist, daß nicht jedermann glauben kann.

Paulus sagt: Der Glaube ist nicht jedermanns Ding *(2. Thess. 3,2)*. Wer im Glauben steht, ist Jesus näher als den eigenen Verwandten, auch wenn es die Mutter und die Brüder sind *(Mt. 12,46-50)*. Auch heute kann der Glaube in der Familie trennend wirken. Jesus erwaret, daß man den Mut hat, die Glaubensgeschwister mehr zu achten als die nächsten Angehörigen, wenn sie nicht im Glauben stehen. Das ist sehr schmerzlich, aber ein solcher Schmerz kann nur im Gebet an Gott abgegeben werden. Letzten Endes ist die ewige Seligkeit mehr wert als das Leben und das Glück in dieser Zeit.

*Wir können Dich, Herr, nur für uns und unsere Lieben bitten: Laß uns mit Dir täglich leben!*

# 1. September

**Mit großer Kraft bezeugten die Apostel die Auferstehung des Herrn Jesus, und große Gnade war bei ihnen allen**
*Apostelgeschichte 4,33*

Keiner von uns kann sich vorstellen, was sich nach der Auferstehung Jesu alles zugetragen hat. Die Evangelien und die Apostelgeschichte berichten manches darüber, aber vieles ist sicher verborgen geblieben. War doch die Auferstehung ein einmaliges Geschehen in der ganzen Weltzeit. So wird es bleiben! Aber damit verbunden gab es erstaunliche Aufbrüche in der ersten Christengemeinde. Vorher, als die engsten Angehörigen und Freunde vom Hügel Golgatha kamen, auf dem das Kreuz mit Jesus errichtet war, gab es nur tiefe Traurigkeit und Resignation. Danach war die Freude groß, und es wird berichtet, daß sich sehr schnell die neue Christengemeinde sammelte und viele - die Apostelgeschichte schreibt von 3000 *(Apg. 2,41)* - wurden gläubig und getauft.
Das muß ein herrliches Erwachen gewesen sein. In späteren Zeiten hat es manche Erweckungen gegeben, so daß gottesferne Menschen zum Glauben kamen. Solche Erweckungen waren bis ins letzte Jahrhundert sogar bei uns bekannt. Beispiel seien Hermannsburg und das Ravensberger Land in Westfalen. Erwähnt wurden schon in einer vorausgegangenen Andacht die starken erwecklichen Bewegungen nach dem 2. Weltkrieg. Das alles ist zurückgegangen durch antichristliche Einflüsse verschiedener Ideologien und Philosophien. Wir können nur immer wieder Gott bitten, daß er uns gnädig sein und verzeihen wolle, damit das große Gericht an uns noch einmal vorübergeht.

*O Herr: Erwecke, läutere und vereine des ganzen Christenvolkes Schar und mach in Deinem Gnadenscheine Dein Heil noch jedem offenbar.*

## 2. September

**Jesus tat daselbst nicht viel Zeichen
um ihres Unglaubens willen.**
*Matthäus 13,58*

Jesus war auf dem Weg durch Galiläa in seine Vaterstadt Nazareth gekommen, wahrscheinlich nur das eine Mal während seiner ganzen irdischen Wirkungszeit. Man kannte ihn. Er ging in die Synagoge und nahm dort das Wort. Um so entsetzter waren die Bürger seiner Heimatstadt. Für sie war er nur der Zimmermannssohn. Jesus spürte das und tat daher auch in Nazareth keine Wunder, denn er wußte: Der Prophet gilt nichts in seinem Vaterland. *(Mt. 13,57)*. Vielleicht hat man für die damalige Situation Verständnis. Wie wäre es bei uns, wenn jemand aus der Dorfgemeinschaft als der zu erwartende Messias aufgetreten wäre? Hätte man ihm mehr geglaubt, ihn gar angenommen? Sicher nicht. Uns soll heute daran deutlich werden, wie begnadet wir sind, daß wir wissen dürfen, daß Jesus der Christus ist, der Sünderheiland. Trotzdem wird ihm nicht geglaubt. Das ist schlimm! Weitgehend hört man vom "lieben Gott", der für viele nur irgendeine Vorstellung ist. Wer bringt ihn schon in Zusammenhang mit Jesus Christus? Das sind nur die Treusten der Gemeinde. Selbst zum Weihnachtsfest, da die Menschwerdung Gottes gefeiert wird, wird Jesus vielfach nur als das niedliche Kind erwähnt, obwohl es seit zweitausend Jahren der erhöhte Christus ist. Mögen diese Überlegungen nachdenklich machen und den Herrn der Kirche wieder in die Mitte bringen.

*Jesus ist kommen, der König der Ehren;*
*Himmel und Erde rühmt seine Gewalt!*
*Dieser Beherrscher kann Herzen bekehren;*
*öffnet ihm Tore und Türen fein bald.*
*Denkt doch, er will euch die Krone gewähren.*
*Jesus ist kommen, der König der Ehren...*

# 3. September

**Seid nicht bekümmert; denn die
Freude am Herrn ist eure Stärke.**
*Nehemia 8,10*

So wie in manchen unserer Kirchengemeinden ein Kirchweihfest gefeiert wird, hat es zu Zeiten des Propheten Nehemia (um 450 v. Chr.) Tempelfeste gegeben, bei denen man Gott die Ehre gegeben hat. Vermutlich wird hier ein solches Fest gefeiert. Aber das Wort spricht in unsere Zeit hinein.

Wir haben an Gott heute viel größere Freude, denn er ist durch seinen Sohn zwischen uns getreten. Freude am Herrn! Was gibt es für Freuden in unserem Leben. Man hat Freude an diesen und jenen Sachen. Da ließe sich viel aufzählen. Vielleicht ist es ein Kind, das besondere Freude bereitet. Die größte Freude sollten wir an unserem Herrn Jesus Christus haben, der mit uns in einem Bund sein möchte. Er möchte, daß wir uns über alles freuen, was er uns Gutes getan hat. Wenn wir unser Gesangbuch aufschlagen, finden wir viele Choräle, die von der Freude über Jesus Christus Zeugnis ablegen. "In dir ist Freude in allem Leide" singt der Liederdichter *(EG, 398)*. Ja, sogar in Zeiten der Traurigkeiten dürfen wir uns freuen, unseren Herrn zur Seite zu haben, denn auch er war traurig und hat die ganze Traurigkeit der Welt mit an sein Kreuz genommen. Er läßt es wohl zu, daß wir durch Traurigkeiten gehen, weil die Welt sündhaft böse ist und daher Traurigkeiten bewirkt. Aber letzten Endes haben wir den Herrn Christus, der eines Tages allem Leid dieser Welt ein Ende setzt und sich uns dann in ganz neuer Herrlichkeit beweisen wird. Das ist unsere Freude am Herrn.

**Freude, Freude über Freude: Christus wehret allem Leide.
Wonne, Wonne über Wonne: Christus ist die Gnadensonne.**

## 4. September

**Des Menschen Geist muß davon, und er muß wieder zu Erde werden; dann sind verloren alle seine Pläne.**
*Psalm 146,4*

Eigentlich ist es deprimierend, wenn man derartige Sätze in der Heiligen Schrift, in der Bibel liest, die doch den Menschen froh machen soll. Natürlich wissen wir, daß wir alle einmal sterben müssen, aber hart ist es dann zu lesen: Des Menschen Geist muß davon! Was soll alles Mühen in der Schule, im Beruf, in unserem täglichen Leben? Oder wenn wir daran denken, daß die großen Geister wie Goethe, Kant und Einstein und andere letztendlich genau so sterben mußten wie jeder dumme Mensch. Alle Ideen, die sie hatten, gehen an andere über oder gehen gar verloren.

Dennoch sollte uns das Wort froh machen und uns wissen lassen, daß wir hier nur auf Durchgangsstation sind. So wie man während einer Zugreise durch herrliche Städte und Landschaften kommt, sich aber dann auf sein Ziel freut, so haben wir Freude an dem großen Ziel, das uns verheißen ist. Deshalb konnte der Psalmsänger seinen Psalm beginnen mit dem: Halleluja! Lobe den Herrn, meine Seele! Großartig, daß der Psalmist beides im Griff hat, das Halleluja und die Erkenntnis, daß in dieser Welt erst alles vergehen muß, damit der große Tag des Herrn kommen kann. Darauf haben wir uns einzustellen. So ist es gut und notwendig, daß Gott uns in seinem Wort ebenso auf das Ende unserer irdischen Tage verweist; es ist ein Trost, daß unsere gegenwärtigen Sorgen vergehen, so daß wir uns ganz fröhlich in Gottes gute Hände begeben können. Er macht alles neu.

*Alles vergehet, Gott aber stehet*
*ohn alles Wanken; seine Gedanken,*
*sein Wort und Wille hat ewigen Grund.*

# 5. September

**Wende dich zu mir und sei mir gnädig; stärke deinen Knecht mit deiner Kraft und hilf dem Sohn deiner Magd.**
*Psalm 86,16*

Wenn wir diesen Psalm wie viele andere dem König David zuschreiben, dann sollten wir zugleich bedenken, daß dieser Mann das Staatsoberhaupt seines Volkes war. Wie demütig schreibt er in seinen Psalmen! Dabei war David ein Machtmensch wie alle Herrscher vor und nach ihm. Viele Kämpfe und Kriege hat er in seinem Leben durchgestanden. Dennoch hatte David bis zu seinem Lebensende gewalttätige Feinde, die ihm immer zu schaffen gemacht haben. Aber er wußte sich unter Gott zu stellen, unter seinen Schutz und seine Gnade.

Das sollte uns Vorbild sein. Wenn ein König zu Gott im Gebet von seinem Knecht redet und von dem Sohn seiner Magd, dann weiß er sich in den barmherzigen Armen seines Gottes. Manch ein Leser hat in seinem Verantwortungsbereich eine wichtige Position. Schlecht und nicht hilfreich ist es, wenn wir diesen unseren irdischen Stand vor Gott nicht ablegen können, wie es der Pharisäer im Tempel nicht gekonnt hat, den uns Jesus neben dem Zöllner vorgestellt hat. Wer sich aber vor Gott in die Knechtsrolle versetzen kann und sich nicht vornehmer weiß als ein Sohn einer Magd, wird bei Gott auf offene Ohren stoßen. Gott wird sich unser annehmen, wenn wir uns vor ihm in die Niedrigkeit begeben und wie ein Bettler mit offenen Händen zu ihm kommen. Schließlich sind wir seine Geschöpfe und leben aus seiner Hand.

*Herr, ich hoff je, Du werdest die in keiner Not verlassen,*
*die Dein Wort recht als treue Knecht in*
*Herz und Glauben fassen; gibst ihn' bereit*
*die Seligkeit und läßt sie nicht verderben.*

## 6. September

**Einer aber unter ihnen, als er sah, daß er gesund geworden war, kehrte er um und pries Gott mit lauter Stimme und fiel nieder auf sein Angesicht zu Jesu Füßen und dankte ihm.**
*Lukas 17,15+16*

Wer seine Bibel kennt, weiß diesen Satz schnell einzuordnen. Es ist die Geschichte von den zehn Aussätzigen, die Jesus gesund gemacht hat. Ich halte diesen Satz von der ganzen Geschichte für am eindrucksvollsten. Daß Jesus Menschen heilen konnte und es auch heute noch tut (!), ist uns bekannt. Aber wie selten geben Geheilte ihren Dank zunächst an Gott ab, bevor sie möglicherweise das Krankenhauspersonal und die Ärzte beschenken. Dabei ist es eine alte Tatsache, die nicht zu verachten ist, daß selbst Ungläubige, die sich in Lebensnotlagen befinden, irgendwie zu Gott um Hilfe rufen, wenn sie erkennen, daß menschliche Kraft nicht mehr ausreicht. Auch werden in solchen Notsituationen Gott gegenüber Versprechungen gemacht. Ich denke an meine Kriegszeit und Gefangenschaft. Wie oft haben Kameraden gesagt, daß sie, wenn sie aus dieser Hölle herauskommen, Gott ewiglich dankbar sein würden.

Was ist daraus geworden? Unsere Gemeinden hätten nach dem Krieg daraufhin viel lebendiger sein müssen. Was an diesem Bibelwort besonders beeindruckt, ist, daß der eine, der von den zehn Geheilten zurückkommt, kein Jude, sondern ein Heide, ein Samariter, ist. Er hat erkannt, daß es einen Gott gibt, der größer ist als alles in der Welt. Das sollte uns Vorbild sein, und wir können uns nur täglich neu üben, für kleine Gaben, die wir aus Gottes Hand nehmen, dankbar zu sein.

*Füll unser Herz mit Freuden durch Wohltat mancherlei,*
*daß uns nichts möge scheiden von Deiner Gnad und Treu.*

# 7. September

**Wir danken Gott allezeit für euch alle und
gedenken euer in unserem Gebet.**
*1. Thessalonicher 1,2*

Die Gemeinde in Thessalonich wurde vom Apostel Paulus während seiner zweiten Missionsreise gegründet, als er aus Philippi kam. So entstand dort eine blühende Gemeinde. Man sagt, daß dieser Brief überhaupt der älteste ist, den Paulus an die Gemeinden geschrieben hat. Was an dem obigen Schriftwort deutlich wird, ist, daß Paulus nicht nur Briefe geschrieben hat, wie wir es an unsere Verwandten und Freunde tun, sondern er hat die Gemeinden gleichzeitig unterwiesen und Gott gedankt, daß sie entstanden sind. Darüber hinaus hat er für sie gebetet. Fürbitte nennt man das. Auch bei uns sind im Laufe der Zweijahrtausende Gemeinden überall im Lande, in den Städten und Dörfern entstanden, aber diese Gemeinden - vielleicht gehört auch Ihre dazu - sind nach und nach weitgehend lau geworden. Wenn es an den Pastoren liegt, die möglicherweise nicht gläubig sind, muß für sie gebetet werden. Sollte aus irgendwelchen Gründen ein Pfarrer nicht erträglich sein, müssen die Gemeindeglieder den Mut haben, sich an die nächst höheren Dienststellen zu wenden. Die Gemeindeglieder sind dafür mündig. Wichtig bleibt das Gebet, die Fürbitte. Daß solche Gebete "Berge versetzen können", habe ich selber erlebt. In einer Nachbargemeinde sind in den letzten zwei Jahren etwa 40 Gemeindeglieder zum Glauben gekommen. Sie beleben jetzt die Gottesdienste. Jeder Christ freut sich, wenn für ihn gebetet wird, wie es Paulus getan hat. Wir sind zur Fürbitte für andere verpflichtet. Fürbitte wird immer gesegnet.

*Also wird nun Gottes Gemeinde gepflegt,
erhalten in der Zeit; Gott, unser Hort,
schützt sie alleine und segnet sie in Ewigkeit.*

## 8. September

**Ich bin ein Gast auf Erden; verbirg deine Gebote nicht vor mir.**
*Psalm 119,19*

Das ist ein Psalmgebet, daß aus unser aller Munde kommen müßte. Auch wir müssen zugestehen, daß wir auf dieser Erde nur eine Gastrolle einnehmen. Mit unserer Geburt sind wir Gäste geworden. Mit unserem Tod verlassen wir wieder die sichtbare Schöpfung Gottes. Weder Geburt noch Tod liegen in unserer Hand. Dagegen hat uns unser Schöpfer die Freiheit gegeben, daß wir unser Leben nach unserem Willen gestalten können. Aber es bleibt ein Gastaufenthalt. Alles, was wir um uns herum sehen, gehört Gott, der uns geschaffen hat. Was jeder für sich als Eigentum besitzt, ist auch nur Eigentum auf Zeit. Mit dem Tode müssen wir alles wieder abgeben, selbst wertvolle Erbstücke, die man nur uns zugedacht hat.

Aber ein Gast hat sich in besonderer Weise zu verhalten. Er achtet die Ordnung des Hauses, in das er geladen ist. Er teilt die Sitten und Gebräuche, ja, er begnügt sich mit dem, das ihm angeboten wird. So hat es der Psalmbeter gemeint, wenn er in sein Gebet hineingenommen hat, daß Gott seine Gebote vor ihm aufdecken solle. Wer sich seiner Gotteskindschaft einerseits, aber auch seiner Gastrolle auf dieser Erde bewußt ist, lebt unter der Verantwortung vor Gott. Unter dieser Verantwortung haben wir unser Leben auszurichten. Gott hat uns eine Hilfe gegeben. Das sind die Gebote und Gesetze, die sein Wort uns lehrt. Zu ihnen gehört, daß wir unserem Gott allein durch unseren Herrn Jesus Christus die Ehre geben, ihm dienen und ihm dankbar sind für alles, was er uns während unseres Gastlebens auf dieser Erde schenkt.

***Laß uns das immer wieder neu bewußt sein,
lieber Herr, daß wir hier nur Gäste auf dieser Erde sind.***

## 9. September

**Was hülfe es dem Menschen, wenn er die ganze Welt gewönne und nähme doch Schaden an seiner Seele.**
*Matthäus 16,26 a*

Heute ist das Wort für mich aktuell geworden, als ich in der Zeitung von dem Besitzer einer amerikanischen Lebensmittelkette las, der mit dem Kapital von neun Milliarden Mark einer der sieben reichsten Menschen der Erde ist. Es wird berichtet, daß er sich jetzt eine Ranch gekauft habe, auf der er sich aber sehr einsam fühle. Unverständlich ist es, weshalb solche wohlhabenden Menschen nicht einen großen Teil ihres Geldes für die hungernden Völker anlegen. Was sind dagegen die wenigen Millionen, die durch "Brot für die Welt" gesammelt werden?

Aber Jesus hat das Wort zu seinen Jüngern gesagt, die keineswegs reiche Menschen waren. Er sagte ihnen: "Wer sein Leben erhalten will, der wird es verlieren." Er will ihnen damit sagen, daß das Leben ein Geschenk Gottes ist. Wer es so annimmt und es so zu hüten weiß, wird an seinem Leben Freude haben, Gott wird es segnen. Wichtig, so Jesus, daß wir in unserem Leben an unserer Seele, mit der wir einmal vor unserem Herrn stehen werden, keinen Schaden nehmen. Martin Luther sagt: "Die Seele des Menschen ist ein ewig Ding gegenüber allem, was zeitlich ist. Darum darf sie nur mit dem ewigen Wort regiert und gefaßt werden." Und an anderer Stelle: "Die Welt kann nicht glauben, daß die Seele unsterblich ist." Was hülfe es also, wenn wir das große Los ziehen würden, und würden unsere Seele verkümmern lassen? So achte jeder darauf, daß er seiner Seele immer die rechte Nahrung gebe, die allein aus dem Wort Gottes kommt.

*O treuer Gott, am letzten Ende*
*nimm unsre Seel in Deine Hände.*

## 10. September

**Jesus spricht: Ich will euch nicht als Waisen zurücklassen; ich komme zu euch.**
*Johannes 14,18*

Da werde ich an meine Kindheit erinnert. In meiner Heimatstadt gab es ein Waisenhaus. Das hatte keinen guten Ruf. Man erzählte, daß die Kinder dort sehr schlecht behandelt würden und viel Schläge bekämen. Ihnen fehlte die Liebe der Eltern. So haben wir als Kinder immer Angst gehabt, daß unsere Eltern früh sterben könnten, so daß wir dann in dieses Haus müßten. Es ist schon schlimm, wenn Waisenkinder zurückbleiben, wie es kürzlich durch einen Unfall passiert ist, bei dem ein Pfarrerehepaar umgekommen ist, während beide Kinder im Auto verschont geblieben sind. Auch Jesus möchte seine Freunde nicht als Waisen zurücklassen. Das sagt er uns, die wir allerdings keine Kinder sind, aber wir sind Gottes Kinder. Damals galt das Wort seinen Jüngern, als er wußte, daß er ans Kreuz gehen mußte. Heute dürfen wir wissen, daß uns Jesus nicht alleine läßt. Er läßt uns nicht zurück, sondern möchte mit uns gehen. Er möchte uns in unserem Leben begleiten und uns einmal in seine Herrlichkeit führen. Als Kinder dieser Welt könnten wir wie Waisen leben, denn viele Menschen, die kein Verhältnis zu Gott haben, kommen in Zeiten, in denen sie sehr einsam sind. Das gehtauch den Christensowenn ihr Glaube mal schwach geworden ist. Dann ist es gut zu wissen, daß nicht das Waisenhaus auf uns wartet, sondern daß Gott uns wie Mütter und Väter in die Arme schließen möchte. Dafür hat er seinen Sohn in die Welt gesandt. Er will uns immer in die Nähe des Vaters bringen.

*Ach bleib bei uns Herr Jesu Christ,*
*weil es nun Abend worden ist;*
*dein göttlich Wort, das helle*
*Licht, laß ja bei uns auslöschen nicht.*

## 11. September

**Es sollen wohl Berge weichen und Hügel hinfallen, aber meine Gnade soll nicht von dir weichen, spricht der Herr.**
*Jesaja 54,10*

Das ist dem Menschen heute möglich, daß er die Landschaft verändert, Berge und Hügel durch den Einsatz von Maschinen abträgt, Flußläufe verlegt, um neue Verkehrswege zu schaffen, aber auch neue Naturkatastrophen herbeizuführen, wie wir es jedes Jahr aufs Neue an den größeren Flußläufen und in den Gebirgen erleben. Der Mensch ist nicht Herr der Natur! Das sollte uns immer klar sein.
Aber die Berge und Hügel, von denen hier die Bibel redet, sind mehr ein Bild für die Last unseres Lebens. So wie derzeit vor dem Volk Israel sich Berge erhoben, die weichen mußten, wenn es klaren Blickes in die Zukunft gehen wollte, erkennen wir so manches Mal vor unserem geistigen Auge und mit angstgefülltem Herzen Berge der Sorge und des Kummers. Wie ist man durch das Gebet bemüht, diese Berge abzutragen, damit die Freudenstrahlen der Gnadensonne Gottes wieder das noch finstere Tal erreichen. Es geht nur mit Gottes Hilfe. Gott bleibt dabei der Gegenwärtige, der uns stets an die Hand nimmt und mitgeht durch Täler und über Höhen. So mag wohl manch ein Tag von schwerer Wegführung gezeichnet sein; er mag an Zweifeln nicht vorbeigeführt haben. Aber das sind nun mal die Berge und Hügel, die schließlich der Gnade Gottes weichen werden. So darf man trotz allem am Abend eines solchen Tages rückschauend beten:

*Und ob ich schon wanderte im finstern Tal,*
*fürchte ich kein Unglück.*
*Denn Du bist bei mir,*
*Dein Stecken und Stab trösten mich.*
*Psalm 23,4*

## 12. September

**Alle eure Sorgen werfet auf ihn; denn er sorgt für euch.**
*l. Petrus 5,7*

Das ist sehr leicht gesagt. Das bestätigt jeder, der mit einer großen Sorgenlast belegt ist. Wie gern möchte man seine Sorgen wegwerfen. Zu den Menschen gehöre ich auch. Von vielen schlaflosen Nächten werde ich gequält, weil ich mir Sorgen um unsere Gesellschaft und den Einfluß des Bösen mache. Neulich sagte mir ein Freund: "Du mußt als letztes Gebet vor dem Schlafengehen beten: ... erlöse mich von dem Bösen." Die Darmstädter Marienschwestern würden sagen: Ruft immer wieder Jesus an: Jesus, Jesus, Jesus! Er ist bereit, alle Lasten dieser Welt auf sich zu nehmen. Aber auch das ist gut gesagt, und wer hat Erfahrung damit, daß ihm weitergeholfen wird?
Fest steht, daß die Sorge von Gott trennt. Sie stellt sich zwischen Gott und seine Kinder. Aber zwischen Gott und uns steht schon einer, das ist der Mittler Jesus Christus. Deshalb hat der Apostel Petrus recht, wenn er sagt: Alle Sorge werfet auf ihn! Natürlich würden wir das gerne tun, aber wie ist es mit dem Wegwerfen? Wir können nur immer wieder all unseren Kummer unter das Kreuz bringen. Das tue ich auch, wenn ich mich vor meinem Hausaltar niederkniee und als erstes "Tageswerk" den Herrn in der Morgenstunde anrufe. Letzten Endes dürfen wir wissen, daß Gott alles herrlich hinausführt. Meine Mutter sagte immer: "Sorge, doch sorg' nicht zuviel; es kommt doch, wie Gott es haben will." ER wird es schon recht machen. Schreiben Sie mir bitte, wenn Sie Sorgen haben. Wir tragen sie dann gemeinsam, und ich antworte Ihnen.

*Abend und Morgen sind seine Sorgen; segnen und mehren, Unglück verwehren sind seine Werke und Taten allein. - Danke, Herr, daß es so sein darf!*

## 13. September

**Wer auf sein Fleisch sät, der wird von dem Fleisch das Verderben ernten; wer aber auf den Geist sät, der wird von dem Geist das ewige Leben ernten.**
*Galater 6,8*

Darin besteht die Schwierigkeit unseres Glaubens, daß uns mit dem ewigen Leben etwas versprochen wird, das wir nicht begreifen können. In unserer Welt leben wir nicht nur von Versprechungen, sondern von Garantien und mit Verträgen. Deshalb liegt uns unser Fleisch näher, weil wir ihm spürbar Gutes tun können. Das Fleisch ist ein Bild für den Wahlspruch "Selbst ist der Mann". Doch die Erfahrung lehrt, daß wir bei einer solchen Einstellung schnell an die Grenze unseres Vermögens geraten. So kommt es dann oft in fortgeschrittenen Jahren zu dem Seufzer: Hätte ich nur ... !

Als Christen sollten wir nicht so zurückschauen, sondern danach fragen, was helfend in die Zukunft weist. Dazu sagt das Wort: Vertraue dem Heiligen Geist Gottes. Glaube nicht irgendwie, glaube nicht ziellos. Gott schafft Möglichkeiten, die über alles menschliche Vermögen hinausgehen, und er schafft sie für junge und alte Menschen. Was verstehen wir aber unter dem gezielten Glauben? Dabei fällt mir das Erlebnis ein vom Kerkermeister in Philippi *(Apg. 16.30)*, der seine Helfer fragte: "Was muß ich tun, damit ich gerettet werde?" Und er bekam die Antwort, die denen gilt, die auf den Geist säen: "Glaube an den Herrn Jesus Christus, dann wirst du und dein Haus selig."

*Gott Vater, Sohn und Heilger Geist, hilf,*
*daß mein Glaub Dich preise.*
*Mein Fleisch dem Geist gehorsam leist,*
*des Glaubens Frucht beweise.*

## 14. September

**Opfere Gott deine Dankbarkeit und erfülle, was du in der Not versprochen hast, und rufe mich an in der Not, so will ich dich erretten.**
*Psalm 50,14+15*

Der Opfergedanke durchsieht die ganze Bibel, und es ist befreiend, aus der Schrift zu hören, daß Christus das letzte Opfer vollbracht hat. Macht uns das nun frei von allen Opfergaben? Jesus lädt uns ein, zu ihm zu kommen, wie wir sind. Sein Leid hat er für jeden getragen, sein Kreuz für alle Menschen auf sich genommen, und sein Blut hat er für uns vergossen. Diese Steigerung der Liebe Jesu zu den Menschen fordert uns zur Gegenliebe auf und läßt uns spüren, daß wir sein Opfer nicht wortlos hinnehmen dürfen.

An dem Psalmwort, das für die Menschen des alttestamentlichen Gottesvolkes geschrieben war, wird uns deutlich, daß es mit seiner Forderung in den Neuen Bund, in unser Christenleben hineinwirkt: "Opfere Gott Dank!" So ruft uns der Psalmdichter zu, als wollte er sagen: Laß auch Jesus, der alles für dich getan hat, deine Gegenliebe spüren. Aber was Jesus für uns getan hat, können wir nicht so vergelten wie ein Geburtstagsgeschenk, bei dem es sich mancher angewöhnt hat, seinen Wert zu schätzen. Jesus begnügt sich mit dem "Dankeschön". Er will nicht mehr, als daß wir mit ihm im Gespräch bleiben, daß wir ihn loben und preisen, "die schönen Gottesdienste des Herrn" nicht verachten. Er will nur, daß unser Gebetsleben geordnet ist und wir mit unserer Schuld zu ihm kommen. So rufen wir ihn nicht nur in der Not an, sondern weil er uns errettet hat und wir ihn täglich nötig haben.

*Herr, Du hast Dich für uns dahingegeben, damit wir leben können. Laß uns dafür täglich dankbar sein.*

# 15. September

**Wo zwei oder drei versammelt sind in meinem Namen, da bin ich mitten unter ihnen.**
*Matthäus 18,20*

Jesus hatte auch mit seinen Jüngern seine Probleme, denn es waren immerhin Menschen wie wir. Und wer ist schon fehlerfrei? So hat er ihnen Anweisungen gegeben, wie man miteinander umzugehen habe, wenn ein Streit entstanden ist. Etwas, das immer wieder vorkommt, auch unter Christen. So hören wir seine Verheißung, daß er zugegen sein will, wenn zwei oder drei in seinem Namen versammelt sind. Auf seinen Namen kommt es an. Es gibt schließlich viele Versammlungen. Und obwohl die Kirchlichkeit zurückgegangen ist, versammeln sich in den Wohnungen auch Christen, die zu Hauskreisen und anderen Gruppen zusammenkommen. Man kann, wenn es um den Glauben geht, miteinander reden, auch ohne daß das Gespräch Tiefgang bekommt. Aber gerade das empfiehlt Jesus nicht, sondern er sagt: Wenn ihr euch in meinem Namen versammelt, dann dürft ihr gewiß sein, daß ich dabei bin. Es gibt das sicher berechtigte Sprichwort: Geteilte Freude ist doppelte Freude, geteilter Schmerz ist halber Schmerz. In unserer Gesellschaft geht es chaotisch genug zu. Zerrissene Familien, Freundschaften und auch Ehen. Alles hängt weitgehend mit unserem Wohlstand und mit der Freiheit unserer Meinungen zusammen. Um so mehr ist es wichtig, daß sich kleine Gruppen bilden, um miteinander unter Gott ins Gespräch zu kommen. Ist es nicht wohltuend zu wissen, daß wir dann nicht ohne göttlichen Beistand sind, sondern die Zusage haben, daß unser auferstandener Herr gegenwärtig ist? Wir wollen ihn dankbar in die Mitte nehmen; dann wollen wir mit ihm reden, ihn ins Gebet nehmen.

***Danke, Herr Jesus Christus, daß Du Dich uns als der Dritte im Bunde anbietest und gegenwärtig bist.***

# 16. September

**Die dein Heil lieben, laß allewege sagen:
Hoch gelobt sei Gott!**
*Psalm 70,5*

Jeder kennt Situationen, da alles aussichtslos erscheint. Das können schwere Krankheiten sein, hohe Verschuldungen, Konkursverfahren, auch Folgen von Naturkatastrophen (Überschwemmungen, Feuersbrunst) und vieles, das man noch aufzählen könnte. Aussichtslose Lagen, in die jeder irgendwann einmal kommen kann. In gleicher Notlage waren die Beter, die uns die Psalmen geliefert haben. Sie suchten dann das Heil und die Hilfe bei Gott. Wer solche Hilfe zu spüren bekam, mußte es weitersagen. Er gehörte zu denen, die Gottes Heil lieben. Gott kann heilen, aus dem Unheil heraushelfen. - Von einem siebenjähriger Jungen wird aus dem 2. Weltkrieg berichtet, daß er während der Flucht aus dem Osten völlig verzweifelt war, als der Vater plötzlich verlorenging. Der kleine Bub konnte beten, und so hat er seine Not vor den Herrn gebracht, pausenlos, daß Vater wieder gefunden werden möge. Zwei Tage später konnte man sich in die Arme schließen, Keiner sage, daß dieses Kindergebet nicht erhört worden, sondern alles seinen natürlichen Weg gegangen sei. Es ist schon so, daß fromme Menschen, die Gottes Heil lieben, mit der Heiligkeit Gottes ihre Erfahrungen machen. Sie können auf Grund ihres Gottvertrauens und ihrer Gebetserfahrung jubeln: "Hoch gelobt sei Gott!" Ein solches Glaubens- und Gebetsleben müßte schon ansteckend sein. Ob man es nicht versuchen sollte, Gott mehr Zuwendung zukommen zu lassen? Gott wird uns Wege zeigen, die er mit uns gehen will. Lassen wir uns von ihm an die Hand nehmen. Gottes Wege sind keine Holzwege.

*Weiß ich den Weg auch nicht, Du weißt ihn wohl;
das macht die Seele still und friedevoll.*

# 17. September

**Es ist leichter, daß ein Kamel durch ein Nadelöhr gehe, als daß ein Reicher in das Reich Gottes komme.**
*Matthäus 19,24*

Ein Nadelöhr ist die Öffnung in der Nadel, durch die der Faden gezogen wird. Natürlich kann da kein Kamel durchgehen. Aber im Orient hat das Nadelöhr eine andere Bedeutung. Es ist ein Durchgang durch die Stadtmauer, der wegen früher angreifender Feinde möglichst klein gehalten wurde. Weil aber die Kamele da kaum durchkamen, hat man vor den Toren der Städte und Orte Karawansereien angelegt. Da wurden die Kamele untergebracht und versorgt. Eindrucksvoll ist das in der alten Stadt Acco nördlich von Haifa. Vergleichen könnte man es mit den früheren Ausspannungen, die es bei uns gab. Aber Jesus gebraucht nun ein Bild. Reiche Leute hat es zu allen Zeiten gegeben, dagegen ganz in der Nähe viele Arme. Da macht Jesus nicht mit. Er sagt uns, daß ein Reicher, der nur an seinen Besitz denkt, gewiß nicht die Ewigkeit im Auge hat. Er ist mit dem zufrieden, was ihm diese Welt bietet.

Die beste Geschichte ist dafür die vom reichen Mann und armen Lazarus *(Lukas 16,19-31)*. Natürlich gibt es genau so reiche Menschen, die ein frommes Leben führen. Sie leisten sicher viel für die Armut der Welt, aber sie können sich nicht von ihrem Besitz lösen, weil davon ihre Existenz abhängt. Das macht sicher manch einem zu schaffen. Er kann dann nur in die Buße gehen und um Vergebung bitten, aber wir alle sollten nicht an Geld und Gut hängen, sondern die ewige Seligkeit im Auge behalten, die Gott für uns bereit hat. Dieser Reichtum ist weit größer.

*Es fällt uns oft so schwer, Herr,*
*vor Dir mit Geld und Besitz zu leben.*
*Hilf uns da zurecht.*

## 18. September

**Jesus Christus hat dem Tode die Macht genommen und das Leben und ein unvergängliches Wesen ans Licht gebracht durch das Evangelium.**
*2. Timotheus 1,10*

Bei einem Besuch erzählte ich von diesem Andachtsbuch. Da fragte man zurück: "Wie kann nur einer so viele verschiedene Andachten schreiben? Jede muß doch anders werden." Ein anderer sagte: "Ja, aber immer wieder muß Jesus zu Worte kommen." So bin ich allerdings bemüht, jede Andacht immer wieder neu zu durchdenken. Ist es so wahr, daß wir letzten Endes nur Jesus verkündigen können? Das wird an diesem Pauluswort deutlich, das über diesen Zeilen steht. Drei Glaubensaussagen werden gemacht: Jesus ist auferstanden.- Jesus hat das wahre Leben gebracht. - Jesus hat uns die Ewigkeit verheißen. Mit diesen drei Botschaften, dem Evangelium, sollen wir froh werden und getrost in die Zukunft schauen: Jesus hat dem Tode die Macht genommen dadurch, daß Gott ihn auferweckt hat, daß er selber nicht im Tode geblieben ist. Das leere Grab hat die Jünger erschüttert, aber die Nachricht von der Auferstehung Jesu hat sie dann froh gemacht. Durch seine Auferstehung hat Jesus bewiesen, daß der Tod besiegbar ist. Das will er uns durch das Evangelium sagen, weil unser zukünftiger Tod jetzt von Jesus besiegt wurde.

Das hat zur Folge, daß sich unser Leben lohnt. Wir leben nicht mehr dem Tode entgegen, brauchen uns vor dem Tod nicht mehr zu fürchten. Das schließt dann das Dritte ein, daß wir Ewigkeitshoffnung haben dürfen. Kürzer konnte uns Paulus die Botschaft nicht bringen, und froher konnte sie auch nicht sein.

*Gott hat dir Christus, seinen Sohn, die Wahrheit und das Leben, sein liebes Evangelium aus lauter Gnad gegeben.*

## 19. September

**Die Güte des Herrn ist's, daß wir nicht gar aus sind, seine Barmherzigkeit hat noch kein Ende.**
*Klagelieder Jeremias 3,22*

Zur Zeit des alten Volkes Israel lebte man noch nicht mit der Ewigkeitshoffnung, wie sie uns durch Jesus Christus verheißen wurde. Auch den Begriff "Auferstehung" findet man nicht im Alten Testament. Nur Jesaja schreibt einmal *(Kap. 26)*, von den Toten, daß sie leben werden. Erst mit dem kommenden Messias erwartete man Erlösung und Ewigkeit. So ist diese Botschaft aus den Klageliedern eine Zukunftsschau des Propheten. Er legt Zeugnis ab von der großen Güte Gottes, die noch kein Ende hat. Er hat erkannt, daß Gott ein weites Herz haben muß, wenn er uns verzeihen und annehmen will. Wenn man nachdenklich lebt, wird einem erst klar, wie oft man Fehltritte macht. Daß Gott dennoch zu uns steht, beweist seine Zuwendung und Freundlichkeit. Deshalb spricht der Prophet von der Barmherzigkeit unseres Gottes. Dabei hat er nicht gewußt, es allenfalls ahnen können, daß Gott uns in seinem Sohn eines Tages den Messias schicken würde, der die ganz große Barmherzigkeit Gottes offenbaren wird. Für den Propheten lag es noch in weiter Ferne. Unsere Vorfahren haben den Messias erlebt und konnten uns die Kunde von der letzten großen Barmherzigkeit Gottes durch das Evangelium übermitteln. Wie sind wir den Menschen des Alten Bundes gegenüber gut dran. Um so mehr haben wir Grund zur Dankbarkeit dafür zu erkennen, was Gott alles Gutes an uns getan hat.

*All Morgen ist ganz frisch und neu*
*des Herren Gnad und große Treu,*
*sie hat kein End den langen Tag,*
*drauf jeder sich verlassen mag.*

## 20. September

**Gott hat uns nicht gegeben den Geist der Furcht, sondern der Kraft und der Liebe und Zucht.**
*2. Timotheus 1,7*

Das Schlüsselwort in diesem Satz ist für mich das Wort "sondern". "Sondern" läßt eine Kehrtwendung erkennen. Wenn wir im ersten Teil des Satzes lesen: Gott hat uns nicht gegeben den Geist der Furcht - dann fragt man doch zurück: Was hat uns Gott denn gegeben? In anderen Übersetzungen wird statt "Furcht" Verzagtheit geschrieben. Also Gott will nicht, daß wir verzagen. Aber was will er? Da wird jetzt das "Sondern" wichtig. Sondern von Gott kommt für uns Kraft und Liebe und Zucht, oder wie es da auch in anderer Übersetzung heißt statt "Zucht" Besonnenheit. Mit der Kraft ist nicht die physische Kraft gemeint, sondern die Kraft, die aus Gottes gutem Geist in uns hineinströmen soll. Ist es doch so, daß wir an manchem Tag schon morgens verzagen, wenn wir aufgestanden sind. Vielleicht schmeckt dann auch nicht einmal das Frühstück. Ganz anders, wenn wir gut geschlafen haben und fröhlich ans Tagewerk gehen. Dann haben wir auch Kraft genug, um Hindernisse zu überwinden. Und diese Kraft will Gott uns täglich geben. Das dürfen wir jeden Morgen neu erbitten. - Aber er schenkt uns auch seine Liebe, die diese Kraft mit einschließt. Seine größte Liebe war sein Sohn, den er an uns abgegeben hat. Mit dieser Liebe Jesu dürfen wir Freude an unserem Leben haben. Durch diese Liebe allein werden wir uns in Zucht halten können oder, wie es heißt, besonnen durch unser Leben gehen, zunächst aber durch den neuen Tag. Das wünsche ich Ihnen heute.

*Führe mich, o Herr, und leite meinen Gang nach Deinem Wort; sei und bleibe Du auch heute mein Beschützer und mein Hort.*

## 21. September

**Irret euch nicht! Gott läßt sich nicht spotten. Denn was der Mensch sät, das wird er ernten.**
*Galater 6,7*

Die Spötter haben sich in unserem Land vermehrt. Spöttereien werden durch die Medien täglich vermittelt. Einer spottet über den anderen. Besonders in Wahlkampfzeiten werden an die Gegner Spott und Hohn verteilt. Im alltäglichen Umgang untereinander würde man Beleidigungsklagen führen. Daß sich die Politiker nicht gegenseitig verklagen, spricht dafür, daß dem Volk nur eine Show vorgespielt wird. Letztendlich sind sich alle einig und die Bespotteten sind die Bürger, die sich das alles bieten lassen müssen. Aber schlimmer noch als der Spott untereinander ist die Verhöhnung und Verspottung Gottes. Dazu kommt, daß die Regierung Anfang der 70er Jahre den Gotteslästerungsparagraphen gestrichen hat. Das war der Anfang von der freigegebenen Gotteslästerung. Und es wird heute - ebenfalls besonders in den Medien, im Fernsehen, fleißig davon Gebrauch gemacht. Besser ist, man schaltet dann ab, um sich nicht mitschuldig zu machen. Aber Gottesbeleidigungen hat es zu allen Zeiten gegeben. Allerdings läßt sich nachweisen, daß sich Gott das nicht lange hat bieten lassen. Völker, die Gott gegenüber übermütig wurden, mußten zugrunde gehen. Auch bei unserem Volk beweist Gott der Herr noch große Geduld. Wie lange es gut geht, weiß er allein. Jeder aber, der darunter mitleidet, kann nur für unser Volk in die Buße gehen und immer wieder um Vergebung bitten, so wie es Abraham für Sodom getan hat.

*Bei Dir gilt nichts denn Gnad und Gunst,*
*die Sünde zu vergeben;*
*es ist doch unser Tun umsonst*
*auch in dem besten Leben.*

## 22. September

**Gelobt sei der Herr täglich. Gott legt uns eine Last auf, aber er hilft uns auch.**
*Psalm 68,20*

So steht der Vers in der Lutherbibel. Er ist nicht genau übersetzt, sondern müßte richtiger heißen: Gepriesen sei der Herr täglich, der uns trägt. Gott ist unser Heil! Da aber die Lutherübersetzung bekannter ist, wollen wir sie mit bedenken. Beides ist richtig: daß Gott uns Lasten auflegt, uns im Leben ein Kreuz tragen läßt, so wie es sein Sohn tragen mußte, und das andere: daß Gott uns trägt! Deutlich wird an beiden Aussagen, daß Gott immer an uns arbeitet. Wenn er uns keine Lasten auflegen würde, würden wir ihn schnell aus dem Auge und aus dem Sinn verlieren. Solange wir am Leben zu tragen haben, wissen wir, daß Gott uns zur Seite geht, ja, daß er bereit ist, mitzutragen. Deutlich wurde es bei Jesus, als er auf dem Weg nach Golgatha zusammenbrach und sofort einer da war, der für ihn sein Kreuz weitertrug. Zugegeben, manch einer bekommt immer neue Lasten zu tragen; vielleicht gehört sogar ein Leser dieser Andacht dazu. Ihn hat dann Gott im Auge und läßt ihn nicht los. Es ist oft sehr schwer, den Beistand unseres Gottes zu verspüren. Das habe ich selber in meinem Leben ertragen müssen. Aber wenn man hindurchgekommen ist, weiß man, daß man nicht allein war. Es gibt sicher keinen Menschen, der im Alter auf ein Leben zurückschauen kann, das sorgenlos und ohne Lasten war. Trotzdem mußte ich mich immer wieder im Gespräch mit älteren Menschen wundern, wie sie Gott für ihr Leben loben konnten. Wer es noch nicht so kann, ist noch auf dem Wege.

*Allmächtiger Gott, oft verstehen wir nicht, wie Du zusehen kannst, wie wir uns hier in der Zeit quälen. Aber es wird der Tag kommen, da wir Dich verstehen.*

# 23. September

**Herr, wie sind deine Werke so groß und viel! Du hast sie alle weise geordnet, und die Erde ist voll deiner Güter.**
*Psalm 104,24*

Wieder einmal haben wir einen Beter vor uns, der angesichts der Herrlichkeit der Schöpfung aus dem Staunen nicht herauskommt. Obwohl er seinerzeit die Schöpfung noch nicht so im Auge haben konnte, wie es uns durch den technischen Fortschritt möglich ist. Ich denke an die Eroberung des Weltalls oder an die Erforschung der Meere. Denn der Beter des Psalms staunt im nächsten Vers weiter, wo er schreibt: "Da ist das Meer, das so groß und weit ist, da wimmelt's ohne Zahl, große und kleine Tiere." Da kann man nur mitbekennen: Herr, wie sind deine Werke so groß und viel! *(Ps. 104,24)*

Sehr interessant sind im Fernsehen die Übertragungen vom Leben der Pflanzen und der Tierwelt. Wie kann man da nur von dem Werden und Entstehen der Natur sprechen, ohne den Schöpfer mit einzubeziehen? Es ist unmöglich, an dieser Stelle Beispiele zu bringen, weil es nicht einmal ein winziger Bruchteil der großen Schöpfung Gottes wäre. "Da kann ich nur staunen", hat der Schriftsteller Heinrich Kemner seine Biographie überschrieben. Ja, unser Leben bietet so viel Herrlichkeit, daß man nur staunen kann. "Alle Herrlichkeit auf Erden", so heißt ein Roman. Leider ist der Mensch zu wenig bereit, die große und weite Schöpfung Gottes mit all seinen Wundern zu achten und zu erhalten. Um des Gewinns wegen zerstört er seinen eigenen Lebensraum. Diese große Schuld sollten wir genau so vor Gott bringen wie das Lob über seine Schöpfung.

***Was unser Gott geschaffen hat, das will er auch erhalten, darüber will er früh und spat mit seiner Gnade walten. - Gebt unserm Gott die Ehre!***

# 24. September

**Mein Haus soll ein Bethaus heißen; ihr aber macht eine Räuberhöhle daraus.**
*Matthäus 21,13*

Voraus gegangen war, daß Jesus in den Tempelvorhof kam und beobachten mußte, wie die Geldwechsler emsig beim Handel waren, um den Tempelbesuchern passendes Geld zum Kauf ihrer Opfertiere einzutauschen. Da schlug er mit der Peitsche dazwischen. Jesus war kurz vorher mit dem Esel in Jerusalem eingezogen, um zum Passahfest zu kommen, eigentlich aber, um seiner Hinrichtung entgegenzusehen. Der Bibelübersetzer Hans Bruns schreibt unter diese Bibelstelle: "Der Herr, der friedlich auf einem Esel einreiten konnte, vermochte auch in Vollmacht mit der Peitsche einzugreifen." - So ist unser Herr! Sein Bethaus, seinen Tempel wollte er geheiligt wissen. Dem Propheten Jesaja läßt Gott sagen: Mein Haus wird ein Bethaus heißen für alle Völker. Auch unsere Kirchen sind als Bethäuser gebaut worden, aber Gott seis geklagt, werden auch sie häufig mißbraucht. Es soll inzwischen Kirchen geben, die man wie ein Kaffeehaus umgebaut und eingerichtet hat, so daß man während des Gottesdienstes sich dieses und jenes zu Gemüte nehmen kann und sogar Zigaretten rauchen. Daß man moderne Kunst in Kirchen ausstellt, ist schon nicht mehr neu. Aber auch das ist nicht im Sinne unseres Gottes. Unsere Kirchen sind allerdings keine Tempel, sondern Gebäude, in denen der Gottesdienst gefeiert wird, aber wenn man Gott in ihnen die Ehre gibt und diese Bauten dafür weiht, dann wollen wir in ihnen auch Gott loben und anbeten. Dann sind es für uns auch Bethäuser, und jeder achte darauf, daß wir sie nicht entweihen.

*Danke, Herr, daß wir unsere Gotteshäuser noch erhalten und pflegen dürfen, damit sie Dir zur Ehre dienen.*

# 25. September

**Wir wissen, daß der, der den Herrn Jesus auferweckt hat, wird uns auch auferwecken mit Jesus.**
2. Korinther 4,14

Der Apostel Paulus läßt uns in die Zukunft schauen. Er will uns wissen lassen, was Gott mit uns vorhat. Wir sollen nicht nur mit der Vergangenheit leben. Aber es ist auch nicht Gottes Wille, daß wir nur schwärmerisch in die Zukunft schauend uns unserer Gegenwart und damit der Verantwortung für das Jetzt und Hier nicht bewußt sind. Heute ist unser Platz hier, wie die Jünger Jesu, die genau so Zukunftserwartungen hatten, ihren Platz in ihrer Gegenwart bewußt gefüllt haben. Gott hat uns das Leben geschenkt, damit wir diese Erde bebauen und pflegen. Er läßt uns leben, damit wir uns an der Schöpfung erfreuen. Dazu gehört, daß wir täglich dankbar von dem sprechen, der alles und natürlich auch uns erschaffen hat. Dafür ist es wichtig zu wissen, woher wir kommen. Ebenfalls wichtig ist zu wissen, wie Gott früher mit den Menschen umgegangen ist und - der Mensch mit Gott! Im Rückblick werden wir dankbar. Aus Dankbarkeit heraus ist es leichter, jeden Tag unseres Lebens so zu gestalten, daß er nicht umsonst war. Wir sollen genau so wissen, was Gott mit uns vorhat. Damit führt uns der Blick nach vorn.

Berechtigt fragen wir nach dem Sinn und Ziel unseres Lebens. Sinnvoll ist das Leben dann, wenn es ein Ziel hat. Das Ziel aber hat uns Gott durch seinen Sohn vorgegeben. Das haben wir dem obigen Schriftwort entnommen, Gott wird uns eines Tages auferwecken durch Jesus! Wir sollen nicht zugrunde gehen, sondern ewig leben.

*An Dir laß gleich den Reben mich bleiben allezeit und ewig bei Dir leben in Himmelswonn und -freud.*

# 26. September

**Kommt her zu mir, alle, die ihr mühselig und beladen seid; ich will euch erquicken.**
*Matthäus 11,28*

Drei Begriffe werden durch dieses Jesuswort vereint: Mühsal, Beladensein und Erquickung. Jesus liebte die Bildersprache wie manch einer von uns heute noch. Im vorderen Orient, wo der Staub der (bis an die Stadt Jerusalem grenzenden) Wüste die Straßen und Wege bedeckte, war die Arbeit mühsamer und beschwerlicher als bei uns. So auch das Beladensein: Jerusalem war eine der großen Zielstationen für die schwer beladenen Kamele heranziehender Karawanen. So tat dann - drittens - nach wochenlanger Wanderung durch die Wüste wohlverdiente Erquickung gut. Mühselig und beladen, so würde Jesus noch heute sagen, seid auch ihr. Da kann jeder eine Wegstrecke seines Lebens aufdecken: eine Zeit, die nur mühsam durchzustehen war. Und manch einer wird seufzend erkannt haben: Es geht nicht mehr weiter; das Leben lohnt sich nicht mehr.

Jesus läßt uns wissen: Solche Durststrecken des Lebens sind Signale dafür, daß man fern ist von Gott; daß man nur auf sich selbst gebaut hat, nur sich selbst vertraut. Dann spürt man die Last, die man zu tragen hat. Sie wird immer schwerer, weil man sich nicht traut, sie abzuladen. Jesus weiß um die notwendige Zwischenstation neuer Erquickung. Deshalb sein Zuspruch: Kommet her zu mir alle! Keiner ist ausgeschlossen. Jeder ist geladen! Das gilt heute für diesen Tag. Jesus sagt: Ich biete euch Erquickung an, die Tischgemeinschaft mit mir: Mein Leib und mein Blut! Ich will mit euch neu beginnen.

***Kommt her, verzagte Sünder, und werft die Ängste weg,
kommt her, versöhnte Kinder, hier ist der Liebesweg.***

# 27. September

**Der Herr kennt die Seinen; und: Es lasse ab von Ungerechtigkeit, wer den Namen des Herrn nennt.**
2. Timotheus 2,19

Paulus schreibt an seinen Schüler Timotheus, den er für die Gemeinde Gottes in den Dienst stellt. Sehr schnell werden wir von diesem Wort getroffen, wenn wir hören: Der Herr kennt die Seinen. Damit ist jeder gemeint, der sich zu der Gemeinde Gottes gehörig weiß. In diese Gemeinde sind wir durch die Taufe hineingekommen. Dafür haben unsere Eltern gesorgt. Sie haben uns damit einen segensreichen Dienst erwiesen, der später leider zu wenig Beachtung findet. Wir können aber unsere Taufe nicht mehr ungeschehen machen. Das verpflichtet uns, daß wir uns im Dienst der Gemeinde üben. Denn die Taufe soll für uns zum Segen bleiben.

Zwei Aussagen sollen zur Treue verhelfen. Erstens: Der Herr kennt die Seinen, er behält uns im Auge. Wir können ihm nicht nach unserem Willen aus der Schule laufen. Wir können uns nicht aus einer Lustlosigkeit heraus von der Gemeinde lösen, wohl äußerlich; dennoch bleiben wir nach wie vor unter seinem Blick. Das fordert das Zweite heraus: Weil wir Kinder unseres Herrn sind, haben wir auch als solche zu leben, zumal das Leben unter Gottes Augen lohnenswert ist. Ohne Frage gehört dazu ein gewisser Mut, denn wir wissen, daß die Gemeinde Gottes immer kleiner wird, und wer sich zu ihr bekennt, fällt heute auf. Gleichzeitig ist aber dieses Bekenntnis ein Zeugnis für den uns liebenden Gott, der ein großes Opfer für unser Heil gebracht hat. Dafür gilt unser Dank in dem Mühen, daß Gottes Handeln an uns zum Abglanz für andere wird.

*Gott Vater, wir wissen, wie schwer es oft ist, Dich zu bekennen. Gib uns täglich dafür neue Kraft.*

# 28. September

**Denn so du mit deinem Munde bekennst Jesus, daß er der Herr sei, und glaubst in deinem Herzen, daß ihn Gott von den Toten auferweckt hat, so wirst du gerettet.**
*Römer 10,9*

Es liegt mir fern, mit dieser Andacht zum Martyrium aufzurufen. Ich selber traue mir kein Martyrium zu, jedenfalls jetzt nicht. Keiner weiß, wie er sich einmal vor der Welt als Christ behaupten wird, wenn er gefordert wird. In der Zeit der Apostel, in der Zeit der Urgemeinde war alles anders, und wir können mit unserer heutigen Zeit keine Vergleiche mehr aufstellen.

Allerdings haben wir dasselbe Wort vor uns wie die Christen in ihrer Zeit. Und das Wort sollte uns als Evangelium immer wieder aufrütteln. Es sollte uns Mut zum Bekenntnis machen. Mein Vater hatte einen Gesellen, der sich bei der Arbeit nicht scheute, nur Loblieder zu singen, und wenn er darauf von anderen angesprochen wurde, legte er sein Bekenntnis für Christus ab. Keiner hat ihm Böses getan, allenfalls hat man ihn belächelt, aber das hat er mit Geduld getragen und für diese Menschen gebetet. Das sei ein Beispiel, wie man Christus bekennen kann. Wer Wert darauf legt, von Gott für die Ewigkeit gerettet zu werden, der legt auch dafür sein Bekenntnis ab. Denn Paulus schreibt an anderer Stelle *(Kap. 8,18)*: Ich halte dafür, daß dieser Zeit Leiden der Herrlichkeit nicht wert sei, die an uns soll offenbart werden. - Wenn es so ist, daß eine neue große Herrlichkeit auf uns zukommt, wie es Paulus verheißt, dann sollte uns an dieser Rettung liegen. Es gibt vieles, das in diesem Leben nicht schön ist; warum sollte nichts Besseres auf uns warten. Das Beste ist der Herr selber!

***Herr, gib uns immer Mut und Kraft zum Bekenntnis.***

## 29. September

**Ja, lieber Mensch, wer bist du denn, daß du mit Gott rechten willst? Spricht auch ein Werk zu seinem Meister: Warum machst du mich so?**
*Römer 9,20*

Dieses Wort hat mich immer beeindruckt und dann dazu das Jesajawort: Weh dem, der mit seinem Schöpfer hadert, eine Scherbe unter irdenen Scherben! Spricht auch der Ton zu seinem Töpfer: Was machst du? *(Kap. 45,9)*, Oder wenn Jesaja *(Kap. 64,7)* zu Gott redet: Wir sind Ton, du bist unser Töpfer. - Daß uns das nur bewußt ist, daß wir aus Gottes gütiger Hand geworden sind. Erst kürzlich habe ich einem Töpfer zugesehen, wie er eine Vase auf der Drehscheibe geformt hat. Die Hände spielten dabei wie ein Pianist auf einem Flügel, und so gaben sie dem Körper das Profil. Ist es doch ein Wunder, wenn Gott den Menschen und die übrige Kreatur wachsen läßt, bis alles reif ist, und man es dann bestaunen kann. Wie selten kommt da ein Dank? Selbst werdende und gebärende Mütter vergessen diesen Dank oft und erkennen in ihrem Kind nicht den Schöpfer, dem sie alles zu verdanken haben. Ja, auch dann muß man dankbar sein, wenn ein Kind nicht gesund zur Welt gekommen ist. Gott trifft dabei am wenigsten die Schuld. Wir bleiben immer unter ihm! Um so weniger haben wir das Recht, Gott zu richten und ihn für alles, was uns nicht gefällt, zur Verantwortung zu ziehen. Auffallend ist, daß die Menschen, die Gott verachten oder ihm nicht die Ehre geben, oft zu denen gehören, die selber ihre Mängel aufzuweisen haben. Daß wir nicht Herr unseres Lebens sind, wird spätestens auf dem Totenbett bewiesen. Wie glücklich ist dagegen ein Mensch, der früh Gott die Ehre gibt.

**Lobe den Herrn, meine Seele, und vergiß nicht, was er dir Gutes getan hat.** *Psalm 103,2*

## 30. September

**Die Wege des Herrn sind lauter Güte und Treue für alle, die seinen Bund und seine Gebote halten.**
*Psalm 25,10*

Man muß schon zugestehen, daß es Passagen und Worte in der Heiligen Schrift gibt, die nur wenig Trost spenden können. Ja, sie können beim schnellen und unüberlegten Hinhören zum Hohn werden. Wenn wir hier von Gottes guten Wegen lesen, werden wir an viele Wege erinnert, die alles andere als gut waren. So sind bekennende Juden und Christen in der Zeit des Nationalsozialismus in den Tod getrieben worden, mitunter sogar den Herrn lobend. Oder denken wir an die ständigen katastrophalen Unfälle, von denen man laufend in der Presse lesen kann. Wie oft verunglücken und sterben die Menschen während ihrer Pilgerfahrten? Dagegen steht dann das Wort von den guten Wegen des Herrn. Um es zu verstehen, müßte man die vorausgegangenen Verse lesen. Der Dichter dieses Psalms erkennt sich als Sünder und Versager vor Gott. Er weiß, daß seine Wege gewiß die falschen gewesen sind. Da können wir mit einstimmen. Was vermögen wir schon aus uns selbst heraus richtig zu machen? Gottes Wege dagegen führen auch in dieser Welt durch Tränentäler. Erst wenn man sich ganz Gott hingegeben hat, weiß man, daß solche Wegstrecken nicht ins Unheil, sondern letztendlich zum Heil führen. Man kann nur immer wieder auf Jesus hinweisen, der im Garten Gethsemane darum bat, daß der Kelch des Leidens an ihm vorübergehen möge und der noch am Kreuz geschrien hat: "Mein Gott, warum hast Du mich verlassen?" ER ist heute unser Wegführer geworden, wenn wir uns ihm im Glauben anvertrauen. Seine Wege mit uns werden dann auch voller Güte sein.

***Herr, Du tust mir kund den Weg zum Leben!***
*Psalm 16,11*

# 1. Oktober

**Sie werden ihre Schwerter zu Pflugscharen und ihre Lanzen zu Winzermessern machen.**
*Micha 4,3*

Es war im Winter, als ich auf einem weiten Ackerfeld viele Jäger sah. Ganz in meiner Nähe sprang ein Hase auf der Stelle hoch, der von einer Schrotladung getroffen war. Ich war an einer Treibjagd vorbeigekommen. Über das Feld verteilt sah ich weitere Hasen um ihr Leben laufen. Mich hat das sehr berührt. Ich wurde an meine "Feuertaufe" erinnert, im August 1944 an der Front in Frankreich, 17 Jahre alt. Auch wir mußten über ein weites Feld unter Granatwerferbeschuß um unser Leben laufen. Einige Kameraden sind gefallen, andere wurden verwundet. Da wurde mir die Unsinnigkeit des Krieges bewußt. Aber die Kriege gehen weiter. Über dreihundert Kriege und Kriegsherde soll es auf der ganzen Erde seit dem zweiten Weltkrieg bis heute gegeben haben. Das ist nicht Gottes Wille, sondern der Menschen Willkür. Das Wort des Propheten läßt viele hoffen, die sich nach Frieden sehnen. Aus Schwertern Pflugscharen! Micha schreibt über Gottes zukünftiges Friedensreich. Er nimmt die Verheißungen des Propheten Jesaja auf, Gott selber wird die Endzeit beherrschen. Dann wird sein Reich entstehen, ein Reich der wahren Gerechtigkeit und des Friedens. Keiner hat eine Vorstellung davon. Aber wir dürfen hoffen, daß sich Gottes Verheißung erfüllt und er alles neu machen wird. Diese Welt ist nicht die Welt des Friedens. Solange der Mensch nicht mit Gott Frieden halten kann, wird es auch keinen Frieden untereinander geben, obwohl alle darunter leiden. Wir können nur ständig bitten: Dein Reich komme!

***Dein Segen zu uns wende, gib Fried an allen Enden,
gib unverfälscht im Lande Dein seligmachend Wort,
die Teufel mach zuschanden hie und an allem Ort.***

## 2. Oktober

**Aller Augen warten auf dich und du gibst ihnen ihre Speise zur rechten Zeit.**
*Psalm 145,15*

Das Erntedankfest ist eines der ältesten Feste der Menschheit. In der Schöpfungsgeschichte *(1. Mose 1,11)* heißt es: Und Gott sprach: Es lasse die Erde aufgehen Gras und Kraut, das Samen bringe, und fruchtbare Bäume auf Erden, die ein jeder nach seiner Art Früchte tragen, in denen ihr Same ist. Und im 8. Kap, lesen wir *(V. 22)*, daß Gott es so geordnet hat, daß nicht aufhören soll Saat und Ernte. So dürfen wir es als eine gute Ordnung der Schöpfung sehen, daß das Jahr seinen ständigen Ablauf hat mit den vier Jahreszeiten, bei denen der Landmann im Frühjahr mit der Bestellung der Felder beginnt; während im Sommer die Frucht zur Reife kommt durch den Einfluß von Sonne und Regen; so daß im Herbst die Ernte eingebracht und das Feld für die Wintersaat wieder bestellt werden kann. Wir haben allen Grund, Gott für diese Ordnung zu danken, und es ist für den einzelnen Bürger unverständlich, wenn der Staat die Stillegung der Felder anordnet, während es in der Welt soviel Hunger und Not gibt. Das ist nicht gottgewollt! Aber ebenfalls nicht nach Gottes Willen ist es, wenn in unserem Land die Menschen üppig leben und prassen und die gute Frucht der Erde und das Fleisch nicht mehr zu schätzen wissen. Unsere "Wegwerfgesellschaft" läßt das Verderben zu und lebt verantwortungslos in die Zukunft hinein. Da schlägt kein Gewissen, und es gibt keine Schuldgefühle. Wo bleibt die Freude über alle guten Gaben? Wir sollten sie dankend segnen und bescheiden werden.

**O allerliebster Vater, Du hast viel Dank verdient;**
**Du mildester Berater machst, daß uns Segen grünt.**
**Wohlan. Dich loben wir für abgewandten Schaden,**
**für viel und große Gnaden; Herr Gott, wir danken Dir.**

# 3. Oktober

**Halleluja! Lobet den Herrn! Denn unsern Gott loben, das ist ein köstlich Ding, ihn loben ist lieblich und schön.**
*Psalm 147,1*

Viele Psalmen sind voll des Lobes Gottes, so auch dieser. In den folgenden Versen kann man nachlesen, wieviele Gründe es zum Loben gibt. Der Psalmist zählt es auf: Gott heilt, die zerbrochenen Herzens sind, verbindet ihre Wunden. Er zählt die Sterne und nennt sie mit Namen. Er richtet die Elenden auf und stößt die Gottlosen zu Boden. Gott läßt das Gras auf den Bergen wachsen und gibt dem Vieh sein Futter. Der Herr hat Gefallen an denen, die ihn fürchten. Er sendet sein Gebot auf die Erde, gibt Schnee wie Wolle und streut Reif wie Asche. Er sendet sein Wort und läßt seinen Wind wehen (Der Heilige Geist verteilt das Wort).

Das sind alles so wunderbare Erkenntnisse, so daß man nur staunen kann, wie gut der Psalmsänger die Schöpfung beobachtet hat. Sollte uns das nicht auch gelingen, so daß wir Grund zum Danken finden? Was gibt es alles für kleine Wunder auf dieser Erde, die Gottes Schöpfung hervorgebracht hat? In unserem Garten nistet jeden Sommer eine Meise, und es macht Freude zu beobachten, wie fleißig die Eltern die Nahrung heranbringen, viele Male in einer Minute, bis die Kleinen im Nistkasten immer lauter werden und dann eines Morgens ihr Nest verlassen, um sich den Gefahren der Freiheit auszusetzen, aber auch um ihre Existenz zu behaupten. Das ist nur ein Bild. Aber Gottes Schöpfung ist viel geheimnisvoller, so daß auch wir nur loben und danken können, daß wir dabei sein dürfen.

*Lobet und preiset, ihr Völker, den Herrn, freuet euch seiner und dienet ihm gern. All ihr Völker, lobet den Herrn.*
*(Kanon)*

# 4. Oktober

**Aber Gott sprach: Du Narr! Diese Nacht wird man deine Seele von dir fordern; und wes wird's sein, das du bereitet hast?**
*Lukas 12,20*

Jesus erzählt eine an sich tragische Geschichte von einem Landmann, der eine gute Ernte eingebracht hat. Er läßt daraufhin den Bauern sagen: "Was soll ich tun? Ich habe nicht, wo ich meine Früchte hinsammle. So will ich das tun: Ich will meine Scheunen abbrechen und größere bauen und will darein sammeln all mein Korn und meine Güter und will sagen zu meiner Seele: Liebe Seele, du hast einen großen Vorrat auf viele Jahre; habe nun Ruhe, iß, trink und habe guten Mut." Was Gott diesem, wenn auch fleißigen und umsichtigen Mann zur Antwort gab, haben wir oben im Wort gehört. So ist es auch heute in unserer Gesellschaft. Jeder siebente Erbe soll heute ein Millionär sein. Das ergibt die Statistik. Was bedeutet das? Viele Menschen haben sich ein hohes Vermögen angesammelt bis zu ihrem Tode. Wahrscheinlich gehörten ebenso viele zu denen, die nicht bereit waren, da, wo Not war, mit einem höheren Betrag zu helfen. Wenn dann der Tod eintritt, treten oft solche Nachkommen das Erbe an, denen der Verstorbene es nicht gegönnt hätte. So ist unser Leben, das unter der Vergänglichkeit steht. Jesus möchte eingreifen und uns den guten Rat geben, dafür zu sorgen, daß wir selber unser Erbe antreten können, daß wir nach unserem Tod auch die Erben sein können. Aber dafür dürfen wir nicht den großen Wert auf die Sammlungen irdischer Güter legen, sondern sollen unseren Schatz für den Himmel bereithalten. Wer sich um den Frieden mit Gott müht und Jesus als den Herrn seines Lebens weiß, wird zu den Erben gehören.

*Es ist nicht leicht, Herr, irdisches Gut abzugeben. Nur Du kannst uns helfen, das wahre Erbe anzutreten.*

# 5. Oktober

**So lasset uns nun durch ihn Gott allezeit das Lobopfer bringen, das ist die Frucht der Lippen, die seinen Namen bekennen.**
*Hebräer 13,15*

Die Zeugen Jehovas werfen den Christen vor, daß sie das erste Gebot übertreten, wenn sie Jesus Christus als Sohn Gottes anbeten und den Heiligen Geist in der Dreieinigkeit anerkennen. Wir kennen wohl das erste Gebot: Ich bin der Herr, dein Gott, du sollst nicht andere Götter haben neben mir. Jesus hat uns erstmalig (im Neuen Testament) gelehrt, daß Gott unser Vater ist. Durch Jahrhunderte lange Verheißung und Prophezeiung wurde erkundet, daß Gott sich eines Tages der Welt durch den Messias bezeugen wird, also durch seinen Sohn. Der Sohn Jesus, der durch seine Auferstehung zum Christus wurde, ist es dann auch gewesen, der seinen Jüngern und allen, die dabei waren, vor seiner Himmelfahrt gesagt hat: Ihr werdet die Kraft des Heiligen Geistes empfangen, welcher auf euch kommen wird, und werdet meine Zeugen sein bis an das Ende der Erde *(Apg. 1, 8)*. So ist auch der Heilige Geist mit dem Vater und dem Sohn zu einer Einheit geworden. Das gibt uns Anlaß, durch unsern Herrn Jesus das Lob zu Gott hinzutragen mit unseren Lippen, wie es das Wort fordert. Das heißt, daß wir wohl mit vielen Instrumenten Gott loben sollen; aber auch aus unserem Munde soll das Lob dargebracht werden. Jeder, der den Vater durch den Sohn lieben gelernt hat, kann nicht anders als den Herrn Jesus Christus als Sohn des Vaters zu loben. Darin sollten wir uns täglich üben und mit diesem Lob auch in jeden neuen Tag hineingehen.

*Herr Jesu Christ, Dich zu uns wend, Dein' Heilgen Geist Du zu uns send, mit Hilf und Gnad er uns regier und uns den Weg zur Wahrheit führ.*

# 6. Oktober

**Sammelt euch Schätze im Himmel, wo sie weder Motten noch Rost fressen und wo die Diebe nicht nachgraben noch stehlen.**
*Matthäus 6,20*

In diesen Tagen, da ich an den Andachten schreibe, hört man laufend von Einbrüchen in den Häusern. Jeder versucht, so gut wie möglich, sein Haus zu sichern. Wenn man daran denkt, dann versteht man auch Jesus, wenn er in der Bergpredigt von den ewigen Werten spricht, die keine Diebe stehlen können. Aber wir sollten überlegen, worin die Schätze bestehen, die man für die Ewigkeit sammeln kann. Sicher beginnt es mit der Taufe, die unsere Eltern an uns haben vollziehen lassen, denn wer da glaubet und und getauft wird, sagt Jesus, der wird selig werden *(Markus 16,16)*. Damit lehrt er uns das zweite Wichtige für die ewige Seligkeit: nämlich der Glaube! In der Bibel Alten und Neuen Testamentes können wir an vielen Stellen lesen, daß der Unglaube ins Verderben führt, das heißt, daß es für Ungläubige nur das Diesseits gibt. Das ist sehr schrecklich zu hören, aber offensichtlich geht daran kein Weg vorbei. Wir müssen uns schon um den Glauben mühen, wenn wir Schätze für den Himmel sammeln wollen. Selbst die Jünger hatten mit ihrem Glauben mitunter ihre Schwierigkeiten. Ich denke an den Seesturm, der sie in Angst versetzte und Jesus sie fragen mußte: Habt ihr keinen Glauben *(Markus 4,40)*? Oder an anderer Stelle bitten sie Jesus *(Luk. 17,5)*: Mehre uns den Glauben! Offensichtlich ist der Glaube der Schlüssel zur ewigen Seligkeit. Aber er kann nur wachsen und immer wieder vom Herrn erbeten werden. Mit ihm haben wir den größten Schatz.

*Du bist die liebe Sonne klar, wer an Dich glaubt,
der ist fürwahr ein Kind der ewgen Seligkeit,
die Deinen Christen ist bereit.*

# 7. Oktober

**Gott schuf den Menschen zu seinem Bilde, zum Bilde Gottes schuf er ihn, und schuf sie als Mann und Frau.**
*1. Mose 1,27*

In vielen vorausgegangenen Andachten ist immer wieder von der Herrlichkeit der Schöpfung Gottes geschrieben worden. Sie ist es ja auch, in die wir hineingeboren wurden. Mit der Aussage von der Erschaffung des Menschen wurde der Höhepunkt von Gottes Schöpfung bezeugt. Denn für den Menschen hat Gott alles geschaffen, so lehrt uns die Schöpfungsgeschichte. Viele Väter haben ihr Lebenswerk an die Söhne abgegeben und sind dann von ihnen enttäuscht worden. So enttäuschen auch Menschen ihren Schöpfer, wenn sie nicht sein Ebenbild sein wollen. Das Schrecklichste habe ich in dieser Richtung in einem Nachtgespräch mit einem hohen Stadtbeamten erlebt. Er war am Abend als Referent in die Frauengruppe gekommen, wollte dann aber nicht an der Schlußandacht teilnehmen. Ich konnte ihn in einem Nebenzimmer zurückbehalten und erfuhr dann, was ich vermutet hatte, daß er Atheist war. Im Laufe des langen Gespräches sagte er mir: "Wenn mich jemand mit 'du Affe' anredet, kann ich ihm nicht böse sein und bin es auch nicht, denn ich weiß, daß ich vom Affen abstamme." Genau so würde er es annehmen, wenn er im Buch des Predigers Salomo liest *(Kap. 3, 19)*: ....der Mensch hat nichts voraus vor dem Vieh! - Wie kann man nur um des Unglaubens willen seine Würde ablegen? Gott hat das nicht gewollt, sondern möchte uns als seine Ebenbilder und Gesprächspartner wissen. Jedes Gebet zu Gott bringt uns in seine Nähe, und mit jedem Gebet holen wir ihn in unser Herz.

*Allmächtiger Gott und Schöpfer aller Dinge, der Du uns Dir zum Bilde geschaffen hast, habe Dank für die unverdiente Würde und mach uns ihrer wert.*

# 8. Oktober

**Geh hin zur Ameise, du Fauler, sieh an ihr Tun und lerne von ihr!**
*Sprüche 6,6*

Sowohl im Alten wie auch im Neuen Testament finden die Faulen keinen Boden. Auch Jesus hatte für sie kein Verständnis *(zu lesen Matthäus 25,26.).* - Ein Konfirmandenvater bestand darauf, daß ich seiner Tochter dieses Wort als Konfirmationsspruch geben sollte, obwohl sie keine Faule war. Er war unkirchlich und hatte offensichtlich an diesem profanen Bibelwort seine Freude. Als die Konfirmandin denselben Wunsch hatte, bekam sie den Spruch zusammen mit einem Wort aus dem 5. Kap., V,21 "Denn eines jeden Wege liegen offen vor dem Herrn, und er hat acht auf aller Menschen Gänge." Gott sieht auf unser Tagewerk. Er hat uns die Gesundheit und Kraft für die Arbeit gegeben und in der Schöpfungsgeschichte Adam angewiesen: "Im Schweiße deines Angesichts sollst du dein Brot essen *(1.Mo.3,19)*." Während der zwei Unterrichtsjahre fuhren Konfirmanden einmal zur Freizeit in eine Waldhütte. So auch diesmal. Wir veranstalteten ein Waldspiel, bei dem alle in Gruppen ausschwärmten, um irgendwelche Aufgaben zu erfüllen. Da hörte ich ein Geschimpfe. Ich kam in die Richtung und sah einen Forstarbeiter bei den Jungen stehen, der sie zurechtwies. Sie hatten eine Ameisenburg zerstören wollen. Der Haumeister machte ihnen klar, daß Waldameisen wichtige und fleißige Tiere für die Forst sind. Mir wurde daran deutlich, daß auch diese kleinen Kreaturen der Schöpfung einen Herrn über sich haben, der auf sie achtet und sie schützt. So gibt Gott acht auf seine großen und kleinen Geschöpfe. Er hat uns alle lieb.

*Jedes Tierlein hat sein Essen; jedes Blümlein trinkt vonDir. Hast auch unser nicht vergessen. Lieber Gott, hab Dank dafür.*

# 9. Oktober

**Heile du mich, Herr, so werde ich heil; hilf mir, so ist mir geholfen.**
*Jeremia 17,14*

Es ist Sonntag. Ich komme von einem Gottesdienst zurück. Das Thema war das Leiden, dem Gott Abhilfe schaffen kann. Der Gottesdienst fand nicht in der Kirche, sondern auf einem Dorfplatz statt, weil die Besucher sich anschließend zu einer Tageswanderung zusammenfanden. Vor 50 Familienmitgliedern durfte ich das Wort verkündigen. Hunde waren auch dabei. Es war sehr eindrucksvoll. Die Besucher haben zugehört, als ich ihnen das Wort gesagt habe vom Heil, daß durch Jesus Christus in die Welt gekommen ist. Das Heil brauchen wir alle. Heil setzt voraus, daß es Unheil und Krankheit gibt. Sie begleiten jedes Menschenleben. Wer auf sein Leben zurückschaut, weiß, daß er Zeiten durchmachen mußte, die "heillos" waren. Jeder mag da für sich an sein Leben zurückdenken. Da gab es so manches Leiden, das zum Nachdenken geführt hat. Jesus ist stets auf Menschen zugegangen, die von solchen Leiden geplagt waren. Aber vorweg hat er ihnen meistens den Zuspruch zukommen lassen: "Dir sind deine Sünden vergeben". Es gibt viele Krankheiten, die Folge unserer Sünden sind, nicht nur durch ungesunden Lebenswandel. Aber es gibt auch eine Krankheit, die unsere Seele gepackt hat. Diese kann schlimmer sein als körperliche Gebrechen. Jesus ist besonders dafür der rechte Arzt. Er möchte, daß wir zu ihm kommen, zu ihm beten und im Gebet Frieden finden. Wenn der Prophet betet: Heile du mich, Herr! dann erwartet er gleiche Hilfe wie manch einer von uns. Wir sind ihm voraus. Wir haben Jesus Christus.

*"Kommt her zu mir", spricht Gottes Sohn · ihr Jungen, Alten, Frau und Mann. Ich will euch geben, was ich han, will heilen euren Schaden.*

# 10. Oktober

**Siehe, selig ist der Mensch, den Gott zurechtweist;
darum widersetze dich der Zucht des Allmächtigen nicht.**
*Hiob 5,17*

Zwei Lebenssituationen stelle ich mir vor: Der eine ein verzweifelt kranker Mensch, der so gerne wieder gesund werden möchte und es nicht fassen kann, daß Gott so mit ihm umgeht. Er liest zufällig dieses Andachtswort und wird das Buch ungetröstet beiseite legen. Der andere ein von Kindesbeinen an Geplagter, der sich in seine Rolle hineingefunden hat und ein gläubiges Gotteskind geworden ist. Beide möchte das Wort ansprechen, das aus dem Mund eines der Freunde Hiobs kommt. Hiob ist ein geschlagener Mann. Seine Söhne hat er verloren, und eine schlimme Krankheit zehrt an seinen Gliedern, obwohl er immer fromm und gottesfürchtig war. Sein Freund Eliphas möchte ihm zurechthelfen und ihm Trost zusprechen. Aber ist das ein Trost, wenn man einem Menschen in seiner Not sagen muß: Gott meint es jetzt gerade gut mit dir? Jeder von uns ist schon durch solche Tiefen gegangen. Aber nur wer bewußt das Vertrauen zu Gott nicht verloren hat, kann sich in Zeiten der Trübsal von Gott ansprechen lassen und so jeden neuen Tag als ein Geschenk aus seiner Hand nehmen. So sollte dieses Wort besonders denen ein Zuspruch sein, denen die Geduld zum Tragen fehlt. Gott möchte uns wissen lassen, daß ihm unser Schicksal nicht gleichgültig ist. Vielleicht dient der Zustand einem Menschen, der sich besonders an einem Kranken aufrichten und erkennen soll, daß er allen Grund hat, Gott dankbar zu sein. Gott weiß, was er mit uns vor hat.

*Wend von mir nicht Dein Angesicht,
laß mich im Kreuz nicht zagen;
weich nicht von mir, mein höchste Zier,
hilf mir mein Leiden tragen.*

# 11. Oktober

**Haben wir Gutes empfangen von Gott und sollten das Böse nicht auch annehmen?**
*Hiob 2,10b*

Mit dieser Frage hätte man die gestrige Andacht schließen können. Es ist mir in meinem Leben immer wieder aufgefallen, daß meine Gebete intensiver waren, wenn ich vor einem großen Problem gestanden habe oder mich in einer Lebenslage befunden habe, da ich Gottes Hilfe herbeibeten wollte. Man sagt ja, daß Not beten lehre. Es ist auch erwiesen, daß selbst im Glauben gleichgültige Menschen in besonderen Lebenssituationen die Hände falten und ihre Gebete zu Gott richten. Natürlich dürfen und müssen wir es im Glauben annehmen, daß sowohl das Gute als auch das Unangenehme im Leben von Gott kommt. Sollte es uns nur gut gehen, wie lange sollte sich ein solcher Zustand noch steigern? Deshalb ist es für ein Glaubensleben angebracht, eine gewisse Ordnung im Verhältnis zu Gott zu haben. Wer regelmäßig seinen Tageslauf vor Gott bringt, ist auch fähig, in schweren Zeiten das Gebet nicht zu lassen. Ich möchte deshalb noch einmal wie in der Andacht am 5. März an das Gebet von Eduard Mörike erinnern, in dem er unter Gott tritt mit der Bitte: "Herr, schicke, was du willt, ein Liebes oder Leides; ich bin vergnügt, daß beides aus deinen Händen quillt." Man hat den Eindruck, daß hinter dem Gebet der Ausspruch Hiobs steht: "Haben wir Gutes empfangen von Gott und sollten das Böse nicht auch annehmen?" Hiob war zu dieser Zeit noch in der Verfassung, da er fest im Glauben stand und seine weniger gläubige Frau zurechtweisen konnte. Wenn wir uns im Vertrauen zu Gott üben, müssen wir es in Zeiten tun, da wir noch gefestigt sind. Dann wird es uns auch in schweren Zeiten leicht werden, Gottes Nähe zu erkennen.

***Herr, hilf, daß wir auch in Notzeiten zu dir stehen.***

## 12. Oktober

**Wenn ihr nicht umkehret und werdet wie die Kinder,
so werdet ihr nicht ins Himmelreich kommen.**
*Matthäus 18,3*

Wenn sich viele Menschen in einer großen Katastrophe befinden, dann bangen sie um ihr Leben, gleich, ob sie erwachsen sind oder noch Kinder. In solchen Notsituationen sind alle gleich gefordert. Ich denke an die Flüchtlinge, die täglich in der Welt vertrieben werden. 20 Millionen sollen gegenwärtig auf unserer Erde auf der Flucht sein. Oder denken wir an die Hungergebiete in der Welt, an Flugzeug- und Schiffskatastrophen, an Bus- und Bahnunglücke.

Die Hilflosigkeit und Todesangst kommt dann über alle. So sieht auch unser Herr Jesus die Menschen um sich herum. Während die Jünger sich Gedanken machten darüber, wer wohl im Himmelreich den besten Platz bekomme, stellt Jesus ein Kind in die Mitte und verweist die Fragenden auf dieses kleine Geschöpf. Kinder sind unkompliziert. Man spricht nicht nur vom kindlichen Glauben, sondern kann von den Kindern lernen. Kinder können fröhlich Gott loben. Sie nehmen Gott an, ohne den Glauben kritisch zu hinterfragen. Deshalb war für mich der Kindergottesdienst besonders wichtig. Natürlich gab es da auch Fragen, die man als Erwachsener nicht ohne weiteres beantworten konnte, aber daran wurde deutlich, wie ernsthaft Kinder glauben können. Somit ist es lohnenswert, sich in die eigene Kindheit zurückzuversetzen, wenn man in Zweifel gerät. Als Kinder nahmen wir ohne Bedenken an, was uns weiterhalf. So war auch das Abendgebet immer ein besonderer Tagesschluß mit Mutter oder Vater. Jesus rät zum Weitermachen.

*Gott, laß uns einfältig werden und vor Dir hier
auf Erden wie Kinder fromm und fröhlich sein.*

# 13. Oktober

**Herr, ich habe keinen Menschen!**
*Johannes 5,7*

Als Jesus diesem Kranken am Teich Bethesda begegnete, sah er ihn in seiner Notlage. Der Kranke wartete auf Helfer, die ihn ins Wasser heben sollten, wenn sich das Wasser wieder durch neue Strudel bewegte. Man sprach davon, daß es der Engel des Herrn war, der das Wasser von Zeit zu Zeit in Bewegung setzte. So lag dieser Kranke im Wartestand dort an dem Teich, wie berichtet wird, schon 38 Jahre. Es ist nicht vorstellbar, aber wir nehmen den Bericht des Wortes Gottes an. Jesus stellte ihm die Frage, ob er gesund werden wolle. Heute würde man antworten: Dumme Frage! Aber dem Kranken war die Frage ernst, obwohl man von ihm den Eindruck haben müßte, daß er schon abgehärtet war. Er gab eine sachliche Antwort: Ich habe keinen Menschen! Gibt es das heute noch in unserem Sozialstaat? Natürlich, viele Bundesbürger könnten die gleiche Antwort geben. Und man würde sich wundern, es werden Menschen sein, von denen man den Eindruck hat, daß sie rund um die Uhr versorgt sind. Es sind auch andere, die gut situiert sind und mit Geld alles erwerben könnten, wonach sie Verlangen haben. Dennoch könnten sie antworten: Ich habe keinen Menschen! Wir haben einen Verwandten, der durch eine schwere Krankheit jetzt im Sterben liegt. Er bekommt natürlich Besuch von seinen Angehörigen, aber wenn sie weg sind und er sich seines Leidens bewußt ist? Ob er dann auch für sich erkennt: Ich habe keinen Menschen! Nachts, wenn er nicht schlafen kann und den Tod vor Augen hat? An diesem biblischen Bericht ist mir aufgegangen, daß gerade dann, wenn man keinen Menschen hat, Jesus uns ganz nahe sein kann. So war es am Teich von Bethesda! Und heute?

*__Wir danken Dir, lieber Herr Jesus Christus, für Dein Nahesein. Laß uns gern davon Gebrauch machen.__*

## 14. Oktober

**Wer mir nachfolgt, der wird nicht wandeln in der Finsternis, sondern wird das Licht des Lebens haben.**
*Johannes 8,12*

Das Jesuswort war damals für die jüdische Geistlichkeit revolutionär. Kein Prophet des Alten Bundes hätte es gewagt, sich als das Licht des Lebens darzustellen. Hinzu kommt, daß Jesus nicht aus priesterlichem Hause stammt, sondern für die damalige Gesellschaft ein Sohn kleiner Leute aus Galiläa war. Aber wer mit bekennenden Christen zusammenkommt, wenn er es nicht gar selber ist, der weiß, daß sie wirklich ein Gott wohlgefälliges und glückliches Leben führen, daß sie auch bereit sind, Lasten zu tragen, letzten Endes trotz allem aber froh sein können. Solche Menschen sind Lichtträger. Sie tragen das Licht unseres Herrn Jesus Christus im Herzen. Andere wissen das ebenfalls, wollen es nur nicht wahrhaben. Wir müssen nun noch fragen, was im Sinne Jesu Nachfolge heißt. Jesus hatte seine 12 Jünger, aber darüber hinaus wird von über 70 Jüngern gesprochen *(Lukas 10,1f)*, die auch in seiner Nachfolge gestanden haben. Es waren sicher nicht alles Menschen, die ihren Beruf dafür aufgegeben haben, sondern deren Nachfolge mit ihrem Alltagsleben verbunden war. Da kommen wir auch unseren Verhältnissen näher. Wer Jesus nachfolgen will, um in seinem Licht zu stehen, soll jeden Tag neu mit ihm leben und ihn in sein Leben voll hinein nehmen. So kann man zum Lichtträger werden und selber von diesem Licht zehren und leben. Viele "Finsternisse" werden verschwinden oder vom Glanz des wahren Lichtes überstrahlt werden.

*Erneure mich, o ewigs Licht,*
*und laß von Deinem Angesicht*
*mein Herz und Seel mit Deinem Schein*
*durchleuchtet und erfüllt sein.*

# 15. Oktober

**Die Befehle des Herrn sind richtig und erfreuen das Herz.**
*Psalm 19,9*

Unsere Gesellschaft hat sich so verändert, so daß Befehle eine verrufene Angelegenheit geworden sind. Das ist nicht gut! Obwohl man verstehen muß, daß in früheren Zeiten falsche Befehle viel Unheil angerichtet haben. Hitler hat den Stalinkämpfern befohlen durchzuhalten. Wenn man seine Befehle mißachtet hätte, wären viele hunderttausend Menschen vor dem Tod und vor schlimmen Verwundungen bewahrt geblieben.

Das ist nur ein Beispiel. Andererseits sind Befehle notwendig, wofür es auch viele Beispiele gibt. Daß unsere Gesellschaft weitgehend zur Anarchie geführt hat, wird ihr für die Zukunft nicht guttun... Hier wird aber ein Befehlsgeber genannt, von dem man erwarten darf, daß er seine Entscheidungen voll im Griff hat. Wenn Gott seine Befehle gibt, meint er es gut mit uns, unvergleichbar mehr als ein Kapitän, der durch seine Anordnungen sowohl die Passagiere als auch die Mannschaft eines in Seenot befindlichen Schiffes retten möchte. Gott gibt seine Befehle uns zum Heil. Zu ihnen gehören seine Gebote, mit denen er Ordnung unter uns Menschen schaffen möchte. Je mehr wir die Gebote mißachten, je mehr leidet die ganze Gesellschaft darunter. Daran wird uns deutlich, daß Befehle und Befehle zweierlei sind. Es kommt darauf an, wer sie ausgibt. Wer sich dem Willen Gottes beugt, ohne vorher zu wissen, wofür er gut ist, wird nicht zu den Betrogenen gehören, auch dann nicht, wenn wir Gottes Handeln zunächst nicht verstehen. Gottes Befehle möchten uns froh machen und uns zum Segen werden.

*Allmächtiger Gott, wenn wir uns Dir ganz anvertrauen, dann wissen wir, daß wir nicht immer Wege gehen, die uns recht sind, aber Du machst alles recht.*

# 16. Oktober

**Es ist dir gesagt, Mensch, was gut ist und was der Herr von dir fordert, nämlich Gottes Wort halten und Liebe üben und demütig sein vor deinem Gott.**
*Micha 6,8*

Sehr angesprochen komme ich gerade von einem Gottesdienst zurück. Es ist der sogenannte Männersonntag. Die Kirche war gut besucht. Und wie es der Tag erwartet, waren diesmal vorwiegend Männer in der Kirche. Sie waren aus allen benachbarten Gemeinden zusammengekommen. Ich hätte nicht gedacht, daß es so viele kirchentreue Männer in unserer Region gibt. Besonders erstaunt war ich, Männer zu begrüßen, die ich aus dem täglichen Leben kannte und bisher nicht wußte, daß es bekennende Christen sind. Das ist frohmachend. Sie haben sich vom Gotteswort leiten lassen, daß beim Propheten Micha lautet: Es ist dir gesagt, Mensch, was der Herr von dir fordert, nämlich Gottes Wort halten!
Die Welt wird immer friedloser, aber muß das sein? Wenn wir uns mehr umschauen würden, würden wir erkennen, daß die Christengemeinde noch nicht tot ist, aber wohl all zu sehr im Verborgenen dahinlebt. Das brauchte nicht zu sein. Wir sollten mehr aufeinander zugehen, um zu erkennen, wo andere Christen sind, die genau so noch beten und Liebe üben. Manche Freundlichkeit von dem einen oder anderen verstehen wir erst, wenn wir wissen, daß er aus christlicher Liebe heraus lebt. Die Predigt hielt heute ein Laie. Der Mann war körperlich behindert. Aber das machte ihm nichts aus. Er predigte über Paulus, der auch ein Behinderter war. Er konnte uns in Demut sagen, daß wir alle unter dem Kreuz Christi stehen. Das hat manchen froh gemacht.

*Wie oft, Herr, sind wir mit Christen zusammen und wissen es nicht. Danke, daß Deine Gemeinde so lebt.*

# 17. Oktober

**Noah aber baute dem Herrn einen Altar.**
*1. Mose 8,20*

Noah war einer der großen Väter unseres Glaubens. An ihm kann man sich aufrichten. Unvorstellbar ist es bis heute, wie er eine so große Arche in Eigenleistung bauen konnte, die noch für viele Tiere Platz hatte, damit auch die Kreatur vor der Sintflut gerettet wurde. Inzwischen ist der Bau der Arche schon lange nachgewiesen. Außerdem hat die Bibel es ausgesagt. Das Werk Noahs begann mit einer großen Blamage vor seinem Volk. Erst hat man ihm abgeraten, doch als er weiter baute, wurde er verhöhnt. All das hat der Gottesmann auf sich genommen, aber es ist nicht unbelohnt geblieben. Die Flut ist eingetreten. Viele Menschen sind umgekommen. Noah blieb mit seiner Familie und seinem Getier verschont. Dann aber, als die Flut zurückgegangen war, als er wieder Land unter den Füßen hatte, hätte er sorgenlos drauflosleben können. Das tat Noah nicht! Seine erste Arbeit auf dem Festland war kein neues Haus, sondern ein Altar! Das sollte uns sehr traurig stimmen angesichts der Gesinnung, die heute ganz anders geworden ist. Junge Leute haben noch gar nicht geheiratet, dann bauen sie schon ein Haus, ein feudales. Banken und der Staat machen mit. Notwendig ist es dafür, daß auch der Sonntag für solche Bauarbeiten - meistens noch Schwarzarbeiten - entheiligt wird. Wie lange wird sich Gott unser Mißverhalten noch ansehen, unseren Ungehorsam ihm gegenüber? Ob wir uns nicht fragen sollten, wie es mit unseren Altären steht, die wir Gott weihen? Ein Herrgottswinkel, ein kleiner Hausaltar können Anregung zu einem neuen Verhältnis zu Gott geben.

*Lobet den Herren alle, die Ihn ehren; laßt uns mit Freuden Seinem Namen singen und Preis und Dank zu Seinem Altar bringen. Lobet den Herren!*

## 18. Oktober

**So seid nun Gottes Nachfolger als die geliebten Kinder und wandelt in der Liebe, gleichwie Christus euch hat geliebt.**
*Epheser 5,1+2a*

In der Brunsbibel heißt die Übersetzung: Führt euren Wandel nach Gottes Vorbild! Offensichtlich hat es in der Gemeinde zu Ephesus Nachlässigkeiten im Glauben und im christlichen Lebenswandel gegeben. Zu den Zeiten, als die Gemeinden noch jung waren, in den Anfängen, konnte Paulus noch dazwischengehen, konnte er sie zurechtweisen. Heute ist es für einen Gemeindepastor schwer, Kirchenzucht zu üben, obwohl sie so manches Mal angebracht wäre. Aber wir wollen dieses Wort nicht annehmen, als seien wir so pauschal angesprochen wie die Gemeinde in Ephesus, sondern wir sollen ganz persönlich gemeint sein. Da gefällt uns sicher die Anrede: Geliebte Kinder! Als geliebte Kinder wollen wir uns zurechtweisen lassen. In der Rolle eines Kindes fällt es leichter, Hinweise anzunehmen, auch Vermahnungen. Denn vor Gott bleiben wir Kinder und stehen damit neben unseren Kindern als Gleichwertige, denn wir haben einen gemeinsamen Herrn, der uns alle in gleicher Weise an der Hand haben möchte. Gottes Nachfolger zu sein, ist ein schwerer Stand. Wer vermag sich da hineinzuversetzen? Gemeint ist aber, daß wir in seine Nachfolge treten sollen, daß wir ihm Folge leisten sollen. Auch das fällt uns nicht immer leicht, wenn ich daran denke, daß Jesus uns geboten hat, in der Welt sein Kreuz auf uns zu nehmen. Wir wollen nachdenken und uns immer neu üben, bewußte Kinder Gottes zu sein und als solche auch in der gebotenen Liebe zu leben.

*Herr, öffne mir die Herzenstür,*
*zieh mein Herz durch Dein Wort zu Dir,*
*laß mich Dein Wort bewahren rein,*
*laß mich Dein Kind und Erbe sein.*

## 19. Oktober

**Jesus Christus hat uns tüchtig gemacht zu Dienern des Neuen Bundes, nicht des Buchstabens, sondern des Geistes.**
*2. Korinther 3,6a*

Paulus mußte im 2. Brief an seine Gemeinde in Korinth zunächst Vorwürfe gegen sich beiseiteräumen. Aber er hatte die Gemeinde gegründet und hatte sie daher auch lieb. So stellt er ihren Standort dar. Sie sind durch ihn, Paulus, zu Dienern des Neuen Bundes geworden. Damit hält er den Dienst am Alten Bund nicht für gering. Auch im Alten Bund war Gott gegenwärtig. (Gemeint ist das Verhältnis des jüdischen Volkes zu Gott. Es kennt noch nicht den Sohn Jesus Christus). Aber jetzt ist unter Christus alles viel herrlicher geworden. Schade, daß es in unserer Volkskirche nicht so zum Durchbruch kommt, von Ausnahmen abgesehen. Christus müßte viel fröhlicher verkündigt werden, aber unsere Landeskirchen werden, Gott seis geklagt, zunehmend vom Ungeist unterwandert. Der Antichristus, der mit dem Angriff von außen angesetzt hatte, dringt jetzt in die Gemeinden ein. Wer aber ganz bewußt seinen Glauben lebt, weiß um den herrlichen Stand der Gotteskindschaft nach wie vor. Der weiß auch um die ergebende Heilskraft unseres Gottes. So wie Eltern ihren Kindern ihr Versagen und Mißverhalten schnell verzeihen können, wird auch Gott unsere Schuld nicht in die Zukunft hineintragen, sondern sie durch Christus vergeben und vergessen. So sehen wir das Leben im Neuen Bund. Nichts wird aufgelistet, Gotteskinder, die der Sohn freigemacht hat, fangen täglich von vorne an, bereit zu einem neuen Leben. Sie sollten nicht verdrießlich werden, nicht resignieren.

*Ich trau auf Dich, o Gott, mein Herr.*
*Wenn ich Dich hab, was will ich mehr?*
*Ich hab ja Dich, Herr Jesu Christ,*
*Du mein Gott und Erlöser bist.*

## 20. Oktober

**Ich liebe, die mich lieben, und die
mich frühe suchen, finden mich.**
*Sprüche 8,17*

Wer ist der Liebende, und wer will sich finden lassen? Beides steht uns an: geliebt zu werden und nicht vergessen zu werden. Deshalb redet dieses Wort gezielt in unseren Alltag hinein. Aber wenn diese Impulse nur von Mensch zu Mensch gingen, würden sie bald kraftlos sein. Der König Salomo legt allerdings diesen Satz der Weisheit in den Mund, aber hinter ihr steht der barmherzige und allmächtige Gott, der immer wieder liebend den Menschen nachgeht. Die Größe seiner Weisheit, wenn man von Gott überhaupt so reden darf, hat Gott dadurch offenbart, daß er als Mensch zu den Menschen kam. Das lehrt uns der Dichter, wenn er schreibt:

"Aller Weisheit höchste Fülle in dir ja verborgen liegt. Gib nur, daß sich auch mein Wille fein in solche Schranken fügt, worinnen die Demut und Einfalt regieret und mich zu der Weisheit, die himmlisch ist, führet. Ach wenn ich nur Jesus recht kenne und weiß, so hab ich der Weisheit vollkommenen Preis." *(EG 386,5)*

Ein alter Kapitän stellte sich bei einer Bordveranstaltung auf seinem Schiff vor vielen Zuhörern vor: "Ich bin dreißig Jahre alt." Damit gewann er spontan fröhlichen Zuspruch. Und dann wurde er ernst: "Vor dreißig Jahren habe ich meinen Erlöser Jesus Christus kennengelernt, und seit der Zeit lebe ich. Das Leben davor kann ich vergessen." Der Kapitän hätte Jesus gern früher gefunden, aber für jeden, der ihn sucht und ihn gefunden hat, ist es noch nicht zu spät.

***Da Du der allein Weise bist, Herr, bitte ich Dich:
Komm mir entgegen und laß Dich von mir finden.***

## 21. Oktober

**Wohl dem, der nicht wandelt im Rat der Gottlosen noch tritt auf den Weg der Sünder noch sitzt, wo die Spötter sitzen, sondern hat Lust am Gesetz des Herrn.**
*Psalm 1,1+2a*

Während einer Israelreise waren wir in einer kleinen Gruppe zu viert in eine Hochzeitsgesellschaft geraten. Wir hatten nur interessiert durch die Tür geschaut, als einer der Hochzeitsgäste uns an den Arm nahm und in die Gesellschaft hineinholte. Keine Geschenke hatten wir bei uns, aber einer aus unserer Gruppe, ein Superintendent, trat vor den Tisch des Hochzeitspaares und grüßte die jungen Brautleute auf hebräisch mit dem ersten Psalm, den er auswendig aufsagte. Sehr gerührt und bewegt hörten sie das Gotteswort in ihrer Heimatsprache von einem Deutschen. Sicher haben sie den Inhalt zu sich reden lassen: Wohl dem, der auf dem Weg derer geht, die sich mit Gott verbunden wissen! Was ist das für ein trostvoller Zuspruch am Tag der Eheschließung?

In diesem Psalmvers wird die Entscheidung gefordert für oder gegen Gott, gottgebunden oder gottlos. Aber der Psalmdichter gibt die Antwort, indem er denen den guten Weg zuspricht, die sich unter Gott stellen. Der Weg der Gottlosen, der Sünder und Spötter, führt in die Verdammnis. Wer sich aber unter das Gesetz des Herrn stellt, dem geht es, so heißt es dann im Psalm weiter, wie einem Baum, der an einem Wasserbach gepflanzt ist, eine frische Weide. Jeder wird im Laufe seines Lebens irgendwann auf sündhafte Wege verlockt, aber wer das Gesetz Gottes im Herzen hat, wird immer auf den rechten Weg zurückfinden. Er wird den Weg gehen, den Gott ihm weist.

***Wenn Du mich leitest, treuer Gott, so kann ich richtig laufen den Weg Deiner Gebot.***

## 22. Oktober

**Ja, ich weiß sehr gut, daß ein Mensch nicht recht behalten kann gegen Gott.**
*Hiob 9,2*

Das sagt einer, dessen Leib zerschunden und dessen ganzer Besitz verloren gegangen ist. Viele Ostdeutsche, die ihre Heimat aufgeben mußten und allen Besitz und Geld verloren haben, haben mit Gott gehadert und konnten nicht verstehen, weshalb Gott so mit ihnen umgegangen ist. Hier haben wir es in der Bibel mit einem treuen Gottesmann zu tun, der wirklich nur Gott in seinem Leben gelobt hat und trotzdem in die tiefste Verlassenheit hineingekommen ist. An ihm kann man sich aufrichten, wenn er in der ganzen Niedrigkeit seines Daseins, in der tiefsten Traurigkeit noch bekennen kann: Ich weiß sehr gut, daß ein Mensch gegen Gott nicht recht behalten kann. Also hat auch für ihn Gott alles an und in seinem Leben recht gemacht. Die Heilige Schrift gibt uns viele Verhaltensregeln, aber wir leben in einer Gesellschaft, in der gegenwärtig alles auf den Kopf gestellt wird. Selbst Theologen lassen die Vermahnungen des Wortes Gottes nicht mehr stehen, sondern setzen sich über sie hinweg. Wo soll diese Überheblichkeit der Bibel gegenüber hinführen? Gott wird nicht mehr lange zusehen, sondern den Tag herbeiführen, da er unser Volk wieder zerschlagen wird. Wir können nur erbitten, daß wir noch einmal zur Umkehr kommen und wieder in die Buße gehen. Kein Mensch kann es sich herausnehmen, vor Gott im Recht zu sein und zu bleiben. Wir sind seine Geschöpfe und nicht die Schöpfer! Er hat uns gemacht und nicht wir selbst zu seinem Volk und zu Schafen seiner Weide *(Ps. 100,3)*. Wir können es uns nur erbitten, daß uns das immer wieder bewußt wird.

*Von Herzensgrund ich spreche: Dir sei Dank allezeit, weil Du mich lehrst die Rechte deiner Gerechtigkeit.*

## 23. Oktober

**Laß dich nicht vom Bösen überwinden,
sondern überwinde das Böse mit Gutem.**
*Römer 12,21*

Gut und Böse sind wohl die schärfsten Gegensätze. Trotzdem ist eine Abgrenzung oft sehr verschwommen. Wo hört das Gute auf und setzt das Böse ein, und umgekehrt? Aufs Ganze gesehen ist wohl der Eindruck, daß das Böse in der Welt den größeren Raum einnimmt.

Die Zeitungen, Illustrierten und Fernsehberichte sind voll von bösen Nachrichten. Aber wer wird vom Bösen überwunden? Ist es nicht so, daß man es oft nicht merkt, wenn an einem selber das Böse zehrt? Man möchte doch nicht in dieser Rolle stehen, vom Bösen überwunden zu sein. Damit es deutlich wird, stellt der Apostel Paulus sich Jesus vor, wie er mit dem Bösen fertig wurde. Während seines Auftrages auf dieser Erde ist Jesus je und je mit dem Bösen konfrontiert worden, bis er schließlich gefangen genommen wurde. Als ihn Judas an die römischen Soldaten verriet, konnte Jesus ihm freundlich begegnen und die anderen Jünger vor einem Eingriff zurückhalten. Als er geschlagen wurde, fragte er höflich zurück: Warum schlägst du mich, was hab' ich dir getan? Solche Verhaltensweisen sind schwer zu verkraften. Die Redensart: Wie du mir, so ich dir! nimmt immer noch im Alltag weiten Raum ein. Aber sie kommt nicht aus der christlichen Ethik. Jesus Christus hat das Böse mit Gutem überwunden bis zum Tode am Kreuz. Eine solche Verhaltensweise würde uns sehr schwer fallen, dafür ist es all zu menschlich in uns, aber das Evangelium fordert von uns, daß ein jeglicher so gesinnt sei, wie Jesus es auch war *(Phil. 2,5)*. Wir können es uns nur erbitten, befähigt zu werden, das Böse mit dem Guten zu überwinden.

***Herr, bewahre uns vor unseren menschlichen Schwächen.***

# 24. Oktober

**Seid stark in dem Herrn und in der Macht seiner Stärke.**
*Epheser 6,10*

Es würde mich schon interessieren, wie viele Besitzer dieses Andachtsbuches heute diese Andacht lesen. Jedenfalls sind sie alle in verschiedenen Verfassungen. Die einen sind fröhlich in den Tag hineingegangen und erwarten auch von diesem Tag viel, andere sind vielleicht sogar sehr traurig, verzweifelt und niedergeschlagen. Die jeweilige Verfassung kommt aus unserem Gemüt und Gefühl. So ist man dann mal, wie es heißt, himmelhoch jauchzend und andererseits zu Tode betrübt. Wenn aber beides dem menschlichen Wesen entspringt, dann kommt man auch in Zeiten, da trotz allen Mühens der Frohsinn nicht zum Durchbruch kommen will. Wir brauchen einen Halt, der nicht aus uns heraus kommt, sondern von außen in uns hinein.

Davon spricht der Apostel Paulus, wenn er seinen Geschwistern in Ephesus Mut machen möchte, im täglichen Leben zu bestehen. Wir haben als Christen eine Kraftquelle, die uns auch durchhalten läßt, wenn unsere Kräfte nicht ausreichen. Jesus Christus hat uns vorgelebt, wie man in schweren Zeiten bestehen kann. Er hatte immer seinen Vater zur Seite, dem er sich zu allen Zeiten anvertraut hat, bis in den Tod hinein. Gott hat seine Kraft an den Sohn übertragen; deshalb schreibt Paulus: Seid stark in dem Herrn! Im fortlaufenden Text hören wir dann von den Waffenrüstungen Gottes. Wer sich stets und ständig in seinem Leben dem Herrn anzuvertrauen weiß, der hat die beste Waffenrüstung gegen alle Anfechtungen. Dann darf auch eine große Niedergeschlagenheit über uns kommen. Der Herr wird uns hindurchführen wie durch ein finsteres Tal.

*Ich will Dich lieben, meine Stärke,
ich will Dich lieben, meine Zier.*

# 25. Oktober

**Nun aber bleibt Glaube, Hoffnung, Liebe, diese drei: aber die Liebe ist die größte unter ihnen.**
*1. Korinther 13,13*

Es gibt Bibelworte, die, weil oft zitiert, der "Ruhe" bedürfen, damit sie wieder einen neuen Klang bekommen und ihre Wirkungskraft dadurch gestärkt wird. Zu ihnen gehört sicher auch dieses Pauluswort. Es sprach mich ganz neu an, als es sinngemäß über einer Todesanzeige eines durch Unfall verstorbenen jungen Mannes stand. Wenn man in großem Schmerz dann noch von Gottes Liebe schreiben kann, ist das ein starkes Bekenntnis. Was für ein Glaube, eine zuversichtliche Hoffnung, wenn die Liebe einen so hohen Stellenwert behält. Ist es nicht so, daß für jeden von uns ein fröhlich begonnener Tag durch tiefe Enttäuschungen führen kann? Wie schnell ist man dann in seiner Haltung zu Gott bereit, ihn den Lieblosen zu nennen?

Wer aber im tiefsten Herzeleid seinen Schöpfer als den Gott der Liebe bezeugen kann, hat aus dem Glauben heraus die Hoffnung nicht verloren. Denn hinter dem Begriff Liebe steckt die gut gemeinte Entscheidung des Liebenden: "Es beliebt, es gefällt ihm." So dürfen wir Gottes Verhalten an uns erkennen, wenn er der Gott der Liebe bleiben soll. "Es hat dem Herrn über Leben und Tod gefallen", so schreiben wir und meinen, daß Gottes Entscheidungen letzten Endes die richtigen seien. - Die Entscheidung hat Gott in Liebe für uns getroffen, als er seinen eingeborenen Sohn gab, damit alle, die an ihn glauben, nicht verloren gehen, sondern das ewige Leben haben *(Joh. 3,16)*.

**Herr, wir verstehen Deine Wege oft nicht, aber Du hast uns gelehrt, daß Du am Ende unserer Wege stehst. Dafür danken wir Dir.**

## 26. Oktober

**Denn ich weiß wohl, was ich für Gedanken über euch habe, spricht der Herr: Gedanken des Friedens und nicht des Leides.**
*Jeremia 29,11*

Ein alter Gotteszuspruch an den Propheten Jeremia läßt uns aufhorchen. Gott hat uns nicht in die Welt hineingesetzt und dann uns selbst überlassen. Sondern ist es nicht tröstend und wundervoll, wenn wir uns von Gott sagen lassen dürfen, daß er sich um uns sorgt, daß er sich um uns Gedanken macht? Manche Eltern sind traurig, wenn ihre Kinder nicht den Weg gehen, den sie sich vorgestellt haben. Sie behalten dann die Sorgen um ihre Kinder in ihren Herzen bis ins Alter, weil sie selber nichts ändern können. So ist das bei Gott nicht. Er hat uns wohl für die Welt freigegeben, aber er kann auch zu jeder Zeit eingreifen, wenn unsere Wege in die Irre führen würden, Gott läßt uns sagen, daß er uns den Herzensfrieden erhalten möchte. Er denkt über uns Menschen nach, macht sich um uns seine Gedanken. In diese Gedanken eingeschlossen ist sein Plan, den er mit uns hat. Er möchte uns ans Ziel bringen. Aber er erwartet, daß wir auf ihn eingehen. Wenn wir heute hören, daß sich Gott um uns Gedanken macht, dann sollten wir uns ihm gegenüber anders verhalten als manche Kinder es den Eltern gegenüber tun. Gott wartet darauf, daß wir auf ihn zugehen und ihn bitten: Zeige uns Deine Gedanken mit uns. Wir wissen, daß Du für uns immer das Richtige bereit hast. So werden die Gedanken Gottes als Gedanken des Friedens über uns kommen und uns die rechte Weisung geben. Das ist gewiß, daß Gott uns liebt und uns nicht losläßt.

*Alles vergehet, Gott aber stehet ohn alles Wanken;*
*seine Gedanken, sein Wort und Wille hat ewigen Grund.*
*Dafür danken wir Dir, Herr!*

## 27. Oktober

**Das Wort vom Kreuz ist eine Torheit denen, die verloren werden; uns aber, die wir selig werden, ist's eine Gotteskraft.**
*1. Korinther 1,18*

Was ist das Wort vom Kreuz? Es ist die Aussage über die frohmachende Botschaft, daß Jesus, der Sohn Gottes, für uns geboren wurde, gelitten hat und für uns gestorben und auferstanden ist. Weshalb Gott mit seinem Sohn das tat, hat uns die Bibel wiederholt gelehrt: Gott will nicht, daß auch nur eines seiner Kinder verloren geht, sondern sie sollen alle gerettet werden und zur Erkenntnis der Wahrheit kommen.*(1.Tim. 2.4)* Schwer ist es schon, dieses Wort vom Kreuz im täglichen Leben zu bezeugen.

Ich kannte einen Kaufmann, der den Kunden immer ein Andachtskalenderblatt mit einpackte, heimlich. Die Kunden entdeckten es erst zu Hause. Aber viele waren darüber verärgert und blieben weg. Schließlich mußte das Geschäft geschlossen werden. So geht es offensichtlich nicht! Das Wort vom Kreuz will lebendig bezeugt werden. Das ist schwierig, aber Gott gibt dazu Kraft. Es sollte zum Gebetsanliegen werden, diese Kraft zu erbitten, jeden Morgen. Beten dafür, daß uns Menschen begegnen, denen das Wort hilfreich ist. Manch einer erlebt da wirklich Wunder. Man sollte dem Gebet mehr zutrauen.

Paulus hat ähnliche Erfahrungen gemacht, auch mit verstockten Herzen, denen das Wort Gottes eine Torheit war. Vor ihnen ist Schweigen besser, als daß Gott gelästert wird. Dann sollte man die "Kraft Gottes" im Herzen behalten.

*Der Du am Kreuz das Heil vollbracht,*
*des Himmels Tür uns aufgemacht:*
*gib Deiner Schar im Kampf und Krieg*
*Mut, Kraft und Hilf aus Deinem Sieg.*

## 28. Oktober

**Wenn ihr mich von ganzem Herzen suchen werdet,
so will ich mich von euch finden lassen, spricht der Herr.**
*Jeremia 29,13b+14a*

König Nebukadnezar hatte das Volk Israel nach Babel weggeführt und das Land verwüsten lassen. So warteten die Entführten nun in Babylon auf ihre Rückkehr in die alte Heimat. Bei einigen kommt schon Zweifel auf, ob Gott ihnen noch die Treue hält oder ob er sie vergessen habe. Jeremia nimmt sich der Verschleppten an und schreibt ihnen einen Trostbrief, in dem er Gott sagen läßt: "Wenn ihr mich wirklich von ganzem Herzen suchen werdet, will ich mich von euch finden lassen."

Vielen Menschen unserer Zeit geht es nicht anders. Sie sind auch auf der Suche nach Gott, wollen ihm nacheilen. Manch einer ist sein Leben lang ein Suchender, aber vergeblich. Es sei an dieser Stelle ein Witz erlaubt: Ein Betrunkener sucht unter einer Straßenlaterne sein Schlüsselbund. Ein anderer Bürger kommt ihm zur Hilfe und fragt, ob er es dort verloren habe. Seine Antwort: "Nein, hier nicht, aber hier ist es hell." Diese kleine Episode mag Aufschluß geben. Ich kannte einen Menschen, der auf der Suche nach Gott war. Er wollte ein frommer Mensch werden und im Glauben Bescheid wissen. Aber er ging von einer Gemeinde zur anderen, von einer Gemeinschaft zur anderen; er landete bei mehreren Sekten und wußte schließlich sogar in anderen Weltreligionen Bescheid, bis er Atheist wurde. Gott läßt sich von uns nur finden, wenn wir uns treu an die Botschaft des Evangeliums halten, jeden Tag. Dann wird Gott uns die Augen und das Herz für seine Heilsbotschaft öffnen und uns froh werden lassen.

*Suche Christum und sein Licht. Alles andere hilft dir nicht.*

## 29. Oktober

**Unser Leben währet siebzig Jahre, und wenn's hoch kommt, so sind es achtzig Jahre, und was daran köstllich scheint, ist doch nur vergebliche Mühe, denn es fähret schnell dahin, als flögen wir davon.**
*Psalm 90,10*

Dieses wertvolle Gotteswort aus dem 90. Psalm sollte keinen zur Resignation führen, die Jüngeren nicht, die dadurch ihre Lebenslänge abgesteckt sehen könnten, und die Betagten nicht, die dieses Ziel bereits erreicht haben und schon darüber hinaus alt geworden sind. Daß wir alle einmal sterben müssen, wissen wir, die Alten und die Jungen. Aber ist uns auch durch diese Zielsetzung bekannt, daß Gott uns ein Leben für eine Wegstrecke anvertraut hat, die für uns sinnvoll sein soll und die andererseits Gott zur Freude dienen soll?

Die Begrenzung unseres Lebens läßt auf ein neues Leben in Ewigkeit hoffen. Das soll unsere Freude sein. Ich selber habe bis zum siebzigsten Lebensjahr auch nur noch zwei Jahre Zeit, aber, und das empfehle ich den Älteren: Ich schaue gern zurück, dankbar. Ich frage mich, was ich in meinem Leben getan habe, das gottwohlgefällig war, und ich frage auch nach meinem Versagen und bin dann sehr froh, daß ich den Heiland kennengelernt habe, der auch meine Schuld ans Kreuz getragen hat. Jeder aber, der die siebzig erreicht hat, sollte für jedes noch geschenkte Jahr doppelt dankbar sein. Die Jahre über siebzig sind besonders geschenkte Jahre. Doch den Jüngeren sei gesagt, daß sie froh in die Zukunft gehen sollten und sich täglich fragen, was an ihrem Leben Gott gefällt. So bekommt es seine Erfüllung.

*Christus, der ist mein Leben, Sterben ist mein Gewinn; dem tu ich mich ergeben, mit Fried fahr ich dahin.*

## 30. Oktober

**Das Gute, das ich will, das tue ich nicht;
sondern das Böse, das ich nicht will, das tue ich.**
*Römer 7,19*

Dieser Satz könnte ein klassisches Wort eines profanen Schriftstellers sein. Auch ist er eine Feststellung, die manchem von uns zu eigen ist. Ertappen wir uns doch dabei, daß wir nicht immer das tun, was wir eigentlich wollen, oder daß das Böse manches Handeln bestimmt. Aber der Satz ist ein Wort Gottes, das Gott seinem Apostel in den Mund gelegt hat. Man muß es im Zusammenhang des Römerbriefes sehen. Paulus geht es bei seinem Anliegen um die Geltung des Gesetzes vor Gott. Gesetzlosigkeit, wie sie heute weitgehend die Gesellschaft bestimmt, ist für Paulus keine Lösung, sondern er erkennt, daß er als Mensch unter der Sünde steht *(Vers 14)* und dadurch immer wieder mit dem Gesetz in Konflikt gerät. Aber es gibt einen Lichtblick, Jesus Christus, der für unsere Schuld ans Kreuz gegangen ist. So haben wir die Möglichkeit, daß wir uns bei all unserm Tun nach ihm ausrichten. Mit eigener Kraft können wir unser Leben nicht zu Gottes Wohlgefallen leben. Das beweist uns Paulus, der sich hier mit uns in eine Reihe stellt. Er kennt seine Schwachheiten und schreibt das auch. Jeder aber, der sich seiner großen Schuld, wie auch Luther erkannte, bewußt ist, ist sich bewußt, daß er auf die Gnade unseres Gottes angewiesen ist. Deshalb müssen wir mit dem Apostel bekennen: "Ich elender Mensch! Wer wird mich erlösen von dem Leibe dieses Todes?" *(Römer 7,24)* Dann dürfen wir mit Paulus den Trost annehmen: "Ich danke Gott durch Jesus Christus, unsern Herrn!" *(Römer 7,25)*

*Kommet alle, kommet her, kommet, ihr betrübten Sünder!
Jesus rufet euch, und er macht aus Sündern Gottes Kinder.
- Jesus nimmt die Sünder an.*

# 31. Oktober

**So halten wir nun dafür, daß der Mensch gerecht werde ohne des Gesetzes Werke, allein durch den Glauben.**
*Römer 3,28*

Dieses Wort könnte eine Fortsetzung der gestrigen Andacht sein, in der wir uns haben sagen lassen, daß Gesetzesüberschreitungen von Jesus als unsere Schuld übernommen werden. Es geht hier um die Rechtfertigung vor Gott. Vor den Menschen hat man schnell Rechtfertigungen bereit, aber so einfach geht es vor Gott nicht. Er allein behält das Recht. Wir können uns noch so sehr darum mühen. Das hat Martin Luther jahrelang in seiner Klosterzelle durchlitten: "Wie bekomme ich einen gnädigen Gott, der mir auch recht gibt?" Aber dann eines Tages erkannte er den gnädigen Gott, dessen Gnade darin besteht, daß er Glauben schenkt. So handelt es sich bei der Rechtfertigung allein um den Glauben. Luther kennt die Rechtfertigung vor Gott "allein durch den Glauben", wie er selber übersetzt. Damit hat er auch Paulus verstanden. Gott schenkt uns durch die Kraft seines Geistes aus Gnade den Glauben. Glauben kann man nicht machen, auch nicht erlernen. Man muß ihn sich von Gott erbitten und schenken lassen. Natürlich gibt es viele gläubige Menschen, die ihren Glauben als selbstverständlichen Teil ihres Wesens betrachten, nicht geschenkt, sondern man hat ihn. Was ist aber mit denen, die gern glauben wollen? Sie können nur an sich arbeiten und den Glauben im Gebet erbitten. Gott wird dann aus seiner Liebe heraus den Glauben durch seine Gnade schenken. So kommt es zur Gerechtigkeit vor Gott durch den Glauben.

*Den rechten Glauben, Herr, ich mein,*
*den wollest Du mir geben, Dir zu leben,*
*mein'm Nächsten nütz zu sein,*
*Dein Wort zu halten eben.*

# 1. November

**Ich weiß nicht, was ich tue. Denn ich tue nicht, was ich will; sondern was ich hasse, das tue ich.**
*Römer 7,15*

Das ist ein Apostelwort? - Kaum zu glauben! Paulus hat es ehrlich an seine Christengemeinde in Rom geschrieben. Er hat seine ganze Menschlichkeit kundgetan. Ein Mensch wie wir, der seine Schwächen erkennt. Der deutsche Bildhauer Ernst Barlach hat in Eiche ein Relief geschnitzt mit dem Thema: Die gemarterte Menschheit. Das Werk zeigt einen gequälten Menschen, dessen Arme über dem Kopf gekreuzt in einer Schlinge liegen, die den ganzen Körper nach oben zieht. An den Füßen hängt eine schwere Eisenkugel, die den Leidenden von unten her nicht freigibt. Der Künstler will damit sagen, wie der Mensch geplagt ist, verzerrt und hin- und hergerissen nach oben und nach unten.

So etwa sieht sich der Apostel Paulus. Das ist der Mensch, an den Gott seinen Anspruch stellt, der aber nicht freikommt von der Bindung an die Erde, die ihn genau so hält. Das ist unsere Situation. Man stellt die Frage nach Gott, hält sich an ihn, aber wird nicht frei von den irdischen Vergänglichkeiten, wie es nur einigen Heiligen in den Jahrhunderten möglich war. Paulus schafft den Durchblick, zu dem er uns auch verhelfen möchte. Er schaut auf Christus, der wie die von Barlach "Gemarterte Menschheit" geschlagen und gemartert wurde, bis er ans Kreuz gehen mußte. Durch seinen Ostersieg hat Christus die schwere Eisenkugel, die nach unten zieht, abgekoppelt. Er trat an ihre Stelle. So konnte dann Paulus mit den Worten schließen: Ich danke Gott, durch Jesus Christus, unsern Herrn. *(Röm. 7,25)*

**Auch wir danken unserem Herrn Jesus Christus dafür.**

## 2. November

**Christus spricht: Wer nun mich bekennt vor den Menschen, den will auch ich bekennen vor meinem himmlischen Vater.**
*Matthäus 10,32*

Jeder von uns weiß, wie schwer es heute ist, vor anderen ein Zeugnis des Glaubens abzulegen. Die Schar der Gläubigen wird kleiner; dagegen nimmt die Gottlosigkeit zu. Das erschwert um so mehr, Christus frei zu bekennen, wie es das Schriftwort fordert. Jesus hat uns das prophezeit. Unter diesen Verhältnissen müssen wir leben. Aber wie ist es dann mit dem Beistand, den Jesus uns verheißen hat? Wir bekommen Hilfe und Zuspruch, wenn wir lesen, wie Jesus einzelnen Menschen begegnet ist. Man denke dabei an die kanaanäische Frau, die zu Jesus kommt, um die Heilung ihrer Tochter zu erbitten *(Matth. 15,21-31)*. Sie gibt nicht auf, bis Jesus ihr das erlösende Wort sagt: "Dein Glaube hat dir geholfen." Vor all den Anwesenden hatte diese Frau ein Glaubenszeugnis abgelegt. Heute suchen kranke Menschen viele Wege zur Heilung bis zum Okkultismus. Aber es wird dabei vergessen, daß sich Jesus uns allein als der wahre Arzt der Kranken anbietet. Wer Zuversicht zu ihm hat, wird ihn auch, wo es angebracht ist, bezeugen und bekennen können. Es gibt mehr Möglichkeiten zum Bekenntnis, als man denkt und vermutet. Ein solches Bekenntnis kommt aber zu dem Bekenner wieder kraftvoll zurück, wie es der Herr selber sagt: "Wer mich bekennt, den will auch ich vor meinem Vater bekennen". Bekenntnis ist lohnenswert!

*Dein Wort laß mich bekennen vor dieser argen Welt,*
*auch mich Dein' Diener nennen, nicht fürchten*
*Gwalt noch Geld, das mich bald möcht verleiten von*
*Deiner Wahrheit klar; wollst mich auch nicht*
*abscheiden von der christlichen Schar.*

# 3. November

**So gebt dem Kaiser, was des Kaisers ist, und Gott, was Gottes ist!**
*Matthäus 22,21*

Steuern waren, sind und bleiben ein Ärgernis. Dabei ist es gleich, ob sie der Staat einnimmt oder eine kirchliche Institution. In der Bibel Alten und Neuen Testamentes wird immer wieder von Abgaben und Steuern gesprochen, beginnend schon im 2. Buch Mose, Kap. 25,1-9, wo die Abgaben an das Heiligtum erwähnt werden. Die Evangelien erzählen dreimal eine Geschichte, in der Jesus nach der Steuer gefragt wird. Als man ihn in ein solches Thema verwickeln wollte, war Jesus in Israel kein Unbekannter mehr. Immer haben seine Gegner versucht, ihn zu überführen, auch als Feind weltlicher Ordnungen. Jesus war der damaligen Gesellschaft und denen, die das Sagen hatten, unbequem. In dieser Geschichte war es die jüdische Geistlichkeit, die versuchte, Jesus als Gesetzesbrecher zu stellen. Man nahm ihn ins Gespräch: "Jesus, was hältst du davon, daß wir dem Kaiser als Besetzer unseres Landes Steuern zahlen?" Aber ein Blick in die Gesichter verriet, was sie mit dieser Frage bezwecken wollten. Jesus fiel nicht auf sie herein. Er ließ sich von ihnen ein Geldstück zeigen, einen Denar, der auf der einen Seite mit dem Bild des Kaisers geprägt war. "Hier habt ihr die Antwort!" gab Jesus zurück. "So gebt dem Kaiser, was dem Kaiser zusteht, und Gott, was Gott gehört!" Wenn wir daran denken, wie Jesus später vor dem Landpfleger Pontius Pilatus seine Königsherrschaft bezeugt, verstehen wir seinen Respekt vor der Kaisermünze nur schwer. Aber so macht Jesus einen Unterschied zwischen den Herrschern der Welt und Gottes neu angebrochenem Reich.

*Du, Herr Jesus Christus, bist der Herr aller Herren dieser Welt geworden. Dafür danken wir Dir.*

# 4. November

**So gebt dem Kaiser, was des Kaisers ist,
und Gott, was Gottes ist!**
*Matthäus 22,21*

Weil Jesus als der Sohn Gottes in diese Welt hineingeboren wurde, um von dem wahren und endgültigen Königreich Zeugnis abzulegen, kann er seine Gegner an ihre Pflichten der weltlichen Obrigkeit gegenüber verweisen. Sein Vater ist als Schöpfer dieser Welt auch Herr über alle weltlichen Herren, also auch ihr Schöpfer, und Jesus tritt das Erbe an. Das wird besonders in einem Kirchenlied deutlich *(EG 123,3+4)*: Gott ist Herr, der Herr ist einer, und demselben gleichet keiner, nur der Sohn, der ist ihm gleich; dessen Stuhl ist unumstößlich, dessen Leben unauflöslich, dessen Reich ein ewig Reich. Gleicher Macht und gleicher Ehren sitzt er unter lichten Chören über allen Cherubim; in der Welt und Himmel Enden hat er alles in den Händen, denn der Vater gab es ihm.

So werden die Herrscher dieser Welt recht und schlecht regieren, um immer wieder einander abzulösen. Selbst Diktatoren konnten die Erde nicht endgültig und für alle Zeit beherrschen. Jesus Christus aber bleibt und wird letzten Endes als König herrschen, und alles wird ihm untertänig sein, Gott wird ihm alles zu seinen Füßen legen, wie es in der ersten Strophe desselben Liedes heißt. Das macht uns froh und läßt uns getrost in die Zukunft schauen. Wir dürfen wissen, daß mit den irdischen Herrschern auch die Schrecken dieser Welt einmal ein Ende haben werden, bis dann unser Herr kommt.

***Jesus Christus ist der eine, der gegründet die Gemeine, die ihn ehrt als teures Haupt. Er hat sie mit Blut erkaufet, mit dem Geiste sie getaufet, und sie lebet, weil sie glaubt. Das ist gewißlich war.***

# 5. November

**Unser Herr ist groß und von großer Kraft, und unbegreiflich ist, wie er regiert.**
*Psalm 147,5*

Wenn man täglich in die Zeitung schaut und sich durch das Fernsehen über die Weltlage informiert, werden einem ständig "große" Menschen vorgestellt, die sich alle vorgenommen haben, die Welt zu bewegen und zu verändern. Wann erlebt man es, daß diese Menschen sich demütig unter Gott stellen und ihm alles anvertrauen? Ja, selbst wenn der Bundespräsident und der Bundeskanzler von Gott sprechen, gleich aus welchem Anlaß, ist auch das zu wenig. Auch wenn Minister ihren Eid ablegen, "so wahr mir Gott helfe", dann reicht es nicht aus, um Gott letzten Endes die Ehre zu geben. Dabei ist es sehr verwunderlich, daß alle einflußreichen Leute auf der ganzen Erde wissen, daß im Laufe der Weltgeschichte kein Regime Bestand hatte, sondern daß sie abgelöst wurden, besonders die, die dem Volk Versprechungen gemacht hatten für viele Jahre. Über allem Wechsel steht stets Gott der Herr, der von Anfang an gewesen ist und bis zum Ende dieser Erde sein wird. Diesem Gott dürfen wir uns anvertrauen, während wir den Weltgrößen nicht trauen können, Gott, der die ganze Welt in der Hand hat, der mit großer Kraft die ganze Schöpfung regiert, kann sich so klein machen, daß er für jeden Menschen persönlich da ist. Das ist seine Größe. Das können Menschen nicht! Zu jeder Zeit und Stunde darf ich und kann ich mit diesem Gott reden, der durch seinen Sohn Jesus Mensch wurde wie wir. Wenn heute jemand diese Andacht liest, der zur Zeit sehr traurig ist, der darf wissen, daß Gott auf ihn wartet, um ihn froh zu machen.

**Gott ist Herr, der Herr ist Einer, und demselben gleichet keiner, nur der Sohn, der ist ihm gleich. Das ist unsere Freude, Herr, für die wir Dir danken.**

## 6. November

**Siehe, jetzt ist die angenehme Zeit,
siehe, jetzt ist der Tag des Heils.**
2. Korinther 6,2b

Paulus bezieht sich auf die Aussagen und Verheißungen Jesajas. Es wird der Tag kommen, da sich Gott den Geringeren und Verachteten zuwenden wird. Dieser Tag ist auch heute nicht mehr fern, denn die gläubige Schar der Christen wird immer kleiner, und es wird bald so kommen, daß Christen zu den Verachteten gehören. Bei Jesaja heißt es, daß die "Zeit des Wohlgefallens" kommen wird, "die Stunde, in der sich Gott seinem Volk wieder gnädig zuwendet," wie Professor Westermann in seiner Auslegung schreibt. Diese Zeit erkennt der Apostel Paulus schon mit dem Werden der christlichen Gemeinde nach der Auferstehung Jesu. Paulus sieht den "Tag des Heils" auf sich zukommen, wenn er ihn auch nicht mehr erleben wird. Aber als Christen haben wir einen Blick für die Geschichte, und wir können zurückschauen auf das, was sich in den zweitausend Jahren christlicher Geschichte schon zugetragen hat zusammen mit der Weltgeschichte. Menschlich gesehen geht man immer mit einer gehörigen Portion Angst in die Zukunft hinein, aber wir gehen auf den "Tag des Heils" zu, da der Herr wieder erscheinen wird. Deshalb haben wir auf das große "Jetzt" zu achten. Jetzt ist der Tag des Heils. Das "Jetzt" zieht sich durch die ganze Heilsgeschichte, die Gott mit Jesus Christus für uns vor zweitausend Jahren begonnen hat. Es kann jetzt schon sein, daß der Tag des Heils endgültig anbricht. Deshalb hat Jesus in seinen Reden wiederholt gewarnt, daß man jeden Tag zu allen Tageszeiten für IHN bereit sein solle, also auch heute!

*Der Jüngste Tag ist nun nicht fern. Komm, Jesu Christe, lieber Herr. Kein Tag vergeht, wir warten Dein und wollten gern bald bei Dir sein.*

# 7. November

**Der Mensch, vom Weibe geboren,
lebt kurze Zeit und ist voll Unruhe.**
*Hiob 14,1*

Der Gottesmann Hiob erkennt seine trostlose Lage. Nie zuvor wurde ihm so deutlich wie jetzt, daß der Mensch der Vergänglichkeit unterworfen ist. Als gestandener Mann hat Hiob treu seinem Gott gedient, bis die Schrecken über ihn kamen und er schließlich von schwerer Krankheit geplagt wurde. Das ist nun sein Zustand. Er wollte nach Gottes Wohlgefallen sein Leben füllen, ihm eine Erfüllung geben, und nun? Bleibt ihm nur die Erkenntnis, daß der Mensch nur kurze Zeit lebt. Was ist dann schon der Mensch, wenn er in dieser Zeit noch lebensuntüchtig wird?

In einer Fernsehsendung kam eine Frau zu Wort, der der Hausarzt schon vor sechs Jahren gesagt hat, daß sie mit ihrem Krebsleiden allenfalls noch ein Jahr zu leben habe. Sie zeigte mit ihren Händen dann auf ihren Körper und sagte: "Und sehen sie, jetzt lebe ich immer noch." Die Moderatorin fragte dann zurück: "Und wie ist ihnen zumute? Ist es nicht schrecklich zu wissen, daß man sterbenskrank ist und jeden Tag sterben kann?" Dann wurde diese Dame sehr ruhig, schaute in die Runde und sagte: "Genau das ist es! Ich weiß, daß mein Leben so gut wie abgelaufen ist, selbst wenn ich schon mehrere Jahre über die prophezeite Zeit hinaus leben darf. Aber ich lebe jeden Tag bewußter, und freue mich über jeden neuen Tag." Gott hat uns diese Lebenzeit als Übergangszeit geschenkt, in der wir erkennen dürfen, daß er uns liebt. Aber wir sollen auch wissen, daß Gottes Liebe über unseren Tod hinausgeht und daß unser Ende der neue Anfang ist.

*Herr, laß mich auch die kürzeste Zeit in meinem Leben
als ein großes Geschenk aus Deiner Hand nehmen.*

## 8. November

**Unser keiner lebt sich selber,
und keiner stirbt sich selber.
Leben wir, so leben wir dem Herrn;
sterben wir, so sterben wir dem Herrn.
Darum: wir leben oder sterben, so sind wir des Herrn.**
*Römer 14,7+8*

Diese Andacht könnte eine Fortsetzung sein von der gestrigen. Paulus gibt Antwort auf die Aussage und Feststellung Hiobs, der sich letztendlich damit begnügt, daß das menschliche Leben nur kurze Zeit dauert. Aber Paulus sagt, daß wir nicht für uns selber leben, daß das Leben nicht dem Selbstzweck dient, sondern wir haben das Leben von Gott geschenkt bekommen. Deshalb haben wir es zu Gottes Ehre zu führen. Wenn dann, wie gestern erwähnt, eine sterbenskranke Frau von dem Rest ihres Lebens sagt, daß sie es ganz bewußt leben wolle, dann gehört dazu, daß man es bewußt unter Gott lebt. Leben wir, so leben wir dem Herrn, sagt Paulus.

Also haben wir unser Leben auf Gott auszurichten und ihn in unser Leben hineinzunehmen. Das gleiche gilt vom Sterben. Wer sich bewußt mitten im Leben auf sein Sterben einrichtet, wird mit seinem Tod nicht den ewigen Tod sterben, sondern wird vom Tod zum wahren Leben hindurchdringen, wie es der Sohn Gottes vorgelebt und "vorgestorben" hat. Er ist für uns in den Tod gegangen, damit auch wir durch den Tod ins Leben kommen sollen. Deshalb kann Paulus schreiben: "Sterben wir, so sterben wir dem Herrn." Als bekennende Christen dürfen wir uns jederzeit, im Leben und im Sterben geborgen wissen unter der Obhut und Gnade unseres Gottes.

*Christus der ist mein Leben, Sterben ist mein Gewinn;
dem tu ich mich ergeben, mit Fried fahr ich dahin.*

## 9. November

**Wir danken dir, Gott, wir danken dir und verkündigen deine Wunder, daß dein Name so nahe ist.**
*Psalm 75,2*

Das ist ein wunderbares Gebet, das eigentlich in jede tägliche Andacht gehört. Man sollte meinen, daß es in dem Psalm so weitergeht, aber der Beter hat Sorgen mit den Gottlosen, die er dem Gericht Gottes übergibt. Dagegen steht das Wunderwalten des großen Gottes. Sein Name verkündet seine Wunder, die jeder erleben kann, der mit offenen Augen durchs Leben geht. Man könnte laufend staunen. Das kann ich aus meinem Leben berichten. Ich erinnere mich z.B. an die letzten Tage des 2. Weltkrieges. Als Melder mußte ich mit dem Fahrrad zum Regimentsgefechtsstand fahren, um eine Nachricht zu überbringen. Die Telefonverbindung war zerschossen. Mein Weg führte durch Feldwege und über schmale Kreisstraßen, die vom Feind eingesehen werden konnten. Als ich auf dem Rückweg war, erschrak ich: Ein schwerer Granateinschlag hatte die Straße aufgerissen, die ich auf dem Hinweg benutzt hatte. Das war für mich eine besondere Gottesfügung. Sollte ich den Volltreffer nicht bekommen? Gott hat es nicht gewollt. So gibt es viele andere Wunder Gottes im Leben, die ständig Anlaß zum Danken geben. Was gäbe es da alles aufzuzählen? Vor vielen Krankenheilungen und Genesungen stehen Ärzte wie vor einem Wunder. Sogar Krebserkrankungen kommen unverhofft zum Stillstand, und keiner kann es erklären. Vielleicht zeigt uns Gott heute ein neues Wunder, wenn auch das größte in seiner Menschwerdung bestand.

*Singt, singt dem Herren neue Lieder,*
*er ist's allein der Wunder tut.*
*Seht, seine Rechte sieget wieder,*
*sein heilger Arm gibt Kraft und Mut.*

# 10. November

**Denn wie ein Blitz oben vom Himmel blitzt und leuchtet über alles, das unter dem Himmel ist, also wird des Menschen Sohn an seinem Tage sein.**
*Lukas 17,24*

Es gibt biblische Aussagen, die man am liebsten mit mehreren Menschen in der Runde bespricht und über sie nachdenkt. Dazu gehört auch dieses Jesuswort. Man müßte es im Zusammenhang mit dem Text betrachten. Da bereitet Jesus seine Jünger auf das Ende dieser Welt vor und auf sein Wiederkommen. Jesus weiß, was die Zukunft bringt. Er weiß, was er von den Menschen zu erwarten hat, denn er sagt dann weiter, daß er vor seiner Wiederkunft noch viel leiden und ertragen muß. Aber auch die Menschheit wird durch schlimme Notzeiten und durch Tiefen gehen. Dazu wird der Glaube nachlassen und die Gottlosigkeit zunehmen. Alles sind Zeichen, die am Horizont stehen oder gar schon mit der Sonne aufgegangen sind. Mit vielem werden wir in der Richtung täglich konfrontiert. Das Schlimmste wird es aber sein, daß man nicht mehr mit dem Wiederkommen des Herrn rechnet, sondern, wie Jesus erinnert: man wird wie zu Zeiten Noahs leben, essen und trinken und fröhlich sein. Nicht zuletzt ist in unserem Land die Wohlstandsgesellschaft zum Übel geworden. Aber das entschuldigt nichts. Auch wenn es einem gut geht, hat man sich immer zu fragen, woher es kommt, daß man sorglos leben kann, besonders angesichts der großen Not in der Welt. Wir sind verpflichtet, uns auf unsere Zukunft auszurichten. In der Zukunft bleiben wir nicht allein. Jesus Christus hat sich wie ein Blitz angemeldet. Darauf sollten wir uns vorbereiten.

***Herr, Du wirst kommen und all Deine Frommen,
die sich bekehren, gnädig dahin bringen,
da alle Engel ewig, ewig singen: "Lobet den Herren!"***

# 11. November

**Wenn des Menschen Sohn kommen wird, meinest du, er werde Glauben finden auf Erden?**
*Lukas 18,8b*

Soll das heißen, daß der Glaube an Gott den Schöpfer und an seinen Sohn Jesus Christus zunehmend rückläufiger wird? Das wäre ja schrecklich und nicht auszudenken. Vieles in unserem Leben ist doch vom Glauben und von der Frömmigkeit abhängig. Das Leben wird eines Tages sinnlos werden, wenn der Glaube und die Hoffnung auf Gottes Zuwendung verloren gehen. Dem Jesussatz, der über dieser Andacht steht, war ein Gleichnis vorausgegangen, daß Jesus erzählt hatte. Es ist bekannt als die Geschichte von der bittenden Witwe, die zu einem Richter kam und nicht nachgab, bis ihr der Richter zum Recht verhalf. Jesus schließt diese Erzählung mit dem Satz: "Sollte Gott nicht auch Recht schaffen seinen Auserwählten, die zu ihm Tag und Nacht rufen?" Aber wieviele sind es noch, die unsern Herrn Tag und Nacht anrufen? Die Gotteshäuser werden leerer, wenn auch separate kleine Christengruppen etwas größer werden. Aber was bleibt schließlich? Unser Volk geht ganz offensichtlich der Gottlosigkeit entgegen. Es lebt wieder mit dem Strudel, läßt sich von vielen antichristlichen Ideologien beeinflussen, die im Moment offensichtlich interessanter sind. Aber der Schein trügt. Wer sich nicht treu auf Gott ausrichtet, wer nicht den Sohn als den Sünderheiland annimmt, wird in die Irre gehen und dann erst recht keine Hilfe von weltlichen Mächten bekommen. Das ist auch Jesu Sorge gewesen, als er schon vor zweitausend Jahren fragen mußte: Wie wird es einmal mit dem Glauben auf Erden sein? Jeder, der seinen Herrn lieb hat und nicht verloren gehen möchte, kann nur bekennen:

***Herr, hilf, daß ich den Glauben pflege und behalte!
Bewahre mich vor der Macht des Bösen.***

# 12. November

**Lehre uns bedenken, daß wir sterben müssen,
auf daß wir klug werden.**
*Psalm 90,12*

So kennen wir das Wort von der Überlieferung her. Luther hat es so übersetzt. Genauer würde es heißen: Lehre uns unsere Tage zählen, damit wir ein weises Herz gewinnen. Das eine schließt wahrscheinlich das andere nicht aus. Gemeinsam haben beide Übersetzungen, daß uns bewußt sein sollte, daß wir alle sterben müssen. Das wissen auch kleine Kinder. Aber das Leben liegt vor ihnen, und sie haben die ersten Lebenserfahrungen gemacht, die Freude zum Leben geben. Auch jedes Tier freut sich über sein Leben. Dennoch steht der Tod jederzeit vor uns, bei den Kindern, die heute im Straßenverkehr gefährdet sind, wie bei Älteren. Aber "klug werden", erst wenn wir gestorben sind? Natürlich werden wir nach unserem Tode vieles erfahren, was uns im Leben verborgen blieb. Jesus hat uns gelehrt, daß uns dann die Augen geöffnet werden. Doch warum sollten wir solange warten, um dann erst klug zu werden? Ein altes Sprichwort heißt: Ein kluger Mann baut vor! Deshalb ist mir die andere Übersetzung sympathischer: Lehre uns unsere Tage zählen! Auch junge Menschen sollten es tun. Täglich unsere Tage zählen bedeutet doch, daß wir uns auf jeden Tag neu freuen dürfen, weil wir nicht wissen, ob es der letzte sein wird. Besonders deshalb gilt es, sich auszurichten auf das, was uns bevorsteht. Unser Herr Jesus hat uns verheißen, daß wir alle dem großen Gottesgericht entgegengehen werden. Er ist dann Richter und Retter zugleich. Wer sich ihm heute anvertraut, darf wissen, daß ihn der Herr in der Ewigkeit kennt.

***Wir warten Dein, o Gottes Sohn und lieben Dein Erscheinen. Wir wissen Dich auf deinem Thron und nennen uns die Deinen. · Du kommst uns ja zum Segen!***

# 13. November

**Sei getreu bis an den Tod,
so will ich dir die Krone des Lebens geben.**
*Offenbarung 2,10c*

Die letzten Festtage und Sonntage des Kirchenjahres dienen dem Gedenken der Toten: Allerseelen, Volkstrauertag und Ewigkeitssonntag, den man noch im Volksmund Totensonntag nennt. Von allen hat sicher der Volkstrauertag das schwerste Gewicht, denn da gedenkt man der vielen Opfer der Kriege. Zwischen 1914 und 1945 hat es immerhin 65 Millionen Kriegsopfer gegeben, Männer, Frauen und Kinder; an den Fronten, in der Heimat durch Bomben und auf der Flucht. Da war es schwer, Gott die Treue zu halten. Viel eher kam wiederholt die Frage auf: Warum? Was hat man Böses getan? Wir verstehen das heute nicht. In den letzten Kriegstagen 1945 wurde ich als Gefangener an einem schwerverwundeten SS-Scharführer vorbeigetrieben. Er lehnte an einem Baumstumpf und rief mir zu: "Kamerad, jetzt müßte man beten können." Offensichtlich konnte er es nicht mehr, aber hat es sicher mal am Kinderbett gelernt. Als ich später zum Glauben kam, habe ich mich - bis heute - gefragt: Ob Gott ihn wohl angenommen hat? Er hatte nicht mehr lange zu leben, lag im Sterben. Gott weiß, ob er noch vor dem Tod Frieden mit ihm geschlossen hat. So gingen und gehen viele aus dem Leben in den Tod, hinüber ins andere Leben, in dem auf sie die Krone für die Ewigkeit wartet. Wir wissen nicht, wer dazu gehört. Aber wir können auf den Herrn schauen und ihn um Kraft für die letzte Treue bitten. Annehmen müssen wir es, daß dieses Leben in der Zeit ein Leben auf Abruf ist. Um so mehr bitten wir um Treue bis in den Tod.

*Wir warten Dein, Du kommst gewiß, die Zeit ist
bald vergangen; wir freuen uns schon überdies
mit kindlichem Verlangen.*

# 14. November

**Rufe mich an in der Not, so will ich dich erretten,
und du sollst mich preisen.**
*Psalm 50,15*

"Ruf' doch mal an!" Dieser Werbespruch steht an fast allen Telefonzellen. Er lädt ein zum Telefonieren, Telefoneinheiten bringen Gebühren und lassen die Kasse bei Telekom klingeln. Aber Telefonieren erfüllt auch einen guten Zweck. Viele Empfänger warten auf Anrufe von ihren Angehörigen und Bekannten. Andererseits will man gern gefragt sein und möchte beratend und helfend zu etwas beitragen, wenn der Anrufer Hilfe nötig hat. Telefonate verbinden und erhalten Freundschaften.
Es gibt aber noch eine andere Telefonverbindung, nämlich die zwischen Mensch und Gott oder unserem Herrn Jesus Christus. Das ist ja dieselbe Adresse, denn Vater und Sohn sind eine Einheit. Das über der Andacht stehende Psalmwort ist Psalm 50, Vers 15. Das ist die Telefonnummer Gottes, so sagen die Zeltmissionare: Nr. 5015! Rufe mich an! Das ist keine Werbung. Werbung hat Gott nicht nötig. Aber er macht uns das Angebot, daß er sich uns zur Verfügung stellt, um mit uns zu reden. Mit Gott telefonieren heißt beten. Gott nimmt ganz gewiß seinen Hörer ab, wenn wir die Hände falten und zu ihm beten. Dann dürfen wir ihm alles sagen, was wir sonst unserem Telefonpartner erzählen, und noch viel mehr. Gott hört zu. Er redet nicht dazwischen, will nicht das letzte Wort haben, sondern hört zu und registriert unser Anliegen, unsere Sorgen und Nöte. Er kann sehr schnell helfen; aber Gott hat seine Gründe, wenn er sich Zeit läßt. Das dürfen wir jedoch wissen: Der Anruf bei Gott ist nie vergeblich! Der Einsatz lohnt!

***Aus tiefer Not schrei ich zu dir, Herr Gott, erhör mein Rufen.
Dein gnädig Ohren kehr zu mir und meiner Bitt sie öffne.***

# 15. November

**Denn wir müssen alle offenbar werden vor dem Richterstuhl Christi, auf daß ein jeglicher empfange, wie er gehandelt hat bei Leibesleben, es sei gut oder böse.**
*2. Korinther 5,10*

So wie man am Ende eines Kalenderjahres nachdenkt über das weltliche Geschehen, das das Jahr begleitet hat, so wird man auch am Ende eines Kirchenjahres zur Besinnung gerufen. Da wird Gottes Heilsgeschehen in Erinnerung gebracht. Was hat Gott uns in Jesus Christus und durch die Kraft seines Geistes an Freundlichkeit und Güte im letzten Jahr zukommen lassen, wie haben wir diese vielen Angebote aufgenommen? Die Verkündigungen des Evangeliums in der Weihnachts-, Oster- und Pfingstzeit und in der Trinitatiszeit? Sind wir nachdenklicher geworden oder gar gleichgültiger? Haben wir das Wort angenommen oder verworfen? Daraus gelebt und es in uns verarbeitet, oder ist es an uns vorübergerauscht wie die ausgestreute Saat, die vom Winde verweht wird? Alles sind Gedanken, die uns zu schaffen machen sollten, wenn wir in den nächsten Tagen das alte Kirchenjahr wieder abgeben und mit der beginnenden Adventszeit ins neue Kirchenjahr hineingehen. Denn, gleich, wer wir sind, ob fromm oder nicht, Gott gehorsam oder gottlos, gebunden an unsere Gemeinde oder ihr gleichgültig gegenüberstehend: "Wir müssen alle offenbar werden vor dem Richterstuhl Christi". Deshalb mahnt uns unser Herr Jesus mit den ersten Worten, die er als Sohn Gottes in die Welt hineingesprochen hat: "Tut Buße (Markus 1,15)!" Er will, daß wir nachdenklich werden, bevor wir so weiterleben und weitermachen.

*Laß dies sein ein Jahr der Gnaden,*
*laß mich büßen meine Sünd´,*
*hilf, daß sie mir nimmer schaden*
*und ich bald Verzeihung find.*

## 16. November

**Gerechtigkeit erhöht ein Volk;
aber die Sünde ist der Leute Verderben.**
*Sprüche 14,34*

Das ist das Tageswort für den Buß- und Bettag, der in diesem Jahr (1995) abgeschafft werden soll. Es hat den Anschein, als sollte man als Folge davon ausgehen, daß der Staat die Gerechtigkeit nicht mehr achten und die Sünde nicht mehr beim Namen nennen will. Das heißt dann, daß die Anarchie mehr und mehr Raum gewinnt, wenn man bedenkt, wieviel Strafparagraphen in den letzten Jahrzehnten abgeschafft wurden. Auch die heiligen zehn Gebote verlieren fortlaufend ihre Beachtung. Das Strafrecht wird von Jahr zu Jahr liberaler. Ladendiebstähle sollen nicht mehr strafbar werden; für Mord werden mitunter nur sehr geringe Haftstrafen oder gar Bewährung verordnet. Man könnte diese schlimmen Tatsachen fortführen, aber das hilft nicht weiter, wenn wir andächtig über Gott und seinen Sohn nachdenken wollen. Es hilft nicht weiter, wenn sich der einzelne Leser üben möchte im sorgfältigen Hören auf Gottes Wort. Gott hat uns anderes zu sagen als die weltlichen Institutionen. Wir müssen uns damit abfinden, daß wir in einer Welt voller Sünde leben. Dafür aber wollen wir uns um Gerechtigkeit mühen, wie es das Schriftwort fordert. Letzte Gerechtigkeit gibt es unter den Menschen nicht, auch nicht unter frommen. Dafür stehen wir alle zu sehr in der Schuld vor Gott. Aber wir dürfen gewiß sein, daß Gott reuige Sünder nicht fallen läßt, sondern ihnen nachgeht und ihnen vergibt. Dafür ist der Sohn in den Tod gegangen und hat unsere Sünde mitgenommen. Das macht uns froh, besonders auch in einer gottlosen Welt.

*Die höchste Gerechtigkeit ist mir erworben,
da Du bist am Stamme des Kreuzes gestorben.*

# 17. November

**Ich bin ein Gast auf Erden;
verbirg deine Gebote nicht vor mir.**
*Psalm 119,19*

Ein angenehmer Gast ist beim Gastgeber gern gesehen, aber er bleibt Gast und kann nicht mehr mitnehmen als die Erinnerung an schöne Stunden. Ich besuchte mit einer Jugendgruppe einen großen Steinbruch. Als wir über eine Brücke gingen, blieb der Angestellte, der uns führte, stehen: "Über diese Brücke ist unser Chef so manches Mal gegangen. Kürzlich ist er gestorben, aber den Steinbruch mußte er zurücklassen."
Als Gast auf dieser Erde müssen wir alles zurücklassen. Nicht nur das, keiner weiß, wie lange Gott uns über diese Erde gehen läßt. Gäste auf dieser Erde sind wir nur kurze Zeit, von der Geburt bis zum Tod. Aber Gott erwartet, daß wir uns in seiner Schöpfung wie Gäste verhalten, daß wir die Schöpfung achten und mit ihr den Schöpfer. Waghalsig dagegen ist es, wenn wir nach der Devise leben: "Laßt uns essen und trinken und fröhlich sein, denn morgen sind wir tot." Ein Gast hat einen gewissen Eindruck zu hinterlassen, wenn er auch in Zukunft angesehen sein will. Und Zukunft ist für uns die Ewigkeit. Deshalb bittet der Beter des 119, Psalms weiter: "Verbirg deine Gebote nicht vor mir." Hier sind wir Gäste, aber für die Ewigkeit bleiben wir Gottes Kinder. Dafür gab uns Gott als Hilfe die Gebote, über denen der Satz steht: "Ich bin der Herr dein Gott!" Ich bin dein Gastgeber auf dieser Erde. Denke daran, daß du in der Ewigkeit vor deinem Richter stehen mußt - mit leeren Händen, aber verantwortlich für dein Leben als Gast auf Erden. Dafür will uns Gott tüchtig machen.

**Wir können nur immer wieder bitten, daß du,
Herr, uns Kraft gibst, vor dir zu bestehen.**

# 18. November

**Ein jegliches hat seine Zeit und alles Vorhaben unter dem Himmel hat seine Stunde.**
*Prediger 3,1*

In einer Bibelübersetzung steht als Überschrift über diesem Abschnitt: Das ganze Leben steht unter Gottes Leitung! Gott selber setzt Zeit und Stunde. Daher ist die übliche und unhöfliche Redensart "Ich habe keine Zeit" eine überhebliche Beurteilung des Menschen über Zeit und Stunde. Wie oft hat man es eilig und rast rücksichtslos gegen andere mit dem Fahrzeug durch den Verkehr, bis ein Unfall dem Jagen nach der Zeit ein Ende setzt. Oder es sind eintretende Krankheiten, die dem Gehetzten dann Besinnung zum Nachdenken geben. Natürlich wird man heute mehr als früher gefordert und von Termin zu Termin getrieben, aber zu wenig wird daran gedacht, daß der eigentliche Herr der Zeit Gott der Herr selber ist.
Wenn alte Menschen an ihrem Geburtstag zurückschauen, erkennen sie, wie schnell das Leben dahingerast ist. Sie hatten die Zeit nicht in der Hand - auch wenn sie für manches "keine Zeit" hatten. Deshalb hat der Apostel Paulus schon recht, wenn er schreibt *(Eph. 5,15 +16)*: Sehet nun wohl zu, wie ihr wandelt, nicht als Unweise, sondern als Weise, und kaufet die Zeit aus; denn es ist böse Zeit.

Alles Vorhaben unter dem Himmel hat seine Stunde, so heißt es weiter. Die Stunden am Tage sollten wir besonnen aufteilen, und auch daran denken, daß auch Gott an jedem Tag eine stille Zeit von uns erwartet, daß wir "Zeit haben" für ihn. Laßt uns deshalb nicht müde werden, zu ihm zu beten und ihm am Ende des Kirchenjahres zu danken.

***Der Du die Zeit in Händen hast, Herr, nimm auch dieses Jahres Last und wandle sie in Segen.***

# 19. November

**Und ich sah einen neuen Himmel und eine neue Erde; denn der erste Himmel und die erste Erde vergingen, und das Meer ist nicht mehr.**
*Offenbarung 21,1*

Nach der Anordnung der Andachten in diesem Buch ist morgen Ewigkeitssonntag, im Volksmund noch Totensonntag genannt. Aber der Name Ewigkeitssonntag gibt zugleich das Thema an. Aus der Zeit dürfen wir hinüberschauen zur Ewigkeit. Der Seher Johannes, der diese Worte geschrieben hat, möchte für uns ein Fenster öffnen mit dem Blick in die neue Welt, wie sie uns von Christus verheißen ist. Jesus Christus ist schon in dieser neuen Welt, aber zugleich ist er der Gegenwärtige, der bereit ist, uns mit hinüberzunehmen. Dann wird er erscheinen in Herrlichkeit. Heute leben wir noch in der alten Welt. Wir kennen die täglichen Ordnungen, aber täglich werden wir durch Katastrophen und Todesnachrichten davon überzeugt, daß diese alte Welt einmal ein Ende hat, die alte Erde und der alte Himmel, den wir mit seinem Firmament so sehr lieben, besonders wenn das Sternenmeer sich bei klarem Wetter wie ein Zeltdach über uns ausbreitet. Alles wird vergehen, auch das Meer. Es könnte damit das Völkermeer gemeint sein, aber auch unsere Meere, die die größte Fläche unserer Erde einnehmen, kennen wir, wie sie tobend und brausend mit unbeschreiblicher Kraft größte Schiffe in die Tiefe reißen können. Das Meer wird ebenfalls nicht mehr sein. Das Neue, das aber auf uns zukommen wird, kennen wir noch nicht. Wir haben nur die Verheißung, daß Christus alles neu werden läßt. Er ist jetzt der Herr, der vom Ende her auf uns zukommt, der auf uns wartet. Er allein wird alles herrlich hinausführen und alles wohl machen.

***Wir warten Dein, o Gottessohn;***
***Du kommst uns entgegen, uns zum Segen.***

## 20. November

**Wenn der Herr die Gefangenen Zions erlösen wird, so werden wir sein wie die Träumenden.**
*Psalm 126,1*

Dieser Psalm erzählt, daß Gefangene aus der babylonischen Gefangenschaft zurückgekehrt sind, zurück nach Zion, in ihre Heimatstadt Jerusalem. Wenn schuldlos Gefangene nach bangem Warten frei werden, ist das ein unbeschreiblicher Zustand. Man muß ihn selber erleben. Ich habe ihn kennengelernt, habe diese Freude erfahren dürfen.
Aber Gefangenschaft gibt es auf vielfältige Weise. Gebunden an das eine oder andere, könnte man sagen. Auch gebunden an ein Krankenlager, an den Rollstuhl. Mitunter lebenslang gebunden, so daß der Ausgang im Nebel liegt. Der 126. Psalm beginnt mit den vier Wörtern "Wenn der Herr will ... ". Wenn der Herr will, geht er den Weg mit uns! Der Zustand, der uns unsere Schwächen erkennen läßt, läßt uns auch unsere Ohnmächtigkeit erkennen. Um so mehr richtet man den Blick nach vorn, auf Hoffnung. Die Bibel lehrt uns mit diesem Psalm, daß Hoffnung lohnenswert ist. So wie die Gefangenen in Babylon nicht vergeblich gehofft haben, darf jeder, der sich im Tal der Tränen weiß, hoffnungsvoll nach vorn schauen. Mag dieses Tal auch noch so finster sein, wie es der 23. Psalm beschreibt, Hoffnung wird immer belohnt. Am Ende allen Hoffens steht der Herr, der letzten Endes herrlich hinausführt. Das bezeugen die Menschen, für die die Rettung ursprünglich nur ein Traum war. Gott trägt hindurch und kommt vom Ende her wieder auf uns zu. Er sprengt die Ketten, und das macht uns froh.

***Ja, Herr, Du kennst uns und weißt um unser Bangen.
Deshalb bitten wir Dich zu jeder Zeit um Deine Gegenwart.
So sind wir frei.***

# 21. November

**Dann wird unser Mund voll Lachens und unsere Zunge voll Rühmens sein!**
*Psalm 126,2b*

"Der hat gut lachen!" Wer von dieser Redensart Gebrauch macht, befindet sich gewiß nicht in einem Zustand kindlicher Freude. Aber er sollte ein Doppeltes bedenken: Jeder Mensch, der gegenwärtig nicht froh ist, hatte auch in seinem Leben Zeiten der Freude, und jeder, der sich in einem Hoch befindet, ist vorher schon durch Tiefen gegangen und wird wieder auf sie zugehen. Doch das ist kein Trost für Menschen, die kein neues Morgenlicht sehen. Darum möchte das Gotteswort zur Freude verhelfen. Ich erinnere noch einmal an die vier ersten Wörter des Psalms: Wenn der Herr will. - Dieser Herr kann in die tiefsten Tiefen eines Menschen hineinkommen, obwohl er alle seine Kinder zur gleichen Zeit im Auge hat. Gott hat diesen einen Menschen in seinem Blick wie ein Beschauer das einzelne Korn, das durch den dünnen Hals einer Sanduhr läuft. Er läßt mit sich reden: "Herr, du siehst meinen Zustand. Laß mich wieder froh werden." Von Gott gewirkte Freude gibt es nicht erst, wenn die Tiefen des Lebens überwunden sind. Gott kann gerade auch im Leid Freude wirken. Diese Freude gewinnt Raum, wenn der Beter erkennt, daß das Leben nur Zwischenstation ist. Der Apostel Paulus schreibt: "Ich bin davon überzeugt, daß dieser Zeit Leiden nicht ins Gewicht fallen gegenüber der Herrlichkeit, die an uns offenbar werden soll." *(Römer 8,18)* Gott hält seine Herrlichkeit für seine Kinder bereit, besonders für die, die traurig sind, und das schon jetzt und hier. Dafür dürfen und sollten wir Gott rühmen.

*Herr, wir können es nicht erwarten, bis wir diese von Dir angekündigte Freude wahrnehmen. Schenke uns aber dafür Geduld.*

## 22. November

**Dann wird man sagen unter den Heiden:
Der Herr hat Großes an ihnen getan!**
*Psalm 126,2b*

Die Bibel lehrt uns, daß zu allen Zeiten die Heiden auf Gottes Wundertaten aufmerksam wurden. So rief der heidnische König Darius sein ganzes Volk zur Anbetung auf, weil Daniel in der Löwengrube von Gott bewahrt wurde *(Dan. 6,27)*. Ein heidnischer Hauptmann bekannte unter dem Kreuz Jesu: "Fürwahr, dieser ist ein frommer Mensch gewesen *(Luk. 23,47)*." Der Gefängnisaufseher in Philippi staunte über den festen Glauben der gefangenen Apostel und fragte sie: "Was muß ich tun, daß ich gerettet werde *(Apg. 16,30)*?" Man könnte viele Heiden aus der Bibel aufzählen, die staunend bekannt haben: "Der Herr hat Großes an ihnen getan!"

Gottes Größe und seine Zuwendung an den Menschen zieht sich durch die ganze Heilsgeschichte. Er hat sich besonders immer der einzelnen angenommen. Menschen, die "in der Höhle des Löwen" waren, hat Gott nicht in ihrem Elend gelassen. So hat er seine Gnade auch heute noch bereit.
Aber Gott hat einen langen Atem und ein anderes Zeitmaß als wir. Bei ihm sind tausend Jahre wie ein Tag, *(Ps. 90,4)*. Nur so ist und bleibt Gott der Unbegreifliche. Trotzdem soll jeder wissen, daß er in Gott geborgen ist und bleibt, auch wenn Schrecken des Todes aus der Zukunft heraufziehen. "Ich will dich nicht verlassen noch von dir weichen!" Das war Gottes Zusage an Josua *(Jos. 1,5)*, und sie ist und bleibt es an jeden von uns. Sie bleibt es auch heute, besonders bei dem, der im Zweifel ist.

*Ach bleib mit deiner Gnade bei uns, Herr Jesu Christ,
daß uns hinfort nicht schade des bösen Feindes List.*

## 23. November

**Der Herr hat Großes an uns getan; des sind wir fröhlich.**
*Psalm 126,3*

Hat er es wirklich getan? Viele von der Tradition geprägte Christen nehmen Gottes Wirken nicht wahr. Vielleicht ist durch das "süße Jesulein in der Krippe" Gottes Sohn nur noch ein Stimmungsmacher geworden. Trotzdem dürfen wir gerade in dem Kind von Bethlehem Gottes Größe erkennen. "Gott wird Mensch dir, Mensch, zugute, Gottes Kind das verbindet sich mit unserm Blute *(EG 27,2)*,"

Großherziger ging es nicht! Durch den Sohn wurde Gott ein Kind wie wir: Kleines Kind - Großer Gott! Durch den Sohn ging Gott über diese Erde, besonders mit Menschen, die sich auf der Schattenseite ihres Lebens befanden. In dem Sohn erkannten sie Gottes Größe. Er freute sich mit ihnen und litt mit ihnen. Schließlich blieb er genau so einsam im Leiden wie viele, denen weder ihre Lieben noch Freunde helfen können.
So ging er auch in den Tod, begleitet von menschlicher Todesangst: "Mein Gott, mein Gott, warum hast du mich verlassen *(Mattheus 27,46)*?" Aber die Schwelle zum Tod wurde die Schwelle zum wahren Leben. Damit "hatte er dem Tode die Macht genommen *(2. Tim. 1,10)*." Die Todesangst liegt hinter ihm, und der Strahl der aufgehenden Ostersonne dringt jetzt in unser Leben hinein, bis sich "der neue Himmel und die neue Erde" *(Offenbarung 21,1)* vor uns auftun. So Großes hat Gott getan für alle seine Kinder, und daran dürfen wir teilhaben. Des sind wir fröhlich.

*O süßer Herre Jesu Christ,*
*der Du der Sünder Heiland bist,*
*führ uns durch dein Barmherzigkeit*
*mit Freuden in dein Herrlichkeit.*

## 24. November

**Herr, bringe zurück unsere Gefangenen,
wie du die Bäche wiederbringst im Südland.**
*Psalm 126,4*

Nach dem Lobpreis folgt die gezielte Bitte: "Herr, gib auch die letzten frei!" Das Gebet ist nahezu eine Herausforderung und eine Zumutung. Es ist mit der Forderung nach Gottes Wunderwirken verbunden: "Wir wissen, Herr, daß du kannst! - Du bist der, der Unmögliches möglich macht. So wie sprudelnde Bäche in der von intensiver Sonne ausgedorrten Wüste undenkbar sind, so sind unsere Wünsche maßlos, aber du kannst! - So wirke du!"

Hier wird das absolute Vertrauen in Gott deutlich. Gott ist der Allmächtige, wie er sich je bezeugt. So schlägt sich dieses feste Vertrauen nieder auf unser Verhältnis zu Gott. Denn was der Mensch an einst Unmöglichem vermag, das erleben wir jeden Tag neu.

Wenn Gott Gott ist, dann wird er seine Allmacht über alles menschlich Mögliche stellen. Aber mit dieser Herausforderung wird der feste Glaube der Beter deutlich. Nur im Glauben kann man derartiges erbitten und Gott alles zutrauen, sich ganz an ihn abgeben, weil er wie aus einer nie versiegenden Quelle unermüdlich gibt. Gott läßt sich dabei nicht gefügig machen, aber er bewirkt es schließlich, daß der Beter sich in das fügt, das Gott für ihn bereit hat. Damit ist das Gebet erhört worden, und seine Anliegen werden erfüllt. Das darf man oft erleben, wenn man sich ganz an Gott abgibt. Darauf lohnt es sich zu hoffen.

*Reiz uns, daß wir zu ihm treten frei mit aller Freudigkeit;
seufz auch in uns, wenn wir beten, und vertritt uns allezeit;
so wird unsre Bitt erhört und die Zuversicht vermehrt.*

# 25. November

**Die mit Tränen säen, werden mit Freuden ernten.**
*Psalm 126,5*

Viele Gebete sind Stoßseufzer unter Tränen. Ist es Hoffnungslosigkeit, die bange Sorge, ob sie erhört werden? Oder ist es Verzweiflung, aus der heraus es nur noch aufwärts gehen kann? Gebete können Tränensaat sein. Deshalb schreibt der Psalmist, daß es sich lohnt, mit Tränen zu säen. Er bringt das Bild von der Tränensaat und Freudenernte. Bei früheren Völkern war es Brauch, die Zeit der Aussaat als Trauerzeit zu begehen, weil man dadurch an das Sterben erinnert wurde. Daher lehrt Jesus: "Wenn das Weizenkorn nicht in die Erde fällt und erstirbt, so bleibt es allein; wenn es aber erstirbt, bringt es viel Frucht *(Joh. 12,24)*." In Notzeiten hat man in unserem Volk nur schweren Herzens gesät und gepflanzt, denn bis zur Ernte war es für hungrige Menschen eine lange Zeit. Außerdem konnten Saatgut und Pflanzen vernichtet oder gestohlen werden. So ist Säen immer mit Opfer verbunden. Säen kann man nur auf Hoffnung, so wie man auf Hoffnung betet. Aber Hoffnung wirkt Zukunft; sie macht Mut, ins Leben zu schauen. Paulus schreibt, daß Hoffnung nicht zuschanden werden läßt *(Römer 5,5)* und daß sich in der Erfüllung der Hoffnung die Liebe Gottes beweist. Weil Gottes Liebe aber unerschöpflich ist, werden sich eines Tages Trauertränen in Freudentränen verwandeln. Das wird auch bei dem Menschen so sein, der heute traurig ist.

*Tränensaat, die erntet Lachen;*
*Hoffnung tröste die Geduld:*
*es kann leichtlich Gottes Huld*
*aus dem Regen Sonne machen.*
*Jesu, hier leid ich mit Dir,*
*dort teil Deine Freud mit mir.*

## 26. November

**Sie gehen dahin und weinen und streuen ihren Samen und kommen mit Freuden und bringen ihre Garben.**
*Psalm 126,6*

Saat und Ernte, Frost und Hitze, Sommer und Winter, Tag und Nacht, wie es im Gottessegen der Noahgeschichte heißt *(1. Moses 89,22)*, sind Ausdruck für den Lebensrhythmus in Gottes Schöpfung. Unser Leben ist eingegrenzt zwischen Werden und Vergehen, Geborenwerden und Sterben.

Es wäre daher berechtigt, von der Sinnlosigkeit des Lebens zu sprechen, wenn der Tod schon über der Geburt stände als Endgültigkeit allen Seins. Nur unter Tränen könnte eine Mutter ihr Neugeborenes in den Arm nehmen. Nur unter dem Zeichen der Trauer könnte man Jahr für Jahr seinen Geburtstag feiern. Das entspricht aber nicht dem Willen des Schöpfers. Er hat seine Schöpfung nicht auf Verderben, sondern auf Ewigkeit angelegt. So ist auch in dem Geborenwerden nicht der Tod begründet, sondern das wahre Leben. Deshalb brauchen auch in diesen Tagen die Angehörigen nicht unter einem endgültigen Abschiednehmen an die Gräber zu gehen, sondern sie dürfen aus der Osterbotschaft leben. Das jüdische Gottesvolk konnte Ewigkeit nur erhoffen, nicht zuletzt durch die Heilsverkündigung der Propheten. Als Christen sind wir aber vor die Tatsache gestellt: "Der Tod ist verschlungen vom Sieg *(1. Korinther 15,54)*." Nicht vergehen, sondern aufgehen! Das Alte ist vergangen, schreibt Paulus, siehe, es ist alles neu geworden für alle, die Christus angenommen haben. Das ist das Evangelium, und damit kann man froh werden.

***Gott sei Dank, daß Du uns den Sieg so herrlich hast nach diesem Krieg durch Jesum Christ gegeben!***

## 27. November

**Siehe, dein König kommt zu dir,
ein Gerechter und ein Helfer.**
*Sacharja 9,9*

"Siehe!" Diese Aufforderung, sich die Augen öffnen zu lassen, steht wiederholt in der Bibel. "Siehe, das ist Gottes Lamm, welches der Welt Sünde trägt," so weist Johannes auf Jesus. "Siehe, ich verkündige euch große Freude," kam es aus dem Mund des Engels des Herrn, und Jesus sagt in der Offenbarung auf die Endzeit weisend: "Siehe, ich stehe vor der Tür und klopfe an." Dazu singt Nikolaus Hermann: "Heut schleußt er wieder auf die Tür zum schönen Paradeis," *(EG 27,6)* Das alte Kirchenjahr liegt hinter uns. Die ganze Geschichte Gottes mit seinem Volk haben wir im Ablauf eines Jahres wieder wahrgenommen. Nun stehen wir am Anfang der Adventszeit. Unsere Augen richten sich auf den Sohn Gottes, der in die Welt gekommen ist, um uns zu bezeugen, wie groß seine Liebe ist. Diese Zeit soll uns in die Stille und zur Besinnung führen. Das warme Licht strahlender Kerzen will uns verkünden, daß es das Licht des Lebens ist, das von Gott selber kommt. Er hat seinen Sohn als Lichtträger in die Dunkelheit der Welt hineingeschickt. Als der König aller Könige will er sich uns bezeugen und uns mit dem wahren Licht vertraut machen. Er will zu uns kommen als die wahre Gerechtigkeit, die die Ungerechtigkeit dieser Welt verdrängen soll, und er will sich als der rechte Helfer erweisen. Gott schenke es uns, daß wir nicht zu denen gehören, die das große Angebot Gottes verachten, sondern die sich wieder neu auf die Botschaft von der Liebe Gottes freuen.

*O klare Sonn, Du schöner Stern,*
*Dich wollen wir anschauen gern.*
*O Sonn, geh auf, ohn Deinen Schein*
*in Finsternis wir alle sein.*

## 28. November

**Weise mir, Herr, deinen Weg, daß ich wandle in deiner Wahrheit; erhalte mein Herz bei dem einen, daß ich deinen Namen fürchte.** *Psalm 86,11*

Wenn wir uns in die Bitte des Psalmdichters vertiefen, haben wir den Eindruck, daß es ein Mann ist mit einem reichen Schatz an Lebenserfahrung. Viele Wege haben sein Leben geprägt; manche wurden ihm zugewiesen, auch schwere Wege. Nun schaut er auf sein Leben zurück und stellt sich die Frage nach dem Woher und Wohin. Sein Leben soll noch das rechte Ziel bekommen.
So wendet sich der Beter an den Herrn, der immer Herr seines Lebens war. Späte Erkenntnis? Wir wissen es nicht. Jedenfalls hat er zum Herrn gefunden. Man könnte meinen, daß der Beter jetzt und heute an einer für ihn entscheidenden Wegkreuzung angekommen ist. „Welchen Weg soll ich nun gehen, Herr, um bei dir zu bleiben und mit dir ans Ziel meines Lebens zu kommen? Bitte, nun weise du mir deinen Weg, der für mich zum Weg meines Lebens wird. Ich weiß, daß es nur ein Weg sein kann, der mich endlich und immer an dich bindet und mein Herz nur noch für dich schlagen läßt."

Daß Gott den Beter erhört hat, wird uns gesagt, wenn wir den Psalm weiterlesen. Da kommt es schließlich zum Bekenntnis vor den Menschen. Glücklich bekennt er sich jetzt zum Herrn der Kirche, weil er den Weg der Wahrheit gefunden hat, der zum ewigen Leben führt. Jeden Tag bietet Gott sich an, mit uns auch diesen Weg zu gehen.

*Ja wenn's am schlimmsten mit mir steht,*
*freu ich mich seiner Pflege,*
*ich weiß die Wege, die er geht,*
*sind lauter Wunderwege.*

## 29. November

**Und sein Vater Zacharias wurde vom heiligen Geist erfüllt, weissagte und sprach: Gelobt sei der Herr, der Gott Israels!**
*Lukas 1,67+68*

Johannes der Täufer war geboren. Das hätten die betagten Leute Elisabeth und Zacharias nicht erwartet. Menschlich gesehen war diese späte Geburt unmöglich. Gott selbst hat eingegriffen und hat es so gewollt. Hinzu kommt, daß das neugeborene Kind besonders unter den Segen Gottes gestellt wird. Es soll einmal der auf den kommenden Menschensohn hinweisende Finger sein, der Vorläufer Jesu. Das veranlaßt Zacharias zu dem Lobgesang, den er mit dem Lob Gottes eröffnet: „Gelobt sei der Herr!" Zacharias war ein alter Mann. Er sah die Tage seiner Erdenzeit zu Ende gehen. Um so mehr wußte er jetzt sein Leben erfüllt und gekrönt. Zacharias lebt uns vor, wie man auch im hohen Alter noch Lebenserwartungen haben kann.

Daß er der Vater des von Gott herausgerufenen und begnadeten Johannes sein durfte, war für ihn die höchste Lebenserfüllung. Es war für ihn am Ende seines Lebens ein neuer Anfang. Zacharias schaut in die andere Welt, er sieht schon den neuen Himmel und die neue Erde. In diesen Tagen beginnt das Kirchenjahr. Auch das soll für uns zu einem neuen Anfang werden. Der Ablauf, beginnend mit der Adventszeit über Weihnachten, Epiphanias, Passion und Ostern bis zum Pfingstfest und der dann folgenden Trinitatiszeit läßt uns wieder die frohe Botschaft hören. Der Heiland der Welt will uns alle in seine Gemeinschaft hineinnehmen. Wir haben Grund, fröhliche Christenmenschen zu sein, und wir haben die Pflicht, von dieser Freude weiterzusagen.

***Komm, o mein Heiland, Jesu Christ,***
***meins Herzens Tür Dir offen ist!***

## 30. November

**Seid gleich den Menschen, die auf ihren Herrn warten, wann er aufbrechen wird von der Hochzeit.**
*Lukas 12,36*

Das Wort geht jeden an, nicht nur die Menschen, die auf ihren Herrn warten. Jesus hat es seinen Vertrauten gesagt. Sie sollen sich wie viele andere in den Wartestand begeben und sich nicht an die halten, die über eine solche Aufforderung lachen. Die Lacher sind traurig dran, wenn der Herr wiederkommt, denn wenn er kommt, kommt er zu allen. Jesus spricht in dem Vers von seiner Wiederkunft. Sie muß wohl für viele interessant werden, denn im nächsten Vers (37) heißt es weiter: Wenn der Herr wiederkommt, wird er sich schürzen und sie zu Tische bitten und wird ihnen dienen. Das Warten auf den Gottessohn wird in besonders eigenartiger Weise belohnt.

Alles ist für uns heute unvorstellbar. Wir können nur dem Evangelium glauben und sind als Christen angehalten, uns auf das Kommen Jesu vorzubereiten. Gefährlich ist es für Menschen, die mit dem Argument ihre Glaubensentscheidung hinausschieben: „Es gibt fast nur alte Leute in den Gottesdiensten (Obwohl es nicht stimmt). Deshalb habe ich auch noch Zeit. Wenn ich alt bin, werde ich über Gott nachdenken." Natürlich sollte man beim Warten auf das Kommen Jesu nicht seine alltäglichen Pflichten versäumen, aber für Christen sollte der Wartestand zum täglichen Leben gehören. Gott wird dieser Weltzeit ein Ende setzen. Daß kann schneller kommen, als man es vermutet. Deshalb sollten wir gleich den Menschen sein, die auf ihren Herrn warten, bis er wiederkommen wird zur Hochzeit.

*Amen, Amen, komm du schöne Freudenkrone,*
*bleib nicht lange; Deiner wart ich mit Verlangen.*

# 1. Dezember

**Ich bin das Licht der Welt. Wer mir nachfolgt, der wird nicht wandeln in der Finsternis, sondern wird das Licht des Lebens haben.** *Johannes 8,12*

Da werde ich an ein Erlebnis erinnert: Mit meinem damals fünfjährigen Sohn war ich im Winterurlaub. Bei einer Tageswanderung hatten wir uns im Tiefschnee verlaufen. Die Dämmerung brach an. Ich habe mich gefragt, wie ich meinen Jungen vor Eintritt der Dunkelheit nach Hause bekomme. Zeitweise hatte ich ihn schon auf dem Rücken getragen wie der Heilige Christophorus das Christuskind. Dann haben wir nur eine Spur zurückgelassen. Ich war schon verzweifelt, als Michael sagte: „Sieh, Vati, dort die Lichter. Das sind Häuser, die genau so durcheinanderstehen wie die auf der Ansichtskarte, die du mir gezeigt hast." Richtig, als wir dem Lichtermeer näher kamen, war mir klar, daß wir das Ziel vor Augen hatten.

Sehende Menschen sind von der Lichtquelle abhängig, blinde von denen, die mit dem Licht leben. Die Propheten des Alten Testamentes sahen in dem kommenden Erlöser das Licht, das das Volk aus der Finsternis herausfahren würde. Als nach der Auferstehung Jesu die erste Gemeinde zusammenkam, konnte sie bekennen: Das wahre Licht scheint jetzt (1. Joh. 2,8). Wer Jesus Christus als das Licht der Welt erkannt hat, weiß sich auf dem richtigen Weg, weiß sich losgelöst von der Finsternis dieser Welt, die mit ewiger Vergänglichkeit verbunden ist. So gehören auch Blinde zu den Sehenden, wenn sich ihnen der bezeugt hat, der das Licht der Welt ist. Das Licht führt nach Hause.

*Das ewig Licht geht da herein, gibt der Welt ein' neuen Schein; es leucht wohl mitten in der Nacht und uns des Lichtes Kinder macht. Kyrieleis.*

## 2. Dezember

**Siehe, dein König kommt zu dir, sanftmütig und reitet auf einem Esel und auf einem Füllen der lastbaren Eselin.**
*Matthäus 21,5*

Der Einzug Jesu in Jerusalem gehört in die Passionszeit hinein. Wenn die Bibelstelle zu Beginn der Adventszeit angesetzt wird, so sollen wir wissen, daß der Kommende und zu Ewartende nicht in weltlich königlicher Herrschaft auftritt, sondern „arm". Allerdings entspricht es alter messianischer Tradition, daß ein König auch auf einem Lasttier reitend einzieht, aber hier soll die Niedrigkeit betont werden. So arm, wie der Sohn Gottes sich zeigt als der, der als der unter dem Vater Stehende und in die Welt Einziehende der Heiland der Armen und Bedürftigen wird. Letzteres soll sich nicht nur auf das Materielle und Äußere beziehen, sondern auf alle, die der Heilserwartung „bedürfen". Für sie ist er ein kleines Kind geworden, das in der Welt seinen ersten Platz in der Krippe eingenommen hat. Als Kind dieser Welt wußte er sich völlig auf Gott angewiesen, bis er den Weg zum Kreuz antreten mußte.

So hat der Einzug auf dem Esel einen doppelten Sinn: Der Sohn Gottes kommt arm in einer Krippe zur Welt, und als Sünderheiland nimmt er wieder die Rolle der Armut ein, als er einsam und hilflos nach Golgatha geht. Einzug zur Menschwerdung nach Bethlehem und Einzug zum Kreuz nach Jerusalem, Krippe und Kreuz stehen in enger Verbindung zueinander. Der Heiland der Welt wird Mensch in Bethlehem und Christus Gottes am Ostermorgen in Jerusalem.

*Er kommt zu uns geritten auf einem Eselein*
*und stellt sich in die Mitten für uns zum Opfer ein.*
*Er bringt kein zeitlich Gut, er will allein erwerben*
*durch seinen Tod und Sterben, was ewig währen tut.*

# 3. Dezember

**Gelobt sei der Herr, der Gott Israels! Denn er hat besucht und erlöst sein Volk.** *Lukas 1,68*

Ein Wort aus dem Lobgesang des Zacharias. Zacharias, wie auch die Menschen um ihn herum, gehörten noch dem Alten Bund an. Wenn wir sie in unserer Bibel einordnen, könnten wir noch sagen, daß es Gestalten des Alten Testamentes sind. Denn hier ist die Nahtstelle. Mit der Geburt Johannes des Täufers, des Sohnes Zacharias' und Elisabeths, gehen das Alte und das Neue Testament ineinander über, das Alte wird vom Neuen abgelöst. Mit großer Geduld hat Zacharias auf die Erfüllung der Verheißungen Gottes gewartet. Jetzt, da der Sohn Johannes geboren ist, hat er allen Grund zur Freude und zum Lobe Gottes. „Gelobt sei der Herr," so kommt es ihm aus sprudelndem Herzen. Zacharias zeigt uns, was es für Gründe gibt, Gott zu loben. „Gott besucht und erlöst sein Volk" will sagen, daß es jetzt soweit ist, daß Gott auf die Erde kommt, um uns zu besuchen. Er kommt ferner auf die Erde als der Erlöser. Johannes, der den Eltern Zacharias und Elisabeth geboren wurde, wird zum Wegweiser, zum Wegbereiter des großen Gottes, der nach ihm kommen wird, denn auch Maria, die Mutter Jesu, ist schwanger und wird demnächst den Sohn Gottes zur Welt bringen, zur Welt beim wahrsten Sinne des Wortes. Vielleicht rührt die Redensart: „Ein Kind ist zur Welt gebracht" daher, daß der Sohn Gottes aus der ewigen Herrlichkeit in die Welt gekommen ist. So ist auch Johannes als Vorläufer Jesu in die Welt gekommen. „Gelobt sei der Herr!" Diesen Jubelruf sollten wir öfter gebrauchen als die eher lästernden Aussagen „Herr Gott" oder „ach Gott" oder „mein Gott". Gott hat es verdient, daß wir ihm Lob zollen, und Gründe gibt es genug.

*Herr Gott, wir loben Dich; Christus wir preisen Dich!*

# 4. Dezember

**Wer beharret bis ans Ende, der wird selig werden.**
*Matthäus 24,13*

In prophetischer Schau stellt Jesus seinen Jüngern den Verlauf der Welt vor. Als erstes Chaos sieht er das zerstörte Jerusalem; darüber hinaus richtet er den Blick bis in unsere Zeit. Seine schreckliche Vision schließt er mit dem Versprechen: „Wer bis ans Ende durchhält, der wird selig." Mancher fragt sich, weshalb die Berichte von der Endzeit in die romantische Adventszeit hineingenommen werden, die doch Zeit der Zuneigung und Besinnung sein soll.
Besinnung ist wichtig, damit wir uns freuen auf den „zweiten" großen Advent, auf die Wiederkunft des Herrn. Deshalb wird der zweite Sonntag der Vorweihnachtszeit als Bußsonntag gefeiert mit dem Aufruf: Wir gehen hinauf nach Jerusalem! „Jerusalem" ist im doppelten Sinn gemeint: das Jerusalem als die Stätte des Kreuzes wie auch als Stätte der ewigen Herrlichkeit.

Nicht das Symbol der Kerzen bringt uns das wahre Licht. Das Licht der Welt ist der Herr selber, der seine Gemeinde einst im wahren Licht sehen will. Deshalb seine Mahnung: Haltet durch bis zum Ende! So wie unsere Welt einen Anfang hatte in der Schöpfung, so wird sie ein Ende haben wie alle Materie. Aber die Adventszeit soll nicht der Resignation dienen. Im Gegenteil: Sie soll uns aufschauen lassen auf Jesus, der am Ende der Zeit kommen wird. So wie er einst als Kind zu uns gekommen ist, so wird er wiederkommen als erhöhter Herr zu unserer ewigen Seligkeit. Das wirkt Freude und regt uns an, eine neue Kerze zu entzünden.

***Ei nun, Herre Jesu, richt unsere Herzen zu, daß wir alle Stunden recht gläubig erfunden, darinnen verscheiden zur ewigen Freuden.***

# 5. Dezember

**So seid nun geduldig bis auf den Tag, da der Herr kommt.**
*Jakobus 5,7*

Alle Apostel haben die Gläubigen der ersten Christengemeinden zur Geduld aufgerufen. Lebten sie doch von der Verheißung Jesu, daß er wiederkommen wird. Da es damals genau so große Notzeiten und noch größere gab als heute, wurde die Geduld der Frommen auf die Folter gespannt. Israel war von den Römern besetzt. Besatzung, wie wir sie nach den beiden Weltkriegen in Deutschland auch gehabt haben. Die christliche Gemeinde war für die Juden eine gefährliche Sekte, die im Verborgenen leben mußte. Verfolgungen gehörten zum Alltag der Christen. Aber man wußte, daß Jesus Christus wiederkommen würde, um endgültig die Herrschaft des Gottesreiches aufzubauen. Deshalb mußten die Apostel wie hier auch Jakobus, der übrigens auch den Märtyrertod gestorben ist, ihre Gemeindeglieder vertrösten. Inzwischen sind zweitausend Jahre vergangen, aber an der Wiedererwartung Jesu, an der Hoffnung auf sein großes zweites Kommen hat sich nichts geändert. Ja, es hat oft genug Anlässe und Zeiten gegeben, da man fest der Meinung war, daß Jesus nicht mehr fern sein wird. Jede kosmische Sonne und jeder Planet wie alle anderen Himmelskörper unterliegen der Vergänglichkeit. Was unsere Erde betrifft, sie ist weitgehend ausgebeutet, so daß sich Futurologen ernsthaft Sorgen um die Zukunft machen. Aber diese Sorgen wird Gott selber uns eines Tages abnehmen, wenn Himmel und Erde vergehen werden, wie es verheißen ist, und der Jüngste Tag dann kommen wird mit unserem Herrn Jesus Christus in Herrlichkeit.

*Der Jüngste Tag ist nun nicht fern. Komm, Jesu Christe, lieber Herr! Kein Tag vergeht, wir warten Dein und wollten gern bald bei Dir sein.*

# 6. Dezember

**Laßt uns festhalten an dem Bekenntnis der Hoffnung und nicht wanken; denn er ist treu, der sie verheißen hat.**
*Hebräer 10,23*

Viele Kinder werden eine unruhige Nacht gehabt haben. Vorfreude auf die Überraschungen, die sie am Nikolaustag erwarten. Kaum eines aber weiß, daß „Sankt Nikolaus" der am 6. Dezember heilig gesprochene Bischof Nikolaus von Myra war, der im 4. Jahrhundert seine Zugehörigkeit zu Christus besonders durch seine Zuwendung zu armen Kindern sichtbar gemacht hat.

Den Grund dafür hat Jesus in seiner Verkündigung selber gelegt, indem er vor allem Kinder selig pries. Kinder können sich über kleine Dinge freuen. Genau so aber scheuen sie sich nicht, ein fröhliches Bekenntnis abzulegen. Das erlebt man in den Kindergottesdiensten oder bei anderen Anlässen, jetzt bei Adventsfeiern. Ein kindlich-fröhliches Bekenntnis erwartet Jesus aber insbesondere von seiner erwachsenen Gemeinde. „Wenn ihr nicht werdet wie die Kinder, werdet ihr nicht in das Himmelreich kommen." mahnt er (Matth. 18,3). Er - vom Himmel gekommen, wieder erhöht von der Erde - will uns alle zu sich ziehen, wenn sein Tag kommen wird. Als Gegenleistung erwartet Jesus nur ein fröhliches Bekenntnis zu seinem Evangelium - den festen Glauben, daß er uns nicht fallen läßt - und die getroste Hoffnung, daß seine Verheißung gilt. Mit dieser geistlichen Substanz, vom kindlichen Sinn geprägt, dürfen wir fröhlich und nachdenklich die Adventszeit erleben und an die Krippe treten.

*Ei so kommt und laßt uns laufen,
stellt euch ein, groß und klein, eilt mit großen Haufen!
Liebt den, der vor Liebe brennet;
schaut den Stern, der euch gern Licht und Labsal gönnet.*

# 7. Dezember

**Sehet zu, daß euch nicht jemand verführe. Denn es werden viele kommen unter meinem Namen und sagen: Ich bin der Christus, und werden viele verführen.**
*Matthäus 24,4+5*

Viele falsche Christusse sind im Laufe der Jahrtausende aufgetreten und haben die Leute durcheinandergebracht oder sie völlig in die Irre geführt. Gruppen und Sekten haben sich unter diesen Christussen gegründet mit den schrecklichsten Zeremonien, die da zelebriert wurden, bis hin zu Teufelsanbetungen. Man hat sich dabei des Vertrauens auf den wahren Christus bemächtigt. Sicher ist dadurch die Hinwendung zu unserem Herrn zurückgegangen. Besonders die fragende Jugend ist durch falsche Aktionen nicht in die rechte Richtung gewiesen worden. Wahr ist, daß es schon „später" ist, als wir meinen. Wenn Jesus vom Ende der Tage zeugt, sollte man das schon ernst nehmen.

Was sind zweitausend Jahre Geschichte gemessen an dem Alter der Erde? Wie lang ist danach die Zeit, seit Jesus über die Erde gegangen ist? Wenn man das Alter der Erde, wie angenommen, mit fünf Milliarden Jahren ansetzt und diese Zeit in Vergleich bringt mit 65 Jahren eines Menschenlebens, dann sind zweitausend Jahre nicht länger als die letzten 17 Minuten dieses 65jährigen. Das ist erschütternd! So ist es schon angebracht, über die Worte Jesu von der Endzeit nachzudenken. Berechtigte Frage: ob das, was sich an Zeichen der Zeit heute zuträgt, nicht Anzeichen sein können für die nahe Wiederkunft unseres Herrn? Advent heißt für Christen: Der Herr kommt. Diese Botschaft wiederholt sich oft, aber sie gilt.

*Erfülle mit dem Gnadenschein, die in Irrtum verführet sein, auch die, so heimlich ficht noch an in ihrem Sinn ein falscher Wahn.*

# 8. Dezember

**Gott, tröste uns wieder und laß leuchten dein Antlitz, so genesen wir.** *Psalm 80,4*

In meiner Bibel steht über dem 80. Psalm „Gebet für den zerstörten Weinstock Gottes". Jesus hat seine Gemeinde mit dem Weinstock verglichen, wenn er sagt (Joh. 15,5): „Ich bin der Weinstock, ihr seid die Reben. Wer in mir bleibt und ich in ihm, der bringt viel Frucht; denn ohne mich könnt ihr nichts tun." Auch der Psalmbeter betet für sein angeschlagenes Volk und bringt es vor Gott. Aber wieviel Reben fallen in unseren Gemeinden täglich vom rechten Weinstock ab? Ich hatte jedes Mal eine unruhige Nacht, wenn ich am Tage in der Post eine Kirchenaustrittsmeldung hatte. Am meisten hatte es mich getroffen, wenn unter den Ausgetretenen meine ehemaligen Konfirmanden waren. Aber der Böse ist solange am Werk, wie es Gemeinde Gottes gibt. Was er zu Beginn dieses Jahrhunderts nicht geschafft hat, die Kirche von außen zu zerstören, bringt er heute mit der Zerrüttung von innen. Viele Kräfte sind am Werk, Gottes Gemeinde zu zerstören. Der Herr aber bleibt Sieger und wird seine Kinder nicht verloren gehen lassen. Mit dem Psalmbeter rufen wir zu Gott „Tröste du uns, Gott, und laß dein Antlitz wieder über uns leuchten!" Der Trost soll verbunden sein mit Gottes Gegenwart. Sein Antlitz sollen wir schauen. Mit dieser Bitte Gott gegenüber müssen wir ihm auch unsere Kirche anvertrauen. Wenn der Beter um das Leuchten des Antlitzes Gottes bittet, denken wir an den Segenswunsch, mit dem die gottesdienstliche Gemeinde entlassen wird. Gebe Gott, daß wir und unsere Gemeinden gesegnet werden.

*Herr, segne uns und behüte uns. Laß Dein Angesicht leuchten über uns und sei uns gnädig. Erhebe Dein Angesicht auf uns und gib uns Frieden. (4. Mo. 6,24-26)*

# 9. Dezember

**Mache dich auf, werde licht; denn dein Licht kommt, und die Herrlichkeit des Herrn geht auf über dir!**
*Jesaja 60,1*

Diese Andacht wurde nach dem Christfest geschrieben.
In unserer Kreisstadt gibt es in der Advents- und Weihnachtszeit in den Straßen großzügige Festbeleuchtung. Als ich eine 92jährige aus dem Altenheim abholte, weil wir mit ihr eine besinnliche Kaffeestunde halten wollten, sagte sie: „Ich komme nie mehr in die Stadt und habe keinen, der mich mal führen könnte." Ich wollte ihr deshalb eine besondere Freude machen und sie bei der Rückfahrt durch die beleuchtete Stadt fahren, denn es war ein paar Tage nach dem Christfest. Aber die Stadtväter hatten angeordnet, daß die Weihnachtsbeleuchtungen nicht mehr eingeschaltet werden sollten. Die alte Dame war darüber traurig. Wieder konnte sie von der Festlichkeit nichts wahrnehmen. Aber sie war eine Christin, und deshalb war sie nicht auf diese weltliche Festbeleuchtung angewiesen, die sie so gern erlebt hätte. Für sie galt die Kernaussage des oben aufgeführten Gotteswortes: Dein Licht kommt!

Wie können wir dankbar sein, daß wir uns nicht zu begnügen brauchen mit all der weltlichen Herrlichkeit und dem Lichtermeer. Wir wissen, daß das wahre Licht zu uns auf dem Wege ist. Jesus Christus ist das Licht der Welt und als solches wird er auch wiederkommen. Er wird uns als der Lichtträger das wahre Leben geben. So wie Kinder sich auf die Weihnachtsbescherung freuen, dürfen sich Christen auf den wiederkommenden Sohn Gottes freuen. Er wird unser Leben ganz neu werden lassen.

*O laß Dein Licht auf Erden siegen, die Macht der Finsternis erliegen und lösch der Zwietracht Glimmen aus.*

# 10. Dezember

**Siehe, ich bin des Herrn Magd; mir geschehe,
wie du gesagt hast.** *Lukas 1,38*

Ein Engel erscheint Maria und verkündet ihr, daß sie schwanger wird. Das lange Vorgespräch lese man in den Versen 26-37. Es ist sehr eindrucksvoll, aber noch mehr, daß Maria schließlich alles über sich ergehen läßt, ohne zu widersprechen, sondern sie gibt sich an Gott ab: Siehe, ich bin des Herrn Magd; mir geschehe, wie du gesagt hast! Diese Haltung macht auf uns heute fast einen befremdenden Eindruck. Wenn auch viele Frauen noch bereit sind, Kinder zu bekommen, so überlegt man zugleich dabei: Wohin damit, wenn ich nachher wieder in meinem Beruf arbeiten möchte?
In der Nachbarschaft besuchte ich eine Familie, und als ich ins Haus kam, waren dort fünf kleine Kinder, etwa alle im gleichen Alter. Ich fragte die junge Frau: „Sind das alles Ihre Kinder?" obwohl ich es mir nicht denken konnte. „Nein," sagte sie, „aus der Nachbarschaft; die Mütter gehen arbeiten." Mir tat das sehr weh, denn ich fragte mich, ob diese Kinder nicht im Laufe der Zeit mehr an der Nachbarin hängen als an der eigenen Mutter. Wenn wir dann die Demut der Maria hören: Ich bin des Herrn Magd! dann werden wir in die Schöpfungsgeschichte zurückversetzt, in der Gott der Frau den Auftrag gibt, sorgende Mutter zu sein. Manche Gründe gibt es heute, die auch Mütter verpflichten, im Arbeitsprozeß zu stehen. Das muß gesehen und respektiert werden, nicht dagegen die sich mehrenden Abtreibungen, die dem Kindermord gleich kommen. So leben wir heute unter manchen (Un)ordnungen, für die wir uns vor Gott verantworten müssen. Wie lange wird Gott noch über uns Gnade walten lassen?

*Herr, laß uns demütig werden, wie Maria es war
und verantwortungsbewußter vor Dir leben.*

# 11. Dezember

**Bereitet dem Herrn den Weg, denn siehe,
der Herr kommt gewaltig.**
*Jesaja 40,3.10*

Die Botschaft vom Heiland der Welt muß in den Jahrhunderten die Menschheit so bewegt haben, daß der Geburtstag Jesu zum größten Fest der Erde wurde. Der Aufruf zur gründlichen Vorbereitung ist auch das Thema des dritten Adventssonntages. Da geht es nicht um äußere Dinge. Gerade deshalb verstehen wir nur schwer, was das Wort von uns fordert. Einen Weg ebnen und befestigen können wir nur, wenn er uns vorgegeben ist. Welchen Weg geht aber der Herr? Eine Hilfe ist die große Adventsgestalt Johannes der Täufer. Er sagt: Jesus geht den Weg mit dir! Er geht durch dich hindurch. Dein Herz will er bereitet wissen, deinen Geist sollst du ausrichten auf das, was er dir zu sagen hat. Du brauchst die rechte Einstellung, wenn die Botschaft ankommen soll.

Johannes mahnt: Tut Buße! Bleibt stehen, werdet nachdenklich, seid bereit für einen neuen Kurs in eurem Leben. Jesus ist als kleines Kind und Menschensohn in die Welt gekommen. Als König und Herr und Weltenrichter wird er wiederkommen. Darin besteht die Gewalt und Macht seines Kommens. Bist du vorbereitet auf diesen Tag des Herrn, da du ihn schauen wirst von Angesicht zu Angesicht? Oder hätte der Herr dann Schwierigkeiten, dich zu erkennen?
Die Vorbereitung auf die Wiederkunft Jesu empfiehlt der Liederdichter auf besondere Weise, wenn er bittet:

**Ach, mache du mich Armen zu dieser heilgen Zeit aus Güte und Erbarmen, Herr Jesu, selbst bereit. Zieh in mein Herz hinein vom Stall und von der Krippen. So werden Herz und Lippen Dir allzeit dankbar sein.**

# 12. Dezember

**Tröstet, tröstet mein Volk! spricht euer Gott. Redet mit Jerusalem freundlich und prediget ihr, daß ihre Knechtschaft ein Ende hat.**
*Jesaja 40,1+2a*

Wo getröstet werden muß, steht die Trostlosigkeit im Raum. So war es im Gottesvolk unter dem Propheten Jesaja, so ist es bis heute geblieben. Tröstet Jerusalem! will alle einschließen, die zum Volk gehören. In Jerusalem war alles versammelt, deshalb war es dort trostlos. Heute morgen hörte ich eine christliche Betrachtung im Radio von einem Pastor, der einen dreijährigen Sohn zu beerdigen hatte. „Ich kam zu den Eltern, saß bei ihnen und konnte ihnen in dieser großen Not zunächst keinen Trost sagen. Schweigend saßen wir zusammen," der Tröster und auch die Betroffenen unter dem, der der wahre Tröster ist. Ja, es ist schwer, in einer solchen Situation die rechten Worte zu finden. Es ist noch schwerer zu begreifen, daß wir aus Liebe zu Gott bereit sein müssen, das Liebste, das wir haben, an ihn wieder abzugeben, wenn er es von uns fordert. Nicht das kleine verstorbene Kind brauchte den Trost; es war in Gottes Hand, sondern die, die nur schwer abgeben konnten, was ihnen Gott für eine kurze Zeit anvertraut hatte.

Tröstet, tröstet mein Volk, spricht auch heute unser Gott. Er weiß, woher wir den Trost holen und mit wem wir trösten können. Jesus Christus ist als der rechte Tröster zu uns gekommen, auf den das jüdische Volk seit Jahrtausenden gewartet hat. Ihn dürfen wir über uns stellen, wir dürfen uns unter ihn stellen, denn er bleibt unser Trost im Leben und im Sterben.

**Herr, auch in unserer Zeit ist viel Trostlosigkeit in der Welt. Deshalb sei Du uns der rechte Tröster.**

# 13. Dezember

**Seid wach allezeit und betet, daß ihr stark werden möget, zu stehen vor des Menschen Sohn.**
*Lukas 21,36*

Christen wissen, daß Advent mehr ist, als nur vier abgezählte Sonntage vor Weihnachten. Jesus selbst hat den großen zweiten Advent angekündigt, seine Wiederkunft am Ende der Zeit. Deshalb leben wir seit der Himmelfahrt Christi in der Erwartung des neuen, des zweiten Advent, da er wiederkommen wird zu richten die Lebenden und die Toten. So verstehen wir auch Jesu Aufruf zur Wachsamkeit. Wie alle Kreatur braucht der Mensch die Ruhe der Nacht. Aber er kann den Tag zur Nacht werden lassen, wenn er nicht auf die Zeichen der Zeit achtgibt. Evangelisten, die in ihrer Verkündigung aktuell bleiben wollen, lesen ihre Bibel und die Tageszeitung gemeinsam und erkennen dadurch, daß Gottes prophetisches Wort seiner Erfüllung entgegeneilt, ja, sich täglich erfüllt. Wer so in den Tag hineinlebt, jeden Tag neu erlebt, gehört zu den Wachsamen, die in der Zeit schon die Strahlen der Ewigkeit schauen. Nur wache Menschen, Menschen mit offenen Augen erkennen die Notwendigkeit des ständigen Kontaktes zum Herrn, bleiben im Gespräch mit Gott, pflegen das Gebet. Denn Beten ist Reden mit Gott. Wachsamkeit und Gebet lassen beständig bleiben und geben Kraft, auch in dieser gefallenen Welt zu bestehen. Unser Herr Jesus will, daß wir fähig werden, das Vergängliche vom Ewigen zu trennen. Wenn er zur Erlösung der Welt wiederkommen wird, möge er uns wachend finden.

*Jesu, hilf siegen im Wachen und Beten;*
*Hüter, Du schläfst ja und schlummerst nicht ein;*
*laß Dein Gebet mich unendlich vertreten,*
*der Du versprochen, mein Fürsprech zu sein.*

## 14. Dezember

**Der Herr unser Gott ist gerecht
in allen seinen Werken, die er tut.**
*Daniel 9,14b*

Der König Daniel, von dem dieses Wort kommt, hatte eine schwere Vergangenheit. Trotzdem hat er immer Gott die Treue gehalten. Er gehörte nicht zu denen, die gefragt haben: „Warum läßt Gott das zu" oder „warum muß es gerade mich treffen?" Dafür spricht der Ausspruch: Gott ist gerecht in allen seinen Werken, die er tut. Dagegen steht häufig die übliche Aussage, daß Gott ungerecht sei. Sehr anmaßend, denn wer vermag schon die Gerechtigkeit oder Ungerechtigkeit Gottes zu beurteilen? Wann kommt es schon vor, daß man sich selbst für ungerecht hält? Ist doch interessant, daß dieses Selbsturteil kaum gefällt wird. Zu empfehlen ist dafür, daß man sein ganzes Leben einmal vor seinem geistigen Auge ablaufen läßt und staunen wird, wie oft man sich falsch verhalten, wie oft man versagt hat. Ich habe das für mich getan und war sehr erschrocken. Dagegen sollte man dann die Güte und Freundlichkeit Gottes an sich vorüberziehen lassen, die das Leben begleitet haben. Auch dann gibt es viel zu staunen. Wie oft ist der Mensch im Laufe seines Lebens an die Schwelle des Todes geführt worden, wo Gott der Herr aber noch einmal ein Halt geboten hat? Ein Kraftfahrer sollte nach einer langen Fahrt zurückdenken, wann er jeweils vor Unfällen bewahrt wurde. Wenn das alles addiert wird, läßt sich der gütige und uns bewahrende Gott erkennen, der gerecht ist und bleibt in allen seinen Werken die er tut. Dafür gilt ihm Lob und Dank.

**Sing, bet und geh auf Gottes Weges, verricht das Deine nur getreu und trau des Himmels reichem Segen, so wird er bei dir werden neu. Denn welcher seine Zuversicht auf Gott setzt, den verläßt er nicht.**

# 15. Dezember

**Wer überwindet, der soll mit weißen Kleidern angetan werden, und ich werde seinen Namen nicht austilgen aus dem Buch des Lebens.**
*Offenbarung 3,5*

Die Christengemeinde in Sardes war eine der sieben Gemeinden, an die das Sendschreiben der Offenbarung Johannes gerichtet ist. Sie war nach ihrer Gründung eine sehr lebendige Gemeinde, aber dann wurden die Gläubigen nachlässig, so daß man bald von einer toten Gemeinde sprechen konnte. Werden wir dabei nicht an unsere Gemeinden erinnert? Wo sind sie noch lebendig? Viele unserer landeskirchlichen Gemeinden weisen nicht nur sonntags leere Gotteshäuser aus, sondern auch im Laufe der Woche gibt es kaum noch Leben. Kein Wunder, wenn die Moslems in Deutschland sagen, daß die Christen nur einmal im Jahr ihre Gotteshäuser aufsuchen, nämlich am 24. Dezember. Das ist sehr betrüblich. Die Schar der treuen Gotteskinder wird kleiner. So war es auch in Sardes. Dieser kleinen Schar hat sich Jesus zugewandt. Er will ihre Treue nicht unbelohnt lassen, obwohl wir für die Treue unseres Glaubens keinen Lohn erwarten können. Wir glauben nicht für Lohn! Dennoch hält Jesus für die, die im Glauben durchhalten, seine Zuwendung bereit. „Wer überwindet", so sagt Jesus. Er weiß, daß diese sündhafte Welt nur schwer zu überwinden ist. Wer aber überwindet, soll mit dem Kleid der Reinheit gekleidet werden, mit dem weißen Kleid. Aber nicht nur das: sein Name wird im Buch des Lebens seinen Platz behalten. Obwohl Christen Sünder sind, werden sie nicht aus dem Buch des Lebens ausgetragen, was Gott tun könnte. Jesus setzt sich dafür ein.

***Schreib meinen Nam'n aufs beste ins Buch des Lebens ein und bind mein Seel gar feste ins schöne Bündelein.***

## 16. Dezember

**Die Zeit ist erfüllt, und das Reich Gottes ist herbeigekommen. Tut Buße und glaubt an das Evangelium.**
*Markus 1,15*

Nach dem Bericht des Evangelisten Markus ist das das erste Wort, das Jesus in die Öffentlichkeit hineingesprochen hat. Vielleicht hat Martin Luther deshalb auch den Aufruf „Tut Buße" in seine erste der fünfundneunzig Thesen hineingenommen. Wenn es aus dem Althochdeutschen abgeleitet wird, steht dafür das Wort „Besserung". Buße soll zum Stillstand, zur Besinnung und dann zur Umkehr führen, das heißt: einen neuen Weg einschlagen. Die Adventszeit ist besonders als Bußzeit gedacht, weil in dieser Zeit an die Wiederkunft des Herrn erinnert wird. Wenn Jesus bei seinem ersten Auftreten den Menschen zugerufen hat: Tut Buße! dann wollte er sie zum Stillstand, zum Nachdenken und mit seiner Hilfe zur Umkehr bewegen. Wanderer wissen, daß es schwerfällt, den falschen Weg zu erkennen und dann umzukehren, um einen neuen Weg zu nehmen. Ein Umweg zu Fuß fordert Zeit und Einsatz. Aber dann ist auch das Ziel gewiß. Darum geht es Jesus. Die Juden lebten sehr starr in ihrer Gesetzlichkeit; dadurch lebten sie an der Gnade vorbei. Jesus war aber gekommen, um das Gesetz durch die frohe Botschaft zu erfüllen, die Vergebung heißt. Als Heiland war er gekommen, um vom falschen Weg zurückzuführen auf den Weg, der zum Heil führt. Das gilt auch noch heute. Christen sollen nicht in Engstirnigkeit verharren, sondern dürfen wissen, daß es sich lohnt, fröhlich zu leben. Jesus ist zu jeder Zeit bereit zu verzeihen, wenn die Buße ehrlich ist.

*Ebnet, ebnet Gott die Bahn,*
*bei Tal und Hügel fanget an.*
*Die Stimme ruft: „Tut Buße gleich,*
*denn nah ist euch das Himmelreich".*

# 17. Dezember

**Er ist nahe, der mich gerecht spricht;
wer will mit mir rechten?** *Jesaja 50,8a*

In diesen Tagen bekam ich einen Anruf von einem 85jährigen aktiven Gemeindeglied, das auch nach Beginn meines Ruhestandes noch treu zu mir hält. Der alte Herr wollte mir nur sagen, daß es der Tag sei, an dem er vor 32 Jahren seinen schweren Schlaganfall bekommen habe, der Lähmungserscheinungen zurückgelassen hat. Jetzt ist er wieder soweit genesen, daß er trotz der Behinderung seine Besorgungen erledigen und auch sonntags regelmäßig in die Kirche gehen kann. Er ist ein sehr frommer Mann. Als kleines Kind wurde er im Glauben unterwiesen. Der Großvater war schon Kirchenvorsteher. Der christliche Lebenswandel hat in den Familiengenerationen seine Tradition, und er ist bis heute nicht lau geworden und abgestumpft. Dieser betagte Mann hat ein schweres Leben hinter sich. Sowohl in seiner Kindheit, als auch im späteren Leben sind Kummer und Leid nicht an ihm vorübergegangen. Besondere Gebetserhörungen hat er im Kriege an der Front erlebt. Wenn er heute durch die Gemeinde geht und andere ihm Komplimente machen, weil er immer noch Kräfte hat, verweist er auf seine Bibel und auf das Gebet.

So erfuhr es auch der Prophet Jesaja, aber er wußte, daß man mit dem Gebet den Gott der Stärke hinter sich hat, während die Feinde nicht beten können und keinen haben, der ihr Herr ist. Es gehört zu den „Leiden dieser Zeit", wie Paulus schreibt, daß es die Gotteskinder schwer haben. Aber wer immer treu zum Herrn steht und mit ihm im Gespräch bleibt, wird am Ende der Tage der Stärkere sein.

*Laß uns Deine Herrlichkeit ferner sehn in dieser Zeit
und mit unserer kleinen Kraft üben gute Ritterschaft.
Erbarm Dich, Herr.*

## 18. Dezember

**Selig sind, die reines Herzens sind; denn sie werden Gott schauen.** *Matthäus 5,8*

Nur noch eine Woche, dann stehen wir wieder unter dem Christbaum. Die Kinder freuen sich; aber diese Woche ist ihnen noch zu lang. In den Städten und Einkaufszentren steigt die Betriebsamkeit, um es mit einem klassischen Satz auszudrücken: Alles rennet, rettet, flüchtet! Da tritt die Frage auf, ob Jesus Christus, dessen Geburtstag wir feiern, überhaupt noch die Mitte ist, oder ist es das Geld, der Gewinn, das Geschäft, das Freudemachen, weil man wieder Freude erwartet? Hat die frohe Botschaft von der Menschwerdung Gottes überhaupt noch einen Platz in unserer Gesellschaft? Viele Familien wissen mit dem Heiligabend nichts mehr anzufangen, erst recht nichts mit dem Lichterbaum. Sie machen nur mit. Eltern können den Kindern keine Antwort mehr geben auf die Frage nach dem Sinn des Festes.

Dazu lesen wir das Jesuswort: „Selig sind, die reines Herzens sind." Das sind ganz andere Menschen. Es sind die, die den Herrn Jesus in die Mitte stellen, die sich begnügen mit dem Geringsten. Es sind die, die sich über ihre Gesundheit freuen, und wenn sie geplagt sind, daß sie dennoch ihren Glauben und das Gottvertrauen nicht verloren haben. Menschen mit reinem Herzen gibt es eigentlich nur, wenn Jesus selbst diese Herzen reinigt, jeden Tag neu. Das heißt, daß die Zuwendung Jesu ein wunderbares Geschenk ist. Wohl dem, der es annimmt. Mit einem solchen einfältigen und reinen Herzen an die Krippe zu gehen, um Gott zu schauen, das ist Jesu Freude.

*Ein reines Herz, Herr, schaff in mir,*
*schließ zu der Sünde Tor und Tür;*
*vertreibe sie und laß nicht zu,*
*daß sie in meinem Herzen ruh.*

# 19. Dezember

**Noah war ein frommer Mann und ohne Tadel zu seinen Zeiten; er wandelte mit Gott.** *1.. Mose 6,9*

Frömmigkeit ist nicht gefragt, und wer fromm ist, ist ein Narr. Das ist nicht nur heute so. Zu allen Zeiten ist über die Frommen gespottet worden. Ein hochrangiger Politiker, der sich als bekennender Christ ausweist, sagte von den Frommen, daß sie engstirnige, lustlose und enge Typen seien, denen man aus dem Weg gehen sollte. Noah aber war so ein frommer Mann und ohne Tadel zu seinen Zeiten. Auch er fand bei seinen Mitmenschen kein Verständnis. Aber er hielt sich zu Gott und nahm seine Weisungen wahr. Aus der Sicht der anderen konnte nur ein Narr im Binnenland ein großes Schiff bauen. Doch Noah wartete, bis die große Flut das nötige Wasser unter den Kiel brachte. Damit hatte keiner seiner Zeitgenossen gerechnet. Aber Noahs Gottvertrauen, seine Frömmigkeit haben sich dann ausgezahlt. Im Alten und Neuen Testament wird wiederholt von den Frommen der Gemeinde gesprochen. Unter dem Kreuz sagte ein römischer Hauptmann von Jesus: Dieser ist ein frommer Mensch gewesen (Luk. 23,47). Frömmigkeit zahlt sich aus. Regelmäßige Gebete und der vertrauensvolle Aufblick zum Herrn erhalten die Frömmigkeit, die Gott wohlgefällig ist.

Wenn wir diesen Tag beginnen, wissen wir noch nicht, was er uns bringt. Wir können in ihn hineinleben wie die Menschen zur Zeit Noahs; besser wäre es aber, wenn wir ihn als ein neues Angebot unseres Gottes annehmen. Die Bibel lehrt uns, daß es sich lohnt, seinen Weg mit Gott zu gehen - heute, morgen, oder wenn es heute ein Geburtstag ist, in das nächste Jahr.

*Richt unsre Herzen, daß wir ja nicht scherzen mit Deinen Strafen, sondern fromm zu werden vor Deiner Zukunft uns bemühn auf Erden. Lobet den Herren!*

# 20. Dezember

**Der Herr hat offenbart seinen heiligen Arm vor den Augen aller Völker, daß aller Welt Enden sehen das Heil unsres Gottes.** *Jesaja 52,10*

In der Theologie spricht man von Gottesbeweisen, obwohl Gott es nicht nötig hat, sich mit menschlichem Verstand beweisen zu lassen. Seine ewige Gegenwart ist der Beweis seiner Existenz. Trotzdem seien zwei Gottesbeweise erwähnt: In den Stall von Bethlehem legte Gott sein Herz. Er bewies durch seine Menschwerdung in Jesus Christus seine Liebe zu uns. Ein anderer Beweis ist sein starker Arm, oder wie es bei Jesaja heißt: sein heiliger Arm. Diesen starken und heiligen Arm bewies Gott immer wieder in der Geschichte. Wenn Menschen meinten, Geschichte machen zu können, griff Gott ein. Viele Machthaber wollten ihren Reichen und Systemen Ewigkeitscharakter geben, und Gott sagte „nein". Besonders in diesem Jahrhundert war es bezeichnend. Der ursprünglich siegreiche erste Weltkrieg wurde verloren. Die Weimarer Republik, die ein neues Deutsches Reich aufbauen wollte, dauerte nur 13 Jahre. Das „tausendjährige" Dritte Reich war nach 12 Jahren zerstört. Die Berliner Mauer hat er abgerissen, die hundert Jahre stehen sollte. Der einst stabile Kommunismus der UDSSR ist nach Gottes Willen zusammengebrochen. Heute entstehen in Rußland neue Kirchen und Gemeinden. Auch an unsere zunehmend gottloser werdende Bundesrepublik hat Gott schon lange die Axt an die Wurzel gesetzt. Es ist bedauerlich, daß kein Politiker mit Gottes Einwirken rechnet. Gott wird sich am Ende der Tage als das wahre Heil den Völkern bezeugen. Wenn die Mächtigen gehen, kommt unser Herr.

*Deines Vaters starker Arm,*
*komm und unser Dich erbarm.*
*Laß jetzt sehen Deine Macht,*
*drauf wir hoffen Tag und Nacht.*

# 21. Dezember

**Sehet, welch eine Liebe hat uns der Vater erzeiget, daß wir Gottes Kinder sollen heißen.** *1. Johannes 3,1*

Absender dieser Worte ist der Lieblingsjünger Jesu und Apostel Johannes, dem auch das Evangelium und die Offenbarung zugeschrieben werden. Er kannte die christliche Gemeinde und ihre Widersacher. Deshalb hebt er besonders die bekennenden, treuen Christen als Kinder Gottes heraus. In seinem Evangelium nennt Jesus sie „des Lichtes Kinder" (Joh. 12,36). Dem stellt Johannes in seinem Brief (1. Joh. 3,10) die „Kinder des Teufels" gegenüber. Dazu hatte er allen Grund, denn auch solche Menschen hatte er kennengelernt, die sich gegen Gott stellten. Wenn wir als Christen von unserm Herrn Jesus und seinen Aposteln in die Gemeinschaft der Kinder Gottes, der Kinder des Lichtes hineingerufen wurden, so ist das nicht unser Verdienst, sondern allein Ausdruck der Liebe Gottes, wie Johannes schreibt. Der Vater ist es, der seinen Kindern seinen Namen übertragen hat: Gottes Kinder! Diesen Namen haben wir nicht verdient und können ihn mit unseren menschlichen Kräften und Sinnen auch nicht verdienen. Wir können ihn nur durch Gottes Gnade annehmen und dafür dienen. Jeder hat nach Gottes Maß Gaben bekommen. Ich habe immer hohe Achtung gehabt vor vielen Menschen in der Gemeinde, die ohne Lohn im Dienste des Herrn gestanden haben, so, wie der Apostel Petrus dazu ermuntert hat: „Dienet einander, ein jeglicher mit der Gabe, die er empfangen hat (1. Petr. 4,10)" Gottes Liebe hat es bewirkt, daß wir in seinem Dienst stehen dürfen. Das sollten wir dankbar bedenken.

*Ich habe Jesus angezogen*
*schon längst in meiner heilgen Tauf;*
*Du bist mir auch daher gewogen,*
*hast mich zum Kind genommen auf.*

# 22. Dezember

**Er wendet sich zum Gebet der Verlassenen
und verschmäht ihr Gebet nicht.**
*Psalm 102,18*

Drei Tage noch bis zum Christfest. Viele Bürger atmen auf, weil bald alles Hetzen und Vorbereiten vorbei ist. Andere erhoffen sich noch vor dem Fest Genesung und die Entlassung aus dem Krankenhaus. Aber dann sind da die Einsamen, die im letzten Jahr einen lieben Menschen, vielleicht sogar ihren Ehepartner oder den Vater oder die Mutter verloren haben. Ein schrecklicher Unfall nahm das einzige Kind mit in den Tod, und das kurz vor dem Fest. Wie sollen das unsere Herzen verkraften? Viel Leid begleitet jedes Menschenleben. Natürlich steht dagegen wieder neue Freude, aber sie ist schneller verarbeitet als das Leid. Wieviele Gebete werden in diesen Tagen zu Gott gerichtet, und andere, die nicht beten können, erkennen nur, wenn überhaupt, einen zürnenden Gott. Dennoch bleibt unser Gott der Gott der Liebe, wie er sich in Bethlehem bezeugt hat.
Der Psalmbeter weiß, daß Gott uns nicht verläßt, sondern bekennt: Gott wendet sich unsern Gebeten zu. Mit seinem langen Atem nimmt er unseren Kummer auf und erhört uns. Das dürfen wir aus dem Psalter hören. Viele Beter bezeugen, daß Gott sehr gut zuhören kann, aber nicht nur das: er kann auch alles Unheil wenden. Die Zeit des Weihnachtsfestes haben Menschen angesetzt. Deshalb sollte man nicht vorwurfsvoll feststellen: und ausgerechnet zum Fest! Gott ist der ewige Gott, der über alle Festtage hinaus auf seine Kinder schaut. Ganz gewiß läßt er auch die nicht aus den Augen, die heute traurig sind.

*O Gott, nimm an zu Lob und Preis das Beten und das
Singen in unser Herz Dein' Geist ausgieß,
daß es viel Früchte bringe.*

# 23. Dezember

**Das Leben ist erschienen, und wir haben gesehen und bezeugen und verkündigen euch das Leben, das ewig ist, welches war bei dem Vater und ist uns erschienen.**
*1. Johannes 1,2*

Das ist die Weihnachtsbotschaft, die der Evangelist Johannes an einen uns unbekannten Empfänger schickt. So nehmen wir sie als eine gezielte Botschaft an uns an:
Das Leben ist erschienen mit Jesus Christus, der für uns in die Welt gekommen ist! Jesus, der den Tod besiegt hat und zum Christus wurde, hat ihn für uns überwunden. Wir dürfen wissen, daß wir nicht aus dem Leben in den Tod, sondern ins neue, ewige Leben gehen. Das gilt auch für junge Menschen. Gott vollendet an uns, was für uns noch nicht reif ist. Er bringt uns durch seinen Sohn das neue Leben, das keinen Tod mehr kennt. Sehen, bezeugen und erkunden muß jeder, der die Botschaft verstanden hat, das neue Leben in Christus. Mit der fröhlichen Nachricht im Johannesbrief fallen Ostern und Weihnachten in der Tat zusammen. Das ist heute kein Scherz! Das dürfen besonders die Leser zur Kenntnis nehmen, die mit weltlichen Freuden und Geschenken morgen nicht bedacht werden. Auch die vielen, bei denen noch einen Tag vor dem Fest der Tod ins Haus tritt, wie ich heute eine Todesnachricht von einem jungen Menschen in der Zeitung gelesen habe. Das Leben, so lesen wir bei Johannes, war beim Vater und ist uns in der Heiligen Nacht erschienen. Kann es eine schönere Botschaft geben in dieser Welt des Todes? Was ist das für ein großes Weihnachtsgeschenk?

*Ich bin Dein, weil Du Dein Leben
und Dein Blut mir zugut in den Tod gegeben ;
Du bist mein , weil ich Dich fasse
und Dich nicht, o mein Licht, aus dem Herzen lasse.*

# 24. Dezember

**Sie kamen eilend und fanden beide, Maria und Joseph, dazu das Kind in der Krippe liegen. Da sie es aber gesehen hatten, breiteten sie das Wort aus, das zu ihnen gesagt war.**
*Lukas 2, 16+17*

Was muß da geschehen sein, wenn abgearbeitete Hirten sich eilend aufmachen zu einem für sie alltäglichen Stall, in dem ein Kind zur Welt kam, weil ein Mann und eine Frau dort Obdach gefunden hatten? Die Bibel lehrt uns, daß die Botschaft von der Menschwerdung Gottes vorausgegangen ist. Die Botschaft kam an und bewegte die Herzen hartgesottener Männer.

Das ist nun lange her. Aber haben wir nicht vieles mit dem von damals gemeinsam? Wir hören Jahr für Jahr in der Adventszeit und schon vorher von dem Kind in der Krippe. Wie damals auf dem Hirtenfeld dringen auch jetzt Weihnachtsklänge in unser Ohr, oft aus den Kaufhäusern und durchaus nicht mit Engelsstimmen. Und wieder kommen viele in die Christvespern. Kommen sie, um von dem Kind zu hören, das die Welt verändern wird? - Wenn doch die Weihnachtsgemeinde so froh, so erfüllt zurückkehren würde wie die Hirten! Mit ihnen sollten wir gemeinsam haben: uns die Augen öffnen zu lassen für den Frieden, der von oben kommt, Heiligabend - nur ein Rausch? Gott wird nicht müde, uns zu begegnen wie ein Kind. So groß ist seine Liebe. Das Weihnachtswunder bleibt nicht aus! Wenn nur einer umkehrt wie die Hirten, lobend und das Wort ausbreitend.

*O du fröhliche, o du selige, gnadenbringende Weihnachtszeit!*
*Welt ging verloren, Christ ist geboren:*
*Freue, freue dich, O Christenheit.*
*O du fröhliche, o du selige, gnadenbringende Weihnachtszeit!*
*Christ ist erschienen, uns zu versühnen:*
*Freue, freue dich, o Christenheit!*

# 25. Dezember

**Das Wort wurde Mensch und wohnte unter uns, und wir sahen seine Herrlichkeit.**
*Johannes 1,14a*

Gott wird Mensch! Nicht ein Wunderkind ist da zur Welt gekommen, sondern der sich erbarmende Gott kommt als Mensch zu den Menschen. Der Evangelist schreibt von dem Wort, das Mensch wurde. Er erklärt es, indem er das Evangelium mit einem neuen Schöpfungsbericht beginnt und die Verwandlung des Wortes zum Menschen wie eine Gleichung darstellt: „Am Anfang war das Wort..." Wort gleich Gott, Gott gleich Leben, Leben gleich Licht, Licht gleich Jesus Christus. Folglich: Wort gleich Jesus Christus, gleich Mensch. „Das Wort wurde Mensch". So liest man am Anfang der Bibel, wenn Gott die Schöpfung mit dem Befehl und seinem unmittelbaren Vollzug eröffnet: Es werde Licht! Mit dem Licht Jesu Christi bringt Gott neues Leben in die Welt, in die Menschheit, in die Dunkelheit unserer Tage.

Die durch Jesus Christus sich darstellende Herrlichkeit, ausgegangen vom Stall in Bethlehem, will bei uns Wohnung nehmen. So zieht das menschgewordene Wort da ein, wo Fröhlichkeit und Verlassenheit einander ablösen, wo einsame und umsorgte Herzen schlagen. Nur dadurch, daß Gott als das Wort in Jesus zu den Menschen kam, verstehen wir das Wunder der neuen Schöpfung. Mit dem Gottessohn kommen wir zum Leben. Als das Licht des Lebens und Licht der Welt will er unter uns wohnen.

*Willkommen, süßer Bräutigam, Du König aller Ehren!*
*Willkommen, Jesu, Gottes Lamm, ich will Dein Lob vermehren;*
*ich will Dir all mein Leben lang von Herzen sagen Preis und Dank,*
*daß Du, da wir verloren, für uns bist Mensch geboren.*

## 26. Dezember

**Er kam in sein Eigentum, und die Seinen nahmen ihn nicht auf.** *Johannes 1,11*

Ein Hausbesitzer hat sein Haus vermietet. Er wohnt weit von seinem Anwesen entfernt. Eines Tages kommt er an seinem Haus vorbei und kehrt ein. Man schaut ihn verwundert an, läßt ihn aber nicht hinein, von einer Bewirtung ganz abgesehen. Natürlich, der Mieter ist jetzt der Hausherr, aber wie mag der Hausbesitzer verärgert gewesen sein? So schnell ärgert sich der Mensch über kleine Ungehörigkeiten. Doch wie ist man mit Jesus umgegangen? Er kam auf die Erde zu den Seinen, zu seinem geliebten Volk Israel. Er kam als der seit tausend Jahren erwartete Messias, als Erlöser und Sünderheiland, als das Licht der Welt. Nichts wollte er von der Welt, sondern wollte im Gegenteil alles geben.

Aber die Seinen nahmen ihn nicht an! Für sie war er kein anderer als der Sohn des Zimmermanns aus Nazareth. Ursprünglich fühlte sich Jesus gesandt „zu den verlorenen Schafen des Hauses Israel" (Matth. 15,24). Als Jesus dann von Israel verworfen wurde, ging er zu den Heiden, ging zu allen Menschen auf der Erde. Auch Europa war früher die Heidenwelt. So kam der Herr auch zu uns. Wer von uns nimmt ihn heute an? Ist nicht bei vielen Bürgern am 2. Festtag die Weihnachtsfreude, besonders die Weihnachtsbotschaft schon vergessen? Dabei sind wir heute genau so sein Eigentum. Trotzdem nehmen viele ihn nicht mehr auf. Das ist die traurige Wahrheit über das „christliche Abendland". Wie lange wird es dauern, bis das Christfest wieder vom Sonnenwendfest abgelöst ist? Christus bleibt dennoch das Licht der Welt, wenn auch die Finsternis zunehmend über die Erde zieht.

***Herr Jesus Christus, wir sind sehr traurig, weil Du nicht angenommen wirst; bitte komm trotzdem zu uns.***

# 27. Dezember

**Was wir gesehen und gehört haben, das verkündigen wir euch, auf daß auch ihr mit uns Gemeinschaft habt.**
*1. Johannes 1,3a*

In den meisten Häusern ist es heute wieder ruhig geworden, so könnte man meinen. Aber was gibt es alles zu räumen, zu putzen und zu ordnen, so daß der Tag auch seine Plage hat. Das sollte aber nicht einschließen, daß damit auch die Weihnachtsbotschaft wieder aus dem Haus gefegt wird. Im Gegenteil, sie soll der Anfang gewesen sein für das, was uns der Herr jetzt alles zu sagen hat. Der Lieblingsjünger Jesu, Johannes, schreibt das in sehr eindrucksvoller Weise: Was wir gesehen und gehört haben, das wollen wir verkündigen. Das beste Beispiel gaben dafür die ersten Menschen, die an der Krippe gestanden haben. Es waren die Hirten.

Von ihnen berichtet das Wort: Die Hirten kehrten wieder um, priesen und lobten Gott um alles, was sie gehört und gesehen hatten, wie denn zu ihnen gesagt war (Luk. 2.20). Man hat nie mehr von ihnen gehört, aber die Botschaft werden sie weitergesagt haben. Die andere Gruppe der Anbetenden waren die Weisen aus dem Morgenland. Auch sie haben gesehen und gehört, wie Johannes schreibt. Ihr Heimweg war noch weiter. Fast könnte man sagen, daß sie wieder in die Welt hinausgegangen sind. Gott gab ihnen im Traum ein, daß sie nicht zu Herodes zurückgehen, sondern einen anderen Weg wählen sollten (Matth. 2,12). So konnten sie die Botschaft in die Welt hineinbringen; Jesus wurde durch sie groß gemacht. Damit ist es an uns weiterzugeben, was wir gesehen und gehört haben, wenn das Wort bei uns angekommen ist.

***Sei willkommen, o mein Heil! Dir Hosianna, o mein Heil!***
***Richte Du auch eine Bahn Dir in meinem Herzen an .***

# 28. Dezember

**Von seiner Fülle haben wir alle genommen Gnade um Gnade.**
*Johannes 1,16*

Ist Ihnen in der Adventszeit aufgefallen, wieviele Advents- und Weihnachtsfeiern in Dörfern und Städten stattgefunden haben? Haben Sie dann zur Kenntnis genommen, welche Gruppen und Vereine gefeiert haben? Sind Sie vielleicht bei der einen oder anderen Veranstaltung zugegen gewesen? Was fällt uns da auf? Überall finden diese „christlichen" Feste statt, und das in Gemeinschaften, die eigentlich mit dem Thema nichts anfangen können. Sie wissen nicht, wie sie ihre Feiern gestalten sollen, aber man feiert. Sicher kommt überall Freude auf, und bei manchen Vereinigungen wird vielleicht unpassend über die Stränge geschlagen.

Aber wer von den Initiatoren denkt über den Anlaß der Adventsfeiern nach, weiß, wem man dafür zu danken hat? Adventszeit und Weihnachtsfest liegen allerdings hinter uns, aber neue Christfeste haben wir vor uns. Dafür muß man erkennen, daß nur von ihm die Fülle aller Gnaden kommt. Deshalb hat die liturgische Konferenz das obenstehende Bibelwort für diese Tage angesetzt. Von seiner Fülle nehmen wir alle! Gnade um Gnade! Gnade heißt, daß Gott als Mensch zu den Menschen kommt. Gnade bedeutet, daß sich Gott uns durch seinen Sohn zugewendet und ihn in unsere Reihen gestellt hat. Jesus selbst hat die Gnade des Vaters fortgesetzt, indem er uns zugesagt hat: Ich bin bei euch alle Tage bis an der Welt Ende (Matth. 28,20). Täglich dürfen wir aus seiner Fülle leben, mit ihm leben.

*Jesus ist kommen die Quelle der Gnaden;*
*komme, wen dürstet und trinke, wer will!*
*Holet für euren so giftigen Schaden*
*Gnade aus dieser unendlichen Füll!*

## 29. Dezember

**Gott ist Liebe, und wer in der Liebe bleibt,
der bleibt in Gott und Gott in ihm.**
*1. Johannes 4,16*

Die Bibel bezeugt uns, angefangen beim Sündenfall, Gott als den allzeit Verzeihenden, den Vergebenden, den Versöhnenden und Liebenden. So wie in der Schrift die Menschen aus Gottes Liebe gelebt haben, sind auch wir von dieser Liebe abhängig, wenn unser Leben sinnvoll sein soll. Die Weihnachtsbotschaft lehrt uns, daß die Liebe sich in dem Menschen Jesus dargestellt hat, der als wahrer Gott auf die Erde kam.

Vollendet hat sich seine Liebe im unschuldigen Leiden und schließlich am Kreuz. Johannes schreibt: So groß war Gottes Liebe, daß er seinen einzigen Sohn für diese Welt gab. Wer Jesus als Erlöser und Heiland der Welt annimmt, bejaht Gottes Liebe. Er nimmt diese Liebe an und lebt jeden Tag neu mit ihr. Wer sich von Gottes Liebe bewegen läßt, kann sie praktisch umsetzen und zur Nächstenliebe werden lassen.

Wir und jeder, der in unser Leben tritt, leben von Gottes Liebe. Den einen ist es bewußt, anderen unbewußt. Gottes Liebe gilt aber für alle. Wer bewußt aus ihr und mit ihr lebt, erkennt auch den anderen als einen von Gott Geliebten, wenn Gott auch über ihn weint, wie Eltern über ein verlorengegangenes Kind, weil dieser Mensch sich gegen Gott stellt und deshalb verloren geht. Gott trauert um ihn, weil er sein Kind ist; seine Liebe bleibt. Jesus hat diese Liebe übernommen, auch wenn er am Ende der Tage als Richter auftreten muß. Trotz allem bietet er sich als die Brücke zum Vater an.

***Vater ich danke Dir, daß Du mir in Jesus Christus Deine Liebe gezeigt hast. Laß mich mit ihr leben.***

# 30. Dezember

**Jesus sprach: Wer an mich glaubt, der glaubt nicht an mich sondern an den, der mich gesandt hat.**
*Johannes 12,44*

Jesus ist nicht in die Welt gekommen, um Gott abzulösen. Gott ist der Ewige, der gestern war und morgen sein wird. Auch durch die Weihnachtsbotschaft, bei der Jesus immer wieder in die Mitte gerückt wird, ist Gott nicht verdrängt oder gar abgelöst worden. Vielmehr lautet die Botschaft, daß Gott durch Jesus Mensch geworden ist. So bekam Jesus während seines Auftretens in der Welt allein die Weisungen vom Vater und hat nur durch Ihn die Rettung der Welt im Auge. Die vielen Gebete Jesu zum Vater, die in den Evangelien veröffentlicht wurden, sind der beste Beweis dafür, daß hinter dem Sohn in allem der Vater steht. Man denke an das Hohepriesterliche Gebet (Johannes 17), an das Gebet im Garten Gethsemane (Matth. 26,36-46) oder an die Gebete am Kreuz, auch an viele andere. Erst durch die Verherrlichung Jesu zum Christus nach seiner Auferstehung sitzt der Sohn zur Rechten des Vater und ist mit dem Vater eine Einheit geworden. So dürfen wir genau so jetzt zum Sohn wie zum Vater beten. Der Sohn nimmt uns an mit allen unseren Sorgen und Nöten. Im täglichen Leben gibt es dafür, wenn auch schwache, Parallelen: In manch einem Geschäftshaus fällt der Zugang zum Sohn leichter als zum Chef, zum Vater. Der Sohn kann sich einsetzen und viel beim Vater, beim Inhaber, bewirken. Aber wir dürfen wissen, daß wir mit Jesus Christus einen großen Herrn haben, der uns liebt und uns hört und alle Tage bei uns ist.

*Du Ehrenkönig Jesu Christ,*
*des Vaters ein' ger Sohn Du bist;*
*erbarme Dich der ganzen Welt*
*und segne, was sich zu Dir hält.*

# 31. Dezember

**Barmherzig und gnädig ist der Herr,
geduldig und von großer Güte.**
*Psalm 103,8*

„Wes das Herz voll ist, des geht der Mund über," sagt Jesus (Matth. 12,34). Dem Psalmdichter spürt man an, mit welcher Freudigkeit und Fröhlichkeit er seinen Gott erlebt hat. Daher wiederholt er sich im 103. Psalm mehrmals mit seinem Lob. Gnade und Barmherzigkeit haben es ihm bei Gott angetan. Man kann sich in diesen frommen Mann hineinversetzen. Geht es uns doch auch so, daß wir uns bei besonderen Freudenerlebnissen wiederholen: „Es ist nicht zu fassen, nein, es ist nicht zu fassen!" oder in ähnlicher Form. Auch der Altjahrsabend ist ein Grund zur Freude und zum Danken und Preisen. Wir schauen auf das vergangene Jahr zurück. Ähnlich wie ein Bergsteiger, der auf dem Gipfel durchatmet, sich über das Geschaffte freut und dankbar auf den langen Weg zurückblickt, der nicht immer ohne Schwierigkeiten genommen werden konnte. Wir haben es hinter uns; Gott ist in seiner Freundlichkeit und Zuwendung durch seinen Sohn mit uns gegangen. Gewiß hat es manche Sorgen gegeben, vielleicht auch Traurigkeiten. Ein lieber Mensch ist heimgegangen, aber bei allem dürfen wir wissen, daß der Herr es recht gemacht und mit uns seinen Plan hat, wie auch mit denen, die von uns gegangen sind. „Was Gott tut, das ist wohlgetan. Es bleibt gerecht sein Wille." (EG 372) Wir bringen alles zusammen und sagen Dank für alle Zuwendung, die wir erfahren durften. Gott ist treu und läßt uns nicht fallen.

*Das alte Jahr vergangen ist,
wir danken Dir, Herr Jesu Christ,
daß Du uns in so großer Gefahr
so gnädiglich behüt' dies Jahr.*

**Verzeichnis der Bibelstellen, unter denen die Andachten geschrieben wurden**

Altes Testament

1. Mose
| | |
|---|---|
| 1,3 | 26.4. |
| 1,27 | 7.10. |
| 4,31 | 2.1. |
| 6,9 | 19.12. |
| 8,20 | 17.10. |
| 12,1 | 9.7. |
| 24,56 | 24.2. |

2. Mose
| | |
|---|---|
| 32,6b | 8.8. |
| 33,4 | 8.7. |

5. Mose
| | |
|---|---|
| 2,7 | 13.8. |
| 3,24 | 5.2. |
| 4,29 | 20.8. |
| 8,10 | 30.6. |
| 15,11 | 7.2. |
| 30,2+3 | 19.1. |
| | 23.1. |

1. Samuel
| | |
|---|---|
| 2,7 | 16.8. |
| 9,27 | 11.3. |

1. Könige
| | |
|---|---|
| 8,60 | 14.4. |

1. Chronik
| | |
|---|---|
| 22,16 | 19.1. |
| 22,19 | 18.2. |

Nehemia
| | |
|---|---|
| 8,10 | 3.9. |

Hiob
| | |
|---|---|
| 2,10b | 11.10. |
| 5,17 | 10.10. |
| 9,2 | 22.10. |
| 14,1 | 7.11. |
| 33,28 | 16.2. |
| 37,5 | 3.3. |

Psalm
| | |
|---|---|
| 1,1+2a | 21.10. |
| 8,7 | 22.1. |
| 19,9 | 15.10. |
| 22,5 | 30.8. |
| 25,10 | 30.9. |
| 23 | 18.-23.4. |
| 27,1 | 3.2. |
| 31,15+16 | 1.1. |
| 32,8 | 27.5. |
| 34,6 | 6.2. |
| 34,9 | 10.6. |
| 37,7 | 2.3. |
| 40,17 | 1.8. |
| 43,3 | 21.3. |
| 48,2 | 26.7. |
| 50,14+15 | 14.9. |
| 50,15 | 14.11. |
| 65,10 | 26.3. |
| 66,5 | 28.4. |
| 66,20 | |
| 68,20 | |
| 70,5 | |
| 73,23 | |
| 73,25 | |
| 74,10 | |
| 75,2 | |
| 80,4 | |
| 86,11 | |
| 86,16 | |
| 90,10 | |
| 90,12 | |
| 98,1 | |
| 100 | |
| 102,18 | |
| 102,28 | |
| 103,8 | |
| 103,11 | |
| 104,24 | |
| 105,3b | |
| 113,4 | |
| 115,1 | |
| 115,3 | |
| 116,6 | |
| 117 | |
| 118,1 | |
| 118,14 | |
| 118,22 | |
| 119,11 | |
| 119,19 | |
| 119,105 | |
| 119,114 | |
| 119,133 | |
| 121 | |
| 126 | |
| 130 | |
| 138,7 | |
| 139,5 | |
| 139,14 | |
| 145,13 | |
| 145,15 | |
| 146,4 | |
| 147,1 | |
| 147,3 | |

Sprüche
| | |
|---|---|
| 1,7 | |
| 4,13 | |
| 4,18 | |
| 6,6 | |
| 8,17 | |
| 11,25 | |
| 14,34 | |
| 16,3 | |
| 17,3 | |
| 18,13 | |
| 21,21 | |

Prediger
| | |
|---|---|
| 8.5. | 3,1 |
| 22.9. | Jesaja |
| 16.9. | 6,3 |
| 19.2. | 25,1 |
| 7.7. | 30,18 |
| 2.2. | 26,4 |
| 9.11. | 35,6 |
| 8.12. | 37,16 |
| 28.11. | 43,1 |
| 5.9. | 40,1+2a |
| 29.10. | 40,3+10 |
| 21.6. | 45,22 |
| 12.11. | 45,24 |
| 1.5. | 50,4 |
| 12.-18.6. | 50,8a |
| 22.12. | |
| 15.5. | 52,10 |
| 31.12. | 53,3 |
| 14.5. | 53,12 |
| 23.9. | 54,10 |
| 6.6. | 55,6 |
| 17.8. | 56,8 |
| 25.7. | 60,1 |
| 13.3. | Jeremia |
| 16.4. | 1,5 |
| 11.2. | 3,15 |
| 12.3. | 14,21 |
| 24.1. | 17,14 |
| 5.4. | 29,11 |
| 10.5. | 29,13b+14a |
| 8.9. | 29,13+14 |
| 17.11. | |
| 22.7. | 31,14 |
| 4.2. | 31,33b |
| 29.4. | 42,6 |
| 7.-13.1. | Klagelieder Jeremia |
| 20.-26.11. | 3,22 |
| 21.-28.8. | 3,26 |
| 14.2. | 3,39 |
| 8.7. | Hesekiel |
| 16.7. | 18,30b |
| 19.5. | 36,27 |
| 2.10. | 37,27 |
| 4.9. | Daniel |
| 3.10. | 9,14 |
| 5.11. | 9,18 |
| | Jona |
| 17.1. | 2,8 |
| 6.7. | Micha |
| 4.1. | 4,3 |
| 5.7. | 6,8 |
| 29.1. | 7,19 |
| 8.10. | Nahum |
| 20.10. | 1,7 |
| 31.5. | |
| 16.11. | Sacharja |
| 4.6. | 4,6 |
| 20.5. | 9,9 |
| 6.5. | 11,7 |
| 9.6. | Sirach |
| | 1,1 |

| | |
|---|---|
| 18.11. | 32,28 |
| | 34,19 |
| 29.5. | |
| 25.1. | Neues Testament |
| 18.8. | Matthäus |
| 14.1. | 4,4 |
| 30.1. | |
| 12.2. | 5,6 |
| 10.7. | 5,8 |
| 12.12. | 5,13a |
| 11.12. | 5,14a |
| 24.5. | 6,20 |
| 13.4. | 7,7 |
| 29.3. | 7,21 |
| 30.3. | 8,10 |
| 17.12. | 9,2b |
| 20.12. | 10,32 |
| 8.3. | 10,38 |
| 1.4. | 11,3 |
| 11.9. | 11,6 |
| 25.6. | 11,28 |
| 5.5. | 12,30 |
| 9.12. | 13,16 |
| | 13,44 |
| 5.8. | 13,58 |
| 31.1 | 16,16 |
| 8.4. | 16,18a |
| 9.10. | 16,26a |
| 26.10. | 18,13 |
| 28.10. | 18,20 |
| 1.9. | |
| 2.9. | 19,24 |
| 29.8. | 20,28 |
| 16.5. | 21,5 |
| 5.3. | 21,13 |
| | 22,21 |
| 19.9. | |
| 10.3. | 24,35 |
| 9.5. | 24,4+5 |
| | 24,13 |
| 20.6. | 26,41 |
| 22.5. | 27,66 |
| 11.5. | 28,5+6 |
| | 28,20 |
| 14.12. | Markus |
| 18.3. | 1,15 |
| | 3,34 |
| 1.2. | 10,43 |
| | Lukas |
| 1.10. | 1,38 |
| 16.10.l | 1,46 |
| 30.4. | 1,67+68 |
| | 1,68 |
| 23.2. | 2,16+17 |
| 7.3 | 10,16 |
| | 12,20 |
| 21.5. | 12,3b |
| 27.11. | 17,15+16 |
| 4.7. | 17,24 |
| | 18,8b |
| 3.6. | 18,14 |

| | |
|---|---|
| 18.1. | |
| 20.1. | |
| | |
| | |
| 21.2. | |
| 29.2. | |
| 16.1. | |
| 18.12. | |
| 27.6. | |
| 28.6. | |
| 6.10. | |
| 19.3. | |
| 29.7. | |
| 30.7. | |
| 27.7. | |
| 2.11. | |
| 4.8. | |
| 2.7. | |
| 12.8. | |
| 26.9. | |
| 15.8. | |
| 19.8. | |
| 6.8. | |
| 2.9. | |
| 25.5. | |
| 26.5. | |
| 9.9. | |
| 12.10. | |
| 9.2. | |
| 15.9. | |
| 17.9. | |
| 25.3. | |
| 2.12. | |
| 24.9. | |
| 3.11. | |
| 4.11. | |
| 13.5. | |
| 7.12. | |
| 4.12. | |
| 31.3. | |
| 2.4. | |
| 3.4. | |
| 10.2. | |
| 16.12. | |
| 31.8. | |
| 20.3. | |
| 10.12. | |
| 3.5. | |
| 29.11. | |
| 3.12. | |
| 24.12. | |
| 5.6. | |
| 4.10. | |
| 30.11. | |
| 6.9. | |
| 10.11. | |
| 11.11. | |
| 11.8. | |

| Ref | Date | Ref | Date | Ref | Date | Ref | Date |
|---|---|---|---|---|---|---|---|
| 18,31 | 24.3. | 14,17 | | 30.8. | 1. Johannes | 44,24 | 28.2. |
| 18,42 | 27.1. | 1. Korinther | | | 1,2 | 23.12. | 45,9 | 29.9. |
| 19,10 | 19.6. | 1,18 | | 27.10. | 1,3a | 27.12. | 53,3 | 5.4. |
| 19,38a | 7.5. | 3,11 | | 21.1. | 3,1 | 21.12. | 64,7 | 29.9. |
| 19,41 | 7.8. | 13,13 | | 25.10. | 3,8 | 20.2. | Jeremia | |
| 21,28 | 17.2. | 15,57 | | 23.6. | 4,16 | 29.12. | 1,5 | 28.2. |
| 21,36 | 13.12. | 2. Korinther | | | 5,1a | 27.4. | Daniel | |
| 22,32 | 29.6. | 1,5 | | 16.3. | 5,4 | 28.7. | 6,27 | 22.11. |
| 24,36 | 4.4. | 3,6a | | 19.10. | Hebräer | | | |
| 24,40 | 6.4. | 4,14 | | 25.9. | 3,15 | 15.1. | Neues Testament | |
| Johannes | | 5,10 | | 15.11. | 7,24 | 23.3. | Matthäus | |
| 1,11 | 26.11. | 5,17 | | 24.4. | 10,23 | 6.12. | 2,12 | 27.12. |
| 1,14a | 25.12. | 6,2 | | 6.11. | 12,1c | 2.5. | 5,29 | 12.8. |
| 1,16 | 28.12. | 12,9 | | 1.3. | 13,5 | 5.10. | 5,35 | 23.8. |
| 1,18 | 7.6. | 13,13 | | 1.6. | Jakobus | | 7,7 | 6.6. |
| 1,48 | 28.2. | Galater | | | 4,8a | 22.6. | 10,8 | 25.3. |
| 5,7 | 13.10. | 6,7 | | 21.9. | 5,7 | 5.12. | 11,28 | 3.2. |
| 6,1+2 | 19.7. | 6,8 | | 13.9. | Offenbarung | | 12,34 | 31.12. |
| 6,47 | 17.3. | 6,9 | | 24.6. | 2,10c | 13.11. | 13,57 | 2.9. |
| 6,68 | 5.1. | Epheser | | | 16,7 | 15.12. | 15,21-31 | 2.11. |
| | 1.7. | 1,3 | | 30.5. | 21,1 | 19.11. | 15,24 | 23.12. |
| 8,12 | 14.10. | 2,8 | | 3.7. | | | 18,2 | 16.4. |
| | 1.12. | 2,13 | | 9.8. | **Bibelstellenregister** | | 18,3 | 6.12. |
| 10,10 | 6.3. | 2,14 | | 3.1. | **von Bibeltexten, die** | | 18,20 | 5.5. |
| 10,11.27+28 | 17.4. | 2,19 | | 17.1. | **in den Auslegungen** | | | 11.5. |
| 12,32 | 12.5. | 3,6 | | 6.1. | **zitiert wurden** | | 19,16 | 25.7. |
| 12,44 | 30.12. | 5,1+2a | | 18.10. | Altes Testament | | 19,29 | 9.7. |
| 12,47 | 22.3. | 5,8b+9 | | 24.7. | 1. Mose | | 25,26 | 8.10. |
| 13,15 | 22.2. | 5,20 | | 4.5. | 1,11 | 2.10. | 26,36-46 | 30.12. |
| 14,18 | 10.9. | 6,10 | | 24.10. | 1,16 | 11.1. | 27,21+22 | 12.7. |
| 14,19 | 17.5. | Philipper | | | 3,19 | 8.10. | 27,46 | 23.11. |
| 15,1 | 28.1. | 1,18 | | 14.3. | 8,22 | 2.10 | 28,19 | 11.2. |
| 16,33 | 9.3. | 1,27 | | 15.3. | 8,22 | 26.11. | 28,20 | 27.8. |
| 17,1 | 28.3. | 2,5 | | 18.5. | 2. Mose | | | |
| 20,28 | 12.4. | 2,6+7 | | 27.3. | 24,15 | 22.6. | Markus | |
| 20,29 | 11.4. | 3,7 | | 3.8. | 25,19 | 3.11. | 1,15 | 15.11. |
| Apostelgeschichte | | 3,12 | | 31.7. | 33,18 | 7.6. | 4,40 | 6.10. |
| 2,38 | 23.5. | 4,4 | | 11.6. | 33,18-23 | 8.6. | 5,21-43 | 26.8. |
| 2,42 | 18.7. | 4,13 | | 7.4. | 33,18 | 14.6. | 9,24 | 29.7. |
| 4,33 | 1.9. | | | 28.5. | 33,17-23 | 14.6. | 10,14 | 16.4 |
| 5,41 | 25.4. | Kolosser | | | 4. Mose | | 10,49 | 11.3. |
| 8,26+27 | 14.7. | 2,12a | | 10.4. | 6,24-26 | 8.12. | 14,50 | 12.7. |
| 9,4+5 | 20.7. | 3,17 | | 13.2. | Josua | | 16,16 | 6.10. |
| 16,30+31 | 21.7. | | | 2.5. | 1,5 | 22.11. | Lukas | |
| 18,9 | 26.2. | 1. Thessalonicher | | | Psalm | | 2,20 | 27.12. |
| Römer | | 1,2 | | 7.9. | 23,4 | 18.6. | 3,11 | 31.5. |
| 3,24 | 4.3. | 5,16-18 | | 15.4. | 25,15 | 6.3. | 10,1+2 | 14.10. |
| 3,28 | 31.10. | 1. Timotheus | | | 26,8 | 26.7. | 16,19-31 | 17.9. |
| 5,8 | 27.2. | 6,12 | | 26.6. | 73,23 | 22.7. | 17,5 | 6.10. |
| 6,3 | 11.7. | 2. Timotheus | | | 73,28 | 15.4. | 23,47 | 22.11. |
| 7,15 | 1.11. | 1,7 | | 20.9. | 90,4 | 22.11. | Johannes | |
| 7,19 | 30.10. | 1,10 | | 18.9. | 91,15a | 20.2. | 1,5 | 3.2. |
| 8,14 | 15.7. | 2,19 | | 27.9. | 103,3 | 22.10. | 1,11 | 5.2. |
| 9,20 | 29.9. | 1. Petrus | | | 104,24 | 28.4. | | 10.8. |
| 9,31 | 10.8. | 1,5 | | 8.2. | 118,23 | 28.2. | 1,42 | 26.5. |
| 10,9 | 28.9. | 2,4 | | 12.7. | Sprüche | | 2,19 | 12.8. |
| 12,2a | 13.7. | 2,21 | | 25.2. | 5,21 | 8.10. | 3,16 | 30.8. |
| 12,6 | 9.4. | 4,7 | | 2.8. | Prediger | | 3,16 | 25.10. |
| 12,12 | 15.2. | 4,10 | | 26.1. | 3,19 | 7.10. | 4,14 | 26.3. |
| 12,21 | 23.10. | 5,5 | | 14.8. | Jesaja | | 5,1-16 | 8.1. |
| 14,7+8 | 8.11. | 5,7 | | 12.9. | 7,9 | 29.6. | 5,5 | 8.12. |

| | | | | | | | |
|---|---|---|---|---|---|---|---|
| 8,12 | 28.6. | bei den Andachten eingesetzt wurden. Hinter den Nummern aus dem alten Gesangbuch steht "EKG" (Evang. Kirchengesangbuch). Die Auflistung erfolgt im Jahresablauf: | | 8.3. | 190,1 | 2.6. | 377,1 |
| 10,30 | 7.6. | | | 9.3. | 106,2 | 4.6. | 446,7 |
| | 25.6. | | | 10.3. | 344,4 | 8.6. | 391,1 |
| 12,24 | 25.11. | | | 12.3. | 329,1 | 9.6. | 386,6 |
| 12,36 | 21.12. | | | 16.3. | 385,5 | 11.6. | 34,1 |
| 14,27 | 3.1. | | | 17.3. | 343,1 | 14.6. | 172 |
| 15,5 | 8.12. | | | 18.3. | 144,3 | 15.6. | 280,1 |
| 15,7 | 29.1. | | | 20.3 | 88,6 | 17.6. | 323,2 |
| 17 | 9.2. | | | 21.3. | 524,7 | 18.6. | 289,4 |
| | 19.3. | 1.1. | 63,6 | 22.3 | 30,3 | 20.6. | 179,6 EKG |
| | 17.4. | 2.1. | 308,8 | 23.3. | 210,3 EKG | 23.6. | 87,3 |
| | 30.12. | 3.1. | 39,2+3 EKG | 25.3. | 85,7 | 25.6. | 343,2 EKG |
| Apostelgeschichte | | 4.1. | 346,4 | 26.3. | 140,1 | 26.6. | 326,8 |
| 1,8 | 5.10. | 5.1. | 386,4 | 28.3. | 328,7 | 27.6. | 263,5 |
| 2,41 | 1.9. | 6.1. | 72,1 | 29.3. | 330,1 | 28.6. | 14,6 |
| 16,9+10 | 17.7. | 7.1. | 296,1+2 | 30.3. | 451,8 | | |
| 16,30 | 13.9. | 9.1. | 140,2 | | | 4.7. | 274,1 |
| | 22.11. | 10.1. | 296,5 | 1.4. | 190,1 | 5.7. | 198,1 |
| Römer | | 11.1. | 296,6 | 3.4. | 113,1 | 7.7. | 392,7 |
| 1,17 | 9.6. | 12.1. | 296,7 | 4.4. | 602,4 | 10.7. | 200,1 |
| 3,23 | 11.8. | 14.1. | 246,6 | 8.4. | 377,4 | 11.7. | 200,5 |
| 5,5 | 25.11. | 16.1. | 386,6 | 9.4. | 508,1 | 12.7. | 123,6 |
| 7,24 | 30.10. | 17.1. | 343,4 | 10.4. | 200,2 | 13.7. | 602,4 |
| 7,25 | 30.10. | 20.1. | 256,5 | 11.4. | 413,1 | 15.7. | 447,8 |
| | 1.11. | 21.1. | 351,3 | 12.4. | 72,5 | 17.7. | 192,3 EKG |
| 8,18 | 28.9. | 23.1. | 447,10 | 14.4. | 38,2 | 18.7. | 245,5 |
| | 21.11. | 24.1. | 326,8 | 15.4. | 398,1 | 21.7. | 392,1 |
| 1. Korinther | | 25.1. | Ps. 103,2 | 16.4. | 471,1 | 22.7. | 197,2 |
| 13,13 | 23.12. | 26.1. | 413,3 | 17.4. | 217,1 | 24.7. | 347,3 |
| 15,54 | 26.11. | 27.1. | 303,6 | 18.4. | 220,3 EKG | 25.7. | 471,5 |
| Epheser | | 28.1. | 406,1 | 19.4. | 274,2 | 26.7. | 166,1 |
| 2,21 | 5.4. | 29.1. | 262,1 | 20.4. | 365,1 | 27.7. | 541,8 |
| 5,15+16 | 18.11. | 30.1. | 140,1 | 21.4. | 274,3 | 28.7. | 152,1 |
| 6,16+17 | 2.6. | 31.1. | 85,5 | 22.4. | 274,4 | 29.7. | 342,1 |
| Philipper | | | | 23.4. | 274,5 | 31.7. | 267,2 EKG |
| 2,5 | 28.6. | 1.2. | 320,4 | 24.4. | 451,3 | | |
| | 23.10. | 3.2. | 161,3 | 25.4. | 263,5 | 1.8. | 385,2 |
| 5,8 | 25.3. | 5.2. | 331,1 | 26.4. | 139,1 | 2.8. | 406,4 |
| 2. Thessalonicher | | 8.2. | 138,1 | 27.4. | 133,1 | 4.8. | 385,6 |
| 3,2 | 31.8. | 9.2. | 521,3 | 30.4. | 299,1 | 9.8. | 293,1 |
| 1.Timotheus | | 10.2. | 398,2 | | | 10.8. | 241,6 |
| 2,4 | 27.10. | 12.2. | 326,1 | 1.5. | 324,1 | 11.8. | 109,1 |
| 2.Timotheus | | 13.2. | 475,2 | 2.5. | 437,4 | 12.8. | 232,1 |
| 1,10 | 23.11. | 14.2. | 322,5 | 3.5. | 211,2 | 13.8. | 206,5 |
| 1. Petrus | | 15.2. | 523,3 | 4.5. | 366,7 | 14.8. | 260,2 EKG |
| 4,10 | 21.12. | 16.2. | 76,2 | 6.5. | 166,6 | 15.8. | 384,1 |
| 1. Johannes | | 19.2. | 317,3 | 8.5. | 387,4 | 16.8. | 256,5 |
| 2,8 | 1.12. | 20.2. | 341,1 | 10.5. | 198,2 | 18.8. | 500,4 |
| Offenbarung | | 21.2. | 198,1 | 11.5. | 165,8 | 20.8. | 346,1 |
| 1,8 | 15.5. | 22.2. | 344,6 | 13.5. | 152,4 | 21.8. | 299,1 |
| 21,1 | 23.11. | 24.2. | 347,1 | 14.5. | 91,4 | 22.8. | 392,6 |
| | | 25.2. | 385,1 | 15.5. | 321,2 | 23.8. | 275,2 |
| **Kirchenliederregister mit Aufzeichnung der Liednummern aus dem alten und neuen Kirchengesangbuch, unter denen Liedverse und Strophenzeilen angegeben werden, die als Schlußgebete** | | 26.2. | 136,4 | 17.5. | 115,1 | 24.8. | 232,2 |
| | | 27.2. | 350,1 | 19.5. | 262,2 | 25.8. | 299,3 |
| | | 29.2. | 217,2 | 20.5. | 212,3 EKG | 26.8. | 442,7 |
| | | | | 21.5. | 377,2 | 27.8. | 404,8 |
| | | 1.3. | 91,1 | 22.5. | 136 | 28.8. | 133,10 |
| | | 3.3. | 321,1 | 25.5. | 377,1 | | |
| | | 4.3. | 355,5 | 30.5. | 398,l | 1.9. | 255,5 |
| | | 6.3. | 136,4 | | | 2.9. | 66,5 |
| | | 7.3. | 364,1 | 1.6. | 447,7 | 3.9. | 34,1 |

| | | | | | | | | |
|---|---|---|---|---|---|---|---|---|
| 4.9. | 449,8 | 30.11. | | 70,7 | 103,5 | 28.7. | 18,14 | 11.8. |
| 5.9. | 117,6 EKG | | | | 103,8 | 29.7. | 18,31 | 24.3. |
| 6.9. | 500,4 | 1.12 | | 23,4 | 103,10 | 30.7. | 18,42 | 27.1. |
| 7.9. | 245,5 | 2.12. | | 9,2 | 103,11 | 14.5. | 21,28 | 17.2. |
| 9.9. | 110,4 EKG | 4.12. | | 5,9 | 117 | 11.5. | 21,36 | 4.12. |
| 10.9. | 246,1 | 5.12. | | 6,2 | 118,14 | 24.1. | Lukas | |
| 12.9. | 449,4 | 6.12. | | 36,6 | 119,11 | 10.5. | 22,32 | 28.5. |
| 13.9. | 134,1 EKG | 7.12. | | 72,2 | 119,114 | 4.2. | Johannes | |
| 16.9. | 591,1 | 11.12. | | 10,4 | 119,19 | 17.11. | 1,14a | 25.12. |
| 18.9. | 145,2 | 13.12. | | 373,4 | 121 | 7.-13.1. | 1,48 | 28.2. |
| 19.9. | 440,1 | 14.12. | | 369,7 | 126 | 20.-26.11. | 6,68 | 5.1. |
| 20.9. | 445,5 | 15.12. | | 523,5 | 130 | 21.-28.8. | 8,12 | 1.12. |
| 21.9. | 299,2 | 16.12. | | 15,3 | 138,7 | 14.2. | 10,11+27 | 17.4. |
| 23.9. | 326,3 | 17.12. | | 263,6 | Sprüche | | 12,47 | 22.3. |
| 25.9. | 516,7 | 18.12. | | 389,1 | 1,7 | 17.1. | 15,1 | 28.1. |
| 26.9. | 213,2 | 19.12. | | 447,9 | 4,13 | 4.1. | 16,33 | 9.3. |
| | | 20.12. | | 248,4 | 4,18 | 29.1. | Apostelgeschichte | |
| 1.10. | 39,2 EKG | 21.12. | | 530,5 | 8,17 | 20.10. | 2,38 | 21.5. |
| 2.10. | 505,4 | 22.12. | | 159,3 | 18,13 | 6.5. | 5,41 | 25.4. |
| 3.10. | 337 | 23.12. | | 370,11+12 | Prediger | | 8,26f | 14.7. |
| 5.10. | 155,1 | 24.12. | | 44,2 | 3,1 | 19.11. | 9,4f | 21.7. |
| 6.10. | 442,8 | 25.12. | | 33,2 | Sirach | | 18,9 | 26.2. |
| 9.10. | 363,1 | 27.12. | | 12,4 | 32,28 | 18.1. | Römer | |
| 10.10. | 346,5 | 28.12. | | 66,7 | 34,19 | 20.1. | 5,8 | 27.2. |
| 12.10. | 482,5 | 30.12. | | 350,5 | Jesaja | | 8,14 | 15.7. |
| 14.10. | 390,1 | 31.12. | | 59,1 | 25,1 | 25.1. | 12,12 | 15.2. |
| 17.10. | 447,1 | | | | 26,4 | 14.1. | 14,17 | 30.8. |
| 18.10. | 197,1 | **Bibelstellenregister** | | | 35,6 | 30.1. | 1. Korinther | |
| 19.10. | 287,2 EKG | Altes Testament | | | 37,16 | 12.2. | 1,18 | 27.10. |
| 20.10. | 386,5 | 5. Mose | | | 40,3+10 | 11.12. | 3,11 | 21.1. |
| 21.10. | 295,3 | 4,31 | | 2.1. | 53,3 | 8.3. | 13,13 | 25.10 |
| 22.10. | 295,2 | 1. Mose | | | 54,10 | 11.9. | 2. Korinther | |
| 24.10. | 400,1 | 24,56 | | 24.2. | Jeremia | | 4,14 | 25.9. |
| 26.10. | 449,8 | 5. Mose | | | 29,13f | 1.9. | Galater | |
| 27.10. | 123,5 | 3,24 | | 5.2. | 29,13f | 2.9. | 6,8 | 13.9. |
| 29.10. | 516,1 | 4,29 | | 20.8. | 31,14 | 29.8. | Epheser | |
| 30.10. | 353,4 | 15,11 | | 7.2. | Klagelieder | | 2,8 | 3.7. |
| 31.10. | 343,1 | 30,2 | | 23.1. | 3,26 | 10.3. | 2,13 | 9.8. |
| | | 1. Samuel | | | Daniel | | 2,14 | 3.1. |
| 2.11. | 335,6 EKG | 2,7 | | 16.8. | 9,14 | 14.12. | 3,6 | 6.1. |
| 4.11. | 123,6 | 1. Chronik | | | Jona | | Philipper | |
| 5.11. | 123,3 | 22,16 | | 19.1. | 2,8 | 1.2. | 2,6f | 27.3. |
| 6.11. | 6,2 | 22,19 | | 18.2. | Sacharja | | 3,7 | 31.7. |
| 8.11. | 516,1 | Hiob | | | 4,6 | 22.5. | 1. Thessalonischer | |
| 9.11 | 286,1 | 33,28 | | 16.2. | | | 5,16-18 | 15.4. |
| 10.11. | 447,10 | Psalm | | | Neues Testament: | | 1. Timotheus | |
| 12.11. | 152,1 | 8,7 | | 22.1. | Matthäus | | 6,12 | 26.6. |
| 13.11. | 152,4 | 22,5 | | 24.9. | 4,4 | 21.2. | 2. Timotheus | |
| 14.11. | 299,1 | 23 | | 18.-23.4. | 5,6 | 16.1. | 2,19 | 27.9. |
| 15.11. | 61,3 | 27,1 | | 3.2. | 7,7 | 19.3. | 1. Petrus | |
| 16.11. | 386,6 | 31,15f | | 1.1. | 10,32 | 2.11. | 1,5 | 8.2. |
| 18.11. | 64,1 | 34,6 | | 6.2. | 11,28 | 26.9. | 2,21 | 25.2. |
| 19.11. | 152,1 | 50,14 | | 14.9. | 18,20 | 9.2. | 4,10 | 26.1. |
| 22.11. | 347,1 | 73,23 | | 19.2. | 22,21 | 3.11. | 1. Johannes | |
| 23.11. | 109,3 | 74,10 | | 2.2. | 24,13 | 13.12. | 3,8 | 20.2. |
| 24.11. | 134,4 | 86,11 | | 28.2. | 28,20 | 10.2. | 4,16 | 29.12. |
| 25.11. | 384,2 | 100 | | 4.-10.9. | Markus | | Hebräer | |
| 26.11. | 113,1 | 103,1 | | 24.7. | 10,44b | 17.3. | 3,15 | 15.1. |
| 27.11. | 7,5 | 103,2a | | 25.7. | Lukas | | 10,23 | 6.12. |
| 28.11. | 374,4 | 103,2b | | 26.7. | 2,16f | 24.12. | Offenbarung | |
| 29.11. | 1,5 | 103,4 | | 27.7. | 11,9 | 19.8. | 16,7 | 15.12. |